케임브리지 몽골 제국사

케임브리지 몽골 제국사

The Cambridge History of The Mongol Empire

사□계절

일러두기

1. 본문의 외국어 인명과 지명 등의 고유명사는 국립국어원의 외래어표기법을 기준으로 표기했다.
   - 다만 아랍, 페르시아, 튀르크, 몽골, 중국 등 다양한 민족과 언어를 포괄한 몽골 제국 시대의 이름과 용어들을 예외 없이 통일된 원칙에 따라 옮기는 것은 불가능하다. 따라서 일부의 경우는 관용적 표현을 따르기도 했다.
   - 현대 중국인 연구자 및 중국 행정 구역, 자연을 제외한 중국 인명과 지명은 한국 한자음으로 표기했다.
   - 본문의 용어 표기와 개념 설명은 동일한 방식으로 통일하였다. 다만 다수의 연구자가 공동 저술한 책인 만큼 각 연구자의 이론, 해석에 따라 다르게 표기한 경우도 있다. 설명이 필요한 경우 옮긴이가 본문에 [대괄호]를 달고 그 이유 또는 배경을 밝혔다.
2. 본문에 사용한 * 기호는 연구자들이 음가가 확실하지 않은 경우에 "아마도 이렇게 발음했을 것이다(하지만 확실하지는 않다)"라고 표시할 때 사용하는 방식이다.
3. 본문의 연도 표시는 서력을 사용했다. 다만 일부 사건을 설명할 때 괄호로 회력(이슬람력)을 병기했다.
4. 본문의 도량형 표시는 국제단위계 SI 기본 단위(미터법 등)를 기준으로 삼았다.
5. 본문의 각주는 원주이며, 보충이 필요한 경우 옮긴이가 본문에 [대괄호]를 달고 설명을 추가했다.
6. 본문에 사용한 참고문헌의 약어는 다음과 같다.

• 사료와 번역서

Baṭṭūṭa/Gibb   Ibn Baṭṭūṭa 1958-2000. *The Travels of Ibn Baṭṭūṭa*, tr. Hamilton A. R. Gibb(vols.13) and Charles Buckingham(vol. 4). Cambridge.

HWC   al-Juwaynī[Juvaini], ʿAṭā-Malik. 1997. *Genghis Khan: The History of the World Conqueror*, tr. John A. Boyle. Manchester[reprint of the 1958 ed. which has two volumes; same pagination].

JT/ʿAlīzādah   Rashīd al-Dīn, Faḍlallāh. 1957-1980. *Jāmiʿ al-Tawārīkh*, ed. A. A. ʿAlīzādah, A. A. Romaskevich, and L. A. Khetagurov, 3 vols. Baku, 1957; Moscow, 1965-1968, 1980.

JT/Boyle   Rashīd al-Dīn Ṭabīb. 1971. *The Successors of Genghis Khan*, tr. J. A. Boyle. New York.

JT/Karīmī   Rashīd al-Dīn, Faḍlallāh. 1959. *Jāmiʿ al-Tawārīkh*, ed. Bahman Karīmī, 2 vols. Tehran.

JT/Rawshan   Rashīd al-Dīn, Faḍlallāh. 1994. *Jāmiʿ al-Tawārīkh*, ed. Muḥammad Rawshan and Muṣṭafā Mūsawī, 3 vols. Tehran.

JT/Thackston   Rashīd al-Dīn, Faḍlallāh. (Rasiduddin Fazlullah). 1998-1999. *Jamiʿ uʾ t-tawarikh[sic] Compendium of Chronicles*, tr. Wheeler M. Thackston, 3 vols. Cambridge, MA.

JT/Thackston 2012   Rashīd al-Dīn, Faḍlallāh. (Rasiduddin Fazlullah). 2012. *Jamiʿ uʾ t-tawarikh[sic] Compendium of Chronicles*. In *Classical Writings of the Medieval Islamic World: Persian Histories of the Mongol Dynasties*, tr. Wheeler M. Thackston, vol. 3. London.

SH   Igor de Rachewiltz tr. 2004, 2006, 2009. *The Secret History of the Mongols: A Mongolian Epic Chronicle of the Thirteenth Century*, 2 vols. Leiden.

TJG   al-Juwaynī ʿAṭā-Malik. 1912-1937. *Taʾrīkh-i Jahāngushā*, ed. Mīrzā Muḥammad Qazwīnī, 3 vols. London.

YS   Song Lian宋濂. 1976. *Yuan shi*元史, 15 vols. Beijing.

• 연구서 및 학술지

AEMA   *Archivum Eurasiae Medii Aevi.*
AOH   *Acta Orientalia Hungaricae.*
BSOAS   *Bulletin of the School of Oriental and African Studies.*
CAJ   *Central Asiatic Journal.*
CHC6   Franke, Herbert, and Denis Twitchett, eds. 1994. *The Cambridge History of China*, vol. 6, *Alien Regimes and Border States 907-1368*. Cambridge.
CHIA   Di Cosmo, Nicola, Allen J. Frank, and Peter B. Golden, eds. 2009. *The Cambridge History of Inner Asia: The Chinggisid Age*. Cambridge.
CHI5   Boyle, John A., ed. 1968. *The Cambridge History of Iran*, vol. 5, *The Saljuq and Mongol Periods*. Cambridge.
EI2   *Encyclopedia of Islam*, 2nd ed.
EI3   *Encyclopedia of Islam*, 3rd ed.
EIr   *Encyclopedia Iranica.*
HJAS   *Harvard Journal of Asiatic Studies.*
ISK   de Rachewiltz, Igor, et al., eds. 1993. *In the Service of the Khan: Eminent Personalities of the Early Mongol-Yüan Period(1200-1300)*. Wiesbaden.
JAOS   *Journal of the American Oriental Society.*
JESHO   *Journal of the Economic and Social History of the Orient.*
JRAS   *Journal of the Royal Asiatic Society.*
JSYS   *Journal of Song-Yuan Studies.*
REMMM   *Revue du monde musulman et de la méditerranée.*

차례

제2부 · 외부 역사
몽골과 정복되지 않은 지역과의 관계

지역사

가장자리에서 바라본 세계

제 1 장

몽골 제국의 몽골 지역

: 중심에서 주변부로

모리스 로사비

모리스 로사비   Morris Rossabi

미국 뉴욕시립대학 역사학과 석좌교수이며, 컬럼비아대
학에서 중국사, 몽골사, 내륙아시아사 전공 겸임교수를
맡고 있다. 메트로폴리탄미술관, 클리블랜드미술관, 로
스앤젤레스주립미술관의 전시 기획과 카탈로그 제작에
참여한 바 있으며, 몽골국립대학에서 명예 박사학위를
받았다. 아홉 가지 언어를 활용해 광범한 지역의 역사를
연구했다.

무성한 초목과 자연 그대로의 환경을 지닌 몽골 지역은 몽골인에게 지속 가능한 삶을 제공했다. 비록 겨울의 눈과 얼음, 그리고 여름의 가뭄은 이따금 몽골인과 그들의 가축을 위협했지만 말이다. 그들은 중국의 여러 집단과 교역한 뒤에도, 그리고 서하(西夏) 또는 금(金)과 전쟁을 치른 뒤에도 모두 자신들의 고향으로 돌아왔다. 몽골의 풍경은 그들과 공명했다. 그러나 몽골인의 생활 방식은 멀리 중앙아시아에 위치한 호레즘에 대한 성공적인 원정 이후에 변화하기 시작했다. 칭기스 칸은 강력하게 저항한 지역에 대한 직접 지배를 모색하면서 그 일대를 통치할 점령군을 그곳에 남겨두었다. 그의 아들 겸 계승자 우구데이(재위 1229~1241)는 중국, 그리고 몽골이 복속시킨 러시아의 더 먼 지역에 군대를 주둔시켰다. 그러나 우구데이, 그의 아들 겸 계승자 구육, 그리고 우구데이의 조카 뭉케는 모두 카안으로서 일생의 대부분을 몽골에서 보냈고, 초원에 조정을 유지했다. 이론적으로 카안의 거주지가 이 팽창하는 제국의 중심이었기 때문에, 몽골 지역은 쿠빌라이 카안(재위 1260~1294)의 치세까지는 여전히 그 중심이었다.

몽골이 수도를 건설하다

이 시기 몽골에는 촌락과 마을이 건설됐다. 이것은 몽골 지역을 목축하는 유목민의 본거지로만 보는 전형적인 이미지와 배치된다. 카라코룸에 수도를 건설한 것은 몽골의 정책 변화를 시사했고, 결국 예기치 못한 어려움을 발생시켰다. 몽골의 전통적 생활 방식인 유목적 목축주의는 통치를 위한 중심지가 필요하지 않았다. 그러나 1235년 카라코룸을 건설하기 시작했을 무렵, 몽골은 중앙아시아와 만주, 북중국의 많은 부분을 정복 및 점령했고 고려로도 진출했다. 우구데이 카안은 추가로 서방 원정을 계획했고, 이 원정은 러시아의 많은 지역을 정복하는 것으로 끝이 났다. 그는 새로 획득한 영토를 약탈하기보다 이곳을 통치할 행정 중심이 필요함을 인정했다. 수도 건설은 몽골이 약탈자가 아니라 통치자로서 정통성을 한층 강화하는 데 기여했을 것이다. 그러나 몽골 본토는 여전히 이동하는 목축민들의 영역이었기 때문에 중앙집권화되지 않았다. 원(元) 사료에는 몽골 지역에 설치된 관청에 관한 서술이 있지만, 교통의 어려움과 혹독한 겨울 기후 때문에 가축을 위해 풀과 물을 찾아 먼 거리를 돌아다니는 대다수 유목민을 통제하는 것은 불가능했다.

우구데이는 몽골의 오르콘강 주변에 수도를 건설하기로 결심했다. 목축하는 유목민이 초원에 중심지를 건설한 전례는 있었다. 위구르(744~840)는 이미 8세기에 수도를 건립했고, 거란의 요 왕조(916~1125)는 10세기와 11세기에 초원에 여러 수도를 건설했다. 위구르의 수도 카라발가순은 우구데이가 수도로 선정한 카라코룸으로부터 겨우 25킬로미터 거리에 있었고, 일부 학자는 위구르의 영향으로 우구데이가 그곳을 선택했다고 생각한다.[1] 심지어 몽골은 그보다 더 이전에 정착지 건설을 명한 적이 있었다. 1212년 네스토리우스파 기독교도이자 재상이었던 친카이(1169경~1252)는 대부분 중국인이었던 농부와 장인을 서몽골의 항가이산맥과 알타이산맥

사이의 한 지역으로 이주시켰다. 그곳은 친카이발가순('친카이의 곡창' 또는 '친카이의 도시')으로 알려졌다.[2] 또 몽골은 셀렝게강 인근에 있었던 것으로 추정되는 바이발릭이라는 도시를 위해 금세공인과 보석 세공인을 모집했고,[3] 내몽골 칼간 근처의 신말린에 새로운 도시를 건설하고자 1221년 무렵 사마르칸드에서 포획한 직공들을 그곳으로 끌고 갔다.[4]

1235년 우구데이는 나중에 카라코룸이 될 곳 주변에 굳건한 성벽을 건설하기 시작했다. 가장 두드러진 건물은 그의 궁전인 만안궁(萬安宮)이었다. 장벽으로 둘러싸였고 도시의 다른 부분과 분리됐으며 1256년에는 그 안에 불교 사원도 생겼다. 조정은 수도를 건설하기 위해 영토 내 여러 지역으로부터 장인과 공사 인부를 이주시켰다. 수천 명의 중국인, 중앙아시아인, 페르시아인, 그리고 아마도 다른 집단들이 협력해 건축물을 지었고, 그 결과 카라코룸은 다문화적이고 다종교적인 중심지가 됐다. 무슬림 바자르, 모스크, 중국인 장인 구역 역시 이 도시의 세계성을 입증했다.[5]

이 도시에 있는 사람들의 다양성은 여러 저작을 통해 쉽게 확인되지만, 몽골인 사이에서 존재한 종교에 관한 자료는 제한적이다. 다민 부족하나마 일부 자료는 다양한 집단의 존재를 시사한다. 불교는 중국과 접촉한 뒤로 확실히 몽골 지역에서 중요해졌고, 카

---

2 Buell 1993, 100.

3 Allsen 1997, 35. Liu 2011, 153-154는 베르발릭을 오늘날 신장의 물레이(Mulei) 주변으로 비정하는데, 셀렝게강에서 꽤 떨어져 있다.

4 Buell 1927, 261-279.

5 Erdenebat and Pohl 2009; Bemmann, Erdenebat, and Pohl, 2010.

라코룸의 불교 사원이 그 도시의 가장 중요한 건물 중 하나였음은 우연이 아니다. 불교에 대한 후원은 14세기까지 계속됐다. 1311년 에는 5층 탑이 보수됐고, 1342년 원 황제는 다시 그것을 복구하라 고 명했다[1342년 이전에 다시 손상된 것으로 보인다]. 1346년 한문과 몽 골어로 된 비문이 그 탑 주변에 배치됐다. 해당 비문은 그곳의 역 사를 서술했고, 대칸 우구데이와 뭉케가 "살육을 즐기지 않는 것 을 자신의 마음으로 삼았다"[원문은 "이불기살인위심(以不嗜殺人爲心)"] 고 주장했다. 이는 불교적 정서로, 두 카안의 실제 생각은 아니었 을 것이다.[6] 카라코룸의 여러 구역에서 발견된 불상들은 그 종교 가 중요했음을 더욱 확인시켜준다. 비록 중국에 있는 몽골인들은 티베트 불교를 선호했지만, 카라코룸에서는 중국식 불교가 우세 했다.[7] 한편 카라코룸에 위치한 이슬람 묘지는 몽골 지역의 종교 적 다양성을 보여주는 더 훌륭한 증거이다. 게다가 몇몇 도자기는 아랍 문자를 재현하려 한 장식으로 꾸며져 있었는데, 이는 이슬람 신앙을 가진 외래인들이 몽골 지역에 도달했음을 보여주는 또 다 른 표식이다. 1341~1342년(이슬람력 742) 비문은 대도(大都)의 한 무 슬림이 주도하고 현지 공동체가 후원한 카라코룸의 수피 집회소 (khānqāh)의 설립에 관해 상술하고 있는데, 이 역시 카라코룸에 무 슬림들이 계속 존재했음을 증명한다.[8] 네스토리우스파 기독교와 관련된 증거는 제한적이지만, 적어도 몽골 통치 집단 여성들이 그 종교에 관심을 가졌고, 카라코룸에 소규모 신도들이 있었음을 문

---

6 이 구절과 비문에 대해서는 Cleaves 1952, 1-123 참고.
7 전반적 개요는 Heissig 1980.
8 Uno, Muraoka, and Matsuda 1999.

헌 자료로 확인할 수 있다.[9] 문헌 자료는 샤머니즘 또는 다른 용어로 부를 수 있는 전통적 종교 행위가 계속됐음을 분명히 보여준다. 새해 관련 축제, 천신(天神) 텡그리와 조상들의 기념제, 군사 원정을 시작할 때 암말의 젖을 뿌리는 등의 의식이 여전히 중요했다.[10] 또 우구데이 자신은 도교를 선호했고, 그의 지지 덕분에 도사들은 "불교 사원을 차지하고 불상을 파괴"할 수 있었다.[11] 심지어 그의 부인은 도교 경전의 인쇄를 후원하기도 했다. 다만 쿠빌라이를 포함한 후대의 카안들은 불승과 도사가 충돌할 때 전자의 편을 들었다.

우구데이는 카라코룸에 수도를 건설함으로써 통치에 대한 자신의 의지를 밝혔으나, 이곳은 몽골이 새롭게 복속시킨 영역들의 중심지와 너무 멀리 떨어져 있었다. 게다가 카라코룸은 늘어나는 인구를 경제적으로 부양하기에 적합한 지역이 아니기 때문에, 그 도시에 물자를 공급하기 위해서는 막대한 자원 지출이 필요했을 것이다. 조정은 농부에게 농기구를 제공하고 성공적인 경작자에게는 상을 수여함으로써 농경을 장려했지만, 날씨와 짧은 생장 기간, 제한된 경작지로는 많은 인구를 지탱하기 어려웠다. 쿠빌라이의 유학자 관료 학경(郝經, 1223~1275)은 이제 막 보좌에 앉은 쿠빌라이에게 올린 상소문에서 "중앙 조정은 북중국[연(燕)]에 기반을 두어야 합니다. 그곳이 진정한 중심이기 때문입니다. 카라코룸에는 보조적 행정 기구를 유지하고 그 변경에는 군사 구역을 수립해야만

---

9   William of Rubruck 1990, 150-156.

10   William of Rubruck 1990, 240-245.

11   de Rachewiltz 1981, 52.

합니다[실제 원문은 "근본(의 땅에) 진수하며 막아야 합니다"]."[12] 쿠빌라이의 또 다른 유학자 관료 유병충(劉秉忠, 1216~1274)은 현재 베이징 인근의 한 지역을 수도로 선택하자고 제안했다고 한다.[13] 이 도시의 이름은 대도로, 우수한 방어 시설을 갖추었고 대운하와 이어져 식량과 물에 대한 접근성을 확보했다. 또한 대도는 전통적 중국의 수도보다 훨씬 북쪽에 있었고, 그래서 몽골의 고향과 더 가까웠다.

카라코룸과 몽골 지역의 쇠락?

몽골은 1260년대 후반부터 수도를 대도로 옮기기 시작했다. 종래에는 이후 카라코룸과 몽골 지역이 점차 변방이 됐다고 보았다. 쿠빌라이 카안(1215~1294)과 그의 동생 아릭 부케 및 이후 그의 아들들, 또 우구데이의 손자 카이두(1236경~1303) 등이 벌인 충돌은 이른바 혼돈 상태를 초래했다. 카이두와 다른 인물들이 카라코룸을 점령하는 상황이 쿠빌라이의 손자 테무르(1265~1307)의 치세까지 지속됐고, 그것은 종종 생명을 위협하기까지 한 혹독한 자연환경과 겹치며 취약한 경제를 더욱 불안정하게 만들었다. 초원과 카라코룸이 파괴되면서 몽골 주민은 피해를 입었다. 적의 군대가 카라코룸과 몽골의 다른 지역을 공격하고 철수하면 불안이 고조되었고, 패배한 이주민들을 재정착시킬 필요성이 커졌다.[14] 그와 같은 혼란은 가혹한 자연환경과 함께 경제적 어려움을 낳았고, 원 조정

---

12 Rossabi 1988, 70; Schlegel 1968; Lynn 1993, 348-370 참고.
13 Chan 1993, 245-269 참고.
14 Dardess 1972-1973, 145, 149.

은 세금을 면제하고 주민들에게 식량과 다른 필수품을 제공해야
했다. 일례로 쿠빌라이는 1269년 예니세이강 상류 지역에 거주하
는 장인들에게 곡식을 보냈고, 3년 후에는 그 지역에 한인 집단을
정착시킨 다음 농기구와 가축을 공급하고 둔전을 설치하여 식량
을 공급하게 했다.[15]

그러나 카라코룸에 대한 최근의 고고학적 발굴 결과는 이러
한 종래의 시각이 사실이 아님을 보여주는 듯하다. 고고학자들은
이 옛 수도가 명나라 군대에게 파괴되기 전까지는 중심지로 번영
했음을 입증했다. 1250년대 초 이 도시를 방문했던 프란체스코파
수도사 윌리엄 루브룩(1210~1277)은 강한 인상을 받지 못했고, "칸
의 궁정을 제외하면 생드니만큼 훌륭하지 않고, 생드니의 사원은
그 궁정의 10배에 달한다"고 서술했다.[16] 하지만 웅장한 종교 건물,
시장, 궁정, 그리고 뛰어난 조각과 도자기, 금세공품을 생산하던 방
대한 장인 구역은 13세기와 14세기 초에 카라코룸이 예술적, 상업
적으로 활기가 넘쳤음을 증명한다. 또 지난 15년 동안 청자와 백
자, 벽화 파편, 금속 용기, 비단 모자, 그릇, 접시 등이 발굴됐다. 이
른바 서역과의 관계를 보여주는 증거도 도자기에서 발견할 수 있
다. 이 도시를 연구한 대표적인 고고학자가 한 그릇을 보고 언급한
것처럼, "아마도 꽃문양은 이슬람의 영향을 내포하고 있으며, 짐작
하건대 근동에서 유래했을 것이다."[17] 그 도시는 여러 차례 점령당
했지만, 1380년대에 명군에 의해 파괴될 때까지 원과 몽골의 중심

---

15 Dardess 1972-1973, 150.
16 William of Rubruck 1990, 221.
17 Bemmann, Erdenebat, and Pohl 2010, 58.

지 역할을 계속한 것으로 보인다. 정주(淨州)와 응창(應昌) 같은 몇 몇 지역 중심지에서는 현지 통치자가 세금을 거두고 치안을 유지했는데, 이러한 곳들 역시 원 시기 대부분 기간 동안 존속했다.

카라코룸을 비롯하여 몽골초원의 대부분 지역이 존속할 수 있었던 이유 가운데 하나는 바로 이 시기 전쟁의 규모였다. 당시 전투에 나선 군대의 규모에 대한 기록은 거의 없으며, 있다고 해도 전적으로 믿을 수는 없다. 특히 중국 문헌은 군사, 사상자, 전리품의 수에 과장이 심한 것으로 유명하다. 아마도 실제 교전에는 비교적 적은 수의 병사가 참여했을 텐데, 초원과 카라코룸에서는 많은 병력을 유지할 수 없었기 때문이다. 전투는 소규모로 진행됐을 것이고, 이는 카라코룸과 몽골 본토의 다른 지역에서 피해가 제한적이었던 이유를 설명해준다.

따라서 몽골 지역에 지원이 필요했던 사정은 전투와 큰 관련이 없었을 수 있다. 혹독한 겨울과 같은 자연재해와 그에 뒤이은 가축의 대량 폐사가 자주 몽골 지역을 덮쳤기 때문에 그들은 중국으로부터 식량과 기타 물자를 구해야 했고, 원 조정도 여기에 관심을 가졌다. 가뭄과 공포의 대상인 주드(zud)는 가축들로 하여금 생명 보존에 필요한 풀에 접근하지 못하게 하는 빙결 현상을 포함해 다양한 기상 이변을 동반하며 유목민을 괴롭혔다.[18]

---

18 E.g. Endicott 2005.

권력 투쟁

여하튼 몽골 지역에서의 충돌은 몽골인들 사이의 분열에서 발생했다. 칭기스 칸의 주요 아들들, 특히 톨루이(1192~1232)와 우구데이의 후손들 사이에서 벌어진 권력 투쟁은 1241년 우구데이가 사망한 이후 시작됐다. 충돌은 10년 동안 지속됐고, 톨루이의 아들 뭉케(1209~1259)가 1251년 대칸의 자리에 올라 자신의 정적을 숙청하면서 일시적으로 해결됐다.[19] 희생자 수를 정확히 알 수 없지만, 수백에 달하는 뭉케의 반대파가 살해된 것은 확실하다. 하지만 우구데이의 후손들은 중앙아시아에서 상당한 세력을 유지했다.

1259년 뭉케가 사망한 뒤 대칸의 자리를 놓고 그의 동생들인 쿠빌라이와 아릭 부케(1219~1266) 사이에서 또 다른 충돌이 발생했다. 이번에는 권력 투쟁 그 이상이었다. 아릭 부케는 뭉케의 막냇동생으로 몽골 고향 땅의 일부에 대한 통치권을 부여받은, 또한 정주 생활을 경험하지도 그것에 관여하지도 않은 몽골 유산과 문화의 확고한 수호자였다.[20] 반면 쿠빌라이는 대부분의 삶을 정주 세계에서 보냈다. 21세에 삼촌이자 대칸인 우구데이에게 하북(河北) 형주(邢州)의 분봉지를 받은 쿠빌라이는 한인 속민을 착취하거나 경작지를 목초지로 바꾸지 않았으며, 생산을 촉진하고 과세를 통해 더 많은 세입을 얻기 위해 농민을 지원했다. 심지어 그는 황제가 되기 전에도 한인 관료로부터 조언을 구했고, 다양한 직책에 다수의 외국인을 등용했으며, 불교와 도교 사이의 분쟁을 판결하고, 원정을

---

19 Allsen 1987, 30-34.
20 Dardess 1972-1973, 121.

성공적으로 이끌어 오늘날 윈난에 있던 대리 왕국을 몽골의 지배 아래 두었다. 쿠빌라이의 시각과 행동에 관한 설명을 통해 초원 밖으로 거의 발을 내디딘 적이 없던 동생보다 그가 더 넓은 기준틀을 가지고 있었음을 알 수 있다.[21] 두 형제 사이의 충돌은 매우 중요했다. 만약 아릭 부케가 승리를 거둔다면 동아시아의 권력 중심은 계속 몽골 지역에 남아 있겠지만, 쿠빌라이가 이긴다면 그 중심은 중국으로 옮겨 갈 것이었다. 또한 카라코룸과 몽골 지역이 정치, 군사적으로 중요한 역할을 할 수도 있었고, 몽골의 영역 내에서 부수적인 부분이 될 수도 있었다. 그리고 1260년 쿠빌라이와 아릭 부케가 각각 즉위하면서 분쟁을 위한 무대가 마련됐다.

이어진 4년간의 내전이 몽골 지역에 큰 영향을 미치며 원조 치하 동아시아의 역사를 결정하게 되기에, 쿠빌라이의 전략을 살펴보는 것이 중요하다. 그의 주요 목표는 아릭 부케의 군대에게 절실한 공급을 끊는 것이었다. 위대한 페르시아 역사가 라시드 앗 딘은 카라코룸의 주민들을 위해 매일 500대의 수레가 식량을 싣고 그곳에 도착했다고 기록했다.[22] 아릭 부케는 이 공급선을 반드시 보호해야만 했다. 그러나 쿠빌라이는 중국 정주 문명의 자원을 이용하여 상당한 우위를 점했고, 단호하게 행동해 아릭 부케를 수세에 몰아넣을 수 있었다. 쿠빌라이는 우구데이의 아들이자 베쉬발릭을 근거지 삼아 위구르 땅을 통치하고 있던 카단과 연합했다. 카단은 아릭 부케가 인근 지역에 접근하지 못하게 했고, 한 발 더 나

21　더 자세한 내용은 Rossabi 1988 참고.

22　*JT*/Boyle, 62.

아가 아릭 부케의 또 다른 공급원이었던 감숙 지방을 차지했다. 쿠빌라이 자신은 연(燕, 지금의 베이징 일대)을 통치했고, 아릭 부케와 대적하러 떠나면서 그곳에 병력을 추가 배치했다. 아릭 부케에게 얼마 남지 않은 공급원 중의 하나는 카라코룸 북서쪽 예니세이강 일대였다. 그는 할 수 없이 몽골 일대를 포기하고 그곳으로 이동했다. 그에게 남은 중요한 기회는 인접한 중앙아시아의 통치자[차가다이 울루스의 칸]와 연합하는 것이었으나, 그 희망은 좌절되고 말았다. 그보다 한 발 앞서서 카단이 1260년에 중국 서북쪽의 요충지이자 중앙아시아와 연결돼 있는 서량(西涼)에서 알람다르를 죽였다. 알람다르는 아릭 부케의 지지자로, 뭉케의 조정에 보내야 하는 세수를 차지하고 있다고 쿠빌라이를 고발한 이후로 줄곧 그와 적대했다. 그러나 알람다르는 칭기스계 후손의 군대에 대적할 수 없었다.

아릭 부케는 자신의 진영에 머물기도 했던, 차가다이의 손자 알구(1265 또는 1266 사망)에게로 향했다. 그는 차가다이의 증손자이자 쿠빌라이의 후원을 받아 중앙아시아로 파견된 아비시카를 살해하도록 명한 뒤, 알구가 그 자리를 놓고 경쟁하게끔 조장했다.[23] 알구는 실제로 칸의 자리에 올랐고, 아릭 부케는 이를 계기로 새로운 치가다이 칸의 시원을 바랐다. 특히 그는 세수 납부와 물자 제공을 기대했다. 하지만 알구는 이를 거부했다. 그리하여 지금의 신장 지역에서 양측 간에 전투가 발발했다. 누구도 영구적인 우위를 차지하지 못했지만, 물자가 부족한 지역들을 통치하는 아릭 부케가 불리한 상황이었다. 그의 군대는 1263년 겨울에 계속된 기근으

---

23 Biran 2009, 49.

로 고통받았고, 이로 인해 종전까지 연합 세력이었던 뭉케의 아들들과 훌레구도 그를 버렸다. 고립된 채로 알구와 쿠빌라이에게 포위된 아릭 부케는 결국 형에게 항복했고, 이제 쿠빌라이는 동아시아의 위대한 대칸으로서 받아들여졌다. 동시에 대규모 인구를 지탱할 자원이 부족한 몽골 지역은 더 이상 몽골 제국의 중심일 수 없었다.[24]

쿠빌라이 카안과 몽골 지역

쿠빌라이와 원 조정이 보다 쉽게 통치할 수 있는 성벽으로 둘러싸인 도시로 일부 몽골과 튀르크계 초원 주민들이 모여들었다. 옛 탕구트(또는 서하)의 도시 카라호토(마르코 폴로가 에지나(Edzina)라고 기록한 오늘날 네이멍구자치구의 에지나(Ejina))에서 동쪽으로 800킬로미터 거리에 있는 정주는 칭기스 칸에게 복속한 튀르크 집단 옹구트의 중심지가 됐다. 쿠빌라이의 여름 수도 상도(上都)에서 북쪽으로 약 110킬로미터 거리에 위치한 응창은 칭기스계의 대칸들에게 배우자를 제공했던 콩기라트의 주요 거주지였다. 본래 쿠빌라이 카안의 여름 궁전이었던 상도에는 10만 명 이상의 인구가 있었다.[25]

쿠빌라이는 아릭 부케에게 승리를 거둔 뒤 카라코룸과 그 주변 지역을 안정시키고 중앙 조정의 통제 아래에 두려 했다. 그는 선위사사도원수부(宣慰使司都元帥府)를 설치하고 지역 경제의 촉진을

24　Rossabi 1988, 46-52; Dardess, 1972-1973 참고.

25　*YS*, 1350.

시도했다. 또한 카라코룸에 매일 수백 대의 수레로 식량과 생필품을 수송하는 대신, 이 옛 수도가 자급자족하기를 바랐다. 이를 위해 둔전을 설치하고, 농기구와 역축(役畜)을 제공했다. 그가 살아 있는 동안 카라코룸은 농업 기반을 갖추게 되었으나, 많은 인구에게 식량을 제공하기에는 여전히 충분하지 않았다. 조정은 곡물 구매에 필요한 예산을 계속 할당하거나 북중국에서 곡물을 수송하도록 지시해야만 했다. 하지만 이러한 노력은 신뢰할 수 없는 관료 및 군인들 때문에 큰 실효를 거두지 못했다.

> 1290년 … 부유한 몽골인들이 빈민인 체하면서 거짓으로 곡식을 타갔다. 1301년 카라코룸의 곡창 관리가 곡물을 불법 횡령한 건으로 고발됐다. 1303년 어사대는 카라코룸에 주둔한 군대에게 식량을 공급하는 과정에서 25만 석의 곡식과 13만 정(錠)의 현금을 훔친 혐의로 조정과 계약한 수송업자를 고발했다.[26]

한편 몽골 지역이 곡물과 상품을 필요로 했기 때문에 원은 몽골인들에 대한 통제가 어느 정도 가능했다. 또 원은 더 많은 영향력을 행사하기 위해 1283년 카라코룸에 평준고(平準庫)를 설치하는 등 다양한 기구를 설립했다. 하지만 이러한 기관들이 얼마나 효율적이었는지는 불분명하다.

원 조정은 평화를 유지하고자 몽골 지역의 여러 곳에 주둔군을 배치하기도 했다. 카이두가 몽골 지역에서 물러날 수밖에 없게

---

26 Dardess 1972-1973, 156.

되자 그의 군사 중 변절 및 낙오한 사람들은 원 조정의 군대로 와
서 보호를 요청했고, 종종 그 목표를 이루었다. 그리고 조정은 이
들에게 다시 한번 곡식 또는 현금을 지원했다. 원의 군사들은 귀부
한 자들의 충성을 확신하자마자 경작인에게는 농기구를, 목축민
에게는 가축을, 사냥꾼과 낚시꾼에게는 무기를 제공했다.[27]

카이두와 몽골 지역

쿠빌라이는 1264년에 승리를 거두었으나, 아릭 부케의 후손들은
그에게 여전히 골칫거리였다. 쿠빌라이의 원 왕조는 오직 서아시아
의 일 칸국과만 우호 관계였고, 다른 몽골 칸국들은 쿠빌라이에게
적대적이었다. 아릭 부케의 후손들은 자신들의 조상처럼 몽골 지
역에 거주하며 쿠빌라이의 몽골 본토 통치에 반복해서 도전했다.
동시에 우구데이의 손자 카이두가 몽골 지역으로 진출하여 수차
례 카라코룸을 공격했다.

우구데이의 일부 후손들이 뭉케가 권력을 차지한 뒤 숙청을
당할 때 카이두는 확실히 살아남아 결국 중앙아시아에서 영역을
확보했다. 처음에 그는 쿠빌라이가 중앙아시아로 보내 1266년에
차가다이 칸이 된 바락과 경쟁했다. 1269년에 쿠릴타이를 열고 바
락과 카이두가 일시 휴전했다. 하지만 또 다른 영토를 모색하던 바
락은 아무다리야강을 건너 일 칸국의 후라산 지배에 도전했다. 톨
루이의 후손 중 하나였던 일 칸 아바카는 그 도전을 받아들였고,

---

27 Dardess 1972-1973, 158.

                                          제3권 지역사 · 외부 역사

1270년 헤라트 전투에서 바락을 패퇴시켰다. 바락은 군대와 함께 트란스옥시아나로 퇴각한 뒤 이듬해에 사망했다. 카이두는 이 기회를 활용해 1271년에 우구데이 가문의 왕좌에 올랐고[카이두가 우구데이 가문의 수장이 된 것은 1271년 이전의 일이다] 차가다이 울루스를 장악했다. 다만 카이두와 쿠빌라이 사이의 갈등이 폭발한 것은 그가 즉위하기 전의 일로, 아릭 부케가 형 쿠빌라이와 분쟁을 벌일 때 카이두는 아릭 부케를 지지했다.

쿠빌라이는 이러한 행위를 배신으로 여겼지만, 중국의 일부 지역에서 거둔 재화를 카이두에게 분배했다. 또한 카이두를 자신의 조정으로 불렀으나 결국 아무 소용 없었다. 그리고 얼마 지나지 않아 두 군주는 전쟁을 벌였다. 1268년 쿠빌라이의 군대가 선수를 쳤고, 카이두는 차가다이 울루스의 전통적인 수도 알말릭을 포기하고 서쪽으로 이동해야만 했다.[28]

쿠빌라이는 타클라마칸사막 북쪽과 남쪽 일대에서 자신의 권위를 강화하기 위해, 1271년 자신의 아들 노무간(1292 또는 1301 사망)을 같은 세대의 몇몇 다른 칭기스 가문 왕자들과 함께 알말릭으로 파견했다.[29] 그는 노무간에게 식량과 다른 물품을 공급했지만, 동시에 그 지역에서 물자를 확보하라고 요구했다.[30] 노무간은 타림분지 일대로부터 물자를 확보하고자 호탄(두 지역 사이의 거리는 약 720킬로미터이다)까지 역참을 점령 및 설치하고, 인구조사를 실시하고 세금을 부과했으며, 중국 본토와 보급선을 연결하기 시작했

---

28 카이두에 관한 종합적인 연구로는 Biran 1997 참고.

29 *YS* 265; Pelliot 1959~1963, 795.

30 *YS* 144.

다. 다음으로 쿠빌라이는 부인의 조카 안통을 파견해 노무간을 돕도록 했다.[31] 하지만 노무간의 군대는 카이두와 거의 조우하지 않았고, 설상가상으로 1276년 뭉케의 아들 시리기를 비롯해 노무간 주변의 일부 왕자들이 변절했다. 그들은 비밀리에 노무간을 붙잡기 위한 계책을 꾸몄고 실제로 성공했으며, 아마도 카이두의 도움을 받아 그를 처벌하고자 주치 울루스로 보냈다.[32] 또 시리기는 1277년 카라코룸을 일시적으로 차지했는데, 원의 군대는 5년이 지나서야 승리를 거두고 그를 포획할 수 있었다. 그런 와중에 노무간 입장에서는 다행스럽게도 조부 톨루이의 후손이자 사촌인 한 여성[톨루이의 아들인 쿠툭투의 딸 켈미시 아카]이 주치 울루스 조정에 있었다. 그녀는 노무간이 억류돼 있는 기간 동안 편안하게 지낼 수 있도록 조치를 취했고, 그가 석방될 수 있도록 영향력을 행사했다. 거의 8년이 지난 1284년에야 그녀의 노력이 결실을 맺어 노무간은 대도로 귀환했으며, 쿠빌라이는 그가 감내한 모든 곤경을 감안해 북안왕(北安王)의 호칭을 수여했다.[33]

노무간이 붙잡혀 있는 동안 쿠빌라이도 두 손 놓고 있지 않았다. 남쪽으로는 타림분지, 북쪽으로는 위구르 지역, 동쪽으로는 감숙회랑 일대를 장악하고자 노력했다. 그는 카이두와 두아(재위 1282~1307. 바락의 아들로, 카이두가 그를 차가다이 칸으로 임명했다)의 침략을 막기 위해 주둔군을 배치했고, 긴 보급선에 의존하기보다는 각지에서 필요 물품을 자급하기 위해 둔전을 설치했다. 주민들은 중

---

31 Pelliot 1959~1963, 127.

32 *JT*/Boyle, 266.

33 *JT*/Boyle, 160; Hambis 1954, 94.

국 본토와 자신들의 지역을 연결하기 위해 역참으로 둔전을 보조했다. 쿠빌라이는 카이두를 고립시키고, 그의 군대가 식량을 충분히 확보할 수 없게끔 노력했다.

쿠빌라이의 전략은 현명했지만, 그의 군대는 이를 실행에 옮기지 못했다. 카이두, 두아 그리고 그들의 협력자들은 이 무력한 봉쇄를 거듭 돌파했고, 타림분지와 위구르 지역에서 쿠빌라이 군대에 승리를 거두었다. 그 결과 쿠빌라이는 1280년대 무렵에 카슈가르, 호탄, 베쉬발릭같이 매우 중요한 오아시스 도시를 포기해야 했다. 카이두가 이 지역의 주인이 됐고, 쿠빌라이의 영향력은 몽골 지역에 한정됐다.

하지만 카이두의 몽골 지역 침략은 서쪽 지역에서와 같은 결과를 얻지 못했다. 한인들이 '서역'이라 부르는 곳에서 쿠빌라이의 군대를 몰아낸 카이두는, 대칸의 몽골 지역 지배권에 도전했다. 이에 쿠빌라이는 완강히 저항하여 그의 두려운 적이 이 지역을 점령하지 못하게 했다. 그가 몽골 지역에 대한 지배를 유지하기로 결정한 것은 전략적이거나 경제적이라기보다는 상징적인 이유 때문이었다. 대칸이 되기를 원하는 자는 몽골의 전통적인 고향을 지배해야만 했다. 카안 지위의 정통성은 어느 정도는 몽골 지역에 대한 지배에 달려 있었다. 비록 몽골 지역은 카안이 다스리는 영역의 경제 중심도 아니었고 실제로 상당한 경제 원조가 필요한 상태였지만, 그 근원적 관계는 심지어 가장 정주화한 몽골인에게조차 매우 중요했다. 쿠빌라이는 몽골인들의 발상지를 방어해야만 했다.[34]

---

34 이러한 노력에 대해서는 Biran 1997과 Dardess 1972~1973 참고.

카이두와 두아 모두 결국 몽골 지역에서 물러나고 말았다.[35] 그들은 1288년 수차례 몽골 지역으로 군대를 파견했고, 카이두는 이듬해에 실제로 카라코룸을 차지하기도 했다. 카라코룸을 잃고 싶지 않았던 쿠빌라이는 서둘러 그곳으로 향했고 쿠빌라이의 대응으로 카이두는 옛 몽골의 수도를 다시 포기해야 했다. 그러나 카이두 세력은 사라지지 않았고 여러 몽골 지역에 계속 존속했다. 1년이 채 안 되어 카이두, 아릭 부케의 후손이자 카이두와 연합했던 요무쿠르와 말릭 테무르가 습격을 개시했고, 1292년에는 카이두가 서몽골 지역과 예니세이강 유역을 확보했다. 이 상황을 심각하게 받아들인 원 조정은 더 우세한 군사력으로 예니세이강 유역을 재탈환했으며, 최종적으로 카이두의 군대를 몽골 지역 밖으로 몰아냈다. 원 조정이 만주에서 발생한 반란[나얀의 반란]과 자바에서의 팽창주의적 원정에 집중하는 사이에도 카이두의 위협은 한동안 지속됐다.[36] 이 무렵 고령의 쿠빌라이는 건강 악화 및 통풍과 과도한 음주로 고통받고 있었으며, 이는 조정의 노력과 정책 추진을 가로막는 요소가 됐다.[37] 여하튼 카이두와의 교전은 중요한 전쟁이 아니었기 때문에, 원 왕조는 그에게 대군을 파견하지 않았다. 실제로 카이두는 많은 초원의 지도자처럼 원 군대가 수적으로 우세한 상황을 회피했다.

쿠빌라이가 사망하고 1294년 그의 손자 테무르가 원 황제로

---

35 그들이 1290년대 초 일 칸국에 대해 실시한 다른 원정에 대해서는 Biran 2009, 52 참고.
36 만주에서의 위기에 대해서는 Yao 1983, 74-82; Rossabi 1983, 3-11; Moule and Pelliot 1938, 196, 198를, 자바에 대해서는 Bade 2002 참고.
37 쿠빌라이의 질병에 대해서는 Rossabi 1988, 224-228 참고.

즉위했다. 그는 몽골 지역을 보호하고 카이두를 제압하기 위해 더욱 공격적인 정책을 취했다. 원군은 카이두가 서아시아의 일 칸국 및 중앙아시아의 통치자들과 충돌하고 있는 상황을 기회로 삼아, 1294년부터 1297년까지 여러 차례 승리를 거두었다. 카이두를 완전히 제거할 수 있다고 확신한 원 조정은, 1300년 마침내 상당한 규모의 군대를 소집했다. 이후에 테무르를 계승하게 되는 카이샨(무종, 재위 1308~1311)이 카이두 제압의 임무를 부여받았고, 1301년 가을 우구데이 계열의 지도자[카이두]와 조우했지만, 그 전투에서 승패가 결정되지는 않았다. 그리고 얼마 지나지 않아 카이두는 자연사했다. 생전에 그는 중앙아시아에 위치한 자기 영토의 독립을 유지했고, 원조가 서북 변경을 방어하기 위해 자원을 분산하도록 만들었다. 또 원조는 카이두와의 충돌 때문에 이란 및 서아시아와 무역하는 과정에서 다소 방해를 받았을 수도 있다. 하지만 그러한 측면을 과장해서는 안 된다. 유라시아 무역은 몽골 시기에 절정에 달했기 때문이다.[38] 원 조정의 주요한 승리는 몽골 지역에 대한 지배권을 지켜낸 것이었다.

　카이두의 죽음은 우구데이 후손들의 몰락을 알리는 전조였다. 카이두의 이인자였던 차가다이 칸 두아가 이제 중앙아시아의 거두가 됐다. 그는 카이두의 아들 가운데 능력이 떨어지는 차파르를 후계자로 선택함으로써 자신의 힘을 과시했고, 차파르를 군주로 즉위시켜서 카이두의 다른 아들들 사이에 균열을 일으켰다. 동

38　심호성은 "(카이두가 사망한 이후) 1303년 7월부터 복원된 몽골 지역의 역참이 활발히 이용됐다"고 했다(Shim 2014, 441). 상인들은 무역을 위해 길을 떠날 때 종종 역참을 활용했다.

시에 두아는 이전보다 덜 공격적인 정책을 펼치기로 결심했는데, 부분적으로는 원과 러시아 및 페르시아의 몽골 동맹에 포위될까 두려웠기 때문이다. 1304년 두아와 나머지 둘[원의 테무르와 훌레구 울루스의 울제이투]은 그들 모두를 약하게 만든 적대 행위를 끝내기를 바라며 평화 협정을 체결했다. 차파르는 이 관계 회복에 반대했는데, 자신의 영토 중 일부를 차가다이 계열에 양도해야만 했던 것도 하나의 원인이 되었을 것이다. 차파르의 형제는 두아의 우위에 도전했지만, 1306년 두아와 원의 군사로 이루어진 연합군에게 패배했다. 그리고 얼마 지나지 않아 차파르는 두아에게 항복했다. 그러나 1307년 두아가 사망하면서 우구데이와 차가다이 가문 사이에 또 다른 분쟁이 촉발됐고, 1310년 차가다이 가문이 카이두의 아들들에게 승리를 거두었다. 이때 쿨룩 카안, 즉 원 무종은 차가다이 가문을 지원했다. 차파르는 원 조정의 지지를 상실했음을 깨닫고 무종에게 항복했다. 무종은 그에게 하남(河南) 지방의 왕 작위 [구체적으로는 여녕왕(汝寧王)]를 내리고 차파르의 부친 카이두로부터 전용했던 세수도 하사했다.[39]

원의 통치 노력

우구데이 가문과 차가다이 가문 간 충돌의 결과로 원 조정은 1307년 몽골 지역의 군인뿐 아니라 주민을 위한 새로운 행정 기구를 마련했다. 이러한 관료 기구가 얼마나 효율적으로 초원을 통

---

39 차가다이 울루스와 원 조정 사이의 이후 분쟁에 대해서는 Liu 2005, 339-358 참고.

치했을지는 판단하기 어렵다. 유목민 가구와 집단은 광활한 몽골 지역 도처에 흩어져 있었다. 청(淸, 1644~1911)과 몽골인민공화국 (1924~1992. 1928년부터 1932년까지 가축의 집산화를 시도했지만 실패했다)도 목축민에게 자신들의 의지를 관철하지 못했다는 측면에서, 몇몇 작은 마을들과 주변 지역, 그리고 거의 끝없이 펼쳐진 초원이 앞으로 설명할 정책들을 따랐을 가능성도 낮아 보인다. 게다가 대도의 원 조정에 있는 몽골인들은 원래 초원 출신이었지만, 많은 사람이 꽤 오랫동안 정주 세계에 거주했고 일부는 평생을 중국에서 보냈다. 그들은 유목민 사촌들과 연결이 끊겼고, 관심사와 정책 선호도도 달랐다. 이 몽골인들과 원 조정의 중국인 관료들이 고안한 행정 기구가 과연 초원에서 효율적이었는지 여부를 규명하기는 어렵다.

1307년 원 조정은 이전에 몽골 지역을 담당했던 선위사사도 원수부 대신에 영북(嶺北)이라는 지방 행정을 설치했다. 새로운 기구는 몽골 지역이 군사 전초기지나 주둔지가 아니라 원 중국의 정식 영토가 될 것임을 의미했다. 조정은 영북과 그 주변 일대에 영북행중서성(嶺北行中書省)을 설치했다[이 시기의 정확한 명칭은 화림등처행중서성(和林等處行中書省)]. 영북 행성은 다른 지방과는 달리 가라코룸의 지방 정부를 제외하고 현(縣)이나 부(府) 또는 더 작은 행정 조직으로 분화되지 않았다. 즉 조정은 몽골 지역이 일반 지방 지역과는 다름을 인정했던 것이다. 게다가 종종 왕자들이 그 지방 일대를 장악했다. 그럼에도 몇 년 안에 원 조정은 출생과 사망 등 등기를 위해 조마소(照磨所), 법적 문제를 위해 이문소(理問所), 조정의 문서를 보존하기 위해 가각고관구(架閣庫管勾)[정확히는 '가각고'는 관서명이고,

'관구'는 관직명이다], 그리고 짐작하건대 유학 교육과 몽골인의 한화를 촉진하기 위해 유학제거사(儒學提擧司)를 설립했다. 또 1320년대에는 둔전만호부(屯田萬戶府)를 설치했는데, 표면적으로는 4600여 군호(軍戶)를 조직화하기 위한 것이지만 동시에 그 지역의 농업을 활성화하려는 목적도 있었다.[40] 다만 이 기구들이 유목민을 얼마나 효과적으로 통제했는지는 확언하기 어렵다.

관료제를 수립한 이유 중 하나는 통제력 강화였다. 과거에도 원군이 격파한 카이두의 군사와 복속민 중 일부가 때때로 몽골 지역으로 도망쳤으나, 14세기 첫 10년 동안의 충돌 이후 가장 많은 수의 망명자들이 찾아왔다. 이들은 1307년 설립된 영북행성이 제공하는 안전을 원했다. 원조는 이 피난민들을 세밀히 조사해야 했다. 카라코룸과 그 일대의 인구가 급격히 증가하자, 원 관원들은 피난민들이 초원 지역을 인구 과잉 상태로 만들고 유목 경제에 편입되지 못할까 염려했다.[41] 그리하여 그들은 망명자들을 농부나 어부로 정착시켜 치안을 확보하는 동시에 몽골 지역 경제에도 기여하게 했다고 한다. 원 조정이 그들을 떠맡기 위해서는, 그리고 몽골 지역에서 통치 임무를 수행하기 위해서는 세수가 필요했다. 그리하여 원 조정은 농민, 어민, 목축민에게 세금을 부과했지만, 통신과 교통 시설이 상대적으로 발달하지 못한 당시의 상황에서 광범위한 지역을 이동하는 유목민들에게 세금을 징수하는 것은 어렵고 그다지 성공적이지 못했을 것이다.

---

40 Farquhar 1990, 396-397.

41 Dardess 1972-1973, 157. 또 Liu 2005 참고.

　　　　　　　　　　　　　제3권 지역사 · 외부 역사

　　백성들에게 더 고통스러운 부담은 역참을 유지하고 물자를 공급하는 일이었다. 공식 사신을 위해 식량과 마실 것, 가축의 사료, 교체용 역마, 숙소 등을 제공해야 했기 때문이다.[42] 몽골은 역참을 중요하게 여겼는데, 통신과 정보의 신속한 확산이 군사적 성공의 핵심 요소였기 때문이다. 심지어 역참은 지방의 소요나 위협에 관한 정보를 관료들에게 전달할 수 있었고, 자연재해나 경제 파탄에 대한 설명을 제공할 수 있었기 때문에 군사 정복과 점령 이후에도 중요했다. 그러므로 몽골 관리들은 몽골 지역의 역참을 잘 정비하고 공급하도록 요구했다. 이러한 요구는 현지 주민들에게는 부담스러운 짐이었는데, 자주 물품을 제공해야 했을 뿐만 아니라 역참에 배치돼야 했기 때문이다. 그들은 목축이나 농업으로 가장 바쁜 시기에도 공식 사신을 수발하기 위해 역참에서 복무해야만 했다.[43]

원 조정과 그들의 문제

몽골 지역의 유목 인구를 통치하는 어려움 외에도, 쿠빌라이 카안 치세 이후 발생한 원 조정의 불안정이 몽골 지역 통치와 관료 체제의 정착을 더욱 어렵게 만들었다. 황제 자리를 놓고 반복되는 계승 분쟁이 몽골 지역의 무질서를 야기했고, 쿠데타와 암살은 혼란을 초래했다. 시데발라(영종, 재위 1320~1323)는 유일하게 장자 상속의

42　역참의 중요성에 대해서는 Olbricht 1954 참고.

43　Dardess 1972-1973, 159.

원칙에 따라 평화롭게 황제의 자리에 올랐지만, 1323년 한 일당에 의해 암살당했다. 황제가 사망할 때마다 거의 매번 서로 다른 칭기스 계파가 권력을 차지하려고 했다. 분쟁은 부분적으로는 초원 출신의 몽골 대표를 선호하는 사람들과 중국적 관료제의 채택을 지지하는 사람들 사이의 충돌에 집중됐다. 아유르바르와다(인종, 재위 1311~1320)는 중국식 통치 절차를 수용하는 경향이 있었으나, 그의 후계자 이순 테무르(태정제, 재위 1323~1328)는 한화에 반대하고 몽골 지역에서 자신의 통치를 도울 몽골인을 데려왔다. 때때로 초원을 대표한 황제들이 몽골 지역에서 즉위했다. 여하튼 1304년부터 1329년까지 각 황제의 치세는 짧았고 적어도 두 명의 황제가 살해됐다. 강한 권력을 가진 재상들도 비슷한 운명을 맞이하여, 빈번하게 교체되거나 추방되거나 처형당했다. 반복적인 정권 교체는 몽골 지역 통치의 일관성을 약화시켰다.

1328~1329년 두 형제가 황제의 자리에 오르면서 위기가 발생했다. 한 명은 독살당했고, 다른 한 명의 치세는 사망 전까지 3년간 지속됐다[전자는 명종 코실라, 후자는 문종 툭 테무르].[44] 마지막 황제 토곤 테무르(순제, 재위 1332~1370)는 1332년 13세의 나이로 제위에 올라 30년 이상 통치했지만, 대개 권력은 계속 교체되었던 재상들의 손에 있었다. 그의 재위 초부터 중국 각지에서 무력 사태가 발생했다는 기록이 남아 있는데, 부분적으로 자연재해가 원인이었다. 추운 겨울은 "기근을 야기했고 … 토곤 테무르의 치세 중 거의 매년

---

44 두 형제 사이의 일시적 평화를 기념하기 위해 멋진 만다라를 제작하기도 했다. Watt and Wardwell 1997, 95-100 참고.

(기근이) 기록됐으며, 사망률도 엄청났다. 자연재해가 양산한 막대한 수의 이주민과 빈곤층은 1350년대 왕국을 파멸시킨 반란의 먹잇감이 됐다."[45] 그러나 이러한 불안정을 야기한 근원은 조정이었다. "반복되는 계승 위기, 관료적 독재자와 파벌주의의 대두가 이 시기의 혼란과 불안에 더해지면서 정권을 약화시켰다. 비대해졌지만 점점 더 비효율적인 관료제, 재정 부족, 인플레이션과 같은 문제도 조정을 괴롭혔다."[46] 그리고 심각한 부패가 문제를 더욱 악화시켰다.

몽골 왕자들의 역할도 이러한 분쟁을 일으킨 요소 중 하나였다. 카이샨은 칭기스 계열 및 다른 일족 출신 다수에게 왕자 칭호를 수여했는데, 이것이 국가 경제에 상당한 부담이 됐다. 왕자들은 14세기 초 국가로부터 속령과 금은 등을 세사(歲賜)로 받았고, 그로 인해 조정의 세입이 크게 고갈됐다. 아유르바르와다는 이 지원금을 없애고자 했으나 실패했다. 영북행성의 설치는 왕자들을 제어하고 새로운 관료 엘리트의 성장을 촉진하기 위한 시도였을 것이다. 그러나 그 노력은 실패했고, 몽골 왕자들은 여전히 강력한 지위를 유지하며 국가의 세수를 소모했다. 원 정부가 중국 중심부에서조차 탈세와 세금 장부의 토지 능복 누락을 막지 못하면서 재정 문제가 지속됐다. 몽골 지역에서는 정부의 통제력이 약했기 때문에 세수 부족이 더 두드러졌다. 조정은 다양한 책무와 사업을 유지할 세입을 유목민들(이들은 이동성 때문에 추적하기 어려웠다)과 왕자들

---

45 Dardess 1994, 585.
46 Hsiao 1994, 559.

로부터 충분히 거둘 수 없었다. 또한 원 조정은 초원에 남아 있던 전통적인 사고방식의 지도자들과 왕자들에게 적대감을 샀다. 그들은 중국에 있는 몽골인들이 몽골의 오랜 적인 중국인을 통치하기 위해 자기 민족과 땅을 버렸다고 생각했고, "자신들의 세습적인 정치 및 경제 특권을 줄일 것"이라고 우려했다.[47]

따라서 몽골 지역에 평화가 널리 퍼지지 못했다. 심지어 중국 측 사료도 일부 소요가 지속됐음을 보여준다. 몇몇 경우에 원 조정은 이른바 성벽으로 둘러싸인 도시 근처의 도적들을 진압했다. 그러나 그들이 몽골 지역 구석구석에 있는 유목민들을 정말로 통제한 것으로 보이지는 않는다. 비록 중국 사료에 반란이 거의 기록돼 있지 않지만, 해당 지역에 도달한 중국 관료가 상대적으로 적었다는 점은 원조에 대한 유목민들의 독립성과 잠재적 적대감을 잘 보여준다. 몽골 지역에 배치된 대부분의 원 관료는 군인이었다. 그 결과 중국식 행정 구역이 설치되었음에도 몽골 지역에 대한 중국 사료 기록은 불충분하고 마치 원조가 그 지역을 통제했다는 잘못된 인상을 준다.[48]

종종 몽골 지역의 양상을 설명할 수 있는 요인으로서 환경 변화가 제시된다. 확실히 날씨와 기후는 초원, 그리고 험난한 거주지

---

47 Hsiao 1994, 534.

48 이러한 과장된 사료는 몽골 지역의 몽골인에 대한 영락제(재위 1403~1424)의 다섯 차례 군사 원정에 대한 묘사와 닮아 있다. 『명실록』은 엄청난 수의 몽골인 사망자와 포로를 언급하면서 작전이 매우 성공적이었다고 설명했다. 그러나 대규모 전투는 없었고 오직 습격과 침입만 있었는데, 상대적으로 소규모인 몽골군은 초원 깊숙이 달아나 중국 군대와 교전을 피했기 때문이다. 영락제의 군사 원정에 관해서는 Franke 1954, 1-54; Franke 1951-1953, 81-88; Kasakevich 1943; Pokotilov 1947-1949; Rossabi 1998, 229-231 참고.

에서 생존하고자 하는 사람들에게 영향을 미쳤다. 몽골 지역의 나이테에 관한 최신 연구는 다양한 지역에서 발생한 충돌에 대해 흥미로운 단서를 제공하는 듯하다. 연구자들은 13세기 초 상당한 강우량이 가축, 특히 몽골의 북중국과 중앙아시아 원정에 필수적이었을 말들에게 풍부한 목초지를 제공했음을 밝혔다. 하지만 13세기의 나머지 기간과 1368년 원이 붕괴할 때까지는 건조한 기후가 계속됐고, 그 시기 동안 몽골 지역은 종종 가뭄으로 고통받았다. 이것은 유목민의 수와 군사 원정의 결과로 인한 토지 피해를 고려할 때 사용 가능한 목초지가 부족했음을 의미한다. 실제로 앞에서 설명한 여러 충돌은 초지를 둘러싼 분쟁에서 비롯됐을 가능성이 있다. 그러나 이러한 결론을 입증하고 그 의미를 확인하기 위해서는 연구가 더 필요할 것이다.[49]

몽골 귀환 이후의 분열

고려에서 러시아에 이르기까지 널리 퍼져 있던 몽골을 괴롭힌 분열은 그 자체로 몽골 본토의 특징이기도 했다. 러시아, 서아시아, 중앙아시아, 동아시아에 위치한 네 개의 칸국이 서로 다투면서 몽골 제국을 쇠락시켰고, 내부 분쟁과 충돌은 그들을 더 약화시켰다. 비록 원 조정은 명목상 몽골 지역을 통치하며 평화의 달성, 세금 징수, 재판, 유목민을 위한 기반 시설 유지를 위해 관료 기구를 두

---

49 Pederson, et al. 2014, 4375-4379; Pederson 2003, 1474-1479; Di Cosmo 2014; Rossabi 2017.

었다고 하지만, 칭기스 칸이 몽골을 통일하기 이전부터 존재했던 분열을 막을 수는 없었다. 칭기스 칸이 복속시켰거나 자기편으로 끌어들였던 케레이트, 나이만, 옹구트 및 기타 집단들은 몽골 지역의 서로 다른 연합으로 대체됐다.

원이 분열과 재정 문제에 시달리자 1368년 주원장(朱元璋)은 명(明)을 건국했고, 원의 통치자 토곤 테무르는 중국을 포기하고 북으로 달아났다. 그리고 2년 뒤 토곤 테무르가 쿠빌라이의 여름 수도였던 상도에서 북으로 97킬로미터 떨어진 응창에서 사망했다. 조정은 토곤 테무르의 아들 아유시리다라(재위 1370~1378)를 따라 북쪽으로 더 먼 카라코룸으로 이동해 북원(北元)으로 알려진 왕조를 형성했다. 북원의 군주들은 중국에 대한 권리를 계속 주장했다. 그들은 '황제' 칭호를 유지했고 관료제의 중국식 명칭을 몽골어로 옮겼다. 예를 들어 조정 내 최고 관료를 지칭하던 '타이시(taishi)'는 중국어 '태사(太師)'에서 유래했다. 처음에 몽골 지역의 몽골인들은 명 군주를 위협했다. 그들은 1372년 몽골 지역으로 향하던 명군을 격파했고, 몽골 지휘관 나하추는 1375년부터 1388년까지 만주의 요양(遼陽)과 심양(瀋陽)을 차지했다. 또 몽골 지역의 몽골인들은 원의 옥새와 옥책을 관할하며 자신들을 정통 왕조로 여겼다. 명은 1370년대와 1380년대 내내 몽골로 군사를 파견했다.

명의 체계적인 노력과 몽골의 내부 분열로 마침내 북원이 약화되면서 중국에 대한 통제권 회복이라는 희망도 좌절됐다. 1388년 명군은 초원에서 몽골의 주력군을 격파했다. 전하는 바에 따르면 몽골인 8만 명을 사로잡았다고 하며, 수도 카라코룸을 파괴했다. 동시에 몽골은 내부 분열로 인해 자멸했다. 아유시리다라는 아버지 토곤 테무르를 계승해 8년 동안 통치했지만, 1388년 예수데르[원문 Yesüdei는 Yesüder를 잘못 옮긴 것이다]라는 인물이 아유시리다라의 형제이자 후계자인 토구스 테무르(재위 1378~1388)를 살해했다. 1388년 이후에는 강력한 군사 지휘관들이 북원을 장악한 뒤 칭기스 가문의 인물을 칸으로 즉위시켰다. 이 사건 이후로 북원의 칸 또는 황제는 "대개 그 선조들이 향유하던 군사력, 정치적·종교적 카리스마, 국제적 지위를 얻지 못했다. 이제 대칸은 통합된 초원을 지배하지 못했고, 멀리 떨어져 있는 옛 영토에는 어떠한 통제 수단도 행사할 수 없었다."[50]

여러 몽골 집단 사이의 충돌은 다양한 요인에서 비롯됐다. 그 가운데 하나는 중국에서 귀환한 몽골인과 몽골 지역에 남아 있던 사람들 사이의 갈등이었다. 중국에서 돌아온 피난민은 그 정확한 수가 알려지지는 않았지만, 최소한 10만 명에 달했다. 이 새로운 집단은 목초지, 물, 가축 무리를 놓고 거주민과 경쟁했다. 따라서 식량과 필수품이 부족해졌다. 1388년까지 계속된 명의 공격으로 사태가 더욱 심해졌는데, 카라코룸에 위치한 보급 본부뿐만 아니라 토지도 손상됐기 때문이다. 이어진 명조의 무역 제한으로 몽골은 필요한 물품을 얻기 위해 중국을 침략해야만 했다. 이와 동시에 몽골은 분열 상태였다. 서몽골 집단 중 하나이자 몽골의 혼인 동맹이었던 오이라트가 칭기스 가문과 이른바 동몽골에 도전했다. 그들이 아릭 부케의 후손들과 손을 잡으면서 북원이 중국에 대한 권위를 되찾을 가능성은 더욱 희박해졌다.

---

50 Robinson 2019, 87.

중국에서 명조가 시작될 무렵, 몽골 지역에는 크게 세 개의 분파가 형성됐다. 동몽골은 명이 정권을 장악한 뒤 중국에서 몽골 지역으로 온 집단을 포함했다. 오이라트 또는 서몽골은 17세기 후반까지 명의 강력한 적수로 명성을 떨쳤다. 마지막으로 일부 몽골인이 내몽골에 거주하고 있었는데, 고비사막이 그들과 몽골 지역의 몽골인 사이의 대규모 충돌을 막아주었다. 각 집단은 다시 여러 단위로 갈라졌다.

이러한 세력 분열은 칭기스계가 부흥해 다시 침략할지도 모른다는 명조의 우려를 약화시켰다. 그럼에도 명은 카리스마 넘치는 인물이 흥기해 중국을 공격할 수도 있다고 우려했다. 명의 북방 변경 정책은 이러한 잘못된 인식에 기반해 있었다. 그러나 몽골은 내부 분열이 뿌리 깊어서 명이 두려워한 통일은 불가능했으며, 중국에 대한 총력전도 생각할 수 없었다. 간혹 무역 관계를 둘러싼 습격과 작은 충돌은 발생했지만, 몽골은 전면적인 공격을 시도하지 않았다. 한편 명 조정은 몽골의 힘에 대한 오해를 기반으로 영락제(재위 1403~1424) 치세에 몽골 원정을 다섯 차례 실시했고, 1449년에는 황제가 붙잡히는 재앙적 결과를 맞이하기도 했다[오이라트의 에센이 토목보(土木堡)에서 명 영종을 생포한 사건을 가리킨다].

명이 몽골을 두려워했음을 감안할 때, 중국 내에 거주하는 몽골인에 대한 명의 정책이 매우 관대했다는 점은 다소 놀랍다. 원조가 붕괴한 이후에도 소수의 몽골인은 몽골 지역으로 돌아가지 않았다. 그들이 한화됐는지, 여전히 몽골의 정체성을 가지고 있었는지 규명하기는 어렵다. 여하튼 명 조정은 그중 일부를 군대에 편입해 변경이나 수도 주변에 주둔시킬 만큼 그들을 신뢰했다. 조정은 몽골인에게 지폐와 곡식 또는 목축할 초지를 주었으며, 그들을 사신, 역관, 시위(侍衛)로 고용하기도 했다.[51] 이처럼 중국 문명은 몽골인에게 분명한 영향을 미쳤지만 그 영향은 상호적이었다. 명은 몽골의 군사 전술, 조직, 전략을 받아들였고, 티베트 불교에 관심을 가졌으며, 때로는 몽골 의복을 착용하기도 했다. 명은 몽골과 마찬가지로 지리 서적과 지도의 제작을 지시했고, 장인들을 격려했으며, 무슬림이 이끄는 흠천감(欽天監)을 설치했다.[52]

몽골 지역으로 돌아간 몽골인도 중국 문명의 영향을 받았을까? 대체로 그 대답은 부정적일 것이다. 그들은 정복을 시작하기 전에 종사했던 바로 그 유목 목축 경제를 다시 채택했다. 북원은 적어도 처음에는 중국식 연호와 인장을 유지했지만 말이다. 중국과의 무역은 여전히 필요했고, 특히 집권층은 비단 등을 얻기 위해 교역에 나설 만큼 중국산 사치품에 대한 수요가 컸던 것도 사실이다. 또한 그들은 티베트 불교에 노출돼 있었다. 그러나 몽골 지역은 몽골인이 중국으로부터 철수한 뒤에도 300년 넘게 독립 상태를 유지했다. 심지어 원조 시기에도 조정의 통제로부터 자유로운 경우가 많았다.

---

51 Serruys의 주요 저작 참고. Serruys 1957, 137-190; Serruys 1959, 1-328; Serruys 1961, 59-83; Serruys 1966, 394-405 등. 또 Robinson 2001 참고.

52 Robinson 2008, 365-411. 추가 정보는 Rossabi 2013, 200-223 참고.

참고문헌

사료와 번역서

Boyle, John. 1977. *The Successors of Genghis Khan*. New York.

Hambis, Louis. 1954. *Le chapitre CVII du Yuan che*. Leiden.

Moule, A. C., and Paul Pelliot. 1938. *Marco Polo: The Description of the World*. London.

Pokotilov, Dimitrii. 1947-1949. *History of the Eastern Mongols during the Ming Dynasty from 1368 to 1644*, tr. Rudolf Löwenthal. Chengdu.

JT/Boyle. 일러두기 6번 참조.

William of Rubruck. 1990. *The Mission of William of Rubruck*, tr. Peter Jackson. London.

YS. 일러두기 6번 참조.

연구서와 논문

Allsen, Thomas. 1987. *Mongol Imperialism: The Policies of the Grand Qan Möngke in China, Russia, and the Islamic Lands*. Berkeley, CA.

1996. "Spiritual Geography and Political Legitimacy in the Eastern Steppe." In *Ideology and the Formation of Early States*, ed. Henri Claessen and Jarich Oosten, 116-135. Leiden.

1997. *Commodity and Exchange in the Mongol Empire*. Cambridge.

Bade, David. 2002. *Khubilai Khan and the Beautiful Princess of Tumapel*. Ulaanbaatar.

Bemmann, Jan, U. Erdenebat, and Ernst Pohl. 2010. *Mongolia-German Karakorum Expedition*. Wiesbaden.

Biran, Michal. 1997. *Qaidu and the Rise of the Independent Mongol State in Central Asia*. Richmond.

2009. "The Mongols in Central Asia from Chinggis Khan's Invasion to the Rise of Temür: The Ögödeid and Chaghadaid realms." In *CHIA*, 46-66.

Buell, Paul. 1993. "Činqai." In *ISK*, 95-111.

Chan Hok-lam. 1993. "Liu Ping-chung." In *ISK*, 245-69.

Cleaves, Francis. 1952. "The Sino-Mongolian Inscription of 1346." *HJAS* 15.1-2: 1-123.

Dardess, John. 1972-1973. "From Mongol Empire to Yuan Dynasty: Changing Forms of Imperial Rule in Mongolia and Central Asia." *Monumenta Serica* 30: 117-165.

1994. "Shun-ti and the End of Yuan Rule in China." In *CHC*, 521-586.

de Rachewiltz, Igor. 1981. "Some Remarks on Töregene's Edict of 1240." *Papers on Far Eastern History* 23: 38-63.

Di Cosmo, Nicola. 2014. "Climate Change and the Rise of an Empire." *Institute for Advanced Studies Newsletter*, at ias.edu/ias-letter/dicosmo-mongol-climate.

Endicott, Elizabeth. 2005. "The Mongols and China: Cultural Contacts and the Changing Nature of Pastoral Nomadism (Twelfth to Early Twentieth Centuries)." In *Mongols, Turks, and Others: Eurasian Nomads and the Sedentary World*, ed. Reuven Amitai and Michal Biran, 461-482. Leiden.

Erdenebat, Ulambayar, and Ernst Pohl. 2009. "The Crossroads in Khara Khorum: Excavations at the Center of the Mongol Empire." In *Genghis Khan and the Mongol Empire*, ed. William Fitzhugh, Morris Rossabi, and William Honeychurch, 137-145. Seattle.

Farquhar, David. 1990. *The Government of China under Mongolian Rule*. Stuttgart.

Franke, Wolfgang. 1951-1953. "Feldzüge durch die Mongolei im frühen 15. Jahrhundert." *Sinologica* 3: 81-88.

1954. "Yung-lo's Mongolei Feldzüge." *Sinologische Arbeiten* 3: 1-54.

Heissig, Walther. 1980. *Religions of Mongolia*, tr. Geoffrey Samuel. Berkeley.

Hsiao Ch'i-ch'ing. 1994. "Mid-Yuan Politics." In *CHC6*, 490-560.

Kasakevich, V. N. 1943. "Sources to the History of the Chinese Military Expeditions into Mongolia," tr. Rudolf Löwenthal. *Monumenta Serica* 8: 328-35.

Liu, Yingsheng. 2005. "War and Peace between the Yuan Dynasty and the Chaghadaid Khanate." In *Mongols, Turks, and Others*, ed. Reuven Amitai and Michal Biran, 339-58. Leiden.

劉迎勝. 2011. *Chahetai Hanguo shi yanjiu*察合台汗國史研究(Study of the History of the Chaghadaid Khanate). Shanghai.

Lynn, R. J. 1993. "Hao Ching." In *ISK*, 348-370.

Olbricht, Peter. 1954. *Das Postwesen in China unter den Mongolenherrschaft im 13. und 14. Jahrhundert*. Wiesbaden.

Pederson, Neil. 2003. "Temperature and Precipitation in Mongolia Based on Dendroclimatic Investigations." *China Science Bulletin* 48.14: 1474-1479.

Pederson, Neil, Amy E. Hessl, Nachin Baatarbileg, Kevin J. Anchukaitis, and Nicola Di Cosmo. 2014. "Pluvials, Droughts: The Mongol Empire and Modern Mongolia." *Proceedings of the National Academy of Sciences* 111: 4375-4379.

Pelliot, Paul. 1925. "Note sur Karakorum." *Journal asiatique* 206: 372-375.

1927. "Une ville musulmane dans la Chine du nord sous les mongols." *Journal asiatique* 211: 261-279.

1959-1963. *Notes on Marco Polo*, 2 vols. Paris.

Robinson, David. 2001. *Bandits, Eunuchs, and the Son of Heaven*. Honolulu.

2008. "The Ming Court and the Legacy of the Yuan Mongols." In *Cultures, Courtiers,* and *Competition: The Ming Court*, ed. David Robinson, 365–421. Cambridge.

2019. In *the Shadow of the Mongol Empire: Ming China and Eurasia*. Cambridge.

Rossabi, Morris. 1983. *The Jurchens in the Yuan and Ming*. Ithaca.

1988. *Khubilai Khan: His Life and Times*. Berkeley.

1998. "Ming China and Inner Asia." In *The Cambridge History of China*, vol. 8, *The Ming Dynasty, 1368-1644*, part 2, 221–271. Cambridge.

2013. "Notes on Mongol Influence on the Ming Dynasty." In *Eurasian Influences on Yuan China*, ed. Morris Rossabi, 200–223. Singapore.

2017. "Geopolitics and the Mongol Empire." In *Geopolitics: Perspectives from the Engelsberg Seminars*, 2016, ed. Alexander Linklater, 83–91. Stockholm.

Schlegel, Dietlinde. 1968. *Hao Ching (1222-1275): Ein chinesischer Berater der Kaisers Kublai Khan*. Bamberg.

Serruys, Henry. 1957. "Remains of Mongol Customs during the Ming Period." *Monumenta Serica* 16: 137-190.

1959. "The Mongols in China during the Hung-wu Period." *Mélange chinois et bouddhiques* 11: 1-328.

1961. "Foreigners in the Metropolitan Police during the Fifteenth Century." *Oriens Extremus* 8: 59-83.

1966. "Landgrants to the Mongols in China, 1400-1460." *Monumenta Serica* 25: 394-405.

Shim Hosung심호성. 2014. "Postal Roads of the Great Khans in Central Asia under the Mongol-Yuan Empire." *JSYS* 44: 405-469.

Uno Nobuhiro宇野伸浩, Muraoka Hitoshi村岡倫, and Matsuda Koichi松田孝一. 1999. "Genchō kō ki karakorumu jō shi hankā kensetsu kinen perushago hibun no kenkyū元朝後期カラコルム城市ハーンカー建設記念ペルシア語碑文の研究"(Persian Inscription in Memory of the Establishment of a Khanqāh at Qaraqorum)." *Studies on the Inner Asian Languages* 14: 1-64 and Plates 1-5.

Watt, James, and Anne Wardwell. 1997. *When Silk Was Gold*. New York.

Yao Dali姚大力. 1983. "Naiyan zhi luan zakao乃顔之亂雜考." *Yuan shi ji beifang minzu yanjiu jikan*元史及北方民族研究集刊 7: 74-82.

제 2 장

몽골 제국 속의 고려

데이비드 로빈슨

데이비드 로빈슨　　　　David M. Robinson

미국 콜게이트대학 아시아학 교수로,『제국의 황혼(*Em-pire's Twilight*)』에서 14세기 중반 몽골의 멸망 이후 동북아시아에 닥친 혼란을 조명했다. 그 밖에도 명 궁정의 문화와 생활을 소개하는 다수의 책을 저술했다.

서론

고려는 몽골 제국 내 여러 다른 속국과 유사했다. 고려는 복속한 후에도 독자적 통치 가문을 유지했고, 칭기스계를 대신해 노동력과 물적 자원의 차출을 조정했다. 그러나 고려와 칭기스계 관계의 다른 측면들은 독특한 특징을 가지고 있다. 거의 30년(1231~1259) 가까운 파괴로 점철된 전쟁이 끝난 뒤 고려 황실은 1274년에 칭기스 가문 황제와 혼인 동맹을 맺었고 이러한 관계는 한 세기 동안 지속됐다. 칭기스계는 일부 초기 동맹 세력 및 지방 군주(콩기라트와 위구르 등)와 혼인 동맹을 맺었고, 몇몇 정치체(금, 남송, 맘룩)와는 장기간에 걸친 전쟁을 벌였지만, 어떠한 경우에도 전쟁과 혼인이라는 두 가지 형태의 상호작용이 이처럼 눈에 띄게 결합하지는 않았다. 실제로 14세기 중반까지 고려는 동북아시아에서 칭기스계의 방벽이 됐고, 1380년대에는 정통성을 갖춘 국가로서 칭기스계의 지위를 인정하는 동아시아의 유일한 나라였다.

고려-몽골 관계의 성격 변화는 고려의 정치사, 사회사, 문화사, 경제사에 직접 영향을 미쳤다. 반대로 고려에 대해 면밀히 살펴보면, 발전하는 칭기스계의 정치체에 관한 통찰을 얻을 수 있다.[1] 고려와 나른 복속 국가는 제국 운영에 필수적이었을 뿐만 아니라 그 성격을 변화시키기도 했다. 몽골 전문가들은 몽골에 더 많이 주목할 것을, 그리고 페르시아인이나 중국인 등 복속민의 증언에만 전적으로 의존하지 말고 몽골의 시각에서 칭기스 제국을 이해할

---

1 Brueker 2007의 도발적인 주장에 따르면, 고려의 몽골 경험이 20세기 한국의 일본 식민지배 경험에 대한 실마리를 제공하며 그 반대도 마찬가지라 했다.

것을 합당하게 요구하고 있다. 동시에 몽골이 어떻게 위구르 지역, 아르메니아, 고려와 같은 작은 정치체를 통합했는지에 체계적으로 주목한다면, 제국 전역에 걸친 칭기스계의 전략과 통치 제도에 관한 전반적인 이해를 높일 수 있을 것이다. 또한 그러한 관점은 몽골을 압제자로, 고려인을 희생자로 고정하는 이분법적 저항 서사가 적절하지 못하다는 점을 보여줄 것이다. 몽골 제국은 그 이전과 이후의 많은 제국들처럼 거의 모든 일을 "외부인"의 협력에 의존했다. 고려인은 농업 노동력을 제공하고 필수 물자를 생산했을 뿐만 아니라 칭기스계 군대와 전투에 참가했고, 정치 참모로서 활동했으며, 종교적 양식을 제공했고, 황궁 내에서 매우 가까운 시종으로 복무했으며, 칭기스계 통치 가계를 포함해 제국의 엘리트 가문과 혼인했다.

이 장은 세 부분으로 구성했다. 첫째는 고려의 몽골 제국 경험에 관한 간단한 정치 서사이고, 둘째는 군사, 사람, 문화 교류에 대한 주제별 논의이며, 마지막은 몽골 시기가 한국에 남긴 불분명한 유산을 포함한 몇 가지 결론적 의견이다. 다만 시작하기에 앞서 도움이 될 만한 학술사적 언급을 하고자 한다.

몽골 시기 한국에 관한 연구는 한국사 전문가들이 주도해왔다. 그들은 몽골의 지배가 한국의 정치, 사회, 경제, 문화에 미친 영향과 "원 간섭"(1990년대에 처음 통용되기 시작한 학술 용어) 시기 고려의 통치권에 초점을 맞추는 경향이 있다.[2] 그들은 최근까지도 몽골 제국의 내부 운영이나 그 통치 집단 또는 몽골에 복속한 조지아, 킬

---

2 김당택 1998은 그와 같은 틀을 활용한 통찰력 있는 정치사 연구서이다.

리키아 아르메니아, 위구르와 같은 다른 정치 세력에 대해서는 거의 관심을 보이지 않았다. 아마도 몽골이 중국을 차지하고 중국의 정치 문화 요소를 사용했기 때문인지, 고려와 몽골의 관계는 대개 "조공 체제"를 통해 작동했다고 이해된 한중 관계의 또 다른 사례로 다뤄졌다.[3] 보다 최근의 연구는 몽골 시기의 독특한 특징을 강조하면서, 고려가 더 광범위한 칭기스계 정치체 내에서 속국이자 정치적으로 독립 왕국이라는 이중 지위를 가지고 있었음을 살펴보았고,[4] 한국 연구자들 사이에서 고려-몽골 관계의 성격과 고려 왕 및 그 왕국의 지위에 관한 생산적 논쟁을 촉발했다.[5]

첫 접촉

몽골과 고려의 첫 접촉에 관한 기본 사실은 비교적 명료하지만, 그 해석은 복잡하다.[6] 13세기 초 칭기스 칸의 군대는 여진이 세운 금(1115~1234)의 군사, 정치, 경제 지배에 격렬히 도전했고, 그 결과 1215년 금은 북쪽 수도(지금의 베이징)를 포기할 수밖에 없었다.[7] 몽골이 대략 오늘날 중국의 랴오닝성, 헤이룽장성, 지린성 일대로 군사 팽창을 하면서 그 일대가 불안정해지고 금의 통제력은 약해졌

---

3 상당한 역사적 변형을 인정하는 공시적이고 통시적인 설명이기는 하지만, 조공 모델에 관한 최근의 변호에 대해서는 이익주 2009 참고.

4 이러한 측면에서 중요한 시도 중 하나는 김호동 2007.

5 최근의 학술사적 검토에 대해서는 이개석 2013, 13-61 참고.

6 첫 접촉으로 알려진 것은 1211년으로, 당시 몽골군이 고려가 금 조정에 보낸 사신을 살해했다.

7 Allsen 1994, 350-352, 357-360.

으며, 지방 세력의 야망이 불타올라 군사 충돌이 촉발됐다. 거란 귀족 등 일부 사람들은 금이 처한 곤경을 이용해 초보적 정치체를 조직했다.[8] 금 조정이 제국의 지배권을 재확립하기 위해 한 군사 지휘관[포선만노(蒲鮮萬奴)]을 파견했으나, 그는 또 다른 왕조인 동진(東眞)을 건립했다. 1210년대 중반 몽골의 군사 영향력이 점차 증가하면서 일부 집단은 몽골과의 연합을 선택한 반면, 다른 이들은 자립을 고수했다.

1218년 겨울 몽골과 동진의 대군이 고려 동북 변경에 모습을 드러냈다. 그들의 임무는 대규모 거란 무리를 진압하는 것이었다. 이 무리는 몽골과 그들의 거란 동맹 세력을 거부하고 고려와 연합을 도모했고, 이를 거절당하자 일련의 침략을 시작해 마침내 고려 동북 지역의 여러 성채를 차지한 상태였다.[9] 몽골과 동진의 군사는 한 성채를 제외한 모든 곳에서 거란을 몰아냈으나 폭설로 길이 막혔다. 그러자 거란 수비군 사이에는 식량이 부족해지고 있는 적들을 버텨낼 수 있으리라는 희망이 생겼다. 몽골 지휘관은 현지 고려군 지휘부에 군대와 식량을 요청했다. 신중한 입장을 취하던 고려 조정은 이번에 물자를 지원하면 앞으로 몽골과 긴밀한 관계로 이어질 수 있다고 우려했지만, 결국 곡식 1000석을 공급하기로 하고 1000명의 군사가 호송해 전달했다.

실제로 몽골 장수들은 전장에서 고려군 지휘관들을 칭송하고 연회 도중에는 스스로 '아우'라는 종속적 지위를 자처하면서

거듭 동맹을 제의했다. 고려 측에서 세공(歲貢) 이야기를 꺼내자, 한 몽골 지휘관은 고려가 그러한 수고를 하지 않도록 매년 사신을 보내 공물을 거두겠다고 했다. 몽골 지휘관들은 거란의 마지막 저항 세력을 살해하거나 포로로 붙잡은 뒤 "우리 두 나라는 영원한 형제가 될 것이며, 만세 뒤의 후손들도 이날을 잊지 않을 것이다"라고 재차 강조했다. 양측은 선물을 교환했고, 고려 대표단은 아마 그 협정을 공식화하고자 평화를 위한 서면 제안서를 제출했다. 얼마 후 중무장한 몽골 장수[합진(哈眞). 보통 카치운으로 옮긴다]가 수도 개경(현재 개성)에 있는 왕에게 강화 조건 확인서를 직접 전달하기 위해 고려 궁성으로 들어왔는데, 고려인들은 이 행동이 궁중 예법에 크게 어긋났다고 여겼다. 몽골군은 고려 영토에서 철수할 때, 동진국 사람을 포함한 일부 인원을 남겨두면서 고려 말을 배우도록 했는데, 이것은 몽골이 고려와의 관계를 지속하려 했음을 시사한다. 1219년부터 1224년까지 몽골과 동진 사신이 직물과 은그릇을 비롯해 쌀, 수달 가죽, 말 등을 징수하기 위해 매년 여러 차례 개경에 왔다.

이러한 초기 고려-몽골 관계의 성격을 둘러싸고 논쟁이 진행 중이다.[10] 아마도 가장 일반적인 해석은 1218~1219년의 연합으로 고려가 몽골 속국의 지위를 갖기 시작했고, 이 지위는 간간이 중단되긴 했지만 몽골 제국이 붕괴할 때까지 지속됐다는 것이다. 이 관점에서 볼 때 고려는 속국으로서 공물과 군사 원조 등 몽골의 요구를 모두 충족시켜야만 했다.[11] 반면 1218~1219년 연합과 초기 고

---

10 이개석 2011.

려-몽골 관계를 당시의 상황에 비추어 이해해야 한다고 주장하는 한국 학자들이 점점 늘어나고 있다. 당시 몽골 지휘관들은 금에 대항하기 위한 동맹이자 몽골의 지역 정권 통합을 위한 초석으로서 여러 지역에서 현지 세력을 물색했다는 것이다. 따라서 몽골은 동진 정권이나 일부 거란 귀족들과 연합했던 것처럼, 고려와도 비슷한 관계를 맺고자 했다.[12] 이 관계는 독점적이지 않았다. 고려 조정은 동진과의 연합을 심사숙고했고, 1224년까지는 금의 달력을 계속 사용했으며, 1226년 금 조정은 반란을 일으킨 금의 장수를 진압하라고 고려에 명했다. 마지막으로 한 학자는 초기 고려-몽골 연합은 중국식의 계층적 종속 관계가 아니라 몽골의 정치 문화라는 관점에서 이해해야 한다고 주장했다. 즉 몽골 군사 지휘관과 고려 장수들이 맺은 형제 맹약은 안다(anda), 즉 의형제 관계였다는 것이다.[13] 이러한 해석은 비록 고려와 몽골 사이의 불평등한 권력관계를 과소평가하는 것이지만, 1219년 당시 몽골의 야망과 기대는 이후의 그것보다 덜 확장주의적이었음을 상기시킨다.

몽골과 고려 양측의 인식과 정치 문화에 대해 주목할 필요가 있다. 몽골의 야전 지휘관들이 그 동맹을 안다 관계로 이해했다 하더라도, 고려 조정은 다르게 보았을 수도 있다. 일반적으로 고려의 권력자들은 공물 헌상, 정기적인 사신 교환, 종속 지위의 의례적 인정 등을 포함한 책봉 관계의 관례와 수사에 훨씬 더 익숙했고, 아마도 몽골을 외교적 조정, 단호한 협상, 그리고 필요하다면 군사

---

11 윤은숙 2012, 120-123.

12 이개석 2011, 15-26; 윤은숙 2012, 124-127.

13 윤은숙 2012.

대결을 벌여 자신들의 요구를 관철할 수 있는 또 다른 강력한 북방 정권으로 간주했을 것이다.[14] 고려는 몽골과 접촉하기 직전까지 중국의 송(960~1279)과 여진의 금 모두와 경제적, 외교적 및/또는 문화적 관계를 유지했다.[15] 거란의 요(907~1125)와의 관계 역시 고려의 역사적 기억과 외교 관행에서 두드러지게 나타났다. 고려 왕조와 거의 동시에 등장한 거란국은 처음에는 고려에게 오랑캐에 불과했지만, 나중에 양측은 밀접한 관계를 맺었다.[16] 몽골이 어떤 새로운 존재를 의미하는지 처음에는 분명하지 않았다. 초기의 고려 당국은 요, 송, 금과 경험한 외교 의례, 수사, 기대만으로도 지역 질서에 새로운 혼란을 일으키고 있는 몽골과 충분히 공존할 수 있다고 생각했다. 그러나 몽골이 전례 없던 문제를 제기한다는 사실을 인식한 고려의 정책 결정권자들은 끊임없이 상황을 탐색하고 재조정하는 전략을 채택했고, 지연, 모호, 간청을 통해 거의 모든 요구를 협상하려 했다. 즉 두 나라의 관계는 매우 우발적이었다. 때로 몽골의 요구는 고려의 노력에 따라 바뀌었고, 이에 따라 양측의 향후 기대치도 달라졌다. 칭기스 칸과 그 후계자들이 처음부터 고려에 대한 마스터플랜을 세운 것은 아니었다. 고려-몽골 관계의 모든 측면을 칭기스 또는 쿠빌라이의 진지적 천재성의 결과로 소급해 생각하는 것은 위험하다.

---

14 윤은숙 2012.

15 Rogers 1959; Rogers 1961.

16 Breuker 2011.

동맹과 전쟁 사이

1219년부터 1229년까지 고려의 정책 결정권자, 현장 지휘관, 그리고 이 상황을 우려하며 지켜보던 이들은 칭기스계에 대한 대응 방식을 두고 논쟁했다. 왕씨 왕실이 고려를 통치했으나, 12세기 후반 최씨 무신 일가가 권력을 장악했다. 최씨 가문은 왕씨 일족을 계속 왕위에 앉히고 문과 과거제 등 기존 행정 체제를 유지했으며, 대부분의 관료를 원래 자리에 유임했다. 하지만 사병을 보유하고 여러 정예 부대와 긴밀한 관계를 형성했을 뿐만 아니라, 일가의 거처 내에 강력한 행정 중심을 설립하고, 그곳에서 인사와 주요 정부 정책을 결의했다.[17] 따라서 몽골은 고려 왕과 동맹을 맺었지만 정책을 결정한 것은 대개 최씨 가문이었다.

최씨 가문의 우두머리 최우(崔瑀, 1179?~1249)는 1220년부터 동북 지역 여러 도시에 성벽을 쌓고 수도 방어 시설을 보강하는 등 방위를 강화했다.[18] 이러한 노력은 개경으로 파견된 몽골 사신들의 파괴적인, 때로는 폭력적인 행동에 대한 반응이었지만, 더 근본적으로는 지방이 불안정했기 때문이다. 금군이 고려 변경의 도시를 반복적으로 침략했고, 고려와 동진 정권의 관계는 폭발 직전이었으며(몇몇 고려 장군들이 반란을 일으키고 동진으로 피신했다), 칭기스계의 후원을 받은 한 거란 귀족 가문을 중심으로 최소 하나의 정권이 결성되기도 했다.[19] 마지막으로 1223년 무칼리(칭기스의 동쪽 군사 총책임자)가 사망하고 칭기스가 서방 원정으로 장기간 자리를 비우면

---

17 Shultz 2000, 54-93; Yagi 2008, 26-31.

18 Henthorn 1963, 28-30.

19 Henthorn 1963, 23-29.

서 몽골의 지배는 취약해진 것처럼 보였다. 1225년 초 공물을 거두기 위해 고려로 파견된 한 몽골 사신[저고여(著古與)]이 귀국길에 살해된 이후 양국의 관계는 단절됐다. 고려 관료들은 도적이 죽였다고 주장한 반면, 몽골은 고려 정부의 소행으로 보았다. 아마도 더 중요한 사실은 1229년 몽골이 동진 정권을 원정할 때 고려가 군사 원조를 거부한 일이다. 이때 고려는 동진과 평화 협의를 성사시키려 하고 있었다. 몽골은 자신들이 명백한 배신으로 간주하는 행위(서하(西夏)가 1217년 칭기스 칸의 서방 원정에 원군 파견을 거부한 것을 연상시킨다)에 대한 대응으로 동진 원정을 중단했다. 그리고 1231년 여름 몽골의 강력한 군대가 압록강을 건너면서 한반도에서 30년 가까운 전쟁이 시작됐다.[20]

장기전

1231년부터 1259년 사이에 몽골군은 한반도의 북쪽 3분의 2 지역 일대에서 반복적으로 전쟁을 벌였다. 여기에서는 각 원정을 상세하게 묘사하기보다는 때때로 예시적인 사건을 언급하면서 종합적으로 다루고자 한다.[21] 처음부터 몽골은 몽골인, 중앙아시아인, 중국인, 거란인, 여진인과 고려인으로 구성된 혼성군을 출전시켰고, 그 안에는 기병 부대뿐만 아니라 보병 부대, 그리고 투석기와 (성벽을 기어오르기 위한) 구름사다리를 사용하고 견고한 성벽 아래로 굴

---

20 1224년 서하와 금은 몽골에 대항하기 위해 동맹을 맺어 형제의 나라가 됐다. 이것이 칭기스 칸이 서하를 파멸시키고자 결심한 이유이다. Han 2008, 2: 94-97 참고.

21 상세한 설명에 대해서는 Henthorn 1963; 윤용혁 1991; 윤용혁 2000 참고.

을 파는 공성 전문 부대도 있었다. 몽골군의 다양성과 정교함은 시간이 지나면서 더 증가했다. 1231~1232년 1차 원정 도중 몽골군은 고려의 북부 도시들을 격파하거나 우회했고, 4개월 동안 수도 개경을 포위했다. 그러자 고려 조정은 강화를 제의했다. 고려의 군사 지휘관, 문관, 지방 엘리트, 일반 민중은 총력전이 파괴, 노예화 또는 죽음으로 이어질 거라는 점을 금방 깨달았다. 그보다는 주민을 산악 지역이나 인근 해안 도서로 이주시키거나 현지의 지리를 활용한 고도로 분산된 게릴라전이 더욱 효율적이었다.[22] 지방 지휘관들이 (때로 적대 행위를 중단하라는 조정의 명령을 정면으로 어기면서까지) 몽골의 결연한 공격에 맞서 성벽으로 둘러싸인 도시를 완강히 지켜내면서 생긴 이례적 유혈 사태는 그 용맹함과 희귀성 때문에 칭송받았다.

물론 항복에는 많은 대가가 따랐다. 1232년 고려가 복속한 이후 몽골 측 사령관은 금, 은, 진주, 작은 말 1만 마리, 큰 말 1만 마리, 자색 비단 1만 필, 수달피 2만 장, 100만 명이 입을 의복 등이 길게 적힌 목록을 전달했다. 게다가 몽골은 인질로 왕의 아들과 손자, 딸, 그리고 대칸을 위한 선물로 500명의 소년과 소녀를 요구했다. 고위 관료들도 칭기스계에 딸을 바쳐야만 했다. 고려의 왕세자가 몽골 궁정으로 향하는 이 긴 행렬의 선두에 섰다.[23] 게다가 몽골은 주민에 관한 호구조사 정보와 몽골 측 상주 감독관(다루가치)의 설치를 요구했다. 이러한 요구(공물, 인질, 호구조사 정보, 감독관)는 몽

---

22 Breuker 2012, 71–85.

23 Henthorn 1963, 68.

     제3권 지역사 · 외부 역사

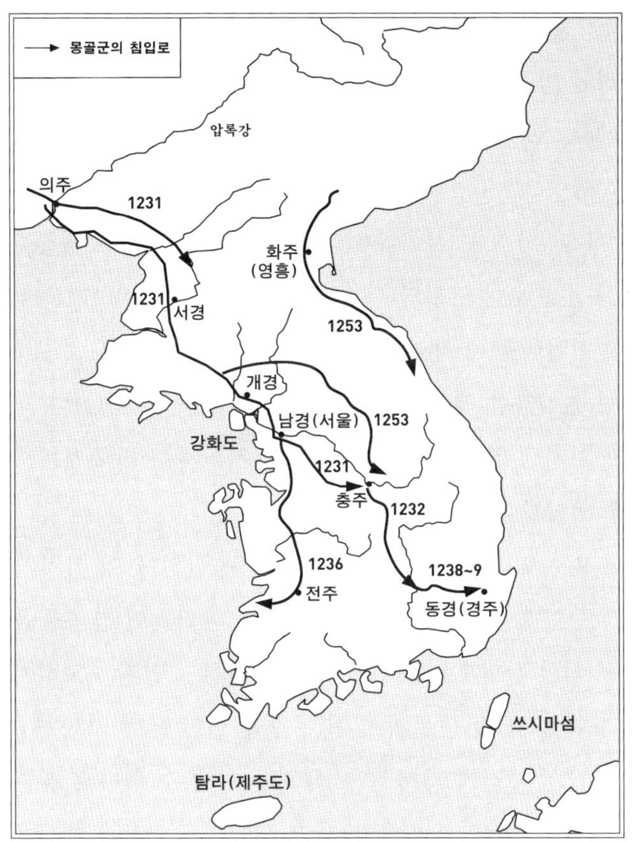

지도 2.1 고려-몽골 전쟁

골의 지배력을 강화하고 복속 지역을 제국에 묶어두는 표준 수단이었다.

이어지는 수십 년간 고려 조정이 몽골의 요구를 완전히 충족시킨 적은 거의 없다. 대개 고려는 공물의 대부분을 바쳤으나, 자원이 제한적인 작은 국가로서 결코 몽골의 수요를 충족시킬 수 없다고 자주 호소했다. 고려 조정은 간절하게 문서를 작성했고, 직접

변론하기 위해 (왕실 구성원을 포함한) 사신을 파견했으며, 몽골 귀족과 고려를 방문한 관원에게 선물을 나눠주었다. 특히 인질은 민감한 문제로, 고려의 일반적인 전략은 반복적인 지연, 면제 요청, 때로는 속임수(예를 들면 1241년 왕실의 한 인물[영녕공(永寧公) 왕준(王綧)을 가리킨다]이 왕자인 척하면서 카라코룸에 인질로 출두했다)를 포함했다.[24] 몽골은 사신을 보내 고려의 복속을 요구했다. 그들은 1218~1219년 거란이 침입했을 때 자신들이 군사 원조한 사실, 그리고 고려와 몽골이 형제 맹약을 맺어 "일가(一家)"가 됐음을 상기시켰다. 또 최근 고려가 저지른 위반 행위를 열거했고, 저항하는 자에게는 가혹한 처벌을 내리겠다고 경고했다.[25]

고려는 표면적으로는 항복했지만 몽골의 손이 미치지 않는 곳으로 수도를 옮겼다. 1231년에 최우는 관리들이 가족들을 서해안의 큰 섬인 강화도로 대피시킨 예를 따를 것인지 숙고하기 시작했다. 고위 무관 및 문관과 열띤 논쟁을 벌인 끝에 1232년 6월 최우는 몽골의 공격에 맞서 수도 개경을 지킬 수 없다고 결론 내렸다. 고위 관료, 왕실, 최씨 일가, 최고 군사 지휘관 등을 포함한 고려 정부는 수백 대의 수레와 마차를 이끌고 강화도의 확장 중이던 근거지로 옮겼고, 1270년까지 그곳에 머물렀다. 동시에 관리들은 지방으로 이동해 백성을 산성이나 연안 도서로 대피시키는 일을 감독했다. 마지막으로 고려 정부는 대부분의 몽골군이 평화 협정의 일환으로 철수한 뒤 고려 북반부 일대에 주둔하고 있던 몽골 다루

---

24 Ledyard 1964, 4, 12-14.

25 Ledyard 1963.

가치들을 처형했다. 몽골군은 거의 즉각 반응해 오늘날 수원에 해당하는 지역까지 빠르게 남하했으나, 그곳에서 몽골의 지휘관 사르타이[사르탁으로도 알려져 있다]가 유시(流矢)에 맞아 사망했다[이른바 처인성 전투]. 그러자 몽골군은 1232년 가을 초 고려 영토에서 철수했다. 몽골은 여러 차례 원정을 재개했지만, 전쟁은 1259년 최후의 평화 협정이 체결될 때까지 끝나지 않았다.

놀랍게도 고려 왕조는 몽골의 공격을 거의 30년 동안 버텨냈다. 그러나 1250년대 무렵 계속 저항할 수 있을지에 대한 의구심이 커졌다. 몽골군은 주기적으로 농경지를 황폐화하고 많은 수의 포로를 붙잡았는데, 널리 인용되는 한 주장에 따르면 1254년에 그 수가 20만 6000명 이상이었다고 한다.[26] 고려의 경제 기반인 농업 생산은 큰 손실을 입었다. 그동안 수십만 명이 비록 일시적일지라도 반복해서 고향과 농지를 떠나 상대적으로 안전한 산성 또는 해안 피난처로 향했다. 여기에 지방 정부의 불안정한 수취 능력까지 더해져 세량과 다른 상품을 징수하는 것은 물론 물품을 중앙 정부로 운송하는 데 큰 어려움을 겪었다. 심각한 식량 부족과 약해진 사회적 통제는 지방에서 노예 반란을 비롯한 불안을 촉발했다. 일부 백성들은 국가 권력이 쇠락한 모습을 지켜보면서, 몽골의 원정으로 징세가 사실상 중단됐다고 결론 내렸다.[27] 더 나아가, 몽골의 침략으로부터 고려 백성을 보호하는 데 명백히 실패했음에도 강화도에서 안전하게 특권을 누리고 있는 왕실과 최씨 정권의 능

---

26   *KS* 24.20a–b.
27   Lee 2007, 88.

력과 합법성에 대해 거센 의문이 제기됐다.[28] 1250년대 중엽 국고
는 거의 비었고, 1257년에는 기근이 발생했다. 재정적 어려움이 가
중되고 몽골의 군사적 압력이 계속되면서 불신이 커지는 가운데
1258년 5월 최씨 가문은 붕괴했다. 문관과 무관 공모자들은 (최씨
가문의 마지막 수장) 최의(崔竩)와 그의 주요 지지자를 암살했고, 왕에
게 권력을 환원하는 모양새를 갖춘 뒤 최씨 가문의 재산과 토지를
몰수했다. 이제 변화를 위한 길이 열렸다.

　　몽골과의 협상은 수십 년 간의 전쟁 내내 계속됐는데 최씨 가
문이 몰락한 뒤에는 왕자를 보내는 등의 강화 조건이 순조롭게 논
의됐다. 대부분의 문관이 강화를 꺼렸지만 전쟁과 고통이 지속되
는 것보다는 낫다고 생각했다. 반면 무관들 중 다수는 전쟁을 계
속해야 한다고 생각했다. 이후 강화도에서 강화 논의가 진행되는
10개월 동안, 몽골군은 한반도를 약탈했고 더 나아가 군사령부를
설립해 통제력을 강화했다. 특히 군사령부는 몽골로 변절한 고려
군인들을 점점 더 많이 받아들였다. 마침내 1259년 5월 고려의 왕
세자 왕전(王倎, 1219~1274)이 몽골 조정에 나아가 강화도의 방어 시
설을 파괴하고 개경으로 환도(還都)할 것을 약속했다. 이로써 이미
준비가 상당히 진행된 또 한 차례의 침입을 피할 수 있었다.

제국으로의 통합

몽골 제국 내에서 발생한 더욱 광범위한 정세 변화는 고려의 위

28　강화로의 피신에 대한 상반된 평가에 대해서는 윤용혁 2006, 44-50 참고.

상 변화에 직접적인 영향을 미쳤다. 세자 왕전이 뭉케를 만나러 가고 있던 1259년 8월에 대칸이 사망했고, 뭉케의 두 형제 아릭 부케(1266 사망)와 쿠빌라이(1215~1294)가 각자 뭉케의 계승자라고 주장하면서 내전이 발생했다. 쿠빌라이는 상도로 가는 도중에 개봉(開封)에서 고려 왕세자를 회견했고, 곧이어 몽골의 통제력 밖에 있는 외국조차 자신을 정당한 계승자로 인정한 증거라고 선언했다. 고려 국왕 고종의 사망 소식이 전해지자 쿠빌라이는 귀국해 왕위에 오르라고 왕세자에게 명령했다. 그는 자신의 선조들이 손에 넣지 못한 전략적 요충지를 확보할 열쇠를 찾았다고 기대했던 것이다.[29] 1260년 6월 고려로 돌아온 왕전이 즉위했고(이 시점부터 일반적으로 그를 묘호인 원종(元宗)으로 칭한다), 얼마 후 쿠빌라이로부터 제국 내에서 고려의 지위와 의무를 서술한 일련의 칙령을 받았다. 몽골은 강화도를 버리고 개경으로 환도할 것을 강하게 요구하면서, 그 대신 한반도에서 몽골군과 다루가치를 철수시키고 수천 명의 고려 포로를 석방하는 데 동의했다. 또한 쿠빌라이는 의관(衣冠)은 본속(本俗)을 유지하라고 명령했는데, 이것은 이후 노예 제도에서 토지 소유 관행에 이르기까지 고려의 현상을 보존한다는 광범위한 명령으로 해석됐다.[30]

아릭 부케와 쿠빌라이의 계승 분쟁이 고려가 몽골 제국에 처음 통합되는 과정을 촉진했다면, 야심에 찬 제국의 요구는 곧 고려가 지닌 새로운 의무의 무게를 분명하게 드러냈다. 1268년 초 쿠빌

---

29 김호동 2007, 83-92.

30 김호동 2007, 92-101; 이익주가 몽골-고려 관계를 이끄는 구조적 틀로 제시한 "세조구제(世祖舊制)"는 한국 학계에 널리 영향을 미쳤다. 이익주 1996 참고.

라이는 일본 공습을 계획하면서 고려가 담당할 역할을 상세히 열거한 명령을 내리기 시작했다. 고려 왕은 두 차례에 걸쳐 함선 건조, 식량 수집, 병력 징발을 감독했고, 이 일은 15년 넘게 산발적으로 계속됐다. 쿠빌라이는 일본 원정 준비를 강화하면서 1271년에는 둔전을 감독하기 위한 기관[둔전경략사(屯田經略司)]을, 1280년에는 정동행성(征東行省)을 설립하는 등 몽골의 한반도 통제를 강화했다. 전자는 얼마 지나지 않아 폐지됐지만, 후자는 이후 70년간 몽골과 고려의 공동 통치라는 지속적인 특징으로 작동했다.[31]

원종은 쿠빌라이의 압력에 직면한 동시에 국내의 도전도 마주했다. 1269년 7월, 군사 지휘관이자 그의 지지자였던 임연(林衍, 1270 사망)은 원종이 몽골과 화친하고 개경으로 환도한다는 결정을 내린 것에 불만을 품고 쿠데타를 일으켰다. 그는 고려 조정 대신들의 반대를 거의 받지 않고 왕을 끌어내 연금하고 더 순종적인 왕실 구성원을 왕위에 앉힌 뒤 자신이 군사 지휘 체계상의 고위직을 거의 독점했다.[32] 임연은 원종의 건강이 나빠져 동생[안경공(安慶公) 왕창(王淐)]이 왕위에 올랐다고 해명했다. 고려의 동맹 세력을 상실하면 자신의 동아시아 구상에 방해가 될 것이라고 판단한 쿠빌라이는 임연을 제거하고 원종을 복위시키기 위해 군사를 파견했다.[33] 쿠데타의 세부 내용을 언급할 필요는 없지만, 이 사건은 제국 내에서 고려 왕의 지위가 불안정했음을 보여준다. 고려 왕과 관료들은 특정 요구에 대해 협상을 시도할 수는 있었지만, 자신들의 권력과

---

31 고병익 1970, 184-292; 장동익 1994, 13-109.
32 김당택 1997a.
33 김호동 2007, 107-109.

지위를 빚진 몽골 대칸에 응답해야만 했다. 동시에 왕은 몽골의 후원을 받았음에도 국내에서 군인, 귀족 가문, 그리고 몽골 궁정에 자신만의 후원자를 둔 투쟁적 신흥 야심가 등의 도전에 직면했다. 예를 들어 1269년 서북 군사 지휘부[서북면병마사영(西北面兵馬使營)]의 비교적 신분이 낮은 인물[최탄(崔坦)]이 표면적으로는 임연의 쿠데타에 항의하면서 몽골 조정으로 망명하자 몽골은 즉각 그에게 서북 일대 넓은 지역에 대한 감독을 맡겼다. 그곳은 동녕부(東寧府)로 새롭게 조직됐는데, 고려 왕으로부터 매우 독립적인 행정 군사 조직이었다.

원종은 강화도를 포기하겠다고 결정했지만, 다수의 주요 군사 지휘관 및 조직은 이를 따르지 않았다. 그중에는 몽골에 맞서 굳건히 싸운 삼별초(三別抄)도 있었다.[34] 삼별초는 개경 환도와 몽골과의 지속적인 평화 협정이 고려를 취약하게 만들고 군대의 힘과 지위를 약화시킬 것이라고 생각했다.[35] 1270년 삼별초는 원종을 비난하고 고려 왕실의 다른 인물[승화후(承化侯) 왕온(王溫)]을 새 왕으로 세웠으며, 근거지(그리고 강화도의 많은 사람들)를 남쪽 진도(珍島, 국제 무역로상에 위치했으나 본토로부터의 공격에는 취약했다)로 옮겼다. 그다음에는 해안에서 더 멀리 떨어진 탐라(현재 제주도)로 이동 했다.[36] 삼별초는 해상 교통로를 위협했고, 그들의 지속적인 저항은 쿠빌라이의 일본 공격 계획을 지연시켰다. 결국 1273년 고려-몽골 연합

34　삼별초의 난에 대해서는 윤용혁 2000 참고. 삼별초를 "Three Extraordinary Watches"로 번역한 것은 Breuker 2012를 따랐다.

35　한국 역사학계에서의 논쟁에 대해서는 윤용혁 2006, 53-55 참고.

36　Breuker 2012, 86-95.

군이 해상 원정을 통해 저항 세력을 격파했는데, 이 경험은 아마도 1274년 일본을 겨냥한 군사 작전에 자신감을 주었을 것이다.

칭기스 일가와 고려 통치 가문의 혼인 관계는 왕의 지위를 더욱 복잡하게 만들었다. 1274년 세자 왕심(王諶)은 쿠빌라이의 딸 쿠틀룩 켈미시와 혼인했다. 1269년 임연의 쿠데타 당시 원종을 복위시키기 위해 쿠빌라이의 군사 원조를 확보하고자 왕세자가 먼저 혼인을 제의했다. 쿠빌라이는 이에 원칙적으로 동의했지만, 실제 혼인은 5년 뒤에 이루어졌다. 그동안 왕세자는 황실 케식(keshig)으로 복무하면서 쿠빌라이의 신임을 얻었을 것이다. 더 넓은 지정학적인 관점에서 봤을 때, 선박, 해군, 해양 지식의 원천으로서 고려의 지원을 확보하는 것, 고려가 남송 또는 일본과 연합하지 못하도록 하는 것, 동방삼왕가(東方三王家, 칭기스의 세 동생의 후손)의 야심에 대한 대항마로 고려를 이용하고자 한 것도 쿠빌라이가 이 혼인을 결심한 요인이었다. 여하튼 왕심은 고려의 왕이자 칭기스계의 사위였다. 향후 수십 년간 일곱 명의 칭기스계 여성이 고려의 통치 가문과 혼인했고, 그들에게서 세 명의 고려 왕이 태어났다.[37]

비록 학자들은 왕실 통혼이 칭기스계와 왕씨 가문 사이의 관계를 심화시켰다는 데 동의하지만, 새로운 관계에 대한 해석은 다양하다. 일부 학자들은 혼인 동맹이 토착 통치 가문을 몽골 제국에 결속시킴으로써 속국으로 세력을 확장하는 칭기스계의 통제 수단 중 하나였다고 생각한다. 이러한 관점에서 볼 때 칭기스계 공주와 그 측근들은 제국의 한 축을 이루었다. 고려 조정의 정보에

37　김혜원 1990, 203-204.

　　　　　　　　　　제3권 지역사·외부 역사

접근할 수 있는 전례 없는 권한을 얻었고, 고려 왕을 칭기스계의 이익에 부합하도록 굴복시킬 수 있었기 때문이다.[38] 반면 다른 학자들은 이 혼인이 고려 왕실을 유라시아의 새로운 지배 계층으로 상승시켰다고 주장한다. 고려 왕과 그 아들들은 칭기스 일가의 구성원으로서 대칸에게 개인적으로 접근할 수 있는 권한을 향유했고(이것은 가장 귀중한 형태의 정치 자본이었다), 제국의 지배층 중에서 더 높은 지위를 얻었으며, 국내 업무에서 몽골 관료로부터 직접적인 간섭을 덜 받았고, 세상에서 가장 강력한 국가의 군사 및 정치 지원을 확보했다.[39] 고려 왕의 지위, 특히 그가 한반도와 백성을 독자적으로 통치했는지, 아니면 칭기스계가 부여한 분봉지로서 다스렸는지는 한국 학자들 사이에서 논쟁을 불러일으켰다. 그것은 몽골 시기에 고려가 자주적인 국가로 존속했는지, 아니면 종속국으로 전락했는지라는 뜨거운 주제와 직접적으로 관련 있기 때문이다.[40] 그러한 논쟁과는 별개로 왕실 통혼은 고려를 제국의 광범위한 정치 속으로 더 깊이 끌어당겼다. 고려 내의 계승 문제는 종종 대도의 궁정 내 경쟁과 연결됐다. 고려 왕은 효율적으로 통치하기 위해 개경뿐만 아니라 대도와 상도의 후원을 확보해야 했다.

몽골 제국으로의 통합은 고려이 행정 구조에 변화를 가저왔다. 원 왕조는 고려 정부에 자신들이 사용하는 것보다 명백하게 격이 낮은 행정 명칭을 채택하거나, 또는 원의 관직명을 피함으로써

---

38   Hsiao 2007, 766-789. 대부분의 연구들은 혼인 동맹이 몽골의 통제 도구이자 고려 조정의 이익을 증진할 수 있는 수단이었다고 주장한다. 예를 들어 Zhao 2004.

39   통혼, 인질 제도, 고려 왕의 지위 변화에 관한 모리히라의 글은 한국과 일본 학계에 널리 영향을 미쳤다. Morihira 2013, 22-201 참고.

40   이개석 2013, 33-48.

스스로를 낮추도록 강요했다. 고려는 중서성(中書省)과 문하성(門下省)을 합쳐 중서문하성(中書門下省)으로 이름을 바꾸었고, 이 기구 안에 다시 상서성(尙書省)을 통합시켰다[중서문하성은 몽골 이전부터 존재했고, 상서성이 병합된 기관의 이름은 첨의부(僉議府)이다]. 또 이부, 호부, 병부와 형부 역시 격을 낮춘 명칭으로 변경됐다. 고려 왕은 자신과 왕국을 지칭하던 관행적 표현(예, 짐(朕))을 포기하고, 원 황제와 원 왕조보다 지위가 낮은 군주이자 국가를 가리키는 표현을 채택했다.[41] 동시에 고려 조정은 원의 관행을 더욱 철저히 따르기 위해 일부 행정 조직을 재편했다. 예를 들어 이부와 예부를 하나의 조직으로 통합해 전리사(典理司)[원문은 the Ministry of Personnel and Rites(吏禮部)로 번역했지만, 이것은 원의 관청이다]로, 문한서(文翰署)[원문은 Hanlin Academy(翰林院)으로 번역했지만, 당시 정식 명칭은 문한서이다]와 사관(史官)을 예문춘추관(藝文春秋館)으로 합쳤다.[42] 게다가 고려 조정은 특히 왕의 호위, 세자의 시종, 궁정 위사, 왕실 매잡이, 왕실 수행원, 그리고 몽골 공주 수행단의 종자 같은 집단을 위해 몽골의 행정 조직과 명칭을 선별해 사용했다.[43]

많은 영어권 학자들은 고려의 저항과 고려가 몽골 정치체에 처음 편입된 것, 그리고 수포로 돌아간 일본 원정에서 고려의 역할 등에 초점을 맞춰왔다. 하지만 몽골 제국이 줄곧 변화한 것처럼 고려, 그리고 고려가 칭기스계 질서에서 차지한 위치도 변화했다. 충선왕(재위 1298, 1308~1313)을 필두로 몇몇 고려 군주들은 젊은 시절

---

41 Yagi 2008, 18.

42 Yagi 2008, 359.

43 Pelliot 1930; 김대명 2013, 100-106.

상당한 시간을 대도에서 보냈다. 그곳에서 대칸을 넘어 칭기스 가문의 다른 구성원, 유력 몽골 귀족, 튀르크와 중국 출신의 야심가 등과 정치적, 사회적 네트워크를 형성했다. 충혜왕(재위 1330~1332, 1339~1344)의 정치적 운명은 킵착인 엘 테무르, 몽골 출신 바얀, 그리고 고려에서 태어난 기황후 같은 원 궁정 내 권력자들과의 관계와 직결돼 있었다. 한편 반원(反元)을 표방해 찬양받은 공민왕(재위 1351~1374)도 기황후와 칭기스계 조정의 다른 강력한 후원자들의 지지를 받았기 때문에 왕위를 차지할 수 있었다.[44]

하지만 고려 내의 몽골 세력이 무한했던 것은 아니다. 몽골식 이름, 의복, 음악, 춤이 고려 궁정에서, 그리고 그만큼은 아니지만 고려 사회에서 인기를 얻었다. 그러나 근본적인 사회, 경제, 정치 구조는 변화에 대해 매우 강한 회복력을 보여줬다.[45] 유라시아의 다른 곳에서도 그러했듯, 고려는 몽골 제국에 통합되면서 기존 무역 관계(주로 중국)를 확장했고 더 넓은 지역 간 네트워크에 연결됐다.[46] 그리고 마침내 개별 칭기스계 귀족들과 그들이 통치하는 영역의 일체화가 대칸 한 사람의 지배 아래 통합된 정치체로서의 제국이라는 관념을 압도하자, 원 왕조의 일부는 고려를 독립적 속국이 아니라 하나의 지방으로 보고 원의 행정 구조 안에 편입해야 한다고 생각했다.[47] 그러한 시도는 수포로 돌아갔지만, 이 주장은 고려의 지위가 칭기스계 체제의 변화하는 역학 관계를 어떻게 반영

---

44 권용철 2014.
45 장동익 1994, 83-89; Yun 2006.
46 이강한 2013; Robinson 2009, 48-49; Chen 1991.
47 김호동 2007, 112-120.

하고 있는지를 보여준다.

군사와 왕권

최근 수십 년 동안 학자들은 문화 교류와 혁신, 발전된 통치 기술의 사용, 유라시아를 종횡으로 가로질렀던 사람들의 이동에 주목하면서 몽골 제국에 관한 우리의 이해를 넓혔다. 그러나 다면적인 대가와 결과를 수반한 군사 충돌은 몽골 시기의 가장 중요한 특징으로 남아 있다. 고려는 1218년부터 170년간 줄곧 대륙, 반도, 섬 등을 무대로 몽골과 전쟁하기도 하고 협력하기도 했다. 군사적 저항과 협력의 결과는 고려의 사회, 경제, 정치적 역학 관계에 깊은 영향을 미쳤다.

앞에서 언급한 것처럼 1218~1219년 고려가 처음 몽골과 군사적으로 얽힌 사건은 고려를 더욱 긴밀한 정치적 협력으로 이끌었다. 이후의 군사 위기는 최씨 가문의 권한을 확대했고, 몽골과의 전쟁 종식은 삼별초에게 실존적 위협을 가했으며, 결국 그들은 쿠데타를 일으켰으나 실패했다. 수십 년간 이어진 몽골과의 충돌로 호족 가문의 군사적 역할이 확대됐고, 그들은 종종 민병대와 게릴라군을 조직하고 후원했다.

조지아와 킬리키아 아르메니아의 군주들처럼, 고려 왕도 군사적 통합자로서 몽골의 광범위한 군사 행동을 위해 군사력과 전쟁 물자를 동원하면서 어느 정도 권력을 확보할 수 있었다. 고려 왕은 정동행성을 총괄했고, 고려 땅에 설립된 투멘(만호)을 이끄는 지휘관을 심사했다. 실패로 돌아간 쿠빌라이의 일본 원정은 아마도 한반도에 가장 큰 경제적, 그리고 노동력 부담을 안겼을 것이다. 고려 왕은 1274년 원정을 위해 300척의 배를 건조하는 데 3만 5000명의 조선공을 동원했으며, 8000명의 군사와 6700명의 수병을 징집했다. 1281년 원정 당시에는 900척의 병선을 제작했다. 이러한 동원은 비록 쿠빌라이의 강압이라는 맥락에서 비롯된 것이라 할지라도 왕권의 행사를 의미하기도 했다. 수중고고학자들의 최근 연구에 따르면, 고려의 선박은 강남에서 급조된 거대한 선박들보다 작고 견고했다. 이는 쿠빌라이의 함대 대부분을 파괴한 괴멸적 폭풍 속에서 고려 선박의 피해가 더 적었던 이유를 설명해줄 수 있다.[48]

제국의 요구는 고려 군대 내의 변화를 자극했다. 몽골의 군사 우산 아래로 들어간 고려 조정은 상비군을 줄이고 지방 통제권의 많은 부분을 만호장(萬戶長)에게 양도했다. 충선왕 같은 군주는 충분한 군사력을 확보하기 위해, 대도에서 본 원의 군호(軍戶) 체제를 모방한 새로운 형태의 군사 조직과 사회 통제를 실험했다.[49] 반세기 후인 1354년 중국의 대운하 인근 지역에서 반란이 확산되자, 공민왕은 몽골군의 반란 진압을 돕기 위해 수천 명의 고려 왕실 군대를 파견했다. 1350년대 후반에서 1360년대 초반에 중국의 반란 세력이 고려 북부로 밀려들자 공민왕과 그의 조정은 수도에서 쫓겨났고, 한반도의 많은 지역에 대한 통제력을 상실했다. 그 결과 군 지휘관들의 권력과 영향력이 커지며 고려의 몰락과 조선의 성립

48　Delgado 2008, 99–103, 148–155.
49　이강한 2013.

으로 이어지는 한 원인이 됐다.[50]

인구 이동과 그 결과

대부분의 제국에서 그러하듯, 군사 지휘관, 민정 행정관, 진취적인 상인이 본토에서 고려로 이동했을 뿐만 아니라 서아시아나 중앙아시아 등 다른 복속 지역 출신들도 고려 내에서 제국을 위해 복무했다. 거꾸로 고려인 역시 원의 주요 도시 거점에 체류했다.[51] 몽골 제국은 왕실, 지식인 엘리트층, 주요 귀족 가문의 딸부터 군인, 불교 승려, 출신이 미천한 청년, 평범한 농부를 망라하는 광범위한 고려인 디아스포라를 일으켰다. 그들은 요동 국경 지역은 물론 수도인 대도와 상도로부터 남쪽으로 멀리 떨어진 강남 도시에 이르는 각지에서 다양한 기간 동안 정착했다. 몽골의 수도로 여행한 14세기 학자들은 원을 문명의 중심지로 극찬했고, 신유학 저서, 백과사전, 농업 기술 교범 등을 고국으로 가져왔다.[52] 또 최신 연구에 따르면 당시 여성, 환관, 병사의 역할이 중요했다. 그 활동이 현재 전하는 사료를 통해 잘 입증되지는 않지만, 이들은 종종 정치적 핵심 인물에 접근할 수 있었고 비공식적인 영향력 네트워크를 형성했다.[53]

　고려인 디아스포라는 고려인들이 요동에 정착하면서 시작

50　Robinson 2009, 220-251.

51　Yun 2002.

52　도현철 1998; Breuker 2014, 56.

53　처음으로 보다 넓은 시각에서 살펴본 연구 중 하나로는 장동익 1994, 133-234를 들 수 있다. 조명제 2008도 참고.

됐다. 1231년 늦은 여름, 고려 군사 지휘관 홍복원(洪福源)이 약 1500호를 이끌고 당시 진군 중이던 몽골군에 항복했다.[54] 몽골은 즉시 홍복원을 서경(西京, 오늘날 평양)을 감독하는 중요한 지위[구체적으로는 서경낭장(西京郎將)]에 임명했다. 1233년 말 고려, 동진, 거란의 압력에 직면해 몽골의 서경 통제력이 약해지자, 홍복원은 압록강 서쪽 일대에서 자신이 감독하고 있던 고려인 집단을 예전 금의 심장부였던 요양과 심양 사이 지역으로 이주시켜도 좋다는 허락을 받았다. 몽골은 홍복원을 고려군민장관(高麗軍民長官)[정확히는 관령귀부고려군민장관(管領歸附高麗軍民長官)]으로 임명했다. 홍복원과 그의 후손은 대략 2만에서 3만 명에 달하는 옛 고려 백성을 행정적으로 감독했다. 30년이 지난 1263년 몽골 조정은 요동의 고려인에 대한 지배권을 홍씨 일가와 한 고려 왕족[왕준으로, 안무고려군민총관(安撫高麗軍民總管)으로 임명됐다]에게 분할했고, 1292년에는 심양에 있는 약 1만 명의 고려인을 관할하기 위해 또 다른 고려 왕족[영인후(寧仁侯) 왕함(王誠)을 지칭하는 것으로 생각된다]을 임명했다.[55] 1392년 고려 왕조가 무너진 뒤에도 요동에 고려인 집단이 상당수 존속했다.

고려 왕실은 대도에 거주지를 만들고 유학자, 불교 승려, 군인, 정치 고문 등을 후원했다. 왕신은 생활비를 마련하기 위해 부유한 강남 도시들에서 무역에 참여했다. 대부분의 고려 왕은 개경에서 왕위에 오르기 전에 대도와 상도에 있는 대칸의 케식에서 복무했다. 또한 대도는 고려 왕들이 자신의 부인이 될 몽골 여성을

---

54 Pirozhenko 2005.

55 양의식 1996; 김구진 1986; Robinson 2009, 28-29.

만나는 곳이었다. 고려 왕족과 그 참모들은 여러 세대를 거치면서 언어, 민족, 정치 노선을 넘어 후원 관계를 구축하는 법을 배웠다. 예를 들어 14세기 초 심왕(瀋王, 고려 왕실의 일원)은 몽골 황제 시데발라(재위 1321~1323)에게 한학(漢學)을 가르칠 스승으로 한 한인 학자를 추천했다.[56]

14세기 무렵에는 원 황실에서 복무하는 고려 태생 환관들이 정치적으로 중요해졌다. 이전 중국 왕조에서 환관은 황실 구성원의 개인적 필요를 해결해주는 역할을 했다. 하지만 원에서는 케식이 그 기능을 담당했기 때문에 환관은 불필요했다. 그럼에도 쿠빌라이는 아마도 중국 제국의 전통을 선택적으로 수용하는 시도의 일환으로 소수의 환관을 활용하기 시작했다. 고려 출생 환관으로 관련 기록이 많이 남아 있는 첫 번째 사례는 방신우(方臣祐)이다. 그는 쿠빌라이의 딸이자 충렬왕(재위 1274~1298)과 혼인한 쿠틀룩 켈미시를 모시면서 복무를 시작했다. 방신우의 이력은 일곱 명의 황제와 두 명의 황태후에 걸쳐 있으며 1342년에 막을 내린다.[57] 14세기 대부분의 시기 동안 원 왕조는 고려에 환관을 바치라고 주기적으로 요구했다. 몽골로 간 일부 황실 환관들은 고려 왕으로부터 자신과 남성 친척을 위한 귀족 작위를 받아냈는데, 이는 그들의 정치적 영향력을 보여준다. 14세기 중국과 고려의 지식인들은 고려인 환관들이 황실에 대한 특권적 접근을 통해 과도한 권력을 행사하고 있다고 생각했고, 원 관료들이 궁중에서 고려 출신 환관들

---

56 Wang Feng 1988, 501.
57 고혜령 1984.

　　　　　　　제3권 지역사 · 외부 역사

의 지지를 얻기 위해 그들에게 주기적으로 선물을 바친다고 불평했다.

고려 출신을 포함한 고위 황실 환관은 황실에 물자와 서비스를 조달하는 행정 기구를 감독하기도 했다. 여기에는 후궁, 황후, 황태후 등이 가진 상당 규모의 토지와 세수 목록이 포함됐다. 14세기 중반에 기황후는 자신의 행정 중 상당 부분을 고용보(高龍普)['고룡보'로 옮기기도 한다]와 박불화(朴不花, 부카) 같은 고려인 환관에게 위임했다. 또 고용보와 박불화는 원의 사신으로 고려에 가서 황궁에서 복무할 어린 소녀를 징발하는 등 칭기스계를 대신해 국사를 수행하고 고려 왕과 협의했으며, 기황후의 부모를 접대하는 등 가사를 돌보기도 했다.[58] 때때로 고려 왕과 사교하는 임무도 수행했다. 1343년 어느 날 고용보는 충혜왕을 초대해 격구와 씨름 시합[정확히는 각저희(角觝戲)]을 관전했다.[59] 이와 같은 오락은 방문의 진짜 목적, 즉 왕을 체포하고 폐위시켜 대도로 압송하는, 다시 말해 동맹국의 군주를 교체하는 매우 민감한 정치적 임무를 감추었다.[60] 고려 태생 환관의 일부는 황실과 사적으로 가까운 관계였고 주요 기구를 운영한 경험이 있었기 때문에 케식 심의 회의[저자가 인용한 글에서는 '내정결책(內廷決策)'으로 표현했으며, 이 회의에 케식 또는 훤핀만 참여한 것은 아니다]의 일원이 되기도 했다. 이는 그들이 제국의 운영에서 얼마나 중요한 역할을 했는지 암시한다.[61] 또 환관들은 궁

---

58 *KS*, 36.560; *KSCY*, 25.31a–32b, 649.

59 *KS*, 36.562; *KSCY*, 25.32b, 649.

60 *KS*, 36.562–563; *KSCY*, 25.33a, 650.

61 이개석 2010.

중 여성들과 자신을 위한 종교 후원과 사회 복지에도 관여했다. 예를 들어 유명한 거용관(居庸關, 1340년대 중반 대도와 북쪽을 연결하는 제국의 중요한 교통로에 설립한 것으로 왕조의 부활을 상징했다) 건설에 관한 위구르, 티베트, 한자 각문에 새겨진 기증자 목록에는 한 고려 출생 환관이 포함돼 있다.[62]

칭기스계와 고려 왕실 간의 통혼이 가장 면밀하게 연구되었지만, 다른 엘리트 집단 사이에도 혼인이 이루어졌다. 한 연구는 고려 유력 가문 출신의 여성이 원 관료와 혼인한 37건의 사례를 기술했다.[63] 적어도 두 명의 고려 왕과 한 명의 왕족이 칭기스계 귀족과 원 고위 관료에게 딸을 보냈다.[64] 일부 사례에서는 칭기스계 군주가 공로를 인정하여 일종의 상으로 고려 여성을 분배하면서 통혼이 발생하기도 했다. 일례로, 연진(燕眞, 알친)은 캉글리 튀르크 출신으로 소년 시절 몽골군에 붙잡혀 칭기스 칸의 어머니에게 주어졌다가 이후 쿠빌라이의 측근이 됐다. 그는 궁녀 출신 고려인 여성 김장희(金長姬)와 혼인해 아들 다섯 명을 낳았는데, 대부분이 중국 고전 교육을 받고 원의 관직을 역임했다.[65] 손자 중 하나인 베르케 부카는 왕자 코실라(1300~1329)의 조정과 아유르바르와다의 케식에서, 그리고 이후에는 중서성에서 복무했다. 그는 또 다른 고려 엘리트 가문 출신의 여성과 결혼했다.[66] 고려 조정은 베르케 부카

---

62 Murata 1955, 241, 278, 315.

63 Xi 2003, 136-137. 또 증명된 22건의 사례에 대해서는 박경자 2010, Chart 2, 53-54 참고.

64 박경자 2010, 54. 두 명의 고려 왕은 충선왕과 충혜왕이다.

65 Xi 2002, 123; Ma 2002, 94-95.

66 이개석 2011, 28-42. 부쿠무(不忽木)의 다른 아들도 고려 출신 시첩이 있었다. Ma 2002, 94-95; Xi 2003, 169-170 참고.

의 지지를 얻기 위해 그의 사촌들을 파견해서 선물을 전하는 등 그와 고려의 관계를 이용하려 했다. 그러나 그가 고려에 호의적이었는지, 그 가문의 이익에 호의적이었는지는 불분명하다. 한편 칭기스계 군주와 고려 왕이 모두 여성을 "다시 선물"하는 행위에 관여되기도 했다. 고려 왕은 쿠빌라이의 유력 재무장관인 셍게에게 한 고려 여성을 보냈다. 1291년 셍게가 정치적으로 몰락하고 처형당한 뒤, 원 황제가 그 여성을 포함한 그의 재산을 차지했다. 그 후 쿠빌라이는 해당 고려 여성을 마바르에서 온 한 인도 왕자(그는 황제의 보호를 구했고 국제적인 항구 도시인 천주(泉州)에 거주했다)에게 주었다.[67] 일부 고려 가문과 원 관료들은 원 및 고려 군주와 별개로 혼인을 주선했다. 여하튼 복속국의 엘리트들은 여러 세대에 걸친 관계, 즉 칭기스계의 정복으로 생겼으나 궁극적으로는 제국을 지탱하게 된 통혼 관계를 형성했다. 마지막으로, 그리고 가장 기록되지 않은 것이 약 2000명의 고려 공녀로, 그들 중 소수는 칭기스계 귀족 또는 원의 고위 정치 엘리트의 부인 또는 첩으로서 높은 사회적 지위와 경제적 특권을 얻었다. 그러나 대부분은 원 궁정이나 부유한 엘리트 가문에서 시종으로 일했고, 아마도 현지에서 결혼했을 가능성이 높다.

고려 태생 환관과 소녀들이 원 조정에서 임무를 맡으면서 음식, 의복, 언어, 종교 관습 같은 고려 풍습을 칭기스계 황실과 주요 재상들에게 전했고, 그들은 다시 중국에 그 관습을 퍼뜨렸다.[68]

67　Ma 2002, 95.

68　박경자 2010, 41.

14세기 중반에 한 중국 문인은 "사방의 의복, 신발, 모자, 기물이 모두 고려양자(高麗樣子)를 따른다"고 서술했다.[69] 일부 엘리트 집단에서 고려인 부인 또는 시첩은 사회적 지위가 높았다.[70]

14세기 몽골 제국 내의 고려 여성은 많은 지식인들 사이에서 격론을 불러일으키는 주제였다. 이곡(1298~1351)과 이제현(1287~1367) 같은 고려 문인은 그들이 고려의 복속적 지위를 상징한다고 생각했다. 1335년 이곡은 몽골이 고려에서 공녀를 징발하지 못하게 하자고 상소하면서, 원 사신들이 자신의 딸을 붙잡아 가는 것을 속절없이 바라보며 비탄에 빠진 부모의 모습을 묘사했다. 그 소녀들은 고려로 돌아와 나이 든 부모를 만날 희망도 없이 수천 킬로미터 떨어진 곳에서 일해야만 했다.[71] 반면 일부 중국인과 튀르크인 남성에게 고려 여성은 이국적이고 에로틱한 매력을 지녔다. 카를룩 출신의 시인 나센은 14세기 중반에 쓴 사회 비판적인 시에서, 술에 취한 채 환관을 불러 침대 발치에 있는 향로에 향을 더 넣어달라고 하는 고려 출신 후궁과 원 군대와 건설 노역대에서 목숨을 걸고 일하는 아들을 둔 누더기 차림의 굶주린 중국 여성을 대비했다.[72] 중국 문인들은 때때로 원 조정 내 고위 몽골인의 도덕적 타락을 묘사하기 위해 고려 여성을 이용했는데, 강력한 재상이자 군사 지휘관인 볼로드 테무르가 기황후를 위해 일하고 있는 고려 여성의 성적 간계에 취약했음을 지적하기도 했다.[73] 마침

---

69 Quan and Chonguye 1991, 96.

70 Quan and Chonguye 1991, 96; Ye 1997, 63.

71 *KS*, 109.304-305; *KSCY*, 25.8a-11a, 637-639.

72 Nasen 1981, 1.33b-34b; 번역은 Robinson 2009, 54-55.

내 몽골 제국이 붕괴한 뒤, 중국 남성들은 고려 무희들이 중국의 객사에서 외국인을 접대하며 생계를 이어가는 모습에 깊은 인상을 받았다. 이들은 가족과 떨어져 지내며 낯선 언어로 의사소통하는 데 어려움을 겪었고, 낯선 사람들의 불확실한 호의에 전적으로 의존하며 살았다.[74] 남성 지식인 문인들이 어떤 인상을 받았든 간에, 고려 태생 여성과 환관은 14세기 중엽 원의 수도 사회의 중요한 요소였다. 역사가들에게 주어진 과제는, 문서로 거의 남아 있지 않고 그마저도 종종 수사적 효과를 노리고 처음으로 기록된 그들의 경험을 평가할 때 균형을 유지하는 것이다.

고려의 백성들은 단순히 몽골 제국에 흡수된 것이 아니라 제국을 구성하는 일부가 됐다. 그들은 기계의 수동적인 톱니바퀴라기보다는 종종 권력의 지렛대에 어느 정도 영향력을 행사했고, 특히 1320년대부터 1360년대까지 그랬다. 그들이 원 왕조를 차지하지는 않았지만, 일부 고려 출생 여성, 환관, 군사 지휘관, 통치 가문은 동아시아에서 칭기스계의 사업을 지탱하는 핵심 요소가 됐다.[75] 이러한 관점은 정복자와 피정복자라는 손쉬운 이분법을 복잡하게 만들고, 시간이 지나면서 생긴 제국 내의 변화를 고려해야 할 필요성을 강조한다. 또 자신의 이익과 제국의 이익이 양립할 수 있다고 생각하게 된 사람들을 포함해 매우 다양한 집단을 통합한 다른 제국과 비교하는 것도 가능하게 해준다. 협력자 또는 반역자와 같은 분류는 15세기 중반에 편찬된 『고려사』처럼 몽골 시기 이

---

73   *YS*, 114.2881.

74   Robinson 2009, 202–203.

75   이개석 2011, 14.

후 저작에서 역사 기술의 관행으로 자리 잡았고, 일제 식민지 경험 후에 등장한 최근 한국 학계에서 더욱 강화됐으나, 이는 역사상을 분명하게 밝히기보다는 오히려 모호하게 만든다.

유산

몽골 제국이 몰락한 직후, 중국의 원 왕조를 대신한 새로운 명 왕조(1368~1644)와 고려의 관계는 고려와 칭기스계 제국 사이의 과거 그리고 현재의 관계 때문에 종종 난항을 겪었다.[76] 원 왕조는 1368년 대도에서 퇴각한 이후 수십 년간, 비록 많이 축소됐으나 여전히 초원에서 세력을 유지하며 존속했고, 부활을 꿈꾸는 칭기스계에게 고려 조정과의 연합 강화는 반드시 필요한 일이었다.[77] 1380년대 내내 고려는 가문, 외교, 군사 이해, 공동의 역사 등 공식적, 비공식적 관계를 통해 원과 얽혀 있었다.[78] 요동은 고려를 떠난 다수의 이주민이 거주하는 곳이자 고려 왕족과 홍씨 일가[홍복원과 그의 후손들]의 자치에 익숙했던 곳으로, 명 왕조는 나름의 전략적 목표를 가지고 요동 장악에 도전했다. 더 넓은 맥락에서 보자면, 15세기 중반까지도 야심에 찬 초원 지도자들은 고려가 몽골 제국의 부마국이었다는 점을 내세워 조선 조정의 충성을 확보하고자 했다. 이는 명 조정에게는 한반도와 칭기스계 사이의 관계를 상기시켰고, 우리에게는 칭기스계의 지속적인 유산에 대한 주의

---

76 황운룡 1980; 김선호 1996; 윤은숙 2010; 김경록 2007; 최종석 2010.

77 Cao 2001; Hu 1984.

78 윤은숙 2010; Ikeuchi 1918; 최종석 2010; 김당택 1997b.

  제3권 지역사 · 외부 역사

를 일깨워준다.

한국사에서 더 중요한 점은 조선 왕조의 설립에 참여한 많은 주요 정치인, 군인, 지식인이 몽골 치하에서 성장했다는 것이다. 조선 왕조를 건립한 이성계 가문은 몽골이 1258년 고려의 동북 방면에 세운 쌍성총관부에서 세습 군관 직위를 가지고 있었다. 이성계와 그의 조상들은 고려 및 여진 집단들과 토착적 유대 관계를 맺었고, 옷치긴(칭기스의 동생)의 후손 및 고려 북부까지 영향력을 확장한 다른 강력한 몽골 귀족들과도 관계를 발전시켰을 것이다.[79] 전략적 요충지에 막강한 군사적 기반을 둔 이성계는, 자신들이 꿈꾸는 새로운 미래를 실현하기 위해서는 무력이 필요했던 야심만만한 유학자들에게 매력적으로 다가왔다. 고려와 몽골 제국 사이의 정치, 군사적 관계는 중국 서적과 사상의 한반도 유입을 촉진했고, 조준(?~1405), 정몽주(1337~1392), 정도전(1342~1398) 등은 개경으로 들여온 서적이나 대도의 원 조정으로 가는 사신 임무 도중 얻은 개인적 경험을 통해 신유학 사상과 기타 지적 흐름의 최신 경향에 접근할 수 있었다. 그리고 이것은 토지 소유, 국가의 바람직한 역할, 불교의 위치, 군신 간의 이상적인 관계에 이르기까지 다양한 측면에서 새 왕조 조신의 비전을 세우는 데 기여했다.[80] 즉, 고려인들은 몽골 제국에 통합되면서 한반도에서 지역적, 개인적 이익을 추구하는 데 사용할 수 있는 군사적, 지적, 정치적 자원에 접근할 수 있었다. 몽골의 유산이 갖는 중요성을 감안할 때, 조선 왕조를

---

79 윤은숙 2012.
80 도현철 2013; Breuker 2014, 57; Robinson 2016.

몽골 제국의 붕괴 직후에 건립된 많은 "포스트 몽골" 국가 중 하나
로서 좀 더 넓은 유라시아적 맥락에서 체계적으로 살펴볼 필요가
있다.[81]

---

81 Robinson 2015.

    제3권 지역사 · 외부 역사

참고문헌

사료와 번역서

Chŏng Inji정인지. 1972. *Koryŏsa*高麗史(History of Koryŏ) (1454). Seoul.

Nam Sumun남수문. 1452. *Koryŏsa chŏryo*高麗史節要(Essentials of the History of Koryŏ). (Seoul, 1972 reprint.)

Nasen納延. 1981. *Jin tai ji*金臺集(Gold Pavilion Collection). *Wenyuange Siku quanshu zhenben* 文淵閣四庫全書珍本edition. Taibei.

Quan Heng權衡 and Ren Chongyue任崇岳. 1991. *Gengshen waishi jianzheng*庚申外記箋證 (Annotated Edition of *An Unofficial Account of the Reign of Toghan-Temür*). Zhengzhou.

Robinson, David. 2016. *Seeking Order in a Tumultuous Age: The Collected Writings of Chŏng Tojŏn(1342-1398), a Korean Neo-Confucian*. Honolulu.

Wang Feng王逢. 1988. *Wuxiji*梧溪集(Collected Writings). Reprinted in *Beijing tushuguan guji zhenben congkan*北京圖書館古籍珍本叢刊(Collection of Rare Editions of Classical Works from Beijing Library). Beijing.

Ye Ziqi葉子奇. 1997. *Caomuzi*草木子(Master of Plants). Beijing.

YS. 일러두기 6번 참조.

연구서와 논문

Allsen, Thomas. 1994. "The Rise of the Mongolian Empire." In *The Cambridge History of China, vol. 6, Alien Regimes and Border States, 907-1368*, ed. Herbert Franke and Denis Twitchett, 321-413. Cambridge.

Biran, Michal. 2014. "The Mongols and Nomadic Identity: The Case of the Kitans in China." In *Nomads as Agents of Cultural Change: The Mongols and Their Eurasian Predecessors*, ed. Reuven Amitai and Michal Biran, 152-181. Honolulu.

Breuker, Remco. 2007. "Colonial Modernities in the 14th Century: Empire as the Harbinger of Modernity." In *Korea in the Middle: Korean Studies and Area Studies: Essays in Honour of Boudewijin Walraven*, ed. Remco Breuker, 45-66. Leiden.

2011. "Narratives of Inauthenticity, Impurity, and Disorder. Or: How Forgeries, Half-Castes, and Hooligans Shaped Pre-modern Korean History." *Sungkyun Journal of East Asian Studies* 11.2: 183-208.

2012. "And Now Your Highness, We′ll Discuss the Location of Your Hidden Rebel Base." *Journal of Asian History* 46.1: 59-95.

2014. "Within or without? Ambiguity of Borders and Koryŏ Koreans′ Travels during the Liao, Jin, Song and Yuan." *East Asian History* 38: 47-62.

Cao Yongnian曹永年. 2001. "*Bei xun si ji* suo jian zhi Bei Yuan zhengju《北巡私記》所見之北元政局"(Political Situation of Northern Yuan Viewed from Bei xun si ji). *Neimenggu daxue xuebao*內蒙古大學學報(renwen shehui kexueban人文社會科學版) 33.1: 48-55.

Chang Tong′ik장동익. 1994. *Koryŏ hugi oegyosa yŏn′gu*高麗後期外交史研究(A History of Foreign Relations during the Late Koryŏ Period). Seoul.

Chen Gaohua陳高華. 1991. "Yuanchao yu Gaoli de haishang jiaotong元朝與高麗的海上交通"(Maritime Interaction between the Yuan and Koryŏ Dynasties). *Chindan hakpo*震檀學報 71-72: 348-358.

Cho Myŏngje조명제. 2008. "14 segi Koryŏ chisik′in ŭi ipWŏn kwa sullye14세기 高麗지식인의 入元과 순례(Fourteenth-Century Koryŏ Intellectuals in the Yuan and Pilgrimage)." *Yŏksa wa Kyŏnggye*역사와 경계 69: 7-40.

Ch′oe Jongsŏk최종석. 2010. "1356(Kongminwang 5)-1369 nyŏn(Kongminwang 18) Koryŏ-Monggol(Wŏn) kwan′gye ŭi sŏnggyŏk: ′Wŏn kansŏpgi′ waŭi yŏnsoksŏng ŭr chungsim ŭro: 1356(공민왕5)-1369년(공민왕18)고려-몽골(원) 관계의 성격—′원간섭기′와의 연속성을 중심으로"(The Nature of Koryŏ-Mongol Relations between 1356 and 1369: The Continuity of ′Yuan Intervention′). *Yŏksa kyoyuk*역사교육 116: 233-271.

Ch′oe Yunjŏng최윤정. 2011 "Monggol ŭi Yodong·Koryŏ kyongnyak chaegŏmt′o(1211-1259) 몽골의 요동·고려 경략 재검토(1211-1259)"(A Re-examination of the Mongols′ Campaigns for Liaodong and Koryŏ(1211-1259)). *Yŏksa hakpo*歷史學報 209: 107-153.

Chŏn Yŏngjun전영준. 2013. "Koryŏ hugi Cheju yigŏ Wŏn ijumin kwa t′onghon고려후기 제주 移居 元이주민과 通婚"(Migrants from Yuan China to Cheju and Intermarriage). *Tamunhwa k′ont′ench′ŭ yŏn′gu*다문화콘텐츠연구 15: 395-425.

Delgado, James. 2008. *Khubilai Khan′s Lost Fleet*. Berkeley.

Han-Il munhwa kyoryu kigŭm and Tongbuga yŏksa chaedan한일 문화교류 기금과 동북아역사재단, eds. 2009. *Monggol ŭi Koryŏ. Ilbon ch′imgong kwa Han-Il kwan′gye*몽골의 고려·일본 침공과 한일 관계(Korean-Japanese Relations and the Mongol Invasions of Koryŏ and Japan). Seoul.

Han Rulin韓儒林. 2008. *Yuan chao shi*元朝史(A History of the Yuan Dynasty). Beijing.

Hazard, Benjamin. 1967. "Japanese Marauding in Medieval Korea: The Wako Impact on Late Koryŏ." PhD dissertation, UC Berkeley.

Henthorn, William. 1963. *Korea: The Mongol Invasions*. Leiden.

Hsiao Ch′i-ch′ing蕭啓慶. 2007. "Yuan-Li guanxizhong de wangshi huanghun yu qiangquan zhengzhi元麗關係中的王室皇婚與强權政治"(The Politics of Autocratic Power and Royal Marriage in Yuan-Koryŏ Relations). In *Nei Beiguo er wai Zhongguo: Meng Yuan shi yanjiu*內北國而外中國, vol. 2, 766-789, Beijing.

Hu Zhongda胡鐘達. 1984. "Ming yu Bei Yuan: Menggu guanxi zhi tantao明與北元—蒙古關係之探討"(The Ming and the Northern Yuan: An Exploration of Mongol Relations). *Nei-menggu shehui kexue*內蒙古社會科學 5: 44-55.

Hwang Unyong 黃雲龍. 1980. "Koryŏ Kongmin wangdae ŭi taeWŏn Myŏng kwan'gye高麗恭愍王代의 對元明關係"(Koryŏ's Relations with the Yuan and Ming during the Reign of King Kongmin). *Tongguk sahak*東國史學 14: 1-14.

Ikeuchi Hiroshi池內宏. 1918. "Kō raimatsu ni okeru Min oyobi Bokken to no kankei高麗末に於ける明及び北元との關係"(Relations between the Ming and the Northern Yuan during the late Koryŏ Period). *Shigaku zasshi*史学雜誌 29.1-4: 56-90, 161-179, 251-271, 372-389.

Kim Hodong김호동. 2007. *Monggol cheguk kwa Koryŏ: K'ubillai chŏnggwŏn ŭi t'ansaeng kwa Koryŏ ŭi chŏngch'ijŏk wisang*몽골 제국과 고려: 쿠빌라이 정권의 탄생과 고려의 정치적 위상(The Mongol Empire and Koryŏ: The Rise of Qubilai and the Political Status of the Koryŏ Dynasty). Seoul.

Kim Hyewŏn김혜원. 1990. "Yŏ Wŏn wangsil t'onghon ŭi sŏngnip kwa tŭkching麗元王室通婚의 成立과 特徵"(The Establishment and Distinguishing Features of the Koryŏ-Mongol Royal Marriage Alliance). *Yitae sawŏn*梨大史苑 24-25: 165-212.

　　1998. "Koryŏ Kongmin wangdae taeoe chŏngch'aek kwa Han'in kun'ung高麗恭愍王代 對外政策과 漢人群雄"(Foreign Relations Policy during the Reign of King Kongmin and Chinese Warlords). *Paeksan hakpo*白山學報 51: 61-101.

Kim Kujin김구진. 1986. "Wŏndae Yodong chibang ŭi Koryŏ kunmin元代遼東地方의 高麗軍民"(Military and Civilian Koryŏ Populations in the Liaodong Region during the Yuan Period). In *Yi Wŏnsun kyosu hwagap kinyŏm sahak nonch'ong*李元淳教授華甲記念史學論叢, ed. Yi Wŏnsun李元淳, 496-486. Seoul.

Kim Kyŏngnok김경록. 2007. "Kongmin wangdae kukche chŏngse wa taeoe kwan'gye ŭi chŏn'gae yangsang공민왕대 국제정세와 대외관계의 전개양상"(International Conditions during the Reign of King Kongmin and the Unfolding of Foreign Relations). *Yŏksa wa hyŏnsil*역사와 현실 64: 197-231.

Kim Sanggi김상기. 1999. *Sinp'yŏn Koryŏ sidaesa*新編高麗時代史(A History of the Koryŏ Period, Revised). Seoul.

Kim Sŏnho김선호. 1996. "Sipsa segimal Mong-Yŏ kwan'gye wa Tongbuk'a chŏngse pyŏnhwa十四世紀末 蒙·麗 關係와 東北亞 政勢變化"(The Shifting Political Situation of Northeast Asia and Koryŏ-Mongol Relations during the late Fourteenth Century). *Kangwŏn sahak*江原史學 12: 95-107.

Kim Taemyŏng김태명. 2013. "Koryŏ hugi Tonggung siwi kongja chedo ŭi pyŏnhwa高麗後期東宮侍衛公子制度變化"(Institutional Change in the Heir Apparent's Guard during the Late Koryŏ). *Sahak yŏn'gu*사학연구 112: 79-112.

Kim Tangt'aek김당택. 1997a. "Im Yon's (林衍) Regime and Koryŏ's Return of the Capital to Kaesong (開京還都)." *Korean Social Science Journal* 23: 103-112.

1997b. "Koryŏ Uwang wŏnnyŏn (1375) Wŏn kwaŭi oegyo kwan'gye chaegae rŭl tullŏs-san chŏngch'i seryok kan ŭi kaldŭng高麗王禑元年(1375) 元과 외교관계 再開를 둘러싼 정치세력 간의 갈등(Tensions among Political Forces Surrounding the Re-establishment of Diplomatic Relations with the Yuan Dynasty in the First Year of King U's Reign (1375))." *Chindan hakpo*震檀學報 83: 21-41.

1998. *Wŏn kansŏpha ŭi Koryŏ chŏngch'isa*元干涉下의 高麗政治史(A Political History of Koryŏ under Mongol Intervention). Seoul.

Ko Hyeyŏng고혜령. 1984. "Pang Sin'u soron方臣佑小論"(A Study of Pang Sin'u). In *Yŏksa wa in'gan ŭi taeŭng: Ko Pyŏng'ik sŏnsaeng hoegap kinyŏm sahak nonch'ong*歷史와 人間의 對應: 高柄翊先生回甲紀念史學論叢(History and Human Responses: A Collection of Historical Essays Commemorating Professor Ko Pyŏng'ik's Sixtieth Birthday), ed. Ko Pyŏng'ik sŏnsaeng hoegap kinyŏm sahak nonch'ong kanhaeng wiwŏnhoe高柄翊先生回甲紀念史學論叢刊行委員會, 753-769. Seoul.

Ko Pyŏng'ik고병익. 1970. *Tong'a kyosŏpsa ŭi yŏn'gu*東亞交涉史의 研究(A History of Negotiations in East Asia). Seoul.

Kwŏn Yongch'ŏl권용철. 2014. "Tae Wŏn cheguk malgi chŏngguk kwa Ch'unghyewang ŭi chŭkwi, pokwi, p'yewi大元帝國 末期 政局과 충혜왕의 즉위, 복위, 폐위"(The Political Situation during the Late Yuan Empire and the Enthronement, Re-enthronement, and Dethronement of Koryŏ's King Ch'unghye). *Hanguksa hakpo*韓國史學報 56: 65-107.

Ledyard, Gary. 1963. "Two Mongol Documents from the Koryŏsa." *Journal of the American Oriental Society* 83.2: 225-239.

1964. "The Mongol Campaigns in Korea and the Dating of the Secret History of the Mongols." *Central Asiatic Journal* 9: 1-22.

Lee, Miji. 2007. "Mongols, Barbarians, and the Great Suzerain: The Shifting Nomenclature of the Mongols during the Early Koryŏ-Mongol Relations in the 13th Century." In *Toronto Studies in Central and Inner Asia 8, Traders and Trade Routes of Central Asia and Inner Asia: "The Silk Road," Then and Now*: 77-91.

Ma Juan馬娟. 2002. "Yuandai semu Gaoli tonghun juli 元代色目高麗通婚擧例"(Examples of Intermarriage between Peoples of Various Categories and Koryŏ Subjects). *Ningxia shehui kexue*寧夏社會科學 5: 94-97.

Min Hyŏn'gu민현구. 1998. "Chŏngch'ika rosŏ ŭi Kongminwang政治家로서의 恭愍王"(King Kongmin as a Statesman). *Asea yŏn'gu*亞細亞研究 100: 271-96.

Morihira Masahiko森平雅彥. 2013. *Mongoru hakenka no Kōrai: Teikoku chitsujo to ōkoku no taiō*モンゴル覇權下の高麗: 帝國秩序と王國의 對應(Koryŏ under Mongol Hegemony: An Empire's Order and a Kingdom's Response). Nagoya.

Murata Jirō村田次郎. 1955. *Kyoyōkan*居庸關(Juyong Pass). Kyoto.

Pae Sukhi배수기. 2008. "Wŏndae kwakŏje wa Koryŏ chinsa ŭi ŭnggŏ mit sukwan元代科擧制와 高麗進士의 應擧 및 授官(The Yuan Civil Service Examination System, Koryŏ Presented Scholars, and Appointment to Office). *Tongyang sahak yŏn'gu*東洋史學研究 104: 121-

154.

Pak Kyŏngja박경자. 2010. "Kungnyŏ chʹulsin Koryŏ yŏindŭl ŭi sarm貢女출신 高麗女人들
의 삶(The Lives of Koryŏ Women Who Were Tribute Women). *Yŏksa wa tamlon*역사와 담
론 55: 33-64.

Pelliot, Paul. 1930. "Les mots Mongols dans le Korye sa." *Journal asiatique*207: 253-66.

Pirozhenko, Oleg. 2005. "Political Trends of Hong Bog Won Clan in the Period of Mongol
Domination." *International Journal of Korean History* 9: 237-56.

Robinson, David. 2009. *Empire's Twilight: Northeast Asia under the Mongols*. Cambridge.

———. 2015. "15 segi chʹo TongAsia esŏ ŭi Monggol yusan ŭi pʹaag hagi: Myŏng-Sŏn yangjo
ŭi yebi pigyo15세기 초 동아시아에서의 몽골유산의 파악하기: 명·선 양조의 예
비비교"(Addressing the Mongol Legacy in Early Fifteenth-Century East Asia: A Preliminary
Comparison of the Early Ming and Chosŏn Courts). Unpublished manuscript.

Rogers, Michael. 1959. "Koryŏ's Military Dictatorship and Its Relations with Chin." *T'oung-
pao* 47: 43-62.

———. 1961. "The Regularization of Koryŏ-Chin Relations (1161-1131)." *CAJ6*: 51-84.

Shultz, Edward. 2000. *Generals and Scholars: Military Rule in Medieval Korea*. Honolulu.

To Hyŏnchʹŏl도현철. 1998. "Koryŏ malgi sadaebu ŭi taeoegwan: hwaʹiron ŭl chungsimŭro
高麗末期 士大夫의 對外觀—華夷論을 중심으로"(Literati Views of the Outside World
during the Late Koryŏ: Discourses on Sino-Barbarian Relations). *Chindan hakpo*震檀學報
86: 73-99.

———. 2006. "Sŏngnihak ŭi suyong kwa Chosŏn ŭi chibae iʹnyŏm성리학의 수용과 조선의
지배이념"(The Reception of Neo-Confucianism and the Dominant Ideology of the Chosŏn).
In *Hanguk sasangsa immun*한국사상사 입문(Introduction to Korean Intellectual Histo-
ry), ed. Hanguk sasangsa hakhoe한국사상사학회, 187-209. Seoul.

———. 2013. *Chosŏn chŏngi chŏngchʹi sasangsa*조선전기 정치사상사(A History of Political
Thought during the Early Chosŏn Dynasty). Seoul.

Xi Lei喜蕾. 2002. "Yuandai Gaoli gongnü yu Mengguzu yiwai de qitade minzu tonghun
zhuangkuang kaoshu元代高麗貢女與蒙古族以外的其他的民族通婚狀況考述"(An Ex-
amination of Cases of Intermarriage between Koryŏ Tribute Women during the Yuan Period and
Other Nationalities beyond the Mongols). *Xibei minzu yanjiu*西北民族研究 3: 122-130.

———. 2003. *Yuandai Gaoli gongnü zhidu yanjiu*元代高麗貢女制度研究(The Koryŏ Tribute
Women System of the Yuan Period). Beijing.

Xi Lei喜蕾 and Temuer Bagena特木爾巴格那. 2003. "Yuandai Gaoli gongnü zhidu yuqi
zhengzhi wenhua Beijing元代高麗貢女制度與其政治文化背景"(The Koryŏ Tribute
Women System of the Yuan Dynasty and Its Political and Cultural Background). *Neimenggu
shehui kexue*內蒙古社會科學(Chinese-language version) 24.5: 5-9.

Yagi Takeshi矢木毅. 2008. *Kōrai kanryō seido kenkyū*高麗官僚制度研究(The Bureaucratic Insti-
tutions of the Koryŏ Dynasty). Kyoto.

Yang Ŭisuk양의숙. 1996. "Wŏn kansŏpgi Yosimjiyŏk Koryŏin ŭi tonghyang元 간섭기 遼瀋

地域 高麗人의 동향"(Developments Related to Koryŏ Subjects in the Liaoyang-Shenyang Region during the Period of Yuan Intervention). *Tongguk yŏksa kyoyuk*東國歷史教育, 4.1: 1-39.

Yi Chŏngsin이정신. 2014. "Koryŏ hugi ŭi yŏkkwan高麗後期의 譯官"(Official Interpreters during the Late Koryŏ Dynasty). *Hanguk chungsesa yŏn-gu*한국중세사연구 38: 373-403.

Yi Hyŏngʹu이형우. 2012. "Koryŏ hugi yiju e taehan ilkochʹal: tʹuhangmin sarye rŭl chungsim ŭro고려후기 이주에 대한 일고찰—투항민 사례를 중심으로"(An Examination of Migration during the Late Koryŏ Period: A Case Study on Surrendering People). *Hanguksa yŏnʹgu*한국사연구 158: 269-300.

Yi Ikchu李益柱. 1996. "Koryŏ-Wŏn kwanʹgye ŭi kojo e taehan yŏnʹgu: sowi 'Sejo kojeʹ ŭi punsŏk rŭl chungsim ŭro高麗·元關係의 構造에 대한 研究—소위 '世祖舊制ʹ의 분석을 중심으로"(The Structure of Koryŏ-Mongol Relations: An Analysis of the "Established Institutions of Qubilai"). *Hanʹguk saron*韓國史論 36: 1-56.

2009. "Koryŏ-Monggor kwanʹgyesa yŏnʹgu sigak ŭi kŏmtʹo고려-몽골 관계사 연구 시각의 검토"(A Consideration of Perspectives in Research on the History of Koryŏ-Mongol Relations). *Hanguk chungsesa yŏn-gu*한국중세사연구 27: 5-43.

Yi Kaesŏk이개석. 2010. "Wŏn kungjŏng ŭi Koryŏ chʹulsin hwanʹgwan kwa Yŏ-Wŏn kwanʹgye元宮廷의 高麗출신 宦官과 麗元關係"(Koryŏ-Born Eunuchs of the Yuan Court and Koryŏ-Yuan Relations). *Tongyang sahak yŏnʹgu*東洋史學研究 113: 143-170.

2011. "Yŏ-Mong kwanʹgyesa yŏnʹgu ŭi saeroun sijŏm여몽관계사 연구의 새로운 시점"(New Perspectives in Research on Koryŏ-Mongol Relations). In *13-14 segi Koryŏ-Monggol kwanʹgye tamgu*13-14 세기 고려-몽골관계 탐구(An Exploration of Koryŏ-Mongol Relations in the 13th and 14th Centuries), ed. Tongbuga yŏksa chaedan동북아역사재단, Kyŏngbuk taehakkyo경북대학교, and Han-Chung kyoryu yŏnʹguwŏn한중교류연구원, 11-50. Seoul.

2013. *Koryŏ-Tae Wŏn kwanʹgye yŏnʹgu*고려-대원 관계연구(Koryŏ-Mongol Relations). Seoul.

Yi Kanghan(Lee Kang-hahn)이강한. 2013. *Koryŏ wa Wŏnjeguk ŭi kyoyŏk ŭi yŏksa*고려와 원 제국의 교역의 역사(The History of Koryŏ's Trade with the Yuan Empire). Seoul.

Yi Myŏngmi이명미. 2003. "Koryŏ-Wŏn wangsil tʹonghon ŭi chŏngchʹijŏk ŭimi高麗 元王室通婚의 政治的 의미"(The Political Significance of Marriage between the Koryŏ and Yuan Ruling Houses). *Hanʹguk saron*韓國史論 49: 7-81.

Yoon Yonghyuk윤용혁. 1991. *Koryŏ tae-Mong hanjaeng yŏnʹgu*高麗對蒙抗爭研究(Koryŏ's War of Resistance against the Mongols). Seoul.

2000. *Koryŏ Sambyŏlchʹo ŭi tae-Mong hangjaeng*고려 삼별초의 대몽 항쟁 (The Koryŏ Three Extraordinary Watches' War of Resistance against the Mongols). Seoul.

2006. "The Focal Issues in the Issues in the Historical Study of the Koryŏ's Resistance against the Mongols." *International Journal of Korean History* 10: 43-69.

Yun, Peter. 1998. "Rethinking the Tribute System: Korean States and Northeast Asian Interstate Relations 600-1600." PhD dissertation, UCLA.

2002. "Mongols and Western Asians in the Late Koryŏ Ruling Stratum." *International Journal of Korean History* 3: 51-69.

2006. "Popularization of Mongol Language and Culture in the Late Koryŏ Period." *International Journal of Korean History* 10: 25-42.

Yun Ŭnsuk윤은숙. 2010. "Koryŏ ŭi Pukwŏn ch´ingho sayongkwa Tong Asia insik고려의 北元칭호 사용과 동아시아 인식"(Koryŏ's Use of the Address Northern Yuan and Perception of North Asia). *Chung'ang Asia yŏn'gu*中央아시아研究 15: 189-216.

2011. "Yŏ-Mong kwan´gye ŭi sŏnggyŏk kwa Tong Asia ŭi kukche kwan´gye여·몽 관계의 성격과 동아시아의 국제관계"(The Nature of Koryŏ-Mongol Relations and the International Order of Northeast Asia). *Tongbuk Asia nonch'ong*동북아시아논총 35: 119-162.

2012. "14-segi mal Manjuŭi yŏksasang: Otch´igin wanggawa Manju14세기 말 만주의 역사상: 옷치긴 왕가와 만주"(The Historical Image of Manchuria during the Late Fourteenth Century: The House of Otchigin and Manchuria). *Nong'ŏpsa yŏn'gu*농업사연구 11.1: 47-68.

Zhao, George. 2004. "Control through Conciliation: Royal Marriages between the Mongol Yuan and Koryŏ (Korea) during the 13th and 14th Centuries." *Toronto Studies in Central and Inner Asia* 6: 3-2.

제 3 장

조지아와 캅카스

로렌초 푸블리치

로렌초 푸블리치　　　　　　　　　**Lorenzo Pubblici**

이탈리아 나폴리 오리엔탈레대학 교수로, 전근대 중
앙아시아의 역사와 문화를 가르친다.『몽골의 캅카스:
13세기 유라시아 변방 지역의 침략, 정복, 통치(*Mongol
Caucasia: Invasions, Conquest, and Government of a Frontier Region in
Thirteenth-Century Eurasia*)』와『베네치아와 몽골(*Venice and
the Mongols*)』등을 펴냈다.

몽골 이전

코카시아는 캅카스[저자는 캅카스산맥 남북 일대를 지칭하면서 '코카시아' 와 '캅카스'를 혼용하고 있다. 이하에서는 가급적 본문의 표현대로 옮겼다]로 알려진 평행 산맥의 북쪽과 남쪽에 펼쳐진 지역을 가리킨다. 그곳은 흑해와 카스피해, 그리고 유럽과 아시아를 구분하는 광활한 지협으로, 북쪽의 아조프해와 남쪽의 아르메니아 북부 사이에 위치해 있다. 가장 넓은 지점에서조차 흑해와 카스피해 사이의 거리는 단 500킬로미터에 불과하다.

엘부르즈산 정상에서 높이 5642미터에 이르는 산맥이 만든 자연 장벽은 그 일대를 크게 두 지역, 즉 북캅카스(Ciscaucasia)와 남캅카스(Subcaucasia 또는 Transcaucasia)로 나누었고, 두 지역은 수 세기에 걸쳐 매우 다른 역사적 발전을 겪었다. 유라시아 초원 지대에 위치한 북캅카스는 고대 이래로 유목민과 밀접한 접촉을 경험했다. 11세기 중반 이래 튀르크–킵착 연합이 흑해 북부와 캅카스 지역으로 확산하면서 그 일대에서 지배적 위치를 차지했다.[1] 남캅카스는 처음에는 비옥한 초승달 지대와, 이후에는 헬레니즘, 로마, 이란 문명과 연결되어 혜택을 받았다. 남캅카스의 지리적 위치는 주변 국가의 영향을 받는 집단적 권력의 중심지가 탄생하기에 유리한 조건을 제공했다.

세 가지 주요 일신교가 코카시아 지역을 장악하려 활발히 시도했으나 결국 수포로 돌아갔다. 이 일대에서는 토착적 정체성이 살아남았고 때로는 번창하기도 했다.[2] 4세기 초 조지아와 아르메

1　Golden 1992; Golden 2011.

니아가 알바니아인들(카스피해 연안의 남캅카스 동부 지역 거주)과 함께 기독교화한 이후, 이들은 기독교 코카시아(Christian Caucasia)를 형성 했다.[3] 7세기에는 이슬람이 캅카스 일부 지역에 침투했고, 이로 인 해 두 기독교 국가가 비잔티움 제국의 동쪽 국경으로서 중요한 역 할을 맡았다. 수 세기 동안 캅카스는 기독교도 지역과 무슬림 지 역으로 명확하게 나뉘어 있었고, 9세기 후반이 되어서야 아르메니 아와 조지아가 칼리프 왕조의 쇠락을 이용해 팽창하고 변경 일대 를 통합할 수 있었다.

11세기 내내 튀르크인들이 코카시아로 침입하면서 코카시 아 왕국들의 정치적 단결이 붕괴하기 시작했다. 아르메니아가 유 목민, 특히 셀죽의 침입으로 극심한 피해를 입었다면, 조지아는 그 러한 정치적 변화로 더 강력해졌다.[4] 특히 조지아의 바그라트 왕조 가문은 왕실의 정치적 헤게모니를 약화시키려는 고위 귀족 계층 에 대한 지배력을 강화하는 데 대부분의 노력을 집중했다.

셀죽튀르크가 만지케르트 전투(1071)에서 비잔티움 군대를 격파하자, 아르메니아인들은 카파도키아, 킬리키아, 조지아로 대 규모로 이주했다. 바그라트 왕조의 작은 분파인 루펜 왕조가 알렉 산드레타만(지금의 튀르키예 남부)에 새로운 왕국을 건립하고, 비잔 티움으로부터 독립을 공식 선언했다. 킬리키아 또는 소아르메니 아로 알려진 이 왕국은 1080년부터 1375년까지 약 300년간 존속 하면서 코리코스, 아야스, 마미스트라 등의 항구가 있는 지중해

---

2 Tosi 1996.

3 Toumanoff 1963.

4 Golden 1984, 46-47.

　　　　　　　　　제3권 지역사 · 외부 역사

무역 체계의 중심지이자 서방 기독교 사회의 군사 근거지가 되어, 1098년 제1차 성지 원정 이래로 종종 십자군의 긴밀한 동맹이 됐다.[5]

몽골의 첫 번째 코카시아 침입, 1220년

1220년대 초 몽골이 최초로 침입하기 직전, 조지아 왕국은 남캅카스 지역의 권력 중심지였다. 조지아의 통치권은 서쪽으로는 흑해 동안, 동쪽으로는 데르벤드와 서(西)시르반에 미치고 있었다. 셀죽은 수도 코냐에서 소아시아를 지배했다. 그들의 영역은 멀리 에르주룸과 에르진잔까지 확장됐다. 아이유브 왕조는 지중해 동부 해안 지역과 캅카스의 바로 남쪽부터 알레포에 이르는 지역을 통제했다. 아르메니아의 왕자(ishkhan)들은 남캅카스 중앙에서 아제르바이잔 경계까지를 다스렸다.

1220년 가을 몽골은 카스피해 남안을 따라 이동해 타브리즈와 아제르바이잔 동남부의 무간초원을 지나 캅카스에 도착했다.[6] 아르메니아 역사가 간자크의 키라코스(1271/1272 사망)에 따르면 조지아인과 아르메니아인은 잘못된 성보를 듣고 몽골인이 기독교도라고 믿었다고 한다.[7] 또 키라코스는 몽골인의 잔인함에 관해 서술했다.[8] 아타벡 이와네가 보낸 전령이 조지아의 왕 기오르기 4세

5　Mutafian 2002; Ghazarian 2000.

6　Ibn al-Athīr 2008, 214; *JT*/Thackston 2012, 107; Dashdondog 2011, 45.

7　Kirakos 1986, 166.

8　Kirakos 1986, 165-166.

("찬란왕(The Resplendent)", 재위 1212~1223)[9][찬란왕은 기오르기 4세의 별칭인 "라샤(Lasha)"를 옮긴 말]에게, 처음 보는 폭력적인 사람들이 와서 나라 전역을 약탈하고 있다고 보고했다.[10] 아르메니아 수도사 바르단 아레웰치(1200경~1271/1272)는 키라코스의 정보가 사실임을 확인했고, 몽골군은 약 2만 명이며 모든 것을 파괴한 다음에 갑자기 물러간다고 서술했다.[11] 킬리키아의 학자 아크네르의 그리고르(1250경~1335)[아칸츠의 그리고르로도 알려져 있다]가 저술한 『궁수 민족의 역사』에서도 같은 기록을 발견할 수 있다.[12]

지역 귀족들은 방어를 시도했다. 기오르기 4세는 강력한 저항 세력을 결집하려고 했다. 이바네 장군(키라코스는 천인대장을 뜻하는 하자라펫(hazarapet)으로 묘사했다)이[13] 적의 진군을 막는 임무를 맡았고, 아르메니아 북부 코트만강과 테루나칸 요새 인근에 있는 후난 평원에서 격돌했다.[14] 기오르기 4세는 패배했고 전장에서 달아나 겨우 목숨을 구했다.[15]

9　이와네는 자카레 자카리안의 형제였다. 두 사람 모두 군사 지휘관으로 타마라가 아르메니아 동북부에서 튀르크인을 상대로 팽창적 원정을 실시했을 때 큰 전과를 올리고 자신들이 해방시킨 많은 지역을 관할하는 상을 받았다. Bedrosian 1997, 254.

10　조지아 연대기 작가에 따르면, 몽골은 "이상한 말을 하는 이상한 사람들이었다." Brosset 1849, 492. 아마도 "각(Gag) 지역"은 아르메니아와의 동북 국경 일대에 있는 현 아제르바이잔의 각산 일대로, 그곳에서 성 사르기스 사원의 유적이 발견됐다. Korobeinikov 2014, 174.

11　Vardan Arewelts'i, tr. Bedrosian 2007, 141-142.

12　Grigor Arknerts'i, tr. Blake and Frye 1949, 293.

13　Kirakos 1986, 167; Brosset 1849, 493-494; Ibn al-Athīr 2008, 214.

14　이곳의 위치는 지금도 불확실하다. 마난디안(1952, 183)에 따르면, 두 지명을 "쿠르강 유역에서 발견할 수 있다"고 했다(Dashdondog 2011, 48 and n. 36). 다쉬돈독은 코트만강은 아르메니아 북부의 "테루나칸 요새를 가로질러 흐르는 지금의 투즈강이다"라고 한 갈스티얀(Galstyan 1976, 114)의 저술을 인용했다.

15　Vardan Arewelts'i, tr. Bedrosian 2007, 142. 아크네르의 그리고르(tr. Blake and Frye 1949,

조지아는 전투에서 패배한 뒤 가혹한 통제 아래에 놓였다. 귀족들은 새로운 지배자에게 충성을 맹세해야 했고, 사람들에게는 무거운 세제(稅制)가 부과됐다. 킬리키아 아르메니아의 지배 왕조는 몽골과 싸우지 않고 항복하는 것을 선택했으니, 출혈 없이 복종을 받아들인 것이다. 결국 그 왕국은 몽골의 침입으로 인한 파괴에서 벗어날 수 있었다.

1220년의 침입이 칭기스 칸의 세계 정복 계획의 일환으로서[16] 캅카스를 항구적으로 정복하기 위한 잘 설계된 작전이었는지,[17] 아니면 본대를 보내기 전에 캅카스에 대한 정보를 얻으려 한 예비적 침공이었는지는 아직 불분명하다.[18]

1223년 5월 몽골은 알란족 유목 연합을 추격하면서 북쪽으로 진격했다.[19] 그들은 상대를 격파한 뒤 계속 진군해서 키예프 루스로 진입했다. 그러고 나서 몽골은 유명한 칼카강 전투에서 러시아-쿠만 군대를 계략에 빠뜨렸고, 결국 많은 러시아 왕자들이 사망했다. 몽골은 승리를 거둔 뒤 동쪽으로 돌아갔다.

캅카스에서 끝난 몽골의 첫 번째 원정으로 상당수의 난민이 발생했고, 그들은 이제 남쪽으로 이동했다. 킵착인들이 갑자기 조지아에 난입했으나 아르메니아-조지아 군대에 의해 격파당했다.[20]

293-295)는 조지아 왕이 적 기병 6만 명에 맞섰다고 적었다.

16 Amitai-Preiss, 2000; Allsen 1987.

17 Dashdondog 2011, 44.

18 Bedrosian 1979, 94.

19 알란인에 대해서는 Alemany 2000; Bachrach 1973 참조.

20 Kirakos 1986, 168-169; Ibn al-Athīr 2008, 237-239; Dashdondog 2011, 51. 조지아의 쿠만인에 대해서는 Golden 1984, 84-86 참조.

이어서 호레즘 샤 무함마드의 아들로 인도로 달아났던 잘랄 앗 딘이 조지아 동부 일대를 침공해 조지아인들이 지휘한 알란, 라즈, 쿠만 등의 혼성군을 격파했다. 1226년 3월 잘랄 앗 딘은 수도 티플리스를 점령하고 약탈했으며 주민을 대량 살상했다.[21]

그보다 앞선 1223년, 기오르기 4세가 지난해에 전투에서 입은 부상으로 사망하자, 그의 여동생 루수단 여왕(재위 1223~1245)이 조지아의 권력을 장악했다. 그러자 코카시아 국가의 정치 상황이 급속도로 나빠졌다. 몽골의 침략은 이 지역의 권력 구조를 손상했으나, 그것이 얼마나 심각한지 자각한 사람은 거의 없었다. 잘랄 앗 딘이 티플리스를 정복한 것은 더 큰 맥락에서 볼 때 단지 하나의 에피소드에 불과했다. 그는 캅카스 동부 변경, 특히 황폐해진 간자 지역으로 수많은 군대와 민간인(조지아 연대기의 저자에 따르면 1만 4000명)[22]을 대거 이동시켰다.

코카시아 최종 정복

1220년 몽골의 침입과 1225~1226년 잘랄 앗 딘의 침공으로 캅카스 지도층은 효율적인 군사 체계를 회복하는 능력이 더욱 약해졌다. 이 시기 아제르바이잔은 거의 완전히 몽골의 수중에 들어갔다. 1220년대 후반, 외부 침략에 맞선 최후의 방어 요새였던 조지아

---

21 Ibn al-Athīr 2008, 269; Brosset 1849, 504-505.

22 물론 이 시기에 있어서 이러한 수치는 특히 사료가 부족하기 때문에 신뢰성이 떨어진다. 그러나 이러한 수치를 통해 연대기 작가가 그 역사적 사건들을 어떻게 인식했는지 파악할 수 있다. Brosset 1849, 495.

왕국은 이제 막 군사 체계를 재조직하기 시작했다.

1231년 술탄 잘랄 앗 딘이 모호한 상황 속에서 살해됐다.[23] 위협적인 적이 사라지자 몽골은 곧바로 정복을 완수할 계획을 세웠다. 초르마간(1241 사망) 장군이 그 작전을 맡았다.[24] 이 몽골 지휘관은 1235년 3투멘, 즉 약 3만 명과 함께 코카시아에 도착했고,[25] 데르벤드 문(門)에 이르기까지 지나간 모든 지역을 초토화했다. 몽골은 카스피해 해안에서부터 조지아 영토를 약탈하기 시작했고, 그 다음에는 그 왕국을 직접 위협했다.[26] 루수단 여왕은 티플리스로 달아났다가 서북쪽에 있는 쿠타이스로 향했다. 몽골의 조지아 장악은 폭력적이었고 동시대인들에게 강렬한 인상을 남겼다.[27]

대체로 조지아의 귀족들은 몽골의 공격에 반응하지 않고 자신의 요새로 퇴각했으며, 그 결과 정복자들은 완전한 자유를 얻었다.[28] 몽골은 그 지역을 하나씩 차지한 뒤 영구적으로 지배했다. 초르마간은 "100명의 우두머리들"[원문은 110명] 사이에서 그 "지방들"을 나누기 위해 쿠릴타이를 소집했다. 실제로 정복지는 셋으로 분할됐고 각각 몽골 지휘관(노얀)에게 주어졌다.[29]

아르메니아 사료에 따르면 1242년 우구데이 카안(1185경 ~1241)은 귀미기리가 된 초르마산을 교체했다[원문은 아르메니아력

---

23 Dashdondog 2011, 53.

24 초르마간에 대해서는 May 1996 참조.

25 Kirakos 1986, 194.

26 Brosset 1849, 513-514.

27 예를 들어 Kirakos 1986, 201.

28 그들은 백성들의 대량 학살을 피하고자 한 것으로 보인다. Kirakos 1986, 200-201.

29 Grigor Arknerts´i, tr. Blake and Frye 1949, 301-303. 몽골의 간작(간자) 정복과 그 연대 비정에 대한 논의는 Dashdondog 2011, 53-54 참고.

691년으로, 서력 1242/1243년에 해당한다. 아울러 이 시점에 우구데이는 이미 사망했으나 생전에 내린 명령이 이때 도착했을 가능성은 있다].[30] 그의 후임으로 바이주 노얀(1230~1260 활약)이 임명됐다. 바이주는 자신이 지휘하는 모든 곳에서 병력을 모집했고, 서방 정복을 위해 만든 군사 기구에 신체 건강한 남성을 모두 등록했다.[31] 정복은 계속됐다. 1242년 몽골은 만지케르트 전투(1071) 이후 셀죽 술탄이 계속 차지하고 있던 에르주룸을 공격했다. 두 달가량 이어진 공격으로 도시 내 여러 지역이 황폐해지고 많은 사람이 살던 에르주룸은 파괴됐으며, 모든 주민이 사망했다.[32]

추운 계절이어서인지 몽골은 짧은 휴식 후에 군사 행동을 재개했다. 1243년 봄, 바이주는 룸 술탄국의 술탄 기야스 앗 딘을 공격하기로 결정했다. 키라코스에 따르면 이 술탄은 무간에 있는 몽골 진영에 대한 공격이 임박했다는 소문을 퍼뜨렸다고 한다. 킬리키아의 수도승 하이톤은 몽골이 접근한다는 소식을 들은 술탄이 용병 군대를 모집했다고 했다.[33] 실제로 알레포, 트레비존드, 니케아, 킬리키아의 귀족과 라틴 제국의 프랑크인이 술탄의 군대에 가담했다. 1243년 6월 쾨세다 인근의 한 마을에서 전투가 벌어져 몽골이 결정적 승리를 거두었고, 이후 룸 술탄국은 복속했다. 바이주는 소아시아에서 성공을 거둔 이후 코카시아, 시리아, 룸, 서이란에서 대칸의 대리인이 됐다.[34]

---

30 Kirakos 1986, 240.

31 Dashdondog 2011, 60; 바이주에 대해서는 Melville 2009 참고.

32 Kirakos 1986, 241; Grigor Arknerts'i, tr. Blake and Frye 1949, 309.

33 Hayton 1906, 154-155.

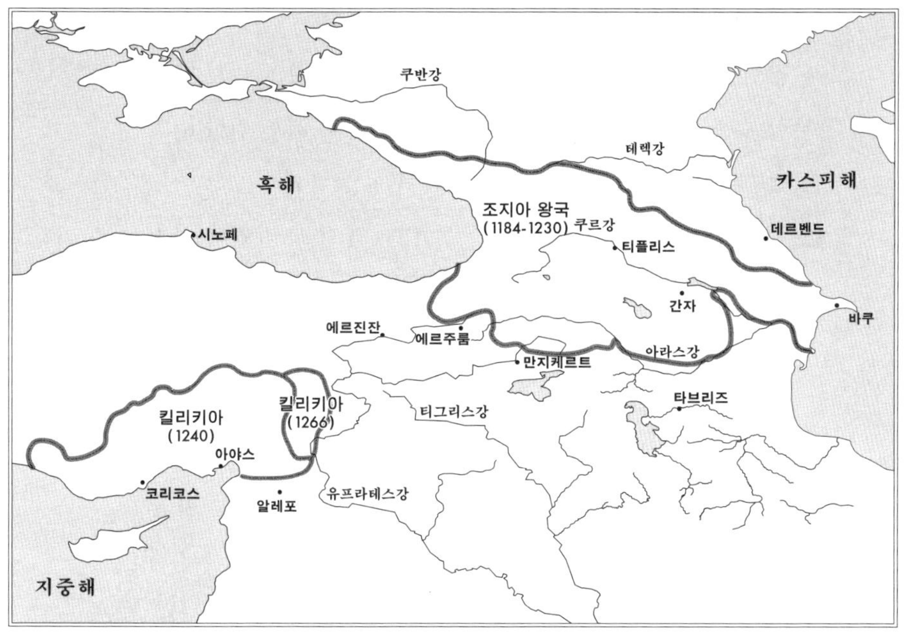

지도 3.1 13세기 초의 캅카스

몽골의 남캅카스 정복으로 수천 명이 안전한 피난처를 찾아 서쪽으로 이동했다. 많은 사람들이 킬리키아 아르메니아로 달아났고, 그곳의 왕 헤툼 1세는 아마도 귀족들의 권유로 몽골에 항복하고 동맹이 됐다. 1243년 카이사레아에서 한쪽은 아르메니아의 귀족 코스탄딘 남작[헤툼 1세의 아버지], 다른 한쪽은 바이주와 초르마간의 부인 알투나 카툰이 참여하는 협상이 시작됐다.[35]

---

34 Kirakos 1986, 244-246; Vardan Arewelts´i, tr. Bedrosian 2007, 88; Dashdondog 2011, 62-63; Cahen 1968, 138.

35 Dashdondog 2011, 66 (and chs. 2-3).

코카시아의 몽골: 통치와 협력

몽골의 초기 코카시아 지배를 도식적으로 네 개의 주요 단계로 구분할 수 있다. 첫 번째는 1236~1243년으로, 지배를 위한 준비 기간이었다. 두 번째 단계는 새로운 카안 구육(재위 1246~1248)이 도입한 조치들로 시작됐다. 세 번째 단계는 1251년 뭉케 카안의 선출 이후 시작됐다.[36] 네 번째이자 마지막 단계는 1256~1261년으로 위치시킬 수 있다.

첫 번째 단계에서는 지속적이고 광범위한 전쟁이 폭력적으로 이루어져 전 지역이 복속했다. 대규모 인명 손실, 경제 침체, 농촌의 황폐화로 농업이 회복 불가능한 피해를 입었고, 모든 마을이 파괴됐다. 두 번째 단계에서는, 제국 전역에 관리들을 파견해 재정 시스템을 재편하고 군사 목적으로 인구조사를 실시했다. 사료들은 이 단계를 가혹한 시기로 묘사하고 있다. 주민들은 징병과 세금을 임의로 부과하는 몽골 관리들의 수중에 있었고, 이러한 상황은 코카시아 귀족층에 매우 무거운 제약을 가했다. 그럼에도 유익한 점도 있었다. 몽골에 자발적으로 복속한 귀족들은 자신의 영토를 유지했고 카안을 위해 세금을 징수했다. 대신 그들은 몽골에 군대를 조달하고, 역참(jam)을 제공하고, 몽골 궁정을 직접 방문해야 했다. 세 번째 단계는 뭉케가 가진 제국의 통합적 시각과 전면적인 인구조사 그리고 더 정기적인 징세를 위한 막대한 노력(1252~1259)으로 특징지을 수 있다. 카안은 아미르 아르군 아카(1210경~1278)에게 코카시아의 재정 체계를 구축하는 임무를 맡겼다.[37] 네 번째이자 마

---

36 뭉케 카안에 대해서는 Allsen 1987 참고.

지막 단계는 대략 일 칸국의 창설 이후부터 일 칸국과 주치 울루스의 첫 번째 충돌 사이로 시기를 설정할 수 있다.

코카시아는 주치 울루스에 속하지 않았다. 일 칸국이 탄생하기 이전인 1236~1256년, 남캅카스는 군사 지휘관의 통제 아래에 있었는데 그 첫 번째 인물이 초르마간이었다. 몽골은 코카시아를 다섯 개의 주(州, 빌라예트)로 조직했으니, 조지아(구르지스탄), 대(大)아르메니아, 시르반, 아란, 무간이 그것이다.[38] 조지아는 여덟 개의 투멘으로 나뉘었다.[39] 대아르메니아는 "준독립적인" 아르메니아 공국들로 이루어졌고, 카린/에르주룸을 중심으로 사순과 바스푸라칸을 포함했다.[40] 킬리키아는 기본적으로 앞에서 언급한 것처럼 1243년 몽골과 연합하고 카안에게 종속한 그곳의 왕 헤툼이 통치하는 단일 개체였다.

아르메니아와 조지아 귀족들은 대부분 자신의 백성을 보호하고 사적 이익도 지키기 위해 몽골에 항복했다. 게다가 현지 귀족들은 전쟁 중에도 토지와 자원을 보호하고, 가능하면 영토를 확장하기 위해 최대한 힘을 비축할 필요가 있었다. 그렇게 하기 위해서는 복속의 맹세가 요구됐다. 몽골은 현지 귀족 집단을 새로운 세력으로 완전히 대제할 계획은 거의 세우지 않았고, 특히 정복 초기에는 더욱 그러했다.

37　Lambton 1987, 97-123; Lane 1999, 459-482; 아르군 아카에 대해서는 Lane 1999; Pubblici 2010; Landa 2018 참고.

38　Dashdondog 2011, 102-103.

39　투멘(몽골어로 萬)은 명목상으로는 1만 명으로 이루어진 군사 조직이자 1만 명의 군사를 제공할 수 있는 하위 구역이기도 했다.

40　Bedrosian 1979, 125.

따라서 아르메니아와 조지아 귀족들은 자신과 재산을 보호하기 위해 몽골 노얀뿐 아니라 카라코룸에 있는 카안과 관계를 발전시켰다.[41] 그럼에도 자발적인 복속이 도시를 파괴로부터, 그리고 사람들을 절멸로부터 늘 지킨 것은 아니었다.[42] 토착 귀족들은 몽골에 복속하면서 다소 간의 통치 자율성과 면세가 수반되는 인주(injü, 카안의 사속민)라는 지위를 받아들여야만 했다.[43]

아르메니아 귀족들이 복속하면서 몽골은 쉽게 코카시아를 지배할 수 있었다.[44] 아르메니아 귀족층 내부의 관계는 항상 불안정했고, 이러한 상황은 그 일대에 강력하게 통합된 지배 계층이 없길 바란 몽골에 유리하게 작용했다. 몽골은 귀족들에게 토지와 권한을 불공평하게 분배하여 갈등을 고조시켰다.

이미 언급한 것처럼 킬리키아에서는 헤툼 1세가 몽골의 공격을 막으려고 노력했다. 그러나 그도 1243년에 자신의 동생과 아버지를 바이주에게 보내 복종과 항복 의사를 전했다. 바이주는 몽골을 피해 킬리키아 조정으로 달아난 카이 후스로의 어머니, 부인, 딸을 보내라고 요구했고, 헤툼은 받아들였다. 이 킬리키아의 왕은

---

41 예를 들어 카엔의 통치자인 아르메니아 귀족 아왁(Awag)이 초르마간에게 충성을 바쳤을 때, 몽골인들은 그를 예로써 환대했다. Brosset 1849, 516.

42 예를 들어 1236년 카르스는 포위 공격을 당하자 초르마간에게 항복했다. 그러나 일부 주민들은 학살당했고, 일부는 노예가 됐으며 도시는 파괴됐다. Kirakos 1986, 220; Dashdondog 2011, 58.

43 이 용어는 사유재산을 의미하는 몽골어 엠추(emchü)에서 유래했다. 『몽골비사』에서 이 단어는 몽골 귀족 또는 왕자들의 재산에 속한 사람들을 포함한다(Vladimircov 1948, 128). 일 칸국에서 인제(inje)는 세습민, 토지 재산, 왕실 밖 신민들로부터 거두어들인 속민을 포함한 칸의 가문 전체를 지칭한다. Atwood 2004, 240; Dashdondog 2011, 75, n. 19는 라시드 앗 딘을 인용하고 있다.

44 Dashdondog 2011, 59.

몽골 사신과 함께 카안에게로 향했고[헤툼 1세가 몽골 조정을 방문한 것은 1254년 뭉케 치세의 일이다], 헤툼의 형 스파라페트 슴바트는 1248년 구육의 궁정을 방문했다.[45] 슴바트는 킬리키아 왕국의 영토를 보전하고 셀죽과 싸울 때 지원하겠다는 카안의 약속을 받고 돌아왔다.[46] 그럼에도 구육은 헤툼에게 직접 출석해 조공을 바치라고 요구했고, 이 아르메니아 왕은 카안의 명령을 따랐다. 그 여정은 유익했다. 구육을 계승한 뭉케 카안은 헤툼에게 완전한 보호를 제공했다.[47] 이 협정은 모든 교회와 사원에 대한 징세를 면제한다는 뭉케의 결정으로 매듭지어졌다.[48]

한편 조지아는 정치적으로 복잡한 국면에 봉착해 있었다. 루수단 여왕은 자신의 아들 다비트(나린, 동생, 1225~1293)가 왕위를 차지할 수 있도록 그를 바투에게 보내 공식적으로 항복했다.[49] 동시에 조지아의 귀족들은 루수단의 아들이 죽었다고 생각해서, 기오르기 4세 라샤의 서출인 다비트(울루, 형, 1215~1270)를 왕으로 택했다. 라샤의 아들은 스베티츠호벨리 성당에서 즉위식을 가진 뒤 공식 인정을 받기 위해 카라코룸에 있는 대칸의 진영으로 갔다. 다비트 울루는 몽골의 수도에 5년간 붙잡혀 있었는데, 그곳에서 사

---

45 Dashdondog 2011, 81-82; Jackson 2005, 98-99와 n. 100. 이 여정에 대해서는 Boyle 1964 참고.

46 헤툼이 대칸을 방문한 것은 원래 무쉬(Muš)의 성 사도 수도원에 있던 1256년의 한 간기에서도 입증된다. "(그 독실한 아르메니아 왕 헤툼은) 스스로 (몽골에) 복속한 뒤에, 그리스도의 십자가를 지고 기독교도들을 위해 여행했다. 그리고 그곳에서 4년간 머물렀다." Sirinian 2010, 510.

47 Kirakos 1986, 301-308; Boyle 1964, 175-189; Dashdondog 2011, 86.

48 De Nersessian 1962, 653; Dashdondog 2011, 86.

49 Kirakos 1986, 262-263.

촌 다비트 나린을 만났다. 구육은 다비트 울루를 조지아인들의 왕으로, 나린을 그의 공동 통치자로 임명했다.[50] 그로 인해 한동안 두 명의 군주가 조지아를 공동 통치했다.[51]

이 시기 몽골이 코카시아를 지배하는 와중에, 새로운 군주 아래에서 귀족들이 처한 불평등한 지위와 무겁고 임의적인 징세가 맞물려 사회적 긴장이 고조됐다. 아르메니아와 조지아 귀족들의 첫 번째 반란은 1248년 말로 계획돼 있었으나, 아타벡 이와네의 아들 아왁 자카리안 왕자(1250 사망)가 이 모의를 몽골에 알렸고, 몽골은 신속하게 그 계획을 진압했다.[52] 비록 모의는 실패로 돌아갔지만 코카시아 귀족들은 새로운 정치 질서를 계속 해체하고자 했다. 1259~1261년에는 새로운 세금의 도입으로 또 다른 반란 모의가 있었고, 일부 코카시아 귀족이 그 반란에 가담했다.

아르군 아카는 반란을 유혈 진압했다. 그러나 반란군 지도자 다비트 왕[다비트 울루]을 포획하는 데 실패했기 때문에, 가장 가까운 조지아 지방들을 맹렬히 공격했다. 그 피해는 막대했다.[53] 결국 아르메니아의 귀족 슴바트 오르벨리안 왕자가 아르군의 지원을 받아 이 반란을 진압했다. 반란에 대한 몽골의 처벌은 가혹했다. 다비트 울루의 아내이자 조지아의 여왕 곤차, 그리고 다른 아르메니

---

50 Kirakos 1986, 264.

51 루수단 여왕은 1245년에 사망했다. "우선 라샤 기오르기의 아들이자 두 사람 중 연장자인 다비트가 [먼저 통치하고], 그가 사망한 뒤에도 아버지의 자매의 아들이자 루수단의 아들인 또 다른 다비트가 여전히 살아 있을 것이다." Kirakos 1986, 264.

52 Kirakos 1986, 267: "우연히 그곳에 있었던 타타르 군대가 그 사실을 알았고 이를 지휘관들에게 보고했다."

53 Dashdondog 2011, 92.

아 왕자 샤한샤의 아들 자카레는 처형당했다. 샤한샤 본인은 몸값을 지불하고 나서야 풀려날 수 있었다.

이러한 긴장 관계에도 불구하고 조지아 및 아르메니아 귀족들과 몽골 사이에는 통혼 사례가 많았고, 종종 카안이 직접 혼인을 중매하기도 했다.[54] 아르메니아 교회는 결코 여기에 반대하지 않았다. 이 단계에서는 아르메니아와 조지아 귀족 집단 사이, 그리고 몽골 사이의 협력 관계가 정확하고 심사숙고한 전략의 결과로, 양측 모두에게 이익이었다. 그러나 일 칸국이 설립되면서 상황은 점차 변화했다.

몽골의 코카시아 경영

몽골은 모든 정복지에서 군사적 지배를 정치적 통치로 변환해야만 했다. 수년간의 전쟁은 코카시아에 광범위한 파괴를 남겼고, 회복하는 데 수십 년이 걸렸다. 아크네르의 그리고르에 따르면, 몽골은 재정과 행정 구조에 대해 잘 아는 상태로 캅카스에 도착했다.[55]

---

54 조지아 왕 데메트레의 딸이 부가 노얀과 결혼한 사례와 마찬가지다. 아왁 왕자와 슴바트 스파라펫은 모두 몽골 부인과 혼인했다. 전자는 구육으로부터 직접 부인을 받았다. 초르마간의 아들은 하산 잘랄의 딸과 결혼했다. Dashdondog 2011, 94-95.

55 "(몽골은) 우리에게 투즈구(tzghu), 말(mal), 타가르(t'aghar), 쿱추르(ghp'ch'ur)를 주었다"[사료 원문은 복속민들이 몽골에게 투즈구 등을 준다는 내용이다. 아마도 저자의 오역이 아닐까 싶다]: Grigor Arknerts'i, tr. Blake and Frye 1949, 301. 투즈구는 선물 형식의 공물이었다(Cleaves 1949, 442). 말(몽골어로 "소/가축")은 코카시아에 있는 재물에 대한 세금으로서 측정에 의해 계산됐다(Dashdondog 2011, 117). 타가르는 "특정 지역의 군사 계급 및 군대"를 위해 곡물로 납부한 세금이었다(Petrushevsky 1968, 533). 쿱추르/쿱치르(qubchur/qubchir)는 재물에 부과된 일반적인 세금이었다(Petrushevsky 1968, 533; Lambton 1986; Smith 1970).

1227년 칭기스 칸이 사망한 뒤, 이르티시강 서쪽의 모든 정복 지역은 칭기스 칸의 장자 주치의 울루스 영지가 됐다. 하지만 캅카스는 제외됐고 대신 카안의 대리인 초르마간이 그곳을 통제했다. 그는 군사적, 행정적 권위를 모두 가지고 있었고, 그곳에는 영구적 주둔군 탐마치(tammachi)가 배치됐다.[56]

앞에서 언급했듯이 코카시아 전체는 다섯 개의 주로 분할됐다. 그중 하나인 구르지스탄은 여덟 개의 투멘, 즉 몽골군에 각각 1만 명을 제공할 수 있는 여덟 개의 구역으로 구획되어 있었다. 그중 다섯은 조지아인, 셋은 아르메니아인으로 이루어졌다. 처음에 몽골인들은 현지 통치 계급을 대체하지 않았다. 이는 나중에 몽골 귀족들이 일부 정복지를 엠추/인주로 차지하기 시작한 13세기 후반부터 점진적이고 산발적으로 발생했다.[57] 몽골은 복속 지역의 자원을 이용하고 언제든 동원 가능한 군대를 확보하기 위해, 비록 간접적일지라도 정복지를 통제해야 했다.

일 칸국 성립 이전에 몽골이 코카시아를 통치하는 방식은 다양했지만, 일반적으로 이 새로운 통치자는 현지 문제에 직접 개입하지 않았다. 구르지스탄주는 조지아 군주가 다스렸는데, 이제 그는 대칸에 직접 의존했고 투멘을 지휘하는 자카르 왕조 왕자(이쉬 칸)들을 통해 통치했다.[58] 대아르메니아의 나머지 일대는 대칸을 대신해 몽골 총독이 관할했는데, 그는 장군(탐가치)일 수도 있고, 그의 밑에서 마찬가지로 폭넓은 권한을 행사하던 다루가치(또는 바

---

56 Dashdondog 2011, 101-102와 nn. 14, 15.
57 Petrushevsky 1968, 487; Dashdondog 2011, 102-103.
58 Dashdondog 2011, 106-107.

스칵)일 수도 있다.[59] 권한을 상징하는 패자(牌子)는 몽골 총독에게 중앙 정치권력을 통한 공식적 합법성을 부여했다.[60] 이 관리자들은 현지 귀족에게 식량, 가축, 심지어 징병 등 모든 종류의 의무를 지시할 수 있었다. 캅카스뿐만 아니라 각지에서 민중들이 혹사를 겪었기 때문에 대칸은 현지 귀족의 특권과 특혜를 제한했다.

구육 카안은 이미 1240년대 중반에 몽골 제국의 재정 체제 쇄신을 시도했다. 하지만 전반적인 제도 개혁을 통해 정치, 경제, 행정 상황을 체계적으로 정리한 것은 뭉케 카안이었다. 앞서 언급한 것처럼 인구조사는 필수적이었다. 이것이 몽골 조정이 코카시아에서 실시한 최초의 조사는 아닐 수도 있지만, 기록이 가장 잘된 것임에는 분명하다. 1254년 뭉케는 아르군 아카를 코카시아로 보내면서 그 임무 중 하나로서 체계적인 인구조사를 맡겼다. 몽골 관리들은 도시와 마을을 찾아다녔고, 15~60세의 모든 남성 주민을 등록했다.[61] 그들은 과도한 세금을 부과해 그 지역의 전반적인 빈곤화를 심화시켰다. 얼마 지나지 않아 현지 귀족이 몽골을 대신해 세금을 거두기 시작했다. 간자크의 키라코스는 그 지역의 귀족들이 지나치게 열성적으로, 그리고 자신의 이익을 위해 세금 징수에 협력했다고 기록했다.[62] 마을과 도시의 장인들에게도 세금을 부과했다. 몽골은 귀금속을 요구했고, 공물은 매년 책정됐다.[63] 또 그

---

59   이 직함들에 대해서는 Atwood 2004, 134; Morgan 2007, 94-95 참고.

60   Morgan 2007, 91-92; Atwood 2004, 433-434; Lane 2009, 34.

61   Grigor Arknerts´i, tr. Blake and Frye 1949, 325-326.

62   Kirakos 1986, 299.

63   Kirakos 1986, 299-300.

들은 상인에게 세금을 부과했고 모든 소금 광산을 차지했으나, 성
직자로부터는 아무것도 거두지 않았다.[64] 면세는 몽골이 교회의 협
력을 이끌어내기 위해 유인책으로 자주 사용하는 도구였다.[65] 징
세는 통치 기구, 주로 군대를 부양하는 수단이었다.

1256년 캅카스는 칭기스 칸의 손자이자 뭉케와 쿠빌라이의
동생인 훌레구(1218경~1265)의 지배 아래 놓였다. 훌레구는 중동을
안정시키기 위해 서쪽으로 파견됐다. 훌레구가 바이주로부터 캅카
스를 인수받은 이후 통치 상황이 점차 변화했다. 주변부에 있는 울
루스들은 대칸으로부터 점차 정치적으로 자립해나갔고, 행정 기
구는 해를 거듭할수록 현지의 요구에 맞춰 변모해갔다. 현지의 요
구에 맞춘 행정 기구가 만들어졌다. 인구조사는 이내 일 칸국 재고
(財庫)를 위한 수단이 됐고, 현지의 긴급한 필요에 따라 준비됐다.[66]

몽골이 캅카스에 도입한 세수 제도에 관한 기록은 그 상황을
명확하게 재구성하기에는 충분하지 않다. 그러나 정복 직후 수십
년 동안 징세는 임의적이고 가혹했으며, 이미 1220년대에 분명히
드러난 위기를 더욱 악화시켰다. 몽골은 새로운 세금을 부과하고,
때로는 기존의 것을 변경하는 등 남캅카스의 재무 체제를 뒤바꿨
다. 몽골에게는 자원에 대한 통제와 생산성이 우선순위였고, 그들
은 곧 통치 기구를 만들고 조직하는 법을 배웠다.[67] 수십 년 동안

---

64 Brosset 1949, 308; Kirakos 1986, 300.

65 Allsen 1987, 121; Dashdondog 2011, 109.

66 1254년 이후 아르메니아와 조지아에서는 다른 인구조사가 몇 차례 이루어졌다. 아마
    도 1273년과 1314년의 일일 것이다. Dashdondog 2011, 110.

67 Allsen 1987, 121.

재정 압박은 본질적으로 달라지지 않았지만 과세는 더 체계적으로 변모했다.

1220년대부터 캅카스의 최종 정복에 이르기까지, 전 지역에서 경계선이 계속 재조정됐고 전투와 직접 연관된 권력 중심지는 불안정해졌다. 향촌 지역까지 지배력을 행사할 수 있는 중앙집권화된 권력의 부재로 인해 상황은 더욱 나빠졌다. 몽골의 정복 이후 수십 년간 교외 지역은 날로 악화됐고, 농경지가 목초지로 바뀌면서 농업 생산이 줄어들었다.[68] 도시 역시 쇠락과 인구 감소에서 예외는 아니었고, 특히 남성 인구에 영향을 미쳤다.

군사 협력

남캅카스는 1259년 뭉케 사망 이후 시작된 계승 분쟁에 직접 영향을 받았다. 주치 가문과 톨루이 가문, 주치 울루스와 일 칸국 사이의 깨지기 쉬운 정치적 균형이 동요했고, 코카시아 귀족들은 연합을 재조정해야 했다. 주치 울루스와 토착 귀족 사이의 관계는 대체로 평화로웠고, 바투가 사망하고(1255) 그의 아들이자 기독교도인 시르탁(재위 1255~1257)이 세습하면서 상황은 더욱 나아졌다. 그러나 의심스러운 정황 속에서 사르탁이 사망하고, 그의 무슬림 삼촌인 베르케가 권력을 차지하면서 국면이 전환됐다. 결국 훌레구가 이란을 직접 지배 아래 두고 훌레구 울루스를 설립하면서 정치적

---

68 이것은 이란의 상황으로부터 추론할 수 있다. Petrushevsky 1968; Lambton 1991; Lane 2003.

상황이 달라졌다. 이제 조지아와 아르메니아의 귀족들은 몽골 지배층에 단단히 결합됐고, 그 무엇보다 군대가 가장 중요해졌다.

몽골은 복속민의 군사 원정 참여를 강제했다. 현지 귀족이 몽골로부터 즉각적인 이익을 얻기 위해서는 원정에 기여하는 것이 때때로 필요했다. 따라서 아르메니아와 조지아의 군대가 몽골의 군사 작전에 참여한 것은 단발적인 사건이 아니었다. 일반적으로 그것은 캅카스 귀족 계층과 몽골 양측에 모두 도움이 됐다. 현지 이슬람 세력에 대항할 수 있는 지원이 필요했던 소아르메니아의 헤툼 1세가 가장 많은 혜택을 누렸다. 대아르메니아와 조지아는 상황이 더 복잡했다. 양측 모두 1250년대 훌레구의 이라크와 시리아 원정에서, 그리고 이후 훌레구 울루스와 주치 울루스 사이의 전쟁에서 큰 피해를 보았다.

13세기 중반 무렵 캅카스 전역을 한쪽에서는 몽골 세력이, 다른 쪽에서는 시리아와 이란 북부 사이 영역에 있던 이스마일파(암살자단)와 아바스 왕조 같은 무슬림 독립 국가들이 장악했다. 훌레구가 아바스 왕조를 향해 군사 원정을 시작했을 때, 아르메니아와 조지아 귀족들은 그 위협 세력을 제거할 기회를 잡고자 몽골군에 가담했다. 알라무트에 있는 암살자단 요새에 대한 공격은 1256년 11월 이 도시가 함락되면서 막을 내렸는데, 이때 다비트 라샤의 도움으로 전술을 세우고 실행했다. 샤한샤의 아들 자카레 왕자는 1258년 바그다드 공격 작전에 참여했고, 아르메니아 귀족들도 적극적으로 관여했다.[69] 훌레구 군대가 바그다드를 정복하자 동방 기

69　Kirakos 1986, 315–316; Dashdondog 2011, 129.

독교[즉, 네스토리우스파 기독교]는 이를 신의 보복으로 받아들였다.[70] 몽골은 이 도시의 무슬림 주민을 학살했지만 기독교도는 살려주었다.[71] 훌레구는 다와다르(Dawādār, 부재상)의 궁궐을 네스토리우스파 기독교 총대주교 마히카에게 주었다. 키라코스는 바그다드 함락을 기쁨에 겨운 표현으로써 묘사하며, 647년간의 "무슬림 폭정"이 마침내 끝났기 때문에 모든 동방의 기독교도들이 환희에 차 있다고 서술했다.[72]

1258년 여름 훌레구는 마라가(아제르바이잔)에서 주요 속국의 인물들을 모두 접견했는데, 아르메니아와 조지아의 왕자들도 있었다. 헤툼 1세는 아마도 이 기회를 빌려 훌레구에게 성지(聖地) 해방에 개입해달라고 요청했고 훌레구는 이를 받아들였다.[73] 그리하여 1259년 무렵 몽골은 시리아 원정을 시작했다.[74] 아르메니아 왕자 프로쉬 하그바키안은 킬리키아 군사 부대와 함께 같은 해 봄 마야파리킨 요새 포위 공격에 참여했다.[75] 반면 조지아 왕 다비트 울루는 참여를 거부했다. 헤툼은 열성적으로 군사 작전에 임했고, 1260년 3월 1일 의기양양하게 다마스쿠스에 입성했다. 이 군사적 승리로 소국 킬리키아 왕국은 거대한 보상을 받았으니, 헤툼은 카파도키아, 메소포다미아, 시리아의 땅과 요새 등 봉골의 전리품을 모두 가질 수 있었다.

70　Grousset 1965, 430; Gilli-Elewy 2011, 356.

71　Gilli-Elewy 2011, 367.

72　Kirakos 1986, 315-316.

73　Dashdondog 2011, 136; Amitai 2004, 24-25.

74　Amitai 2004, 16-17.

75　*JT*/Thackston 2012, 360-361; Dashdondog 2011, 134.

1260년 중반까지 훌레구와 몽골은 무적인 것처럼 보였다. 그러나 1260년 9월 3일 아인 잘루트(팔레스타인 북부)에서 결정적인 패배를 당했다.[76] 조지아인과 아르메니아인 다수가 이 충돌에서 사망했다.[77] 몽골이 시리아에서 당한 패배는 헤툼이 품었던 팽창의 꿈이 끝났음을 의미했다. 킬리키아 왕은 자신의 지역으로 철수해 맘룩 세력을 견제하며 싸워야만 했다. 특히 시리아 북부 영토에 대한 정복을 여러 차례 시도했다가 모두 실패한 뒤에는 더욱 그랬다.

몽골은 시리아와 이집트 군사 원정에 지급할 자금이 계속 필요해지자 많은 세금을 거두고 끊임없이 군대를 요구했다. 이는 조지아 귀족들이 몽골에 대한 반란을 일으킨 핵심 원인으로, 반란은 1259년에 시작해 조지아의 왕 다비트 울루가 티플리스로 돌아가 몽골의 종주권을 인정한 1262년에 끝났다.

바로 그해는 주치 울루스와 훌레구 울루스 사이의 충돌을 상징했다. 베르케는 남캅카스, 특히 아제르바이잔의 풍부한 초원에 대한 권리를 주장하면서 아제르바이잔 북부를 맹렬히 공격했다. 조지아인들은 군사 지원을 하지 않을 수 없었고, 1263년에는 시바 요새(현재 이란의 쿠헤르드 지구에 위치)를 관할하기 위해 주둔군을 파견했으며, 1265년에는 조지아인과 아르메니아인으로 구성된 군대가 시르반에서 베르케를 격파했다.[78]

한편 훌레구의 죽음(1265. 2. 8.)은 캅카스 귀족들의 상황을 점차 바꾸어놓았다. 훌레구의 아들이자 계승자인 아바카의 대외 정

76　Amitai-Preiss 1992.

77　Amitai-Preiss 1992; Amitai 2004, 26-48.

78　Dashdondog 2011, 154.

책은 전임자보다 덜 공격적이었다. 그는 팽창보다는 훌레구 울루스의 영역을 방어하고 공고히 하는 데 더 집중했다. 새로운 일 칸은 초르마간의 아들 시레문을 조지아와 대아르메니아의 감독관으로 임명했고, 역사가 아타 말릭 주베이니[페르시아어 역사서 『세계 정복자의 역사』의 저자]의 형제 샴스 앗 딘 주베이니를 재무 담당관(재상)에 유임했다. 일 칸 아바카의 새로운 정책은 아르메니아 자카르 가문이 요구받은 세수를 채우는 데 실패해 궁정에서 발휘하던 영향력이 쇠락하는 상황과 맞물렸다. 반면 바스푸라칸에 자신의 구역을 가지고 있고, 가장 오래된 아르메니아 귀족 가문 중 하나였던 아르츠루니 가문이 영향력을 확대했다.[79] 사둔 아르츠루니(1284 사망)는 아왁 자카리안의 군사 지휘관이었고 시리아에서 몽골군과 함께 싸운 바 있다.[80]

아르메니아와 조지아 귀족들은 주치 울루스와 훌레구 울루스 간 전쟁에 항상 참여했다. 하지만 동쪽에서 새로운 위협이 나타났다. 바락 칸(재위 1266~1271)이 이끄는 차가다이 울루스가 주치 울루스와 훌레구 울루스의 분쟁을 이용해 이란으로 진출한 것이다. 이제 훌레구 울루스는 두 방면의 위협에 맞서야만 했다.

당시 이란의 유일한 비(非)톨루이 계열 군대는 차가다이 가문의 왕자 테구데르의 지휘 아래 있었다. 테구데르는 훌레구와 함께 이미 이란에 와서 조지아의 영지를 받았다. 테구데르는 훌레구가 사망한 뒤 차가다이계의 대의에 가담했다. 데르벤드를 거쳐 바락

79　Dashdondog 2011, 166.

80　Dashdondog 2012, 21.

에게 합류하기를 원한 테구데르는 아바카에게 조지아에 있는 자신의 영지로 돌아가게 해달라고 요청했다. 그러나 다비트 5세 왕이 그를 막았고[데르벤드를 지나 주치 울루스의 영역을 통해 바락에게 합류하려던 시도를 제지한 것을 가리킨다] 결국 그는 자신의 영지에 갇히게 됐다. 다비트 나린은 이메레티에서 그를 보호해주었으나, 테구데르가 조지아에서 마을과 대상(隊商)을 약탈하고 성직자를 모욕하자 격분한 현지 주민들은 테구데르를 다시 소환해달라고 아바카에게 간청했다. 테구데르가 소환을 거부하자 (또는 테구데르의 계획을 알았기 때문에) 아바카는 그를 공격했고, 1270년 다비트 5세 왕이 이끄는 조지아와 아르메니아 군대의 도움으로 승리를 거뒀다.[81]

1270년 헤툼 1세와 다비트 울루가 모두 사망했다. 하지만 킬리키아 왕국의 정치학은 바뀌지 않았고, 헤툼의 계승자 레온 2세 (재위 1269~1289) 시대에도 계속됐다. 1270년대 중반 이후에 맘룩은 몇 차례 킬리키아, 특히 해안 인근을 급습하여 경제에 큰 피해를 입혔다.

1277년 조지아인 3000명이 맘룩군이 몽골을 격파한 아불리스탄(엘비스탄) 전투에 참여했다.[82] 또 1281년 홈스 전투에서 일 칸국 군대가 맘룩과 전투를 벌일 때에도 캅카스 군대가 중요한 역할을 했다.[83] 아바카는 데르벤드 지역에서 주치 울루스의 군대와 싸우고 있었기 때문에 이 전투에는 참여할 수 없었다.[84] 몽골-캅카스

---

81 Biran 2002, 187-188; Kartlis Tskhovreba 2014, 364; Grigor Arknerts´i, tr. Blake and Frye 1949, 377; Jackson 2017, 148-149.

82 "그리고 그곳에는 타타르인과 함께 3000명의 이베리아인이 있었고, 그들이 크게 저항한 결과 그중 2000명이 살해됐다." Bar Hebraeus 1932, 536; Tsurtsumia 2014: 105-106.

83 Amitai 2004, 195.

군은 홈스에서 가혹한 패배를 당했다. 아바카는 이 소식을 듣고 일 칸국의 정치적, 군사적 상황이 허락하는 대로 반격하겠다고 결심했다. 1282년 3월 아바카는 군대를 하마단으로 이동시켰으나, 4월 1일에 사망했다.[85] 아바카의 죽음은 일 칸국과 캅카스 세력, 특히 아르메니아인들 사이의 협력이 끝났음을 의미했다.[86]

일 칸국 후반기의 몽골과 캅카스

1282년 5월 6일, 훌레구의 더 어린 아들이자 아바카의 동생인 테구데르(재위 1282~1284)가 일 칸으로 선출됐다. 테구데르는 열성적인 무슬림이었지만 기독교도에게 항상 적대적이지는 않았다. 그는 일 칸 외에 술탄의 호칭을 채택하고, 아흐마드라는 이름을 사용했다.[87] 한편 아르메니아 귀족 계층은 테구데르의 라이벌이자 아바카의 장자인 아르군을 지지했다. 데메트레 왕(재위 1270~1289)을 제외한 대다수 조지아 귀족들은 테구데르의 사위 알리낙을[88] 중심으로 결속한 뒤 테구데르를 지지했다. 이 경쟁에서 아르메니아인들이 지지한 아르군 파벌이 승리했고, 테구데르는 1284년 8월 10일에 처형당했다. 아르군(재위 1284~1291)은 아르메니아 귀족들, 특히 교회에 우호적이었다. 스테판노스 오르벨리안에 따르면, 수도원

84 　Dashdondog 2011, 174.

85 　Amitai 2004, 201.

86 　Dashdondog 2011, 175.

87 　*JT*/Thackston, 389.

88 　라시드 앗 딘에 따르면(*JT*/Thackston, 47), 알리낙은 훌레구를 모시던 백호장 투구르 비틱치의 아들이라고 한다.

150곳이 면세 혜택을 받았다.[89] 반면 조지아인들은 힘든 상황을 맞이했다. 1289년 아르군이 조지아의 헌신왕 데메트레를 처형하고, 아르메니아 귀족인 사둔 아르츠루니의 아들 쿠틀룩 부카와 협력하여 루수단 여왕의 손자 바흐탕 2세(재위 1289~1292)를 새로운 조지아의 왕으로 직접 선택했다. 곧 아르군의 자리를 그의 동생이자 아나톨리아의 총독이었던 게이하투(재위 1291~1295)가 계승했다.[90] 같은 시기 킬리키아에서는 레온 2세(재위 1269/1270~1289)가 사망했고, 권력은 헤툼 2세(재위 1289~1293)에게 옮겨 갔다. 맘룩이 시리아와 팔레스타인을 정복한 이후, 아야스가 장거리 무역을 위한 가장 중요한 거점 중 하나이자 중앙아시아와 서유럽 시장의 필수 연결 지점이 됐다.[91] 따라서 맘룩은 그곳을 목표로 삼아 1275년부터 여러 차례 공격했으며 그 결과는 매번 달랐다. 특히 1290년대에 킬리키아는 지중해에서 맘룩 세력이 점차 팽창하면서 고통을 겪었다.

주치 울루스와 일 칸국은 1294년에 평화를 이루었다. 1295년 게이하투가 사망했고,[92] 그의 뒤를 이은 바이두의 통치는 단 9개월간 지속됐다.[93] 다음 일 칸의 선출은 캅카스의 경제적, 사회적 양상에 깊은 영향을 미쳤다. 무슬림인 가잔 칸(재위 1295~1304)이 1295년 바이두를 제거한 뒤 권력을 차지하고 이슬람을 일 칸국의 국교로 만들었다.[94] 가잔은 재정을 개혁하고 징세 제도를 재편했

---

89   Stephannos Orb lian, tr. Brosset 1864, 229-230; Dashdondog 2011, 181.

90   *JT*/Thackston, 408; Boyle 1968, 372.

91   De Nersessian 1962, 655.

92   *JT*/Thackston, 415.

93   Dashdondog 2011, 189; Melville 2007, 54-55.

94   가잔에 대해서는 Luisetto 2007; Melville 1990; Boyle 1968, 379-397 참조.

다. 그는 칸으로 선출되자마자 아르군 아카의 아들이자 기독교도에 대한 적대심으로 유명한 독실한 무슬림 노루즈를 최고 아미르로 임명했다.[95] 13세기 말부터 14세기 초까지 수년 동안 반기독교 탄압이 체계적으로 이루어졌고, 이로 인해 캅카스 귀족들이 빈번히 반란을 일으켰다. 긴장이 매우 고조되자 1297년 가잔은 노루즈를 후라산으로 쫓아내고, 온건한 쿠틀룩 샤(1307 사망)를 그 자리에 앉혔다.[96] 그는 캅카스 귀족층, 특히 조지아 왕 다비트 8세(재위 1293~1311)와 합의에 도달했다. 하지만 다비트 8세는 일 칸의 자리를 둘러싼 다툼 중에 가잔의 라이벌 바이두를 지지한 전력이 있기 때문에 그 입지가 위태로웠다. 실제로 가잔은 1299년 다비트 8세를 폐위시켰다. 기오르기 5세(찬란왕, 재위 1299~1302, 1314~1346)가 다비트의 대체자로 선택됐다. 어린 기오르기는 메스히아(조지아 서남부)의 아타벡이 양육했지만, 가잔의 노여움을 산 뒤 1302년 폐위됐다.[97]

가잔 역시 열성적인 무슬림이었다. 그의 치세 동안 이슬람이 일 칸국 전역에서 번창했다.[98] 가잔의 후계자이자 무슬림인 울제이투(재위 1305~1316)의 치세에는 앞서 언급한 두 가지 경향, 즉 국내 사무에 자원을 집중하는 일과 이슬람 정체성 강화가 일 간국의 두

95　Jackson 2017, 369-370; 노루즈에 대해서는 Boyle 1968, 380; *JT*/Thackston, 440. Step'annos Orbelean, tr. Bedrosian 2012-2015, 238-239.

96　Dashdondog 2011, 197. 스테판노스 오르벨리안에 따르면, 노루즈가 가잔에 대한 음모를 꾀했다고 한다. 그의 계획은 아르메니아 왕자들의 도움으로 발각됐고, 노루즈는 1297년 가족들과 함께 처형당했다.

97　Lang 1955, 75.

98　가잔의 개종에 대해서는 Sirinian 2010, 512-513(무쉬에 있는 성 사도 수도원에 있던 한 간기) 참조.

드러지는 특징이 됐다. 다만 1308년 이후 이러한 조치를 완화하고, 기독교도들은 전반적으로 면세 혜택을 받았다.[99]

이 시기 기오르기를 대신해 조지아 왕위를 계승한 사람은 다비트 8세의 아들로, '작은 기오르기'(1273~1313)로 알려진 인물이다. 그러나 작은 기오르기는 전임자의 도움을 받았고, 1314년부터는 전임자가 다시 단독 통치했다. 울제이투의 치세는 대아르메니아에 대한 재정 압박이 커지는 시기와 일치하는데, 이는 1314년 에르주룸에서 작성된 한 간기에 의해 확인된다.[100] 같은 해 글라요르 수도원에서 작성된 다른 간기의 기록에 따르면, 몽골 세금 징수원이 찾아와 "심지어 태어난 지 한 달 된 아이들까지도" 등록했다.[101]

한편 아부 사이드(재위 1316~1335)는 비무슬림에 대한 세금 지즈야(jizya)를 일 칸국에 영구히 재도입했다.[102] 1318년 바라그 수도원에서 작성된 한 간기에 따르면, 일 칸은 "그리스도에 대한 믿음을 이유로" 모든 기독교도에게 세금을 부과하라고 명령했고, "그들은 칸의 특별한 지시 없이도 우리 성직자들로부터 더 많은 세금을 거두고 있다"고 했다.[103]

이 시기에 일 칸국과 주치 울루스 사이의 대립이 절정에 달했다. 1318~1319년 우즈벡 칸(재위 1313~1341)의 군대가 남캅카스로

---

99 Jackson 2017, 371.

100 Sanjian 1969, 58; Dashdondog 2011, 208.

101 1315년에 작성된 또 다른 간기의 저자도 그 상황이 사실이었음을 보여준다. "우리는 약하고 여위며, 메마르고 쇠약해졌다. 우리는 죽음과 지옥에 가까워지고 있으며, 우리의 허리는 땅에 닿을 정도로 내려앉았다." Sanjian 1969, 59.

102 Jackson 2017, 372.

103 Sanjian 1969, 60.

침입해 쿠라강에 도착한 뒤, 아란과 시르반을 통과했다. 일 칸국 군대는 보복에 나섰고, 1325년 일 칸 아부 사이드의 강력한 재상이었던 초반(1327 사망)[104]이 주치 울루스의 남쪽 영역을 약탈하기 위해 캅카스로 향했다.[105]

조지아와 일 칸국의 관계는 기오르기 5세의 두 번째 치세 동안 개선됐다. 기오르기 5세는 조지아의 몽골 총독과 관계를 강화했고, 일 칸국의 조지아 내 주둔을 단 1투멘의 군대로 제한하는 데 성공했다.[106]

같은 시기에 조지아는 서쪽 기독교도들에게 점점 관심의 대상이 되어가고 있었고, 기오르기 왕은 국경을 보호하고 귀족들을 통제할 필요성을 깨달았다. 교황 측은 조지아를 자신의 영향력 아래에 두고자 했고, 자치적인 조지아 정교회를 로마 가톨릭으로 복귀시키려 했다. 그러나 교황 요한 22세(재위 1316~1334)의 호소는 완전히 무시당했다. 그럼에도 1329년 교황은 티플리스를 교구로 지정했다. 도미니크 수도회 소속 플로렌스의 요한이 티플리스 최초의 로마 가톨릭 주교가 됐다.[107]

초반은 일 칸 아부 사이드의 눈 밖에 난 끝에 1327년 조지아에서 처형됐다. 기오르기 5세가 초반과 맺었던 좋은 관계도 나빠지기 시작했고, 구르지스탄의 다음 지휘관인 이크발 샤[108]는 전임

---

104   초반에 대해서는 Melville 1999 참고.

105   Tizengauzen 1941, 100-101, 142-143; Lang 1955, 80.

106   Lang 1955, 77의 알 칼카샨디.

107   Lang 1955, 81; Richard 1998, 173-174.

108   쿠틀룩 샤의 아들로 1327년에 선임됐다. Lang 1955, 83.

자만큼 그 기독교 왕과 가깝지 않았다. 초반의 처형이 가져온 결과에 대해 사료마다 설명이 엇갈린다. 조지아 사료에 따르면, 이 기독교 왕은 약해진 몽골의 보호를 자신에게 유리하게끔 활용하는 데 성공했고, 잃어버린 영토를 하나씩 되찾아서 "조지아의 모든 곳에 더는 타타르인이 남아 있지 않을" 정도였다고 한다.[109] 하지만 아랍과 페르시아 사료들은 매우 다른 이야기를 제공한다. 즉 초반의 죽음과 일 칸국의 점진적인 붕괴로 권력이 계속 약해진 기오르기는 결코 잃어버린 영토를 회복할 수 없었다는 것이다.[110] 아르메니아 간기들은 이러한 역사적 재구성이 사실임을 보여준다. 기오르기 5세는 1323년까지는 조지아와 대아르메니아의 왕으로 묘사됐으나, 단 몇 년 후에는 조지아의 왕이라는 칭호만 남았다. 그리고 1332년부터 이 군주의 이름은 아르메니아 사료에서 확실히 사라졌다.

1330년대 후반에도 조지아는 여전히 일 칸에게 조공을 바쳤지만, 그 액수는 이전보다 훨씬 적었다.[111] 1339~1340년에 지리적 개관을 저술한 페르시아의 카즈비니(1281~1349)에 따르면, 1336년 조지아는 일 칸국에 120만 2000디나르를 지불했다. 몽골이 침입하기 이전에 조지아 재무청이 비슷한 영역에서 거둔 세금은 이것의 거의 다섯 배에 달했다.[112] 비록 이 페르시아 역사가가 제시한 13세기 초반 수십 년간의 수치가 믿을 만하지는 않지만, 그는 납부

---

109 Lang 1955, 특히 82-90; Charachidz 1971, 133.

110 Hafiz-Abru, tr. Bayani 1936, 2: 107, 131, 136, 148; Lang 1955, 84.

111 Suny 1994, 44.

112 Qazwīnī 1915-1919, 94.

된 액수가 대폭 줄었음을 확실히 강조하고 있다.

　14세기 전반에 조지아 동부에서는 주조소 두 곳이 운영 중이었는데, 하나는 티플리스(트빌리시)에 있었고 다른 하나는 시르반 경계 인근에 위치한 카헤지아에 있었다.[113] 두 기관에서 발행한 화폐는 아부 사이드 치하의 일 칸국 시기부터 14세기 중반까지 거의 끊이지 않고 보존되어 있는데, 같은 시기 일 칸국의 주조소에서 발행한 것과 동일하다는 점이 흥미롭다. 만약 기오르기 5세가 일 칸들로부터 독립을 성취했다면 결코 몽골의 이름으로 주화를 발행하지 않았을 것이다. 따라서 14세기 중반에도 티플리스와 조지아 동부는 철저히 일 칸국의 통치 아래에 있었다.

　조지아 왕가는 몽골의 지배에서 벗어나기 위해 몇 차례 시도했지만 일련의 충격적인 사건들로 인해 모두 좌절됐다. 유럽을 황폐화시킨 페스트가 1360년대에 코카시아에 도달했다. 킵착인들을 향해 시작했던 티무르(재위 1370~1405)의 원정은 곧 캅카스(1380년대)로 향했고, 몽골군은 조지아를 여러 차례 침공했다. 티무르 왕조가 조지아와 대아르메니아를 침입한 결과는 막대했으니, 그 침공이 매우 강렬했을 뿐만 아니라 왕권이 쇠약하고 주민들은 지쳐 있었기 때문이다. 이 지역은 적어도 15세기 첫 20년까지는 침공 이전의 수준으로 회복되지 못했다.

113　Lang 1955, 85.

결론: 캅카스의 몽골 유산

몽골이 캅카스를 지배한 결과는 다양했고, 그중 일부는 이후 수세기에 걸쳐 영향을 미쳤다. 하지만 몽골 제국의 다른 지역과 비교할 때 이 지역에서 몽골 지배의 대가는 종종 크지 않았다. 구체적으로 말하면, 13세기 초에 조지아 왕국이 획득한 유력한 정치적 역할은 정복의 가혹함과 지배 방식으로 인해 현저히 줄어들었다. 이 기독교 왕국은 다비트 4세와 타마라 여왕의 바그라트 지파가 달성한 지위를 결코 회복하지 못했다. 그러나 일 칸국이 코카시아에서 권위를 상실해가던 14세기에 기오르기 5세가 끈기 있게 추진한 정책은 조지아 귀족들의 부분적이고 일시적인 통합으로 이어졌다. 한편 아르메니아에서는 몽골 지배의 결과가 더욱 극명했다. 몽골 침입 당시의 아르메니아는 조지아 왕실과 종속 관계를 통해 연결된 복합적 권력 체계였다. 현지 귀족들이 협조한 덕분에 코카시아는 제국의 다른 지역(러시아, 중앙아시아, 중국)과 같은 파괴를 겪지 않았다. 지배를 시작할 때부터 몽골은 간접적인 경영 방식에 의존했으며, 직접 통치하기보다는 통제하는 쪽을 선호했다. 일 칸국이 성립한 이후 권력의 중심이 남쪽으로 이동했고, 코카시아에 대한 통치는 더욱 간접적으로 이루어졌으며 현지 귀족에 의존했다. 일 칸국의 종말이 바로 캅카스에서 몽골 지배가 종식했음을 의미하지는 않았다. 대신에 권력이 분산되고 패권 중심이 사라지는 등 정치적 재적응의 과정이 시작됐다. 소아르메니아의 상황은 달랐는데, 주변 국가, 특히 맘룩의 위협에 맞서 국경을 강화하고 국제적인 무역 항구 도시의 안전을 확보하기 위해 1240년대 초 이래 몽골에 협력하면서 혜택을 받았기 때문이다. 그러나 1323년 일 칸국과 맘룩 간에 평화 협정이 체결된 데 이어 일 칸국이 붕괴하면서 킬리키아 아르메니아는 급격히 쇠퇴했고, 결국 1375년에 멸망했다.

몽골 제국의 탄생은 중세 국제 무역의 역사에서 중대한 사건으로, 캅카스에 직접적인 영향을 미쳤다. 몽골의 정복은 새로운 무역로를 열었고, 서유럽에 거의 알려지지 않은 지역에서도 국제 무역이 활발해졌다. 몽골은 캅카스의 주요 경제 중심지를 수없이 파괴했지만, 생산과 교환의 중심을 다른 곳으로 이전함으로써 이전에 국제 무역에서 소외됐던 타브리즈와 마라가 같은 도시들을 성장시켰다.

몽골이 전성기에 아시아의 3분의 2와 유럽의 3분의 1에 달하는 영토를 통합한 것은 진정한 문화적 혁명이었다. 보다 준비가 잘 돼 있었던 이탈리아 도시들(특히 베네치아와 제노바)은 무역 종착 지점으로서 콘스탄티노플을 버리고 투자처를 흑해로 옮겼고, 그 결과 일부 경우에는 이탈리아로부터 멀리 떨어져 있지만 실질적 고향이 된 무역 거점들, 예를 들어 크림반도의 카파, 아조프해의 타나, 또는 조지아의 사바스토폴리 등을 만들었다. 몽골의 남캅카스 지배는 상인의 이동성에 유리하게 작동했으니, 무역로가 안전해졌고 일부 지역에서는 생산성이 높아졌다. 전문적인 인력은 자신의 모국으로부터 대칸의 궁정에 있는 작업장으로 강제 이동됐다. 이 시기 흑해 동쪽 연안에서 활동했던 이탈리아 공증인과 상인이 남긴 기록이 입증하듯이 생산은 더욱 체계화됐다. 이 새로운 지배가 대규모 시장을 새로 창출하지는 못했지만, 시장을 이전보다 훨씬 더 견고하게 만들었다. 기록에 따르면, 몽골은 무역과 상인에 우호적이었을 뿐만 아니라 직접 참여했다. 이탈리아 상인 프란체스코 발두치 페골로티가 지은 『상업실무서(*Pratica della mercatura*)』는 이러한 세계의 지역들에서 일하는 것이 얼마나 일상화됐는지를 보여주는 훌륭한 예이다.[114] 캅카스는 유럽과 아시아의 자연 국경인 동시에 연결 통로였고, 사바스토폴리, 케르치, 타나 또는 트레비존드에 배를 정박하는 이탈리아 상인들에게는 더욱 그러했다.[115]

캅카스 문화에 대한 몽골 유산의 영향은 그리 뚜렷하지는 않지만 그렇다고 완전히 미미하지도 않다.[116] 흥미롭게도 캅카스의 종교 건축은 몽골 시기에 약간 주목할 만한 변화가 있다. 13세기 후반부터 사적인, 특히 토착 귀족 가문들의 의뢰가 증가했다. 특히 귀족들은 교회에 자금을 공급했는데, 후원자로서의 모습을 보여주고 자신의 권력, 부, 그리고 지배 계층과 가깝다는 점 등을 시각적으로 과시하고 싶어했다. 즉, 신성한 건물은 후원자의 사회적 지위를 보여주는 상징이 됐다. 종교 건물의 장식 조각은 점차 중요해졌다. 교회는 이전보다 외딴 곳에 건설됐고, 대체로 더 커지기보다 높아졌는데, 이는 건축의 초점이 외부로 옮겨 갔기 때문이다[시각적 임팩트를 강조하기 위해 고립된 지역에 건설하고 높이를 강조했다는 뜻]. 나고르노카라바흐공화국[2024년 1월 1일부로 아제르바이잔에 통합됐다]에 위치한 간자르[또는 간자사르] 수도원은 이러한 경향을 가장 잘 보여주는 사례 중 하나이다.[117] 몽골과 결속한 현지 귀족들은 지위가 높

---

114 Pegolotti 1936.

115 이탈리아에서는 몇몇 몽골 일 칸들의 이름을 차용하기도 했다. Jackson 2005, 315.

116 Allsen 2009.

117 Lala Comneno 2010, 582–586.

아졌고, 상대적으로 더욱 부유해졌다.

캅카스의 중세 문학에서도 몽골의 영향을 확인할 수 있다. 몇몇 아르메니아 연대기와 조지아의 기록들이 그 예이다. 그러나 여러 아르메니아 작가들이 기록했듯이, 몽골 지배는 시 분야에도 영향을 미쳤다. 몽골은 아르메니아와 조지아의 집단적 상상의 일부가 됐고, 종교에 기반한 지역 정체성 강화에 기여했다. 13세기와 14세기에 활동했던 아르메니아의 시인 에르즌카(에르진잔)의 코스탄딘이 쓴 작품에는 몽골이 끊임없이 출현한다.[118] 그는 가잔이 사망한 뒤에 쓴 시에서 인간의 필연적 죽음과 물질적 부의 공허함에 초점을 맞추었다. 이 시의 핵심부에서는 일 칸이 겨우 30세의 나이에 죽었음을 언급하고 있다. 코스탄딘은 가잔을 정치가로서는 호의적으로 평가했지만, 영원히 지속되지 않는 덧없는 영광인 부와 권력을 추구하는 데 열중한 어리석은 인물로 묘사한다. 오직 신의 창조물인 자연만이 영원한 미(美)를 상징하며, 이는 일 칸국 궁정이 사치와 물질적 풍요 속에서 살았음을 보여주는 표식이라는 것이다. 코스탄딘의 작품에서 몽골인들은 더는 압제적이고 포악하지 않지만, 백성에게 이질적인 존재이며 진실된 믿음과는 거리가 먼 정치권력을 상징한다.[119]

또 코스탄딘과 동시대 인물인 아르메니아 시인 프릭의 작품에도 몽골이 항상 등장한다.[120] 저자는 14세기 초에 지은 시에서 일 칸 아르군의 모습을 묘사한다. 이 몽골 군주는 신의 의지가 그를

---

118 Dadoyan 2013, 114-116; Van Lint 2010, 457.
119 Van Lint 2010, 465-466.
120 Van Lint 2010, 468-473.

칸으로 임명했기 때문에 합법적으로 권력을 차지할 수 있었다. 그는 기독교도에게 잔인했으며, 그의 통치 기간 동안 그들에게 지워진 세금 부담은 감당할 수 없는 수준이었다. 그럼에도 프릭은 부가(아르군의 재상 부카)가 시도한 쿠데타를 철저히 비난하면서, 그를 악마의 상징으로 묘사했다. 프릭은 억압받는 아르메니아인들에 대해 일 칸이 적개심을 가지고 있다고 해서 권력을 전복하는 것은 정당화할 수 없다고 했다. 14세기의 첫 수십 년 동안 작가들은 지배 엘리트를 표현하기 위해 문학적 모델을 정교하게 만들어냈다.[121]

비록 칭기스계의 침입이 이후에 일어난 사건들에 얼마나 직접적 원인이 됐는지, 또는 그 이전에 시작된 과정들을 얼마나 가속화했는지 아직 확증하기는 어렵지만, 정치적으로 봤을 때 몽골의 캅카스 지배의 결과는 확실히 부정적이다. 실제로 13세기 중반부터 코카시아는 정치적 중심을 상실했다. 앞에서 언급했듯이 권력은 지속적으로 분열했고, 1453년 콘스탄티노플의 함락 그리고 1461년 트레비존드 제국의 멸망과 함께 이 지역에 있던 두 개의 주요 기독교 왕국은 더욱 보잘것없는 존재로 전락했으며, 그 결과 캅카스 지역의 점진적 이슬람화는 더욱 빨라졌다.

지칠 대로 지친 캅카스는 14세기 말 오스만이라는 새로운 적과 맞서야 했다. 그리고 이어지는 수십 년 동안 유럽은 이제 이 새롭고, 더욱 가까운 위협에 맞서야 했다.

---

121   Van Lint 2010; Van Lint 2013.

참고문헌

사료와 번역서

Alemany, Agustí. 2000. *Sources on the Alans: A Critical Compilation*. Leiden and Boston.

Bar Hebraeus. 1932. *The Chronography of Gregory Abu'l Faraj*, ed. and tr. E. A. Wallis Budge. Oxford.

Bedrosian, Robert. tr. 1991. *The Georgian Chronicle*, at www.attalus.org/armenian/gc1.htm (accessed February 2015).

Blake, Robert P., and Richard N. Frye, tr. 1949. "History of the Nation of the Archers (The Mongols) by Grigor of Akanc." *HJAS* 12.3-4: 269-399.

Boyle, John A. 1964. "The Journey of Het'um, King of Little Armenia, to the Court of the Great Khan Mönkge." *CAJ* 9: 175-189.

Boyle, John A. 1968. "Dynastic and Political History of the Īl-Khāns." In *CHI5*, 303-421.

Brosset, Marie F. 1849. *Histoire de la Géorgie depuis l'antiquité jusqu'au XIXe siècle*, vol. 1. St. Petersburg.

CHI5. 일러두기 6번 참조.

CHIA. 일러두기 6번 참조.

Hafiz-i-Abru, 1936. *Chronique des rois mongols en Iran*, ed. and tr. K. Bayani, vol. 2. Paris.

Hayton. 1906. *La Flor des Estoires des parties d'Orient, livres I-IV*, ed. Charles Kohler. In *Recueil des historiens des croisades: Documents arméniens*, ed. E. Dulaurier, vol. 2, xxiii-cxlii and 110-363. Paris.

Het'um the Historian. 2004. *History of the Tartars. The Flower of Histories of the East*, tr. Robert Bedrosian, Long Branch. at http://rbedrosian.com/Downloads/Hetum.pdf (accessed July 2021).

Ibn al-Athīr. 2008. *The Chronicle of Ibn al-Athir for the Crusading Period from al-Kamil fi'l-Ta'rikh, part 3, The Years 589-629/1193-1231: The Ayyubids after Saladin and the Mongol Menace*, tr. D. S. Richards. Farnham and Burlington, VT.

JT/Thackston. 일러두기 6번 참조.

Kartlis Tskhovreba. 2014. "The Hundred Years' Chronicle," tr. D. Gamq'relidze. In *Kartlis Tskhovreba. A History of Georgia*, ed. Stephen Jones. Tbilisi.

Kirakos, Gadzakets'i. 1986. *Kirakos Gadzakets'i's History of the Armenians*, tr. R. Bedrosian. New York, at http://rbedrosian.com/kg1.htm (accessed July 2021).

Orbelean, Step'annos. 2012-2015. *History of the State of Sisakan*, tr. Robert Bedrosian, at http://rbedrosian.com/SO/sotoc.html (accessed July 2021).

Orbélian, Stephannos. 1864. *Histoire de la Siounie*, tr. Marie F. Brosset. St. Petersburg.

Pegolotti, Francesco di Balduccio. 1936. *La pratica della mercatura*, ed. and tr. Allan Evans. Cambridge, MA.

Polo, Marco. 2006. *Milione: Le divisament dou monde*, ed. and tr. Gabriella Ronchi. Milan.

Qazwīnī, Hamdallāh Mustawfī. 1915-1919. *The Geographical Part of the Nuzhat al-qulūb*, tr. Guy Le Strange, 2 vols., Leiden and London.

Rashīd al-Dīn. 1946. *Sbornik Letopisei*, vol. 1, tr. L. A. Khetagurov, ed. A. A. Semenov. Moscow and Leningrad.

Sanjian, Avedis K. 1969. *Colophons of Armenian Manuscripts, 1301-1480: A Source for Middle Eastern History*. Cambridge, MA.

Tizengauzen, Vladimir G. 1941. *Sbornik materialov otnosiashchikhsia k istorii Zolotoi ordy*. Moskva.

Vardan, Arewelts'i. 2007. *Vardan Arewelts'i's Compilation of History*, tr. Robert Bedrosian, at http://rbedrosian.com/vaint.htm (accessed July 2021).

연구서와 논문

Allsen, Thomas. 1987. *Mongol Imperialism: The Policies of the Grand Qan Möngke in China, Russia, and the Islamic Lands, 1251-59*. Berkeley.

2001. *Culture and Conquest in Mongol Eurasia*. Cambridge.

2009. "Mongols as Vectors for Cultural Transmission." In *CHIA*, 135-154.

Allsen, William E. D. 1932. *A History of the Georgian People*. London.

Amitai, Reuven. 2004. *Mongols and Mamlūks: The Mamlūk Īlkhānid War: 1260-1281*. Cambridge.

Amitai-Preiss, Reuven. 1992. "Ayn Jalut Revisited." *Tarih* 2: 119-150.

2000. "Mongol Imperial Ideology and the Ilkhanid War against the Mamlūk." In *The Mongol Empire and Its Legacy*, ed. Reuven Amitai-Preiss and David O. Morgan, 57-72. Leiden.

Atwood, Christopher. 2004. *Encyclopedia of Mongolia and the Mongol Empire*. New York.

Bachrach, Bernard S. 1973. *A History of the Alans in the West*. Minneapolis.

Balard, Michel. 1978. *La Romanie génoise: XIIe-début du XVe siècle*. 2 vols. Rome.

Bedrosian, Robert. 1979. "The Turco-Mongol Invasions and the Lords of Armenia in the 13-14th Centuries." PhD dissertation, New York.

1997. "Armenia during the Seljuk and Mongol Period." In *The Armenian People from Ancient to Modern Times*, ed. Richard G. Hovannisian, 241-271. London.

Biran, Michal. 2002. "The Battle of Herat (1270): A Case of Inter-Mongol Warfare." In *Warfare in Inner Asian History*, ed. Nicola Di Cosmo, 175-220. Leiden and Boston.

Cahen, Claude. 1968. *Pre-Ottoman Turkey*. London.

Charachidzé, Georges. 1971. *Introduction a l'étude de la féodalité géorgienne (le code de Georges le Brillant)*. Paris.

Charanis, Peter. 1963. *The Armenians in the Byzantine Empire*. Lisbon.

Ciocîltan, Virgil. 2012. *The Mongols and the Black Sea in the Thirteenth and Fourteenth Centuries*. Leiden.

Cleaves, Francis W. 1949. "Mongolian Names and Terms in the History of the Nation of Archers by Grigor of Akanc." *HJAS* 12.3–4: 400–443.

Dadoyan, Seta B. 2013. *The Armenians in the Medieval Islamic World, vol. 3, Medieval Cosmopolitanism and Images of Islam*. New Brunswick, NJ.

Dashdondog, Bayarsaikhan. 2011. *The Mongols and the Armenians (1220-1335)*. Leiden.

    2012. "The Mongol Conquerors in Armenia." In *Caucasus during the Mongol Period: Der Kaukasus in der Mongolenzeit*, ed. J. Tubach, S. G. Vashalomidze, and M. Zimmer, 53–82. Wiesbaden.

De Nersessian, Sirarpie. 1962. "The Kingdom of Cilician Armenia." In *A History of the Crusades*, ed. Kenneth M. Setton, vol. 2, 44–71. Philadelphia.

Eastmond, Anthony. 2017. *Tamta's World: The Life and Encounters of a Medieval Noblewoman from the Middle East to Mongolia*. Cambridge.

Galstyan, A. G. 1976. "The First Armeno-Mongol Negotiations." *Armenian Review*, 29: 26–37.

Ghazarian, Jacob G. 2000. *The Armenian Kingdom in Cilicia during the Crusades: The Integration of Cilician Armenians with the Latins, 1080-1393*. Richmond.

Gilli-Elewy, Hend. 2011. "Al-Ḥawādiṯ al-ǧāmiʿa: A Contemporary Account of the Mongol Conquest of Baghdad, 656/1258." *Arabica* 58: 353–371.

Golden, Peter B. 1984. "Cumanica I: The Qipčaqs in Georgia." *AEMA* 4: 45–87.

    1992. *An Introduction to the History of the Turkic Peoples: Ethnogenesis and State-Formation in Medieval and Early Modern Eurasia and the Middle East*. Wiesbaden.

    2011. *Central Asia in World History*. Oxford.

Golubovich, Girolamo. 1906. *Biblioteca bio-bibliografica dell' Oriente Francescano*. Florence.

Grousset, René. 1965. *L'empire des steppes: Attila, Gengis-Khan, Tamerlan*. 4th ed. Paris.

Jackson, Peter. 1980. "The Crisis in the Holy Land in 1260." *English Historical Review*, 95: 481–513.

    2005. *The Mongols and the West: 1221-1410*. Harlow.

    2017. *The Mongols and the Islamic World: From Conquest to Conversion*. New Haven and London.

Karpov, Sergej Pavlovič. 1986. *L'impero di Trebisonda, Venezia, Genova e Roma (1204-1461). Rapporti politici, diplomatici e commerciali*. Ravenna.

    2012. "New Archival Discoveries of Documents Concerning the Empire of Trebisond." *Gamer* 1: 73–85.

Korobeinikov, Dimitri. 2014. *Byzantium and the Turks in the Thirteenth Century*, Oxford.

Lala Comneno, Adelaide. 2010. "La decorazione architettonica armena del periodo mongolo." *Bazmavep* 3-4: 581-595.

Lambton, Ann K. S. 1986. "Mongol Fiscal Administration in Persia." *Studia Islamica* 64: 79-99.

1987. "Mongol Fiscal Administration in Persia (Part I I)." *Studia Islamica* 65: 97-123.

1991. *Landlord and Peasant in Persia: A Study of Land Tenure and Land Revenue Administration*. London.

Landa, Ishayahu. 2018. "New Light on Early Mongol Islamisation: The Case of Arghun Aqa's Family." *JRAS* 28: 77-100.

Lane, George. 1999. "Arghun Aqa: Mongol Bureaucrat in Iran." *Iranian Studies*, 32.4: 459-482.

2003. *Early Mongol Rule in Thirteenth-Century Iran: A Persian Renaissance*. London.

2009. *Genghis Khan and Mongol Rule*. Indianapolis.

Lang, David M. 1955. *Studies in the Numismatic History of Georgia in Transcaucasia*. New York.

Loenertz, Raymond J. 1932. "Les missions dominicaines en Orient au XI Ve siècle et la société des Frères pérégrinants pour le Christ." *Archivum Fratrum Praedicatorum* 2: 1-83.

1937. *La Société des frères pérégrinants: Étude sur l'Orient dominicain*. Roma.

Luisetto, Frédéric. 2007. *Arméniens et autres chrétiens d'Orient sous la domination mongole: L'Ilkhanat de Ghâzân 1295-1304*. Paris.

Manandian, Hakob. 1952. *K'nnakan Tesut'yun Hay Zhoghovrdi Patmut'yan*(Critical View of the History of the Armenian People), vol. 3. Erevan.

May, Timothy. 1996. "Chormaqan Noyan: The First Mongol Military Governor in the Middle East." PhD thesis, Indiana University.

Melville, Charles. 1990. "Pādshāh-i Islām: The Conversion of Sultan Mahmūd Ghazan Khān." *Pembroke Papers* 1: 159-177.

1999. *The Fall of Amir Chupan and the Decline of the Ilkhanate, 1327-1337: A Decade of Discord in Mongol Iran*. Bloomington, IN.

2007. "From Adam to Abaqa: Qadi Baidawi's Rearrangement of History(Part II)." *Studia Iranica* 36.1: 7-64.

2009. "Anatolia under the Mongols." In *The Cambridge History of Turkey: Byzantium to Turkey, 1071-1453*, ed. Kate Fleet, 51-101. Cambridge.

Minorsky, Vladimir. 1953. *Studies in Caucasian History*. Cambridge.

Morgan, David. 2007. *The Mongols*(데이비드 O. 모건, 권용철 옮김, 『몽골족의 역사』, 모노그래프, 2012). Malden.

Mutafian, Claude. 2002. *Le royaume arménien de Cilicie, XIIe-XIVe siècle*. 2nd ed. Paris.

2013. *L'Arménie du Levant, XIe-XIVe siècle*, 2 vols. Paris.

Petrushevsky, Ilya P. 1968. "The Socio-economic Condition of Iran under the II-Khans." In

*CHI*5, 483–537.

Pubblici, Lorenzo. 2005. "Venezia e il Mar D'Azov: alcune considerazioni sulla Tana nel XIV secolo." *Archivio Storico Italiano* 163: 435–483.

———. 2010. "Il fattore nomade e l'organizzazione politica armena: il caso della fiscalità durante il khanato di Möngke" *Bazmavep* 3–4: 533–549.

———. 2018. *Dal Caucaso al Mar D'Azov: L'impatto dell'invasione mongola in Caucasia fra nomadismo e società sedentaria*(1204-1295), 2nd ed. Florence.

Richard, Jean. 1998. *La papauté et les missions d'orient au moyen age (XIIIe-XVe siècles)*. Rome.

Sirinian, Anna. 2010. "I Mongoli nei colofoni dei manoscritti armeni." *Bazmavep* 3–4: 481–519.

Smith, John Masson. 1970. "Mongol Nomadic Taxation." *HJAS* 30: 46–85.

Stewart, Angus D. 2001. *The Armenian Kingdom and the Mamlūks: War and Diplomacy During the Reigns of Het'um II (1289-1307)*. Leiden.

Suny, Ronald Grigor. 1994. *The making of the Georgian Nation*. Bloomington, IN.

Tamarati, Michel. 1910. *L'église géorgienne des origines jusqu'à nos jours*. Rome.

Tosi, Maurizio. 1996. "Dalla tribù all'impero: Riflessioni sul Caucaso, le steppe ed i meccanismi dell'evoluzione sociale alla luce dei dati archeologici." In Centro italiano di studi sull'alto Medioevo, *Il Caucaso: cerniera fra culture dal Mediterraneo alla Persia (secoli IV-XI)*, 247–273. Spoleto.

Toumanoff, Cyril. 1963. *Studies in Christian Caucasian History*. Washington, DC.

———. 1966. "Armenia and Georgia." In *The Cambridge Medieval History*, ed. J. M. Hussey, vol. 4, part 1, 593–637. Cambridge.

———. 1971. "Caucasia and Byzantium." *Traditio* 27: 111–158.

Tsurtsumia, Mamuka. 2014. "Couched Lance and Mounted Shock Combat in the East: The Georgian Experience." *Journal of Medieval Military History* 12: 81–108.

Tubach, Jurgen, Sophie Vashalomidze, and Manfred Zimmer. 2013. *Caucasus during the Mongol Period/Der Kaukasus in der Mongolenzeit*. Wiesbaden.

Van Lint, Theo M. 2010. "I Mongoli nella poesia armena medievale." *Bazmavep* 168.3–4: 457–480.

———. 2013. "The Armenian Poet Frik and his Verses on Arghun Khan and Bugha." In *Ferdowsi, the Mongols and the History of Iran: Art, Literature and Culture from Early Islam to Qajar Persia. Studies in Honour of Charles Melville*, ed. Robert Hillenbrand, Andrew C. S. Peacock, and Firuza Abdullaeva, 249–260. London and New York.

Vladimircov, Boris J. 1948. *Le régime sociale des mongols*, tr. Michel Carsow. Paris.

제 4 장

몽골과 시베리아

토머스 올슨

토머스 올슨　　　　　　　　　Thomas T . Allsen

몽골 제국사에 대한 이해를 유라시아적 규모의 사상적,
상업적, 물질적, 문화적 교류에 관한 연구로 재정립하는
데 큰 기여를 했다. 1986년부터 2013년까지 학술지『중
세 유라시아 아카이브(*Archivum Eurasiae Medii Aevi*)』의 편
집진으로 오랫동안 활동했으며, 이에 대한 공로로 그의
75세 생일을 맞아 2014년 제21권(2014-2015)이 기념 논문
집으로 그에게 헌정됐다.

몽골 제국과 시베리아의 역사는 밀접하게 얽혀 있다. 실제로 "시베리아"라는 지명은 13세기에 작성된 『몽골비사』에 처음 등장하는 시비르, 즉 오비강과 예니세이강 사이에 거주하던 사람들의 이름에서 유래했다. 15세기까지 러시아에서 시비르는 오비와 이르티시 지역을 가리켰고, 러시아가 동쪽으로 빠르게 진출하면서부터는 우랄에서 태평양에 이르는 북쪽 지역 전체를 의미하게 됐다.[1]

몽골의 명명법에서 시비르는 아무르강 상류에서 볼가-카마강 유역에 이르는 광활한 영역에 살았던 수많은 '숲의 사람들'(호이-인 이르겐(hoi-yin irgen)) 가운데 하나였다. 몽골이 대륙을 가로지르는 제국으로 발전하는 과정에서 이 북쪽의 땅이 어떤 역할을 했는지 이해하기 위해, 우리는 초원 유목민과 우랄 양쪽 숲의 사람들 사이의 오랜 상호작용을 간략히 살펴보아야 한다.[2]

북쪽 변경

우리가 유목민과 외부 세계의 관계를 생각할 때, 가장 먼저 떠오르는 것은 남쪽의 위대한 정주 문명과의 충돌, 즉 페르시아 문학의 "이란과 부란"이라는 구조, 그리고 더 구체적으로는 중국의 장성에 구현된 갈등이다. 초원의 역사에서 그 북쪽 측면은 잊힌 변경으로, 시야에서 벗어났거나 최소한 경시됐다. 그 주된 이유는 유목민과 삼림 지대 간의 다양한 상호 연결에 관한 기록이 매우 빈약하기

---

1 Pritsak 1989, 271-273; Golden 1997, 531-533.
2 이 장은 필자의 이전 저작들을 활용했다. Allsen 1984; Allsen 1985-1987; Allsen 2006a; Allsen 2006b.

때문인데, 이는 매우 불운한 일이다. 북쪽 지역과 그곳 사람들 그리고 생산물이 유목 정치체의 발달에 그 복잡성의 정도와 상관없이 절대적으로 중요했기 때문이다.

역사적으로 중요한 모든 변경과 마찬가지로 삼림-초원 사이의 접촉면도 문화적으로 역동적이었고, 사람들은 서로 교류했으며, 중개인을 통해 더 먼 곳의 문명 중심과도 교역했다. 또한 그곳은 문화적, 환경적으로 대단히 다양해서, 여러 선택지를 제공하는 한편 결정을 요구하기도 했다. 실제로 풀을 기반으로 하는 초원의 말-양 유목, 그리고 이끼 및 지의류(地衣類)를 바탕으로 하는 타이가와 툰드라의 순록 유목 사이에는 생태학적 차이가 존재했다. 그러나 이러한 경우에조차 명확하게 구분하기는 어려우니, 초원의 일부 지역이 타이가로 확장하기도 하고, 툰드라와 비슷한 환경이 초원의 고지대에서 발견되기도 하기 때문이다.

이 전이지대(轉移地帶), 러시아어로는 "삼림-초원"이라는 뜻의 레소스텝(lesostep)으로 알맞게 불리는 이곳은 수많은 소규모 정치-종족 집단의 고향이다. 이 지역 사람들은 농업, 목축, 수렵-채집 요소를 각기 다른 비율로 결합한 혼합 경제를 영위했다. 생존 체제의 바로 그 다양성 덕분에, 삼림민들은 위기 또는 기회를 맞이했을 때 어느 정도의 유연성을 가질 수 있었다. 그들이 초원으로 이동하면 경제에서 목축적 요소가 증가하는 반면 농업적 요소는 감소했다. 그와 반대로 이동하면 유목적 성격이 감소하고 더 정착화된 형태의 농업이 증가했다. 그리고 두 경우 모두 수렵-채집 요소를 적절히 유지했는데, 다만 그 획득 방식과 수확 자원은 새로운 환경에 따라 달라졌다.

이러한 변경 집단의 복합적 특성을 잘 보여주는 사례가 두 가지 있다. 첫째는 튀르크어를 사용하는 유목민들이 형성한 대규모 정치체인 키멕 연합으로, 9세기와 11세기 사이에 시베리아 서부를 지배했다. 그들은 주요 외부 자원 기반인 삼림 지대로부터 성공적으로 생산물을 얻었고, 동시에 오비-우고르와 사모예드 속민들로부터 많은 문화적 특성과 종족적 요소를 받아들였다.[3] 그리고 두 번째 사례가 보여주듯이, 이러한 문화적 융합과 종족적 결합은 초원이 정치적으로 분열했을 때도 이루어졌다. 우랑카이[복수형 '우랑카트'로도 알려져 있다]는 칭기스계의 통합 이전에 몽골 동북부와 바이칼 동쪽의 바르쿠평원에 거주했고, "초원"과 "삼림" 두 지파로 이루어져 있었다. 남쪽 지파는 말 유목민인 반면, 북쪽 지파는 스키를 이용하고 순록을 몰고 다녔으며 식량과 모피를 얻기 위해 사냥을 했다. 심지어 초원의 몽골어 화자와 타이가의 퉁구스어 화자라는 언어적 구분도 있었을 가능성이 있다.[4] 그러나 우랑카이는 내적 차이에도 불구하고 집단적 정체성을 구축했다. 이는 접촉 지대의 정치적, 종족적 집단이 변화하는 정치적, 환경적 압력을 극복하기 위해 끊임없이 "생성되고", 합쳐지고, 나뉘고, 동화하는 혼합체였음을 보여준다.

따라서 이 유동적이고 투과하기 쉬운 변경 지역으로 들어가거나 변경 지역을 통해 이동하는 것이 흔한 일이었음은 그리 놀랍지 않다. 초원과 가장 동일시되는 사람들 중 하나인 몽골인도 원래

---

3 Arslanova 1985, 63-67.
4 Pelliot 1959, 336-337; Uray-K halmi 2002, 253-262.

는 삼림민이었고, 첫 번째 유목 제국(약 기원전 200~기원후 200)인 흉노 연맹의 핵심이 켐강 또는 예니세이강 지역 출신의 고(古)시베리아인이었다는 주장 역시 설득력이 있다.[5] 게다가 그러한 이동은 쌍방향적이었다. 튀르크어를 사용하는 서쪽 초원의 유목민인 불가르는 8세기에 삼림 일대로 진출하기 시작했고, 이 과정은 몇 세기에 걸쳐 완료됐다. 그 결과 볼가강 중류에 많은 핀-우고르인을 지배하는, 정주·도시화·문자 사용을 특징으로 하는 불가르 국가가 탄생했다. 심지어 똑같이 튀르크어를 사용하는 야쿠트의 조상들은 약 10세기부터 16세기까지 더 장기간에 걸쳐 바이칼 지역의 삼림-초원에서 타이가 북부로 이동했고, 그곳에서 초원의 전통을 상당 부분 유지하며 토착 수렵-채집민을 지배했다. 이 느린 이주는 거대한 레나강 유역의 문화사와 종족 구성을 근본적으로 바꾸었다.

마찬가지로 삼림과 초원 사이의 정치-군사 관계도 연속적이고 다양했다. 때때로 삼림민은 유목민에게 심각한 위협이 됐다. 840년 예니세이 키르기스는 몽골 지역의 위구르 제국을 파멸시켰고, 그들을 멀리 분산시킨 뒤 삼림 지대로 돌아갔다. 965년에는 루스가 하자르 제국을 멸망시키고 역시 고향으로 돌아갔다. 이 두 삼림 지대의 "개입"은 깊고 장기적인 영향을 미쳤다. 동쪽에서는 360년간, 서쪽에서는 275년간, 그러니까 몽골이 흥기하기 전까지는 초원 기반의 새로운 유목 제국이 만들어지지 못한 것이다.

하지만 대부분의 경우 삼림과 초원 간 힘의 균형은 후자에게

---

5 Vovin 2000, 87-104.

유리했다. 16~17세기 몽골 서북부에 있던 작은 왕조인 알탄 칸부[할하 몽골의 분화 세력 중 하나]처럼 작은 유목 정치체조차 알타이-사얀 지역의 삼림 거주민을 지배했다. 그리고 초원에서 제국적 통합이 이루어진 시기에는 당연히 삼림 지역에 대한 유목민의 우위가 크게 강화됐다.

유목 제국 창건자들에게 삼림 지대가 갖는 중요성은, 14세기 초에 기록됐으나 훨씬 오래된 내용을 담고 있는 서(西)튀르크 또는 오구즈 튀르크의 종족 탄생 설화에서 강하게 드러난다. 이 이야기에 따르면 동명의 영웅인 오구즈는 자신이 집권하는 과정에서 가문 내의 반대 세력을 제거한 데 이어 초원의 경쟁 세력에게 승리를 거두었고, 그다음에는 북쪽의 "어둠의 땅(zamīn-i tārīkī)"으로 원정했으며, 마지막으로는 이란과 비잔티움 등 남쪽의 부유한 농업 사회로 눈을 돌렸다.[6] 비록 서사적 전승으로 묘사됐지만, 여기에 서술된 사건의 순서는 역사적 초원 제국들, 즉 흉노, 돌궐, 위구르가 발전한 기본 단계를 정확히 설명하고 있는데, 이들 모두 남쪽에서 지속적인 작전에 착수하기 전에 삼림민을 복속시켰다. 그리고 초원의 제국적 전통이 수 세기 동안 단절됐음에도 몽골 역시 동일한 확장 유형을 답습했다.

삼림 생산물

유목민들에게 삼림은 그들의 정치 경제학, 특히 국가 형성 단계에

---

6   Rashīd al Dīn, tr. Jahn 1969, 26-28 and fol. 592 r-v.

필수적인 다양한 자원을 제공했다. 하지만 북쪽 지역의 생산품 구성이 변경 전역에 걸쳐 동일하지는 않았다. 우랄 서쪽에서는 꿀, 밀랍, 노예 등이 주요 상품이었으나, 시베리아 중부에서는 이러한 것들이 없는 대신 소금과 말이 중요했다. 삼림 지대에서 생산된 곡식에 대해서는 유목민들의 식량과 사료 수요를 보충하기 위한 보다 일반적인 요구가 있었지만, 가장 널리 유통된 것은 모피, 사냥용 새, 상아(바다코끼리, 일각고래, 화석화한 매머드 엄니)와 같은 극북(極北)의 고급 상품이었다. 이러한 물품은 북-남 교류의 주요 요소였을 뿐만 아니라, 육상과 해상을 통해 동-서 상업 네트워크에 유입되기도 했다.

이 상품들에 대한 수요가 높았던 것은 그 원산지인 "어둠의 땅"이 극한의 지역이어서 획득하기 어려웠을 뿐만 아니라, 그곳의 모든 산물에 특별한 고유성이 부여되어 남쪽에서 그 가치가 더욱 높아졌기 때문이다. 심지어 우랄산맥의 서쪽 경사면에서부터 사할린섬까지 이뤄진 것으로 알려진 이른바 "침묵의 무역"이라는 교류 방식은 신화와 신비에 싸여 있었다. 결과적으로 유목민들은 이 "어둠의 땅"의 귀중품을 얻기 위해 레소툰드라(lesotundra), 즉 삼림-툰드라 변경을 따라 거주하던 사람들이 오랜 시간에 걸쳐 만든 기반 시설, 제도, 연결망에 의존했다. 그들을 활용한 것은 몽골이 북중국, 투르키스탄, 이란으로부터 상인, 서기, 관료(이들은 몽골이 초원 남쪽 농경 사회의 중요한 산물에 접근할 수 있게 해주었다)를 대규모로 고용한 것과 흡사하다.

삼림은 초원에 많은 금속 세공품을 공급한 기술 전문가들의 고향이기도 했다는 점 역시 마찬가지로 중요하다. 광석과 연료가 풍부한 삼림 지대는 야금술이 구세계 전역으로 전파되는 데 중요한 역할을 했다. 이 오래되고 신비로운 기술은 중세까지 아무르강 유역, 바이칼 지역, 그리고 특히 알타이와 예니세이에서 상당히 발달했다. 이곳에서 야금술은 전문적이고 독립적인 경제의 한 부문으로서, 철제 도구에서 강철 무기까지, 양철 식기부터 금 장신구에 이르기까지 모든 것을 생산했다.[7]

야금 자원으로서 삼림이 갖는 필수적 중요성은 유목민들의 집단적 역사 기억 속에 영구적으로 새겨졌다. 이것은 북방 지역을 생산적인 광산과 금속 장인으로 가득한 곳, 즉 천연자원과 초자연적 기술의 이미지로 암시하는 것에서 분명히 드러난다.[8] 결과적으로 중국에서 비잔티움까지 정주 국가가 주려고 하지 않았던 상품인 철을 초원 세계가 소유한다는 것은 전략상 중요한 원자재와 그것을 마법처럼 변형시킬 수 있는 장인을 지배하고 있다는 의미였고, 그들의 세력 범위, 부, 정치적·군사적 권력을 확실하게 보여주는 증거였다.

끝으로 시베리아는 군사 자원의 원천으로 환영받았다. 동쪽 초원의 인구밀도가 중국보다 훨씬 낮았기 때문에, 유목민들은 북쪽에서 연합과 징병을 통해 추가 병력을 구했다. 삼림민은 생존을 위해 목축과 사냥에 일부 의존하고 있었기 때문에, 그들 역시 유목민 군대에 쉽게 통합될 수 있는 기마 궁수였다.

요컨대 여기에는 일종의 전략적 "자연 선택"이 작동했다. 제

---

7 Sunchugashev 1979, 118-146; Kyzlasov 1993, 78-81 참고.
8 Boodberg 1936, 180-183; *JT/* 'Alīzādah, I/1: 160, 359-362, 500-501.

국적 야망을 가진 초원의 군주라면 누구나 남쪽 농경 사회를 성공
적으로 압박하기 위해 북쪽 자원에 접근할 필요가 있었다.

북방 정복

삼림민은 정치적 통합 수준과 정주화 정도가 상이한 이질적인 종
족-언어 집단으로 구성돼 있었지만, 몽골은 그들을 단일하고 독립
적인 종족 범주로 간주했다. 여기에는 수많은 사람들이 포함됐는
데, 역사적, 민족지적 기록에서 추적할 수 있는 것으로는 코리 투
마트, 메르키트, 부리아트, 오이라트, 키르기스, 투바스, 텔렝구트,
우르수트, 바지기트(바시키르)가 있고, 매우 제한적인 정보만 존재
하는 것으로는 바이트, 투카스, 케스딤이 있다.[9]

　　몽골은 거주지, 인구 분포, 종교 관습 등에서 자신과 북쪽 이
웃 간의 차이점을 확실히 알고 있었지만, 그럼에도 그들과 밀접한
동류의식을 느꼈다. 이것은 칭기스 칸이 말한 것으로 여겨지는 성
훈에서 강력하게 드러난다. 그는 바르쿠[원문은 바르쿠진]평원에서
태어난 모든 소년들은 격려하거나 훈련할 필요 없이 남자답고 용
감하며, 모든 소녀들은 화장하거나 장식할 필요 없이 영리하고 아
름답다고 단언했다.[10] 이러한 견해에는 적어도 몽골이 삼림의 동료
들을 옛날의 순수한 덕목을 보존하고 있는 "고결한 야만인"으로
보았다는 암시가 담겨 있다.

9　Hambis 1956, 285-296; Hambis 1957, 27-34; Cleaves 1956, 390-406; Zoriktuev 2000,
　　110-127.

10　*JT*/Karīmī, I, 440.

몽골인들이 삼림민에게 친밀감과 매력을 느끼는 것은 전혀 놀라운 일이 아니다. 몽골은 만주 북서쪽 삼림에서 초원으로 왔고, 『몽골비사』에 나타나 있듯이 그들의 문화는 삼림민과 많은 특징을 공유하고 있기 때문이다.[11] 몽골인들이 제공한 정보에 기초해 중국과 유럽에서 작성된 제국의 흥기에 관한 가장 이른 시기의 기록에서, 삼림민의 복속을 중국, 이슬람 세계, 러시아 등 몽골의 더 유명한 원정과 동등한 비중으로 다루는 것 역시 놀라운 일이 아니다.

몽골과 삼림 지대 간의 전투는 칭기스 칸보다 몇 세대 전에 일어났다. 이 초기 전투의 중심에 있었던 것은 몽골의 전통적인 적인 메르키트로, 이들은 바이칼 남쪽 땅에 거주했다. 칭기스 칸 시기에 동쪽 초원의 지배를 둘러싼 투쟁이 격해지면서 메르키트와 다른 삼림민들이 점차 분쟁에 휘말렸다. 많은 사람들이 초원의 여러 세력과 연합했고, 삼림민의 고향은 패배자를 위한 도피처로 기능했다. 1204년까지 전쟁이 지속되다가 칭기스 칸이 초원의 마지막 경쟁 세력인 나이만에게 승리를 거두자, 나이만은 계속 싸우기 위해 메르키트 지지자들과 함께 이르티시로 달아났다. 초원에 성공적인 국가를 수립하기 위해서는 북변의 안정이 필수 전제 조건이었으므로 이제 몽골이 삼림을 정복하기 위한 부대가 마련됐다.

제국의 수립을 선포하고 1년 뒤인 1207년 몽골은 남쪽으로 대대적인 작전을 시작하기 전에 예니세이 키르기스에 사신을 보내 복속을 요구했고 그들은 저항하지 않고 받아들였다. 얼마 지나지 않아 칭기스 칸은 장자 주치에게 나머지 삼림민을 예속시키라

---

11 Uray-Kőhalmi 1970, 247-264.

고 명했다.[12] 주치가 항복한 오이라트의 도움으로 원정을 단행하자, 곧 삼림민들은 조공을 바치고 적어도 일시적으로나마 몽골의 종주권을 인정했다.

삼림 정복의 다음 단계는 몇 년 후 금에 대한 총공격의 일환으로 시작됐다. 몽골의 주력군이 여진의 중심부를 공격하는 동안, 칭기스 칸의 동생 주치 카사르는 몇 차례에 걸쳐 여진 북쪽 지역으로의 지원 작전을 지휘했다. 1214~1215년에 수행한 마지막 작전으로 숭가리강[쏭화강(松花江)]과 논니강[넌강(嫩江)]에 다다랐고, 더 많은 삼림민을 받아들였다.

하지만 1217년 발생한 소요가 시베리아 중앙을 가로질러 빠르게 확산하면서 몽골의 삼림 지대에 대한 지배는 이내 도전을 받았다. 바르쿠의 코리 투마트가 시작한 이 반란은 몽골의 과도한 요구와 북쪽으로 계속 유입되는 반(反)칭기스계 망명자들에 의해 격해졌다. 현장에 파견 나온 지휘관은 패배했고, 그를 지원하러 오라는 명령을 받은 키르기스 역시 반란을 일으켰다. 그러자 칭기스 칸은 주치에게 진압 작전을 맡겼고, 더 나아가 우랄 너머에 있는 사람들까지 포함해서 모든 삼림민을 복속시키라고 명했다. 주치는 약간의 어려움은 있었지만 1219년까지 시베리아 반란을 진압했다. 그러나 1226년 사망하기 전까지 모든 임무를 완수하지는 못했다. 다음 해 칭기스 칸이 사망하면서 이 작전은 더 지연됐다. 1236~1241년에 이르러서야 주치의 아들이자 금장 호르드의 첫 번째 군주 바투(재위 1236~1255)의 지휘 아래 바시키르, 볼가 불가

---

12 이 원정에 관한 가장 자세한 언급은 Buell 1992, 1-32 참고.

     제3권 지역사 · 외부 역사

르, 루스의 공국들이 몽골의 지배를 받게 됐다.

이로써 삼림의 변경은 닫혔다. 단일 세력이 태평양에서부터 폴란드에 이르기까지 삼림 지대 전체에서 우위를 차지한 것은 이번이 처음으로, 이 업적이 재현된 것은 19세기 러시아 제국 시기에 가서의 일이다.

원격 통치

몽골은 초원 남쪽에서는 기존 국가 조직을 장악해 변형시켰고, 이를 통해 농경 사회로부터 자원을 거두었다. 그러나 북쪽에서는 상황이 상당히 달랐다. 이곳은 사람들이 널리 흩어져 있었고 정치 조직은 발달 정도가 미미했다. 이러한 환경에서 몽골의 통치 전략은 간접적이었고, 종종 임시변통식 해결에 기반을 두었다. 그 최종적인 결과는 토착 엘리트, 몽골 왕자, 군사 당국이 포함된 조각보식의 행정 체제로, 각각의 권한은 대체로 명확하지 않았고 종종 서로 경쟁했다.

몽골은 북쪽의 많은 지역을 토착 지배 가문, 또는 통치 목적을 위해 선택되거나 만들어진 부족장의 지배 아래 두었고, 이들은 자신의 군주들이 원하는 물품과 복무 요구에 응하는 책임을 졌다. 이것은 제국 초기에 선호되는 통치 방식으로, 행정적 투자가 거의 필요하지 않았고 조공의 형태로 빠르게 이익을 가져다주었기 때문이다. 실제로 이러한 처리 방식은 예니세이 키르기스에게 처음 사용됐고, 이후 제국의 다른 지역, 특히 루스 공국에 적용됐다.

시베리아의 다른 지역은 비토착 주둔군의 지원을 받는 군사 지휘관의 관할 아래 놓였다. 그중 가장 규모가 크고 기록이 잘 남아 있는 것이 동정원수부(東征元帥府)로, 1250년 무렵 아무르강 하류 누르갈(노아간(奴兒干))에 설립됐는데, 이곳은 이전에 요와 금의 최북단 전초지 역할을 했던 곳이다. 몽골은 이곳에서 시베리아 동부와 사할린의 사람들, 즉 여진, 길랴크(니브흐), 아이누 등을 통제하고자 했다. 13세기 후반 내내 몽골군은 아이누의 반복적인 공격에 저항하는 길랴크인들을 지원하기 위해 사할린에 특별히 요새화된 진지를 설치하고 정기적으로 작전을 수행했다. 이 모든 조치의 목적은 무역과 조공을 통해 획득한 모피와 사냥용 매가 안정적으로 공급되도록 보장하는 것이었다.[13]

시베리아와 내륙 아시아 먼 지역에 위치한 주둔군은 보급 문제에 항상 어려움을 겪었다. 예니세이에서도 시행된 몽골의 기본 해결 방안은 중국인 부대를 배치해 이론상 자급자족적인 군사-농업 식민지(둔전)를 설립하는 것이었다. 그러나 이러한 조치를 시행했음에도 항상 자원이 부족했던 주둔군은 현지의 경제 자산을 장악하려 했다. 특히 이 경우에는 그 지역의 대규모 소금 생산에 상품세인 과정(課程)을 부과하는 방식을 취했다.[14]

북쪽 지역의 복속민에 대한 지배는 군사 동원을 통해서도 이루어졌다. 트란스바이칼 지역의 우랑카이로부터 돈-볼가 지역의 모르드바인에 이르기까지 많은 삼림민이 강제 동원됐다. 초원에서와 마찬가지로, 이 동원으로 인해 군사와 그 가족들은 군사적

13　Trekhsviatskyi 2007, 138–145.

14　Yang Yu 1360, 3a.

규율 아래 놓였다. 게다가 타 지역에서의 임무는 많은 성인 남성과 그 가족들의 이동을 의미했고, 그렇게 인구가 일부 감소하면서 그들의 고향에서 반란이 일어날 가능성이 줄었다. 바이칼 서쪽 일대에 거주하던 오이라트의 경험은 이에 대한 극적인 증거를 제공한다. 그들은 칭기스 칸에게 복속한 뒤 십진법 단위 조직으로 구성됐고, 몽골 지역과 그 주변에서 수십 년간 복무했다. 그러다가 1250년대 초 일부 오이라트 병력이 훌레구를 따라 중동으로 파견됐는데, 다시는 돌아오지 못했다. 그 수가 알려지지는 않았지만, "군대"로 묘사됐기 때문에 수천 가구가 영원히 고향을 떠난 것은 분명하다.

예니세이는 원이 초원 북쪽에 제한된 형태라도 중국식 통치 체제의 도입을 시도한 곳이다. 여기에는 여러 가지 이유가 있다. 첫째, 키르기스의 땅은 시베리아에서 인구가 가장 조밀하고 도시화한 지역이었다.[15] 둘째, 그곳은 내륙 아시아에 위치한 적대적 칭기스 가문 계열[우구데이 가문과 차가다이 가문을 가리킨다]에 대한 원의 외곽 방어선의 일부였다. 마지막으로, 이 위협 때문에 그곳은 동쪽 초원의 행정 중심인 카라코룸의 직접 관할 아래 놓였다. 그러나 이리한 특수 상황에서조차도, 1270년대에 중국인 관료가 지휘하는 도호부를 설치하는 방식으로 시작한 민정(民政) 시도는 거리와 수송 문제 때문에 지속 불가능하다는 것이 판명됐고, 곧 폐기됐다.[16] 그 후로 원 조정은 보다 간접적인 통치 방식에 의존했고, 필요한 경

---

15 Cleaves 1956, 398-403; Kyzlasov 1989, 400-406.
16 Dardess 1972-1973, 149-151.

우 카라코룸과 대도에서 일련의 전령과 임시 사절단을 파견했다.

키르기스의 땅 너머에 있는 이르티시강 상류와 오비강 지역에는 원과 주치 울루스의 국경이 있었다. 주치 울루스의 좌익은 주치의 아들 시반과 오르다의 후손들이 지배하는 영역으로, 전자는 우랄의 바로 동쪽에 위치했고 후자는 이르티시강 상류가 중심이었으며, 둘 다 시베리아 서부와 인접 초원에 대해 권한을 행사했다. 빈약하지만 가용한 정보에 따르면, 이들과 삼림민의 관계는 전통적인 유형을 따랐다고 한다. 이 왕자들은 아랄해와 추강을 따라 남쪽에서 겨울을 보냈고, 여름에는 북쪽으로 이동했다.[17] 따라서 이전의 키멕 연합과 후대의 카자흐 호르드들처럼 그들의 영역은 북-남 축을 따라 조직됐고, 이로써 1년 단위의 정치적 순회와 농업, 유목, 삼림 자원을 일련의 생태 지역으로부터 거두는 행위를 결합할 수 있었다.

이러한 삼림 생산품 획득 방법은 우랄 서쪽에 위치한 주치 가문 영역에서 기록이 더 잘 남아 있다. 이곳에서도 지배 가문과 그 주요 관리들은 남쪽 흑해와 카스피해 부근에서 겨울을 났고, 수계를 따라 북쪽에서 여름을 보냈다. 실제 삼림 자원을 징수하는 임무는 현지 통치자가 맡았고, 몽골이 임명한 다루가/바스칵(darughas/basqaqs)이 그들의 활동을 감독했다. 몽골이 루스 공국들과 볼가 불가르의 속민에게 요구한 주요 공물 유형은 당연히 모피였고, 이들은 몽골이 할당한 물량을 맞추기 위해 우랄산맥 양쪽의 북방 종족들에게 세금을 추가로 부과할 수밖에 없었다. 각 사례에

---

17 Akhmedov 1965, 41, 63.

서 보이는 이러한 요구로 인해, 몽골이 도래하기 수 세기 전부터 존재했던 교류와 징수 시스템이 재활성화하고 확장되었다.[18]

주치 울루스는 시베리아 동부에서 요, 금, 원이 사용한 것과 비슷한 "중계 조공(relay tributes)"을 통해 북극 인근 지역의 상품 교환을 간접적으로 지배했다. 바로 이러한 원격 통치 때문에 동시대 유럽인과 무슬림은 주치계가 "어둠의 땅"을 침략해 점령했다고 믿게 됐다.

몽골은 극북에서 영향력을 행사하기 위해 삼림 지대의 남쪽 가장자리 일대의 인구 중심지를 장악하거나 건설했다. 주치 울루스는 모르드바 지역에 모크샤라는 전초지를 건립했고, 이곳은 14세기 초에 주요 무역 중심이자 공식 조폐소 소재지가 됐다. 서시베리아에는 그와 같은 중심지가 투라강 유역의 투멘(칭기 투라), 이르티시강 유역의 이스케르, 옴강 유역의 톤투르 등 세 곳 있었고, 시반과 오르다의 후손들은 그곳에 자신의 속민을 배치했다.[19] 예니세이에서는 원이 일부 기존 도시를 차지했고, 중국인 농민과 장인이 거주하는 경제 식민지를 수립했다. 덴 테레크로 알려진 한 곳은 13세기 전반에 건설됐고, 주택, 행정 관청, 금속 세공소 등이 120채남짓 있었다. 이 같은 식민지에서는 현지에서 소비할 공예품은 물론 몽골 주둔군을 위한 식량과 무기를 생산했다.

삼림 생산품을 남쪽의 소비 및 무역 중심지로 운반하기 위해서는 특별한 수송 설비가 필요했다. 불가르 지역에서는 개 썰매 역

---

18 Martin 1978, 401-421; Lantzeff 1947, 1-10; Vásáry 1982, 249-251.

19 Egorov 1985, 106-107, 128, 131, 139, 208.

참이 사용됐고, 오르다의 영역에서는 말 역참이 조직됐으며 이는 타이가 깊은 곳에 위치한 징수 지점에서 끝났다. 북태평양 해안으로부터 백송골이 남쪽으로 운송됐는데, 이것은 유라시아 엘리트들이 선호하던 맹금으로 매우 조심스럽게 취급해야 하는 살아 있는 화물이었다. 이를 위해 쿠빌라이는 1260년 무렵 지원 인력, 기수, 말, 사료, 새모이(양고기)를 갖춘 24개의 "매 역참(해청참(海靑站))"을 설립했고, 매 운반을 위한 이 전용 시스템은 북중국에서 아무르강 하류에 이르렀다. 명대, 그리고 아마 원대에도 사할린과 다른 연안 섬에 있는 이 툰드라 서식종을 처음 징수할 때 개 썰매 역참이 사용됐다.[20]

이 북방 생산품들은 이전 방식을 따라 동서 상업 네트워크에 유입됐다. 아마 몽골 시기에는 그 상품들이 삼림 지대를 떠나기 전부터 이동 방향상에 변화가 생겼을 것이다. 이제 카마강으로부터 시베리아 서부를 가로질러 예니세이를 거쳐 남쪽으로 카라코룸과 대도에 이르는 무역로가 존재했기 때문이다.[21] 이것은 중앙아시아에서 왕자들이 자주 분쟁을 일으킨 기간 동안 유일하게 안전한 동서 육상 통로였기 때문에, 길고 고되지만 그럼에도 많은 사람들이 이용했다.

---

20 Trekhsviatskyi 2007, 145-153.
21 al-'Umarī 1968, 75, 77, Arabic text, 142-143, German translation.

다시 열린 변경

칭기스계 왕자들 사이에 잠재된 정치적 경쟁이 1250년대부터 격화하면서, 새롭게 등장해 점점 더 자립화하는 지방 칸국들 사이에 대규모 군사 충돌이 발생했다. 가장 유명하고 주목받는 것으로는 남캅카스에서 주치 울루스와 일 칸들, 후라산에서 차가다이 일가와 일 칸들 사이에 발생한 일련의 충돌, 그리고 몽골 지역과 위구르 지역에서 우구데이 가문과 그 동맹 세력인 차가다이 가문이 원과 대립한 것을 들 수 있다. 계승과 자원 접근 권한 문제를 놓고 싸운 이 값비싼 내전은 자주 삼림 지대로 확산했다. 13세기 초 몽골의 정복으로 일시적으로 닫혔던 삼림-초원 변경이 다시 열렸고, 독립을 희망하는 왕자들에게는 정치적 공간과 경제적 기반을, 패배한 사람들에게는 피난처를 제공했다.

그들 중 첫 번째는 우구데이 일가로, 1251년 뭉케 카안이 톨루이 가문의 후보자로서 성공적으로 제위에 앉자 그를 향해 반(反)쿠데타[뭉케의 집권이 정당성이 없는 사실상 쿠데타이기 때문에 '반(反)쿠데타'라는 표현을 사용한 것]를 시도했다. 그러나 발각되어 많은 사람들이 예니세이로 달아났고, 거대한 몰이사냥 대형인 네르게(nerge)로 조직된 2투멘, 즉 명목상 2만 병력이 군대가 그들을 추격했다. 1259년 뭉케가 사망한 뒤 그의 두 형제가 계승을 놓고 경쟁했고, 결국 북중국 자원에 의지한 쿠빌라이가 동쪽 초원을 장악하고 있던 아릭 부케에게 승리를 거두었다. 패자들은 다시 한번 예니세이에서 피난처를 구했고, 잠시나마 그것을 얻을 수 있었다.

다음으로, 우구데이의 손자 카이두가 키르기스 서쪽 영역을 포함해 내륙 아시아에 자신의 나라를 개척했다. 1303년 카이두가 사망할 때까지, 삼림민을 포함한 그의 군대는 알타이와 이르티시 사이에서 원의 군대와 반복적으로 전투를 벌였다. 또한 카이두는 1287년 쿠빌라이에 대항해 반란을 일으킨 나얀을 도우려 했다. 나얀은 만주의 칭기스 일족으로, 수달달(水達達)과 여진족 중에서 지지자를 끌어모았다. 비록 이 반란은 나얀의 죽음으로 무너졌지만, 그의 지지자 중 다수가 달아나서 압록강, 두만강, 우수리강을 따라 있는 삼림 지대에 또 다른 반란의 불씨를 제공했다.[22]

왕자들의 대립과 반란이 45년간 이어진 뒤, 1305년 칭기스 일가는 마침내 합의에 도달했고, 독립적인 칸국들 사이에서 일종의 일체성과 평화를 회복했다. 하지만 이 일시적 평화는 오래 지속되지 않았다. 1316년 원은 위구르 지역을 놓고 차가다이 계열과 다시 갈등이 생기자, 준가리아의 코박강에 있는 본거지로부터 이르티시 상류로 대군을 보내 적의 북쪽 측면으로 우회하려 했다. 그들은 그곳에 군영(아우룩)을 세우고, 이내 적군을 격파해 뿔뿔이 흩어지게 했다.[23] 그 시대에 일반적으로 그러했듯이, 초원 남쪽에서 시작된 왕자 간 충돌은 비록 일시적일지라도 삼림 지대에서 해결됐다.

비슷한 유형이 주치계의 영역 안에서도 확인된다. 오르다 계열의 두 군주, 우루스(재위 1361~1377)와 톡타미시(재위 1377~1397)의 분쟁이 가장 전형적이다. 두 사람 모두 티무르에 의해 실각했고, 시베리아 서부에서 임시 피난처를 찾았으며, 그곳에서 재기를 노리

---

22 Biran 1997, 40-56, 81-92; Reckel 2009, 134-135.
23 Qāshānī 1969, 202, 205-208.

다가 사망했다.[24] 이어진 정치 공백기에 시반 계열의 왕자들이 그 일대 영토를 장악하기 시작했고, 그중 세 명이 독립적인 군주로 부상했다. 이르티시강, 이심강, 토볼강 중류 유역에 위치한 이 새로운 정치체들은 혼성적 주민을 통제했고, 일부는 항구적 정착지에 거주했으며, 왕자들은 그곳에 주재관을 배치해 세금과 조공을 거두었다.[25]

이러한 전개 양상은 제국 이후의 미래, 즉 삼림-초원 변경의 정치적 분열과 삼림 지대에 핵심 영토를 둔 유목 정치체 설립의 전조가 된 것으로 드러났다.

삼림 지대의 유산

러시아, 중국, 이란에 미친 "몽골의 영향"에 관한 질문이 계속 학계의 논쟁과 분열을 유발하고 있고, 그중 일부는 민족주의적 정서와 공식 이데올로기에 의해 영향을 받고 있다. 그러나 시베리아의 상황은 다소 달라 상당한 의견의 일치가 이루어졌다. 이 지역 주민들은 소수이고 유동적이었으며, 일반적으로 인정되듯 몽골이 그들에게 가한 압력과 요구는 종족 및 언어적으로 광범위한 영향을 미쳤다. 게다가 이러한 변화는 칭기스계가 초원 사람들을 전면적으로 재편성한 것과 매우 유사하다.[26] 실제로 양자는 밀접하게 얽혀 있는데, 제국 시기 내내 사람들이 끊임없이 초원을 드나들며 이동

---

24 Uskenbai 2013, 210-220; Serbina 1950, 70.

25 Akhmedov 1965, 42-44, 48, 62-63, 93-94, 103, 161.

26 Golden 2000.

했기 때문이다.

동쪽의 아무르 지역부터 살펴보자. 이곳은 삼림민이 대체로 자신들의 고향에 머물렀다는 점에서 유익한 대비를 제공한다. 그와 같이 상대적으로 안정적이었던 이유 중 하나는 중국 측 사료에 말갈(靺鞨), 이후에는 오국(五國)과 수달달로 알려진 현지 퉁구스인들이 요와 금의 조공 체제에 오랫동안 참여했고, 두 나라는 행정적 편의를 위해 얼마간 이들을 "식민 부족"으로 조직했기 때문이다. 이러한 체제는 대단히 지속적이었다. 원이 물려받았다가 그 뒤를 이은 명이 점차 그 지역에 영향력을 행사하면서 1409년에는 누르갈에 사령부[노아간도사(奴兒干都司)]를 설립했고, 이후 아무르와 사할린섬 주민들과 정기적인 관계를 형성했다. 이 삼림 일대가 안정적이었던 또 다른, 그리고 아마도 주된 원인은 초원으로부터의 거리일 것이다. 그러나 초원과 마주하고 있던 삼림민에게는 연속성보다 변화가 더 일반적이었다.

이러한 불연속성을 설명할 수 있는 몇 가지 동력들이 작용하고 있었다. 가장 강력한 힘 가운데 하나는 군사적 패배였다. 몽골의 오랜 적이자 본거지에서 완전히 사라진 메르키트가 가장 좋은 예이다. 이들의 사례에서 확인할 수 있는 원인은 분명하다. 수십 년간의 격렬한 충돌과 패배로 그들의 땅은 반복적으로 약탈당했고 사람들은 흩어졌다. 그들은 1204년에 나이만과 동맹을 맺었다가 몽골에 크게 패했고, 인구가 줄어든 그들의 영역은 다른 사람들에게 주어졌다. 그러나 그들은 더 버텼다. 남아 있는 메르키트인들이 1209~1210년 또는 1216~1217년(연대는 논쟁의 여지가 있다)에 중앙 초원으로 달아났다가 그곳에서 결국 몽골에 격파당했다. 『몽골비사』에 따르면, 격노한 칭기스 칸이 "(살아남은) 메르키트인들을 마지막 한 사람까지 곳곳에 분배했다."[27] 그가 의도한 바대로 이러한 행위가 메르키트의 집단적 정체성을 효과적으로 파괴하기는 했으나, 그들은 사라지지 않았다. 그들은 한동안 수면 아래 있다가, 시베리아 튀르크, 톈산 키르기스, 카자흐, 우즈벡, 노가이, 바시키르 등 제국 이후 삼림과 초원의 많은 종족 및 정치 집단의 구성원으로 다시 부상했다.[28]

심지어 강제 이주는 복속한 사람들에게도 발생할 수 있는 일이었다. 몽골은 다른 초원 유목민들과 마찬가지로 뛰어난 "사람들을 몰고 다니는 자(herders of people)"였기 때문이다. 이러한 행위의 기저에 있는 동기는 다양했지만, 중요한 것은 그들이 항상 전문화된 노동력을 찾았다는 점이다. 1293년 쿠빌라이가 오직 황실에서 선호하는 어종을 잡기 위해 우루수드, 캄카나스, 키르기스 가호(家戶)들을 오브와 예니세이 사이 지역에서 만주로 옮긴 것이 그 예이다. 그 수가 밝혀지지는 않았지만, 이주민을 수용하기 위한 "새로운 도시"[조주(肇州)]를 건설해야 할 만큼 많았다.[29] 아무튼 삼림 지대의 낮은 인구밀도를 감안할 때, 500가구의 이주조차도 그들의 새로운 근거지는 물론 본거지의 종족 균형을 극적으로 바꿀 수 있었다.

이동의 더 일반적인 이유는 군역이었다. 사람들이 고향으로

---

27 *SH*, 1:126 (§198), 2:729 ff.

28 그들의 분산에 대해서는 Kuzeev 1974, 311-312, 465, 468-469, 487, 509; Sultanov 1987, 31, 38, 42, 49 참고.

29 Cleaves 1956, 395-398.

부터 멀리 떨어진 곳에 배치됐고, 초기에 몽골을 지지한 많은 이들이 이 운명을 겪었다. 한 예로, 오이라트는 삼림 지대를 떠났다가 명 초기에야 완전한 유목 정치 및 군사 세력으로서 준가리아에 다시 등장했다. 그들이 초원에서 어떻게 재건되었는지는 여전히 의문이지만, 삼림을 떠난 경위는 꽤 분명하다. 그들 중 수천의 군사 가호가 중동에 배치됐고, 그 외에 몽골 지역에 주둔한 다른 부대도 칭기스 가문의 내전에 휘말렸다. 1260년대에는 많은 오이라트인이 아릭 부케를 지지했다가 그가 패하자 큰 피해를 입었다. 그후 또 다른 한 무리가 카이두에게 넘어갔는데, 주목할 점은 그가 당시 준가리아를 통치하고 있었다는 것이다. 전반적으로 14세기 초 무렵 삼림에는 오이라트인이 거의 없었다는 결론을 부정하기 어렵다.

겉으로 보기에 키르기스도 본거지에서 사라진 또 다른 사례라 할 수 있다. 하지만 그 이유는 오이라트와 다소 다르다. 키르기스는 군역에 동원되긴 했으나 그 규모는 제한적이었다. 그들을 움직인 것은 예니세이 지역에서 발생한 원과 우구데이 계통 간의 반복적인 군사 충돌이었다. 이는 도주와 고난을 낳았고, 반란과 진압이 뒤를 이었다. 13세기 후반에 그러한 반란이 발생하자, 1293년 원 조정은 이에 대응해 당시 카라코룸에 있던 킵착 지휘관 투트칵에게 명해 키르기스 영역을 탈환하도록 했다. 그는 봄 해빙기가 지난 뒤 공격을 가했고 저항을 물리쳤으며 그 일대를 지키기 위해 주둔군을 배치했다. 그러나 그가 떠나자마자 그 지역의 반란과 동요를 알고 있던 카이두가 재빨리 침략을 개시해 그 전역을 약탈했고, 원 점령군 우두머리를 붙잡았다.[30]

　　　이러한 상황에서 키르기스가 어느 한쪽을 동맹 또는 해방자로 보는 것은 거의 불가능했다. 전시에는 군사적 충돌이 많은 인명 손실, 물적 피해, 사회 혼란을 야기했고, "평화"의 시기에는 점령군이 끊임없이 보급품과 복무를 요구했기 때문이다. 그 결과 키르기스는 빈곤이 깊어지고 경제가 나빠져서, 원의 간헐적인 구제 조치도 상황을 반전시킬 수 없었다. 이러한 냉혹한 상황은 14세기경 예니세이 지역의 인구밀도, 수공예품 생산, 도시 유적지의 수가 모두 감소했음을 보여주는 고고학 증거에 의해 충분히 확인된다.[31]

　　　예니세이 키르기스와 이후 톈산에 자리 잡은 키르기스인 사이의 연관성은 불분명하며, 최근의 연구는 양자를 분리하는 경향이 있다. 확실히 남쪽으로 대규모 이동했다는 증거는 없지만, 수십 년간의 내전으로 상황이 빠르게 나빠지면서 예니세이 키르기스 중에서 더 기동력이 있고 목축적인 부류들이 새롭고 안전한 환경을 찾아 떠났고, 톈산에서 그것을 발견했을 가능성은 여전히 있다.

　　　초원과 삼림 거주민 사이의 복잡한 종족 관계는 제국 이후 시기 시베리아 남부에 출현한 튀르크어 화자들의 기원과 명칭에서 드러난다. 장기간의 과정을 거친 결과, 남시베리아 튀르크인들은 다양한 종족 명칭을 가지게 됐다. 그중 일부는 오래됐고, 일부는 최신이자 지리적이며, 일부는 자칭을 반영하고 있는 반면, 다른 사례들은 외부 출처, 즉 제국 정권에 의해 붙은 명칭에서 유래했다.[32] 그리고 자신의 종족 이름 및 영역 변화와 함께, 남시베리아 튀르크

30　*YS*, 128.3134.

31　Khudiakov 1985, 98.

32　Menges 1956, 161–175.

인들은 사모예드와 케트 등 토착 시베리아인들을 점진적으로 동화시켰다. 동시에 그들의 언어는 몽골 지배자들로부터 많은 어휘를 차용하고, 킵착어를 사용하는 초원 거주민들이 삼림으로 들어오면서 변형되고 있었다.[33]

유사한 종족 및 언어적 변화가 우랄산맥 서쪽에서도 발견된다. 몽골은 동쪽 삼림민을 포함해 새로운 요소를 가져왔고, 그들의 공격은 많은 삼림민을 이동시켰다. 바시키르, 볼가 불가르, 핀-우고르 속민들은 북쪽과 동쪽으로 밀려났다. 킵착인 역시 쫓겨났고 다수가 삼림으로 달아났다. 시베리아에서와 마찬가지로 이것은 튀르크 및 비튀르크 토착 주민들과의 격렬한 상호작용, 그리고 그들 언어의 '킵착화'라는 결과를 낳았다.[34]

비록 패배, 도주, 강제 이주, 군사 동원, 내전 등 특정 요소가 어떤 사례에서는 주요한 원인처럼 보일지 몰라도, 다른 종족 및 언어적 변화는 그렇게 쉽게 설명되지 않는다. 우량카이는 이와 관련된 문제를 잘 보여준다. 그들은 제국 이후 시기에는 자신들의 옛 고향인 바르쿠평원에서 언급되지 않았고, 이제 알타이-사얀 지역의 튀르크어 화자들, 만주 동부의 여진어 화자들, 장성 인근의 몽골어 화자들이 그 종족 이름을 가졌다.[35]

다른 많은 삼림민처럼 우량카이도 군사적으로 동원됐지만, 그 자체만으로는 그들이 세 개의 서로 다른, 매우 개별적인 종족 언어적 집단으로 재구성된 것을 충분히 설명하지 못한다. 다른 과

33　Potapov 1969, 172-176.

34　Kuzeev 1992, 67-70, 74-80, 99-102.

35　잠정적으로 Wilhelm 1957, 172-176 참고.

정들(이주와 동화) 역시 작용했을 수 있지만, 그렇다고 모든 것이 설명되지는 않는다. 알타이-사얀 우랑카이의 경우, 이것은 외부에서 유래한 몽골어의 영향을 받은 호칭이고, 그 지역의 튀르크어 화자들은 역사적 선례에 따라 자신들을 계속 투바(Tuva/Tuba)로 불렀던 것 같다. 또 우랑카이가 아닌 사람들이 정치와 위신의 목적으로 그들의 종족명을 전용했을 가능성도 있는데, 이것이 그럴듯한 가설인 이유는 칭기스 칸이 우랑카이인을 매우 존중했고, 칭기스 칸이 사망한 뒤 우랑카이인이 부르칸 칼둔에 있는 그의 무덤을 지키는 이례적인 영예의 임무를 맡았기 때문이다. 제국 이후 내륙 아시아에서 칭기스 칸 숭배가 만연한 상황에서, 우랑카이와 옛 임무의 연관성은 그들에게 계속 명망을 부여했다. 그러므로 우리는 정치적 동기로 종족명을 바꾸거나 유용하는 것을 이 지역의 칭기스계 유산 중 하나로 포함시켜야 한다.

또 다른, 그리고 그에 못지않게 중요한 유산은 새로운 종교들이 삼림 지대로 전파된 것이다. 물론 이슬람은 몽골 흥기 이전에 볼가 불가르인들 사이에서 확산했지만, 시베리아의 삼림 거주민들 사이에서는 아직 유행하지 못했다. 아마도 1252년 뭉케 카안이 우구데이의 아들 말릭에게 이르티시의 영토를 할당하면서 이 방향으로 첫걸음이 이루어졌을 것이다. 말릭은 그 이름으로 판단할 때 개종자이다. 초기 몽골 조정에서 신임받는 무슬림 관리였던 다니쉬만드 하집이 말릭이 어렸을 때 그를 가르쳤다는 사실이 이 결론을 뒷받침한다.[36] 더욱 확실한 것은, 시베리아 남부를 가로지르는

---

36 *YS*, 3.45; *JT*/Boyle, 28.

무역로를 따라 형성된 무슬림 상인 거주지가 이 일대에 이슬람을 확산하는 데 큰 역할을 했다는 점이다.[37] 당연히 14세기 주치 울루스의 결정적인 개종도 동쪽 삼림 지대에 이슬람 전초 기지를 공고히 하는 데 도움이 됐다. 새로운 종교의 수용은 긴 시간이 걸렸고, 오랜 샤머니즘과 애니미즘 신앙이 수 세기 동안 사람들 사이에 영향력을 유지하고 있었다. 이것은 다소 뒤늦게 시작된 라마교[일반적으로 티베트 불교로 표현한다]의 트란스바이칼 지역 전파 과정에서도 마찬가지였다.

우리의 논의에서 가장 중요한 것은, 이러한 종교의 변화가 시베리아 문화사에서 초원이 지닌 중심적 역할을 다시 한번 강조한다는 점이다. 러시아의 정복과 기독교의 도입 이전에, 시베리아 사람들이 세계 종교를 받아들일 때 유목민들 사이에서 확인되는 동쪽 초원은 라마교, 중앙 초원은 이슬람이라는 개종 양상을 그대로 따랐다는 사실을 통해 이를 분명히 확인할 수 있다.

여파

제국이 붕괴한 이후 삼림 지대와 초원 지대의 경계선을 따라 형성된 종교적·종족적 구도는 급격히 변했지만, 제국 이전의 정치적 상호작용 양상이 다시 모습을 드러냈다. 칭기스 계열이든 비칭기스 계열이든, 일련의 유목 정치체가 각각 자신에게 삼림 지대의 특정 지역을 차지할 권한이 있음을 주장했던 것이다. 15세기 무렵 이

---

37 Kyzlasov 1963, 203-210.

러한 집단으로는 서쪽에서 동쪽으로 노가이, 우즈벡/시반조, 카자
흐, 톈산 키르기스, 오이라트/준가르, 그리고 다양한 할하 몽골 왕
공들이 있었다. 그들은 기원이 다양하고 정치적 통합의 정도가 달
랐지만, 모두 타이가 사람들로부터 필요한 자원을 거뒀다. 그 방식
은 매우 다양했다. 일부는 삼림의 항구적 중심지에서 직접 통치한
반면, 일부는 초원에 남아 있으면서 멀리서 공물을 징수했다. 그들
이 얼마나 성공적이었는지는 첫 번째 오이라트 제국이 명 조정에
보낸 시베리아 모피의 양을 통해 추론할 수 있다. 가장 분량이 많
았던 1446년에는 다람쥐 모피[원문은 청서피(靑鼠皮)] 13만 장, 어민 모
피[원문은 은서피(銀鼠皮)] 1만 6000장, 담비 모피[원문은 초서피(貂鼠皮)]
200장이었다.[38]

비록 등장인물에 약간 변화(주로 우랄의 바로 동쪽에 위치한 시비르
칸국의 출현)가 있기는 했지만, 이러한 전통적인 구조는 16세기까지
계속됐다. 그러다 모스크바 대공국이 등장하면서 이 관계는 치명
적으로 붕괴했다. 시베리아 진출의 첫걸음은 1552년 불가르의 계
승 국가인 카잔을 정복하면서 시작됐고, 그 결과 이반 4세는 삼림
지대의 많은 새로운 복속민을 획득했다. 러시아와 튀르크 및 핀-
우고르 공동체 간 관계의 기초는 1572년 이반의 유언장에 분명히
밝혀져 있다. 그는 이 새로운 영토를 자신의 아들과 계승자에게 유
증했고, 다양한 관세와 현물 세금 등 그 주민들의 모든 의무는 "옛
차르", 즉 최근에 패배시킨 타타르 칸들의 관습에 따라 계속돼야
한다고 명령했다.[39] 이것은 결국 이후에 러시아가 동쪽으로 팽창

---

38 Serruys 1966, 29, 35, 37, 39, 41, 43, 47, 55, 61.

하는 데 있어서 확고한 선례를 세웠다. 모스크바 당국은 우랄에서 아무르까지 유목민이 삼림민으로부터 징수하던 것(야삭)을 놓고 끈질기게 경쟁했고, 마침내 차지했다.

이 정책의 성공으로 유목민은 자신의 정치 경제에 필수적인 상품과 사치품의 풍부한 공급원을 빼앗겼다. 마찬가지로 중요한 것은, 17세기 중에 러시아가 타이가를 장악하고, 그와 거의 동시에 만주인들이 만주 북부와 아무르 유역에서 권위를 확립한 것이 내륙 아시아와 북아시아의 지정학적 관계를 영원히 변화시켰다는 점이다. 이 변화는 유목민의 군사력을 억제했고 결국은 그들을 무너뜨렸다. 이로써 삼림이 초원에게 승리를 거두었다.

---

39 Howes 1967, 168, 344-346.

참고문헌

사료와 번역서

Howes, Robert C., tr. 1967. *The Testaments of the Grand Princes of Moscow*. Ithaca.

JT/Boyle. 일러두기 6번 참조.

Qāshānī, Abū al-Qāsim. 1969. *Taʾrīkh-i Ūljāytū*, ed. Mahin Hambly. Tehran.

Rashīd al-Dīn, Faḍlallāh Abū al-Khayr. 1969. *Die Geschichte der Oġuzen des Rašīd ad-Dīn*, tr. Karl Jahn. Vienna.

Serbina, K. N., ed. 1950. *Ustiuzhskii letopisnyi svod*. Moscow.

al-ʿUmarī, Aḥmad b. Yaḥya ibn Faḍlallāh. 1968. *Masālik al-absār: Das Mongolische Weltreich. al-ʿUmarīʾs Darstellung der mongolischen Reiche in seinem Werk Masālik al-abṣār fī mamālik al-amṣār*, ed. and tr. Klaus Lech. Wiesbaden.

Yang Yu楊瑀. 1360. *Shan ju xin hua*山居新話(New Stories Collected While Residing in the Mountains). Zhi bu zu zhai congshu ed.

YS. 일러두기 6번 참조.

연구서와 논문

Akhmedov, Buri. 1965. *Gosudarstvo kochevykh Uzbekov*. Moscow.

Allsen, Thomas T. 1984. "Archaeology and Mid-imperial History: The Chin and Yüan." In *Soviet Studies of Premodern China*, ed. Gilbert Rozman, 81-95. Ann Arbor.

1985-1987. "The Princes of the Left Hand: An Introduction to the History of the Ulus of Orda in the Thirteenth and Early Fourteenth Centuries." *AEMA* 5: 5-40.

2006a. "Falconry and the Exchange Networks of Medieval Eurasia." In *Pre-modern Russia and Its World: Essays in Honor of Thomas S. Noonan*, ed. Kathryn L. Reyerson, Theofanis G. Stavrou, and James D. Tracy, 135-154. Wiesbaden.

2006b. "Technologies of Government in the Mongolian Empire: A Geographical Overview." In *Imperial Statecraft: Political Forms and Techniques of Governance in Inner Asia, Sixth-Twentieth Centuries*, ed. David Sneath, 117-140. Bellingham, WA.

Arslanova, F. Kh. 1985. "K voprosu o vzaimosviaziakh uralo-altaistika v IX - X vv." In *Uralo-altaistika: Arkheologiia, ethografiia, iazyk*, ed. E. I. Ubriatova, 63-69. Novosibirsk.

Biran, Michal. 1997. *Qaidu and the Rise of the Independent Mongol State in Central Asia*. Richmond, Surrey.

Boodberg, Peter A. 1936. "The Language of the T'o-pa Wei." *HJAS 1*: 167-185.

Buell, Paul D. 1992. "Early Mongol Expansion in Western Siberia and Turkestan (1207-1219)." *CAJ* 36: 1-32.

Cleaves, Francis W. 1956. "Qabqanas~Qamqanas." *HJAS* 19: 390-406.

Dardess, John. 1972-1973. "From Mongol Empire to Yüan Dynasty: Changing Forms of Imperial Rule in Mongolia and Central Asia." *Monumenta Serica* 30: 117-165.

Egorov, V. L. 1985. *Istoricheskaia geografiia Zolotoi Ordy v XIII-XIV vv*. Moscow.

Golden, Peter B. 1997. "Sibir." *EI2*, vol. 9, 531-533.

　　　2000. "The Činggisid Conquests and Their Aftermath in the Turkic World." *JRAS*, 3rd ser. 10: 21-41.

Hambis, Louis. 1956. "Notes sur Käm, nom de l'Yénissei supérieur." *Journal asiatique* 244: 281-300.

　　　1957. "Notes sur trois tribus de l'Yénissei supérieur: Les Us, Qapqanas et Tälängüt." *Journal asiatique* 245: 25-36.

Khudiakov, Iu. S. 1985. "Tipologiia i khronologiia srednevekovykh pamiatnikov Tabata." In *Uralo-altaistika: Arkheologiia, etnografiia, iazyk*, ed. E. I. Ubriatova, 88-102. Novosibirsk.

Kuzeev, R. G. 1974. *Proiskhozhdenie bashkirskogo naroda: Enthografcheskii sostav, istoriia rasselenie*. Moscow.

　　　1992. *Narody Srednego Povolzh'ia i Iuzhnogo Urala: Etnogeneticheskii vzgliad na istoriiu*. Moscow.

Kyzlasov, L. R. 1963. "Pamiatnik musul'manskogo srednevekov'ia v Tuva." *Sovetskaia arkheologiia* 2: 203-210.

　　　1989. "Gorodskaia tsivilizatsiia tiurkoiazychnykh narodov Iuzhnoi Sibiri v epokhu srednevekov'ia." In *Vzaimodeistvie kochevykh kul'tur i drevnikh tsivilizatii*, ed. V. M. Masson, 400-406. Alma Ata.

　　　ed. 1993. *Istoriia Khakasii s drevneishikh vremen do 1917 goda*. Moscow.

Lantzeff, George V. 1947. "Russian Eastward Expansion before the Mongol Invasion." *American Slavic and East European Review* 6: 1-10.

Martin, Janet. 1978. "The Land of Darkness and the Golden Horde: The Fur Trade under the Mongols, X III - XIV Centuries." *Cahier du monde russe et sovietique* 19: 401-421.

Menges, Karl H. 1956. "South Siberian Turkic Languages, I I: Notes on the Samoyed Substratum." *CAJ* 2: 161-175.

Pelliot, Paul. 1959. *Notes on Marco Polo*, vol. 1. Paris.

Potapov, A. P. 1969. *Etnicheskii sostav i proiskhozhdenie Altaitsev: Istoriko-ethografcheskii ocherk*. Leningrad.

Pritsak, Omeljan. 1989. "The Origin of the Name Sibir." In *Gedanke und Wirkung: Festschrift zum 90. Geburtstag von Nikolaus Poppe*, ed. Walther Heissig and Klaus Sagaster, 271–280. Wiesbaden.

Reckel, Johannes. 2009. "How Mongolian was Hamgyŏng-do?" In *The Early Mongols: Studies in Honor of Igor de Rachewiltz*, ed. Volker Rybatski, Alessandra Pozzi, Peter W. Geier, and John R. Krueger, 129–139. Bloomington, IN.

Serruys, Henry. 1966. "Mongolian Tribute Missions of the Ming Period." *CAJ* 11: 1–83.

Sultanov, T. I. 1987. *Kochevye plemena Priaral'ia v XV-XVII vv.* Moscow.

Sunchugashev, Ia. I. 1979. *Drevniaia metallurgiia Khakasii: Epokha zheleza.* Novosibirsk.

Trekhsviatskyi, Anatolii. 2007. "At the Far Edge of the Chinese Oikoumene: Mutual Relations of the Indigenous Population of Sakhalin with the Yüan and Ming Dynasties." *Journal of Asian History* 41: 131–155.

Uray-Kőhalmi, Käthe. 1970. "Sibirische Parallelen zur Ethographie der Geheimen Geschichte der Mongolen." In *Mongolian Studies*, ed. Louis Ligeti, 247–264. Amsterdam.

———. 2002. "Tungusen in der Geheimen Geschichte der Mongolen?" *AOH* 55: 253–262.

Uskenbai, Kanat. 2013. *Vostochnyi Dasht-i Kipchak v XIII-nachale XV veka.* Kazan.

Vásáry, István. 1982. "The 'Yugria' Problem." In *Chuvash Studies*, ed. András Róna-Tas, 247–257. Wiesbaden.

Vovin, A. 2000. "Did the Xiong-nu Speak a Yeniseian Language?" *CAJ* 44: 87–104.

Wilhelm, Hellmut. 1957. "A Note on the Migration of the Uriyangkhai." In *Studia Altaica: Festschrift für Nikolaus Poppe zum 60. Geburtstag*, 172–176. Wiesbaden.

Zoriktuev, B. R. 2000. "Mongoly i lesnye narody." *Voprosy istorii* 11-12: 119–127.

제 5 장

루스 공국

로런스 랭어

로런스 랭어   Lawrence N. Langer

미국 코네티컷대학 역사학과 명예교수로 러시아사, 특히 몽골 시대의 러시아사를 가르쳤다. 몽골과 러시아 사이의 무역과 화폐 유통을 비롯한 사회경제사를 연구하며 2009년부터 현재까지 학술지 『러시아 역사(*Russian History*)』의 편집장을 맡고 있다.

몽골 침입 전야의 키예프 루스는 고정된 권력 체계나 중앙 행정 구조가 없는 공국들의 느슨한 연합이었다.[1] 1150년부터 1200년 사이에 키예프에서는 30번의 정권 교체가 있었고, 1235년부터 1240년 사이 5년 동안에도 일곱 차례 통치권이 바뀌었다. 그리고 이로 인해 몽골에 대한 통합된 대응을 기대할 수 없을 만큼 심각한 정치 공백이 생겼다.[2]

몽골은 호레즘을 정복하고 아제르바이잔, 캅카스, 크림을 원정한 뒤, 1223년 러시아 남쪽에 처음 등장했다. 몽골의 도착이 가져온 충격은 노브고로드 연대기 작가의 글에 잘 남아 있다. "우리가 죄를 지어 미지의 사람들이 왔다. 그들이 누구인지, 어디에서 왔는지, 그들의 말, 부족, 신앙이 무엇인지 아무도 알지 못한다. 그들은 자신을 타타르라고 부르는데, 다른 사람들은 타우르멘(Taurmen)이라고 하고, 또 다른 사람들은 페체넥(Pechenegs)이라고 한다."[3] 루스는 쿠만에 맞서자는 몽골의 연합 제안을 거절하고 어리석게도 몽골 사신단을 처형했다. 이후 칼카강에서 몽골과 교전했지만, 굴욕적인 패배를 당했다. 몽골은 키예프의 대공 므스티슬라브 로마노비치를 다른 두 공과 함께 나무판자 밑에 두고 질식시켜 죽였고, 승리한 몽골의 지휘관은 ㄱ 위에서 식사를 즐겼다고 한다. 키예프를 굴복시킨 몽골군은 정찰대에 불과했다. 이들은 곧 칭기스 칸에게 합류해 몽골 지역으로 돌아가기 위해 루스를 떠났다.[4]

---

1 Franklin and Shepard 1996, 369-371.

2 Franklin and Shepard 1996, 343; Fennell 1983, 74.

3 *NPL*, 264.

4 *NPL*, 266-267; Fennell 1980, 21, 29-30; Fennell 1983, 67-68.

루스 침공, 1237~1241년

1235년 쿠릴타이에서 서쪽 일대로의 침공 개시가 결정되었다. 칭기스 칸의 손자 바투가 이끈 군대는 실제로는 약 8만 명이었을 것이다. 원정에 참여한 12~14명의 칭기스 칸 가문 왕자들이 각각 1투멘을 이끌었기 때문에 이론상 총병력은 12~14만 명으로 추정하기도 하는데, 이는 과장되었을 수 있다.[5] 일반적으로 1투멘의 실제 병력은 이론적 수치의 60퍼센트에 불과했고, 게다가 군대의 규모는 동반하는 말과 가축의 수, 그리고 사용 가능한 목초지의 수요에 의해 제한됐다. 특히 겨울에 루스 북동부의 삼림에서는 목초지를 구하기가 더 어려웠다.[6]

몽골은 볼가 불가르를 격파한 뒤(그들 중 일부는 중기병으로 몽골군에 통합됐을 것이다)[7] 볼가강 중류와 하류 일대에 대한 통제력을 확보했고, 1237년 12월 루스를 침공했다. 주민, 말, 가축의 10분의 1을 바치라는 몽골군의 요구를 거부한 랴잔은 5일간의 포위 공격 끝에 함락됐고, 엄청난 인명 손실이 뒤따랐다.[8] 랴잔의 운명은 몽골에 대한 저항이 헛됨을 보여주는 본보기가 됐다. 몽골은 랴잔을 폐허로 만든 뒤 블라디미르-수즈달 대공국(수즈달리아로 칭하기도 한다)으로 쳐들어가서 콜롬나를 차지했으며, 수즈달리아 방어에 중요한 요새인 모스크바를 점령하고 주민들을 학살했다. 루스 북부의 명목상 수도인 블라디미르는 1238년 2월 7일 짧은 포위 공격

---

5   Koshcheev 1993, 131-132; Kargalov 1967, 75; Fennell 1980, 84.

6   Sinor 1972, 178, 181-182; Morgan 1986, 141; Morgan 1979, 86; May 2007, 27.

7   May 2007, 40.

8   *NPL*, 74-75, 287-288; *PSRL*, 1: 460; *JT*/Boyle, 59는 3일간의 포위 공격으로 기록했다.

끝에 함락됐다. 앞서 대공 유리 브세볼로도비치는 가족을 남겨두고 소규모 병력과 함께 러시아 삼림 깊숙이 시트강 쪽으로 철수했다. 몽골은 도르미티온 성당으로 피신한 많은 도시민들과 함께 유리의 아내와 딸을 살해했다. 다른 주민들은 도시 밖으로 끌려나와 처형당했다.[9] 1238년 3월 4일 몽골은 시트강에서 유리의 군대를 격파했다. 유리는 아마도 몽골인 또는 자신의 부하에게 살해당한 뒤 참수됐을 것이다. 그 후 몽골은 사냥 대형으로 군대를 펼쳐서 체계적으로 마을을 하나씩 점령했고, 노브고로드의 100베르스타(97킬로미터) 거리에 도달하자 남쪽으로 방향을 바꾸었다. 아마 날씨가 빨리 풀리는 것이 걱정되고 말을 먹일 사료도 필요했기 때문일 것이다.[10] 여하튼 노브고로드는 몽골군의 공격을 피할 수 있게 됐다.

몽골은 1238년 여름부터 1238~1239년 겨울을 거쳐 초원에서 전열을 가다듬었고, 캅카스 북부 초원과 크림 사람들에 대한 공격을 개시했다. 1239년 3월, 그들은 페레야슬라블 남부를 약탈하기 위해 돌아왔으나, 이번에도 초원에서 적지를 정찰하는 데 그쳤다.[11] 1239년 10월 몽골은 체르니고프를 불태우고 초원으로 돌아왔다. 그리고 그곳에서 무롬과 클랴즈마강 일대를 습격했으며, 그 결과 수즈달리아와 몽골초원 사이의 지리적 경계선이 사실상 획정됐다. 1240년 11~12월 키예프 원정을 시작한 몽골은 12월 6일 키예프를 함락하고 주민들을 학살했다.[12]

---

9 *PSRL*, 1: 462–464.

10 Ianin 1982, 158.

11 *PSRL*, 1: 469, 5: 175.

몽골은 루스 서남부에서 자신들의 전략을 되풀이했다. 투멘 단위로 사냥 대형을 구성하고 진격하여 볼히니아와 갈리치아를 점령했고, 그 후 폴란드와 헝가리로 진격했다. 1241년 4월 9일 한 부대가 레그니차에서 폴란드와 튜턴기사단 군대를 격파했고, 이틀 후에 몽골 본대가 모히 전투에서 헝가리인들을 격멸했다. 1241년 12월 몽골은 헝가리평원을 떠났는데, 아마도 그곳은 쿠만 초원과 달리 군대, 가족, 가축을 부양할 목초지가 충분하지 않았을 것이다.[13] 몽골군이 빈 바로 남쪽까지 진출했을 때, 바투에게 우구데이의 사망 소식이 전해졌다. 그는 새로운 카안 선출에 참석하기 위해 몽골 지역으로 귀환해야 했지만 가지 않았고, 그럼에도 유럽 침공은 종결되었다.

13세기의 암흑기

최근 학계는 약 300개의 도시 중에서 북부의 주요 도시 14곳의 파괴에 대해서만 연대기에 기록돼 있음을 지적하면서, 몽골 침공의 영향을 축소하는 경향이 있다.[14] 존 펜넬에 따르면, "혼란"은 있었지만 "놀랍도록 짧은 시간 안에 상황은 정상 또는 거의 정상으로 돌아왔다." 펜넬은 확실히 대파괴가 아닌 탄력과 회복을 강조해서 묘사하고 있다.[15] 도널드 오스트로프스키 역시 13세기의 파괴

---

12 *PSRL*, 1: 470.

13 Morgan 1986, 141.

14 Gumilev 1989, 466; Ostrowski 1998, 109; Martin 1995, 147.

15 Fennell 1983, 88-89.

성과 경제 침체의 정도에 대해 의문을 제기했으며, 13세기 키예프
의 파괴를 언급한 플라노 카르피니의 기록을 믿을 수 있는지도 문
제 삼았다.[16] 또 그는 14세기 경제 부흥을 촉진한 공이 팍스 몽골리
카에 있다고 인정했다.[17] 찰스 핼퍼린은 14세기 중엽 경제가 성장
하기 시작했다고 주장하면서 몽골이 국제 무역을 육성한 덕분이
라고 했다. 하지만 문제는 경제 회복은 인구 회복이 전제돼야 한다
는 점인데, "이 시기에 흑사병이 러시아를 강타했다는 잘 알려진
사실과 정면으로 배치된다"고 인정했다.[18] 실제로 14세기 후반에
있었을지도 모를 경제 회복은 흑사병이 맹위를 떨치는 바람에 축
소되고 말았다. 특별한 예외인 모스크바와 노브고로드를 뺀 북동
부 루스의 대부분은 침체되거나 경제 불황에 빠졌다.

고고학적 증거는 13세기에 도시가 재개발된 것으로 묘사하
려는 노력을 퇴색시킨다. 노브고로드, 프스코프, 스몰렌스크, 폴
로츠크 등 일부 지역은 몽골의 맹공격을 피했으나, 1980년대까지
조사가 이루어진 74곳의 도시 중에서 49곳이 바투의 군대에게 파
괴됐다. 그중 14곳은 회복하지 못했으며 15곳은 농경 촌락으로 전
락했다.[19] 키예프 루스의 도시 중 3분의 2가 파괴됐고, 그중 거의
3분의 1은 사람이 다시 살지 않은 것으로 추정된다.[20] 드네스트르
강과 드네프르강, 그리고 그 지류를 따라 한때 많은 사람들이 살

---

16 Ostrowski 1990b, 522, 548.

17 Ostrowski 1998, 127, 130-131.

18 Halperin 1985, 78, 83-84.

19 Kuza 1985, 60.

20 Kuza 1985, 104.

왔던 지역 모두 인구가 급감했고, 수즈달리아의 대부분은 13세기 후반과 14세기 초까지 인구가 희박한 상태로 남아 있었다.[21]

토르조크에서는 1238년 이 도시가 대화재로 불탄 때의 것으로 추정되는 사람의 뼈와 성상(聖像)이 포함된 처참한 층이 발굴됐다. 한때 번영했던 도시의 교외는 그 후 두 세기 반 동안 폐허로 남았다.[22] 블라디미르 지역 역시 몽골 침입 이전의 인구 수준을 회복하지 못했기 때문에 탈도시화 과정을 겪었고,[23] 로스토프는 14세기에 침체했다.[24]

하지만 북동부의 일부 지역들은 13세기 말까지 완만한 성장과 회복을 보였다. 모스크바에서는 13세기 후반에 많은 마을들이 버려졌지만,[25] 보랴와 페치코르카의 전원 지구(볼로스트(volost))는 13세기 말경 서서히 회복하는 조짐을 보였다.[26]

트베리는 중요한 도시이자 모스크바의 경쟁자였지만 13세기의 고고학적 증거가 거의 남아 있지 않다.[27] 연대기에는 13세기 여러 목조 교회와 1287년에 건설된 구세주의 변모 석조 성당이 기록돼 있다.[28] 하지만 1317년 트베리가 모스크바와 전쟁할 때까지 도시 방어 시설을 강화하기 위한 대규모 사업은 없었다. 니즈니 노브고로드에서는 몽골 침략 이전에 몇몇 목조, 석조 교회를 건설했다.

21　Kuza 1985, 120, Table 20, 121, Table 21.

22　Malygin 2003, 95.

23　Zharnov 2003, 52-53, 57.

24　Leont'ev 2003, 45.

25　Krenke 2003, 151, 165-166.

26　Chernov 2003, 219, 221-222.

27　Malygin 2003, 94-95.

28　*PSRL*, 10: 166-167, 15: 34-35.

그러나 연대기에는 1237년에서 1350년 사이에 이곳의 도시 건설과 관련된 기록이 전하지 않는다. 콜롬나는 13세기에 침체를 겪은 많은 도시들과 달리 13세기 말까지 상당한 성장을 누렸다.[29] 『랴잔 파괴 이야기』는 랴잔의 재건과 인구 증가를 언급하고 있지만, 이 기록은 몽골이 약탈한 옛 랴잔보다는 서쪽으로 약 50킬로미터 거리에 있는 새로운 도시 페레야슬라블-랴잔스키의 설립에 대해 더 언급하고 있다. 데이비드 밀러에 따르면 옛 랴잔은 유령 도시와 비슷했다. 돌이나 벽돌로 지은 기념비적 건물에 관한 밀러의 연구는 루스 북부에 위치한 도시의 쇠락을 확인시켜준다. 1238년부터 1287년 사이의 50년간, 연대기에는 오직 다섯 건의 건설 사업이 기록돼 있고, 그중 두 건은 노브고로드에서 이뤄졌다. 다음 50년인 1288년부터 1337년까지는 새로 짓거나 재건한 건물이 30개 있었지만, 그 전체 수는 몽골 침입 이전 50년보다 훨씬 밑돌았다.[30] 페레야슬라블-랴잔스키 이외에 새로운 도시가 건설되지도 않았다.

루스에 대한 몽골의 통치권은 여러 가지 구체적인 형태를 띠었다. 무엇보다도 루스 공작들은 주치 울루스의 칸 앞에 출석해 항복해야 했고, 칸은 야를릭(칙령 또는 특허장)을 수여해 특정 공작이 블라디미르 대공(루스 북부의 명목상 우두머리)이 되거나 자신의 공국을 다스릴 수 있도록 합법성을 부여했다. 이제 정치적 합법성은 칸의 특권이 되었고, 이는 키예프의 전통적인 계승 방식, 즉 군주의 자리를 사망한 통치자의 형제들이 먼저 이은 뒤 다음 세대에

---

29 Mazurov 2003, 83, 89.
30 Miller 1989, 368-369.

게 넘기던 계승 관행을 대신했다. 또한 전통에 따르면, 모스크바의 다니일처럼 만약 통치 가문의 창시자가 블라디미르 대공의 지위를 얻지 못했다면, 그의 뒤를 이은 공작들은 모두 블라디미르를 통치할 수 없었다. 그러나 모스크바에서는 다니일의 아들 유리가 1318년 칸의 야를릭을 받아 모스크바의 첫 번째 블라디미르 대공이 됐는데, 키예프의 전통에 따르면 그는 비합법적인 계승자였다.

몽골의 통치권은 인구조사와 공물 납부, 그리고 공작들의 몽골 군사 원정 참여를 통해서도 관철됐다. 일반 루스인들은 몽골군에 징집되거나 강제 노동에 동원될 수 있었고, 특히 숙련 장인의 경우는 더욱 그러했다.[31] 공작들은 주치 울루스를 자주 방문했고, 때로는 수개월, 심지어 몇 년 동안 그곳에 머물렀다. 1242년부터 1445년 사이에 99명의 공작과 세 명의 공작 부인이 주치 울루스를 250차례 방문했다.[32] 주치 울루스에서 10년 이상을 보낸 야로슬라프와 스몰렌스크의 페도르 로스티슬라비치를 포함해 다섯 명의 공작이 몽골 지배층과 혼인했다.[33]

처음에 일부 공작은 카라코룸을 방문해야만 했다. 1243년에 랴잔의 올렉은 몽골 지역으로 이동했고, 같은 해 대공 야로슬라프 브세볼로도비치는 주치 울루스로 떠났다. 1245년 야로슬라프는 자신의 형제 및 로스토프의 다른 공작들과 함께 카라코룸에 출석했고, 3년 후인 1248년 그의 아들 안드레이와 알렉산드르 네브스키도 똑같이 했다. 몽골은 루스 정치에 종종 개입했고, 필요한

31　Martin 1995, 148-149.

32　Seleznev 2013, 304.

33　Lenhoff 2015, 21-24; Fennell 1983, 155.

경우 지나치게 강하거나 충성심이 부족해 보이는 공작들, 특히 공물 납부를 보류한 혐의를 받는 공작들을 처형했다. 세 명의 공작이 귀향 도중에 사망했으니, 야로슬라프 브세볼로도비치(1246 사망)는 몽골 지역에서 돌아오다가, 알렉산드르 네브스키(1263 사망)와 그의 형제 야로슬라프 야로슬라비치(1271 사망)는 주치 울루스에서 귀환하다가 독살된 것으로 보인다. 체르니고프의 미하일 브세볼로도비치는 몽골 의례 참석을 거부했다는 이유로[칭기스 칸 형상의 우상에 절하는 것을 거부했다] 1246년 주치 울루스에서 순교했다. 몽골이 트베리의 몇몇 공작을 처형하면서, 모스크바 공작들이 블라디미르를 통치할 수 있는 야를릭을 확보하게 됐다. 앞서 언급한 것처럼 트베리의 대공 야로슬라프 야로슬라비치는 주치 울루스에서 돌아오다가 사망했다. 마찬가지로 블라디미르의 대공이었던 그의 아들 미하일은 1318년 사라이에서 처형당했다. 그 결과 모스크바의 유리가 야를릭을 얻었다. 유리는 미하일이 우즈벡 칸[주치 울루스의 칸(재위 1313~1341)]에게 공물을 바치지 않고 충성하지 않으며, 우즈벡 칸의 누이이자 유리의 부인[콘차카]의 죽음에 책임이 있다고 고발했다. 미하일의 아들 드미트리는 주치 울루스에서 유리를 살해했지만, 그 자신도 1326년에 처형당했다. 드미트리의 형제 알렉산드르와 알렉산드르의 아들 페도르 역시 1339년에 처형됐다.

1237~1241년의 대침공 이후, 몽골의 다음 대규모 루스 원정은 1252년에 일어났다. 몽골은 자신의 지배에 저항한 볼히니아-갈리치아의 다니일 로마노비치와 대공 안드레이 야로슬라비치를 향해 두 원정군을 파견했다. 알렉산드르 네브스키는 자신의 형제 안드레이가 공물을 바치지 않았다고 고발했고, 그 결과 블라디미

르 대공의 자리를 받았다. 1240년에는 노브고로드에서 스웨덴인들에게, 1242년에는 튜턴기사단에게 군사적 승리를 거둔 영웅 알렉산드르는 몽골이 노브고로드와 수즈달리아에서 통치를 확립하는 데 가담했다.[34] 1253년 다니일은 교황 인노켄티우스 4세(재위 1243~1254)로부터 왕위를 인정받았고[루테니아 왕국], 1256년부터 1260년까지 4년간 주기적으로 몽골과 싸웠는데, 이때는 정확히 몽골이 루스에서 인구조사를 하던 시기였다. 다니일은 1264년에 사망한 반면, 몽골은 14세기 중반까지 서남부 일대에 대한 지배력을 유지했다.

13세기 후반 몽골은 루스의 내전에 개입하고 이를 이용해 넓은 지역을 공략했다. 1250년대에 볼히니아와 갈리치아 서남 지역으로 적어도 다섯 차례 원정이 이루어졌고,[35] 북쪽에서는 1252년 안드레이를 겨냥한 원정으로 몽골의 조공 체제 시행이 가능해졌으며, 결국 이 체제는 1257~1259년 완성됐다. 13세기 마지막 4반세기 동안 몽골은 12차례 이상 루스 동북부를 대규모로 공격했다. 그 대부분은 바실리 야로슬라비치(재위 1271~1277) 그리고 그의 두 조카 드미트리 알렉산드로비치(재위 1277~1294)와 안드레이 알렉산드로비치(재위 1294~1304)의 통치 시기에 있었던 내전과 밀접하게 연결됐는데, 그들 모두 기꺼이 몽골군에 도움을 요청했다. 가장 큰 영향을 받은 도시와 그 주변 전원 지역으로는 블라디미르, 수즈달, 유리예프-폴스키, 페레야슬라블, 콜롬나, 모스크바, 모자이스크,

---

34   Fennell 1983, 116.
35   Seleznev 2010, 38-42.

드미트로프, 트베리, 랴잔, 쿠르스크, 무롬, 토르조크, 베제츠크, 볼로그다 등이 있었다.[36] 그중에서 1237~1241년 바투의 대침공과 1252년, 1281년, 1293년 원정이 가장 파괴적이었다.[37] 1299년에 "타타르의 억압" 때문에 대주교의 자리를 키예프에서 브랸스크로, 다시 블라디미르로 옮기기로 한 결정에서 이 시기의 불안정이 분명히 드러난다.[38]

1245년 (그리고 어쩌면 1247년에도) 몽골은 아마 키예프와 그 주변에서 공황에 빠진 주민들을 대상으로 제한적인 인구조사를 실시했다.[39] 이는 몽골이 "사람, 공작, 말, 그리고 모든 것"의 10분의 1을 빼앗아 갔던 랴잔에 처음 부과된 10분의 1세(단수형 데샤티나(desiatina))의 강제 징수라는 패턴을 따랐을 것이다.[40] 그러한 초기 징수는 중국과 서아시아에서 처음 실시한 제한적 인구조사에 상응한다.[41] 플라노 카르피니는 몽골이 "사람과 재물 등 모든 것의 10분의 1을 차지한다. 그들은 10명의 소년을 세고 그중 한 명을 데려가며, 소녀들에게도 똑같이 한다. 그리고 그들을 자기 나라로 데려가 노예로 둔다. 나머지는 수를 헤아리고 그들의 관습에 따라 처리하는" 것이 몽골의 관행이라고 기록했다.[42] 하지만 루스에서는 그러한 작취가 더 심했으니, 아들이 세 명 있는 사람은 한 명을 빼앗겼

---

36   Seleznev 2010, 36-60; Kargalov 1967, 171, 193; Kargalov 1965, 53; Langer 2007, 115-116.

37   Kargalov 1965, 54.

38   *PSRL*, 1: 485, 15: col. 407; *TL*, 349 (c. 1300); Ostrowski 1993, 92-95.

39   *NPL*, 298; PSRL, 5: 182.

40   *NPL*, 74.

41   Allsen 1987, 117, 125, 130.

42   Dawson 1955, 39.

고, 미혼 남성과 합법적 남편이 없는 여성도 모두 데려갔다. 그러고
나서 남아 있는 사람들도 그 수를 헤아려 부자와 가난한 자, 심지
어 갓 태어난 아이들까지 포함한 모든 사람에게 모피로 공물을 바
치게 했다.[43] 우구데이(재위 1229~1241)와 구육(재위 1246~1248) 등 초
기 통치 시기, 정확히는 키예프에서 처음 인구조사가 이루어지던
해에, 몽골은 장기적인 결과를 거의 고려하지 않고 공물을 위해 정
복지를 착취했다.[44] 고고학적 증거를 통해 플라노 카르피니가 서술
한 몽골 침공의 파괴적인 영향을 확인할 수 있다. 13세기 마지막
30년간 루스는 깊은 경제 침체에 빠졌다. 13세기에 교회 건립, 성
상과 문학작품 생산이 부족했다는 점으로 판단하건대, 루스는 사
실상 문화적 황무지가 됐다. 루스의 13세기를 "암흑기"로 묘사하
는 것은 지나친 과장이 아니다.

몽골에 대한 공물

1252년 대칸 뭉케는 제국 전역에 걸쳐 인구조사를 명했는데, 이는
전쟁 지역에 있는 사람들의 파괴를 최소화하고, 황폐해진 지역의
경제적 활력을 회복시키며, 점령지에 대한 제국의 권위를 확고히
하기 위한 노력이었다.[45] 제국의 재정 행정은 중앙 사무국[중국식 명
칭은 상서성(尚書省)]의 통제 아래에 있었고, 그 안에는 북중국, 투르키
스탄, 이란을 담당하는 세 개의 지방 서기국 또는 행정부[행상서성

---

43 Dawson 1955.
44 Kwanten 1979, 198–199.
45 Allsen 1987, 85.

                               제3권 지역사 · 외부 역사

(行尙書省)]가 포함됐다. 주치 울루스와 루스를 위한 네 번째 서기국
이 있었다는 결정적 증거는 없지만, 아마도 존재했을 것이다.[46]

1257년 몽골은 수즈달, 랴잔, 무롬 지역에서 인구조사를 실
시했고, 십호장(데샤트니키(desiatniki)), 백호장(소트니키(sotniki)), 천호장
(티샤치니키(tysiashchniki)), 만호장(템니키(temniki))을 세웠지만, 성직자를
포함해 교회와 수도원 토지는 모두 제외했다.[47] 행정 단위로서의
투멘은 군사 1투멘(러시아어로 티마, 복수형은 티미)의 수요를 충족하
기 위해 만들어졌고, 병력 충원의 기반으로 기능했다.[48] 연대기에
는 노브고로드, 프스코프, 트베리, 랴잔을 제외하고, 1359/1360년
블라디미르 대공국에 투멘이 15개, 1399년 모스크바 대공국에
는 17개가 있었다고 기록돼 있다. 그러나 이 투멘이 얼마나 많은
사람이나 가호, 또는 징수한 세금을 나타내는지는 전혀 명확하
지 않다.[49] 나는 몽골에 대한 전체 공물을 1티마, 즉 1만 루블가량
으로 추정한다.[50] 러시아 사료에서 투멘은 일정 분량의 공물을 부
담하는 전원 지구(볼로스트)를 의미하는 것으로 이해됐다. 하지만
루스 군대는 일반적으로 규모가 너무 작았기 때문에 1만 명 단위
의 부대[군사 단위로서의 투멘]를 구성하지 않았다. 천부장(티샤츠키
(tysiastskii))외 직위는 키에프 루스 초기에도 군사 및 행정 기능을 담
당하며 존재했고, 그 역할은 몽골 시기 노브고로드에서도 계속됐

---

46 Allsen 1986, 499-500; Allsen 1987, 104.
47 *PSRL*, 1: 474-475, 524, 15: 32; 다른 연대기는 이 인구조사를 1255년으로 보았다
    (*PSRL*, 5: 188).
48 Biran 1997, 99; Allsen 1987, 209.
49 *PSRL*, 15: 68, 22: 423.
50 Langer 2007, 125.

으나, 모스크바에서는 1373년경 천부장의 자리가 없어졌다. 하지만 지방 단계에서 볼로스트의 과세 대상 주민들은 백부장(소츠키(sotskii))와 십부장(데샤트니크(desiatnik))의 관할 아래에서 10단위로 조직됐다.[51]

1257년 몽골은 노브고로드에 탐가(tamgha, 상세)와 10분의 1세를 부과하려 했다가 실패했다. 다음 해 몽골은 블라디미르에서 인구조사를 완료했고, 1259년에는 노브고로드에서도 알렉산드르 네브스키의 도움을 받아 도시의 거리를 따라 있는 가구 수를 헤아림으로써 성공적으로 인구조사를 실시했다. 주민들은 공물 문제로 심하게 분열했다. 보야르(boiar, 귀족)는 자신들에게 공물이 가볍게 부과되리라 믿은 반면, 멘시예(menshie, 하층민)는 그 부담을 그대로 떠안을 수밖에 없었기 때문이다.[52] 또 몽골은 투스카(tuska, 아마 몽골 사신들에게 제공하기 위한 "선물")를 요구했는데,[53] 이것은 도시에서는 커다란 혼란을, 전원 지구에서는 "많은 해악"을 일으켰다. 아마도 투스카는 보야르들이 은으로 납부한 징벌적 과세였을 것이나, 그들은 다시 체르니예 류디(chernyi liudi, 자유 평민)로부터 20퍼센트의 이율로 징수했다. 10분의 1세 또는 데샤티나는 적어도 1270년 이후 공물이 표준화될 때까지 노브고로드 공물의 기반으로서 유지됐을 것이다.[54]

51　Langer 2017, 530-533; Vásáry 1976, 187-197.

52　*NPL*, 309-311.

53　이 단어는 "식량을 공급하는 것"이라는 의미의 튀르크-몽골어 단어 투즈구(tuzghu)에서 유래했을 것이다. *JT*/Boyle, 64 n. 284.

54　Krivosheev 1999, 175-178; Vernadsky 1953, 221; Ianin 1983, 99.

몽골은 13세기에는 사람, 동물, 물품으로 10분의 1세를 받았지만, 14세기경에는 주로 은과 모피, 같은 세기 후반의 어느 시점부터는 오직 은정(銀錠)으로만 공물을 거뒀다. 루스에서 이루어진 이러한 초기의 인구조사 시도들은 의심의 여지 없이 쿱치르(qub-chir. 몽골이 부과한 세금으로, 루스에서는 단(dan') 또는 비호드(vykhod)로 불렸다)에 기반한 것으로, 여기에는 주화나 현물(특히 모피)로 징수하는 세금뿐 아니라 장인을 노예 기술자로서 징집하거나 남성들을 군사 목적으로 징집하는 것도 포함돼 있었다. 몽골이 유지한 전통적인 비몽골계 세금(몽골어로 알반(alban), 위구르어로 칼란(kalan), 러시아어로 포쉴리나(poshlina))에는 8분의 1세(오슴니체예)와 통행료(미트) 같은 통행세가 포함돼 있다.[55] 루스에 부과된 몽골의 다른 주요 세금으로는 탐가와 역참 또는 역참세가 있다.[56] 또 공물에는 인두세도 포함돼 있었는데, 이는 1448/1449년의 한 문서에 칸의 공물을 목록과 사람 수에 따라 거둬야 한다고 명시한 데서 암시적으로 나타나 있다.[57] 종종 무슬림 조세 청부인이 담당했던 13세기 공물 수취의 가혹함은 1262년 로스토프, 블라디미르, 수즈달, 야로슬라블, 페레야슬라블을 뒤흔든 대규모 폭동의 원인이 되었음이 분명하다.[58] 네브스키는 반란을 종식하고 루스와 주치 울루스의 관계를 어느 정도 정상화하면서 몽골이 토벌군을 보내지 않도록 설득했다. 1261년 사라이에 주교 관할구가 세워졌는데, 1267년 그 교회는 칸

---

55   Allsen 1987, 153-154.

56   Ciocîltan 2012, 220; Allsen 1987, 161.

57   *DDG*, 157 (no. 52).

58   *PSRL*, 1: 476, 5: 190.

의 안녕을 위해 기도하는 대가로 몽골의 세금과 징병을 면제해주는 첫 번째 야를릭을 획득했다.[59] 연대기에는 1269년 처음으로 블라디미르 대(大)바스칵의 활동이 기록돼 있는데, 그는 노브고로드와 함께 레벨[지금의 에스토니아 수도 탈린] 원정에 참여했고 루스에서 몽골의 권위를 대표했다.[60]

주치 울루스의 칸인 뭉케 테무르(재위 1267~1280)는 아마도 1262년 봉기에 대한 대응으로 징세 체계를 조정하고 더 자유로운 통상 흐름을 용인하려 했다. 이 정책은 트베리의 야로슬라블이 리가[현재 라트비아의 수도]에 준 유명한 특허장(1266~1272년 추정)에 반영돼 있다. 그 안에는 리가 상인들이 방해받지 않고 야로슬라블의 볼로스트(즉, 블라디미르 대공국) 곳곳을 이동하고 무역할 수 있도록 뭉케 테무르가 보장하는 내용이 언급돼 있다.[61] 또 노브고로드의 상인들이 수즈달리아에 상업적으로 접근할 수 있도록 보장한 1270년 노브고로드-트베리 조약에도 반영돼 있다.[62] 여기에 몽골의 루스 지배의 역설이 있었으니, 무자비하게 군사적으로 공격하고, 수천 명을 죽이거나 포로로 데려가고, 은과 모피로 세금을 징수하면서도, 한편으로는 무역을 장려했던 것이다.

몽골은 여러 세금을 부과했다. 이는 몽골이 교회에 준 현전하는 면세 특허장을 통해 알 수 있다. 교회는 1257년 전면 인구조사를 면했고, 1267년 야를릭에서 단(공물), 코름(korm, 양식), 잠(역참세),

---

59   Martin 1995, 155.

60   *NPL*, 88.

61   *GVNiP*, 57 (no. 30).

62   *GVNiP*, 13 (no. 3).

탐가, 포플루즈나예(popluzhnoe, 쟁기(plug)에 기반한 농업세), 파드보다(podvoda, 수레세), 보이나(voina, 군사세 또는 실제 병역)를 면제받았는데, 이 모두는 주요 징수 항목인 푸티(put')[푸티는 징세관이 순회하는 경로와 주요 징수 항목을 모두 가리킨다]에 포함됐다.[63] 적어도 13세기 공물에 농업세가 포함됐다는 사실은 18세기에 러시아 역사서를 쓴 타티셰프[17~18세기 러시아의 유명한 정치가이자 역사학자 겸 민족지학자]의 관찰에도 반영돼 있다. 그에 따르면 1275년에 두 번째 대규모 인구조사가 실시됐다. 소하(sokha, 쟁기) 하나에 두 명의 남성이 일하는 것으로 계산해서, 소하 한 대당 2분의 1 그리브나(화폐 단위로서의 은화)라는 세율을 과세 기준으로 삼았다.[64]

1275년 이후에는 몽골의 추가 인구조사에 관한 기록이 없지만, 인구조사는 모스크바와 다른 공작들의 관행으로 계속 유지됐다. 인구조사 담당관(피스치), 공물 징수관(단니치), 역참세 징수관(얌시치)의 역할은 모든 공국에서 중요했다. 모스크바의 이반 1세의 유언장에는 그의 아들들이 공동으로 책임져야 하는 '기록된 또는 등록된 사람들(chislennyi liudi)'의 범주가 언급돼 있다. 게다가 그의 아들들은 '구입된 사람들(liudi kuplenii)'을 관리해야 했는데, 이들은 공물 징수와 관련된 '대장부(velikii svertok)'에 기록돼 있었디. 또 모스크바 대공의 아들들은 세입을 더 작게 세분화하는 복잡한 삼분(三分) 시스템을 통해 단(공물)의 몫을 받았다. 1267년 이후에는 교회의 야를릭에 쟁기세가 언급돼 있지 않은데, 아마도 이제 바스칵

---

63 Pliguzov and Khoroshkevich 1990, 92; *PRP*, 3: 467.
64 Tatishchev 1962–1968, 5: 51; *PSRL*, 4: 42, 10: 152.

보다는 공작들의 관할 아래 놓이게 됐을 수 있다. 1275년(혹은 어쩌면 1257~1259년) 이후에는 몽골이 인구조사를 실시하지 않았는데, 이는 인구조사와 공물 징수가 대공의 특권이었음을 시사한다. 다시 말해 몽골은 최종 총액에만 관심을 가질 뿐, 공물의 관리는 공작들에게 맡겼다. 아마 1339년에 작성된 것으로 보이는 이반 1세의 유언장에는 이미 탐가가 상속인들에게 유증되고 공유될 수 있다고 전하고 있다.[65] 이렇게 블라디미르 대공은 몽골의 세액 수집을 위한 주요 세금 징수 청부인이 됐다.

일반적으로 역사가들은 몽골의 바스칵이 1250년대 또는 아마도 1262년 반란 이후 1260년대에 설치됐다가, 14세기에 로스토프(1320) 또는 트베리(1327) 봉기 이후 철폐됐다는 데 동의하고 있다.[66] 바스칵은 사라이에 배치된 다루가가 대체한 것으로 보이며, 이 다루가가 개별 루스 공국의 공물을 감독하는 책임을 졌다.[67] 이제 루스에서는 사신들(포솔리(posoly))이 몽골을 대표했고, 필요에 따라 모습을 드러냈다.

그렇다고 해서 바스칵이 14세기에 완전히 철수한 것은 아니다. 1340년대와 1350년대, 심지어 1380년대에도 그들은 랴잔과 콜롬나에 있었다.[68] 14세기 전반에 모스크바시(市)의 탐가가 공작의 특권이 되어 대공의 미망인을 부양하는 데 사용되면서, 모스크바 공작과 몽골은 세수를 공유했다.[69] 바스칵이 변경 지대로 철수한

---

65 *DDG*, 8 (no. 1).

66 Krivosheev 1999, 214.

67 Nasonov 1940, 105; *PRP*, 3: 473; Vernadsky 1953, 228; Halperin 1985, 39-40.

68 *ASEI*, 3: 341 (no. 312), 343 (no. 313); *DDG*, 29 (no. 10); Krivosheev 1999, 211-212.

것은 모스크바가 몽골의 공물과 세금에 대한 관리를 확대하던 시기와 일치하며, 이는 모스크바가 세입 기반을 확대하고 강화하는 절호의 기회를 제공했다.

공물 관리를 위해서는 징세 경로(푸티) 관리의 확대가 필요했다. 14세기 주요 징세 경로(13세기 전환기에는 공물 징세 경로로도 알려졌다[70])는 상위 징세 경로(스타레이쉬니 푸티(stareishnii put'))로도 불리며 공물, 탐가, 그리고 다른 세금의 징수를 담당했다. 징세 경로는 드보르스키(dvorskii, 집사장)의 관할 밖에 있는 보야르(푸트네 보야레(putnye boiare))가 운영했다.[71] 미셸 루블레프는 중앙 모스크바가 공물로부터 면제됐다고 주장했다. 그러나 당시 모스크바의 관행을 살펴보면, 중앙 모스크바에도 공물이 부과되기는 했으나 몽골에 전달되지 않았고, 상위 징세 경로의 세수는 바로 대공의 금고로 들어갔음을 알 수 있다.[72]

14세기

다니일(1303 사망)과 유리(1325 사망)의 치세 말에 모스크바 공국의 규모는 세 배로 늘어났다. 이들은 세르푸호프, 콜롬나, 모지이스크 지역과 페레야슬라블-잘레스키 및 코스트로마에 대한 통제권을 획득했다.[73] 이반 1세(재위 1325~1341)의 치세는 모스크바의 흥기

69　Kashtanov 1982, 177-178, 184-185.

70　*ASEI*, 3: 15 (no. 1).

71　Vásáry 1976, 193-196.

72　Roublev 1970, 50-53, 56.

에서 중요한 전환점이었다. 1327년 이반은 몽골과 함께 트베리 반란을 진압했다. 도시는 약탈됐고 그곳의 공작 알렉산드르는 달아났다가 1337년이 되어서야 트베리로 돌아올 수 있었다. 2년 후 우즈벡은 사라이에서 알렉산드르와 그의 아들을 처형했다. 트베리는 1370년대까지는 모스크바에 다시 도전하지 않았다. 대부분의 학자들은 이반의 치세 시기의 어느 시점에 우즈벡이 바스칵을 철수시키고 공물 징수를 이반에게 맡겼다고 생각한다.

이반은 대체로 교회와 대주교 표트르의 지지를 받았다. 후자는 1325년 모스크바에 거처하다가 다음 해 도르미티온 성당에 묻혔으며, 이후 그의 무덤은 성지가 됐다. 1354년 대주교의 공식 주교좌는 키예프에서 블라디미르로 옮겨졌고, 대주교가 모스크바에 머물면서 모스크바가 정교회의 중심이 됐음을 보여주었다.

1327년 트베리 약탈 이후 1360년대까지는 몽골의 침입으로부터 비교적 평화롭고, 경제적으로도 회복하는 시기였다.[74] 1349년 연대기 작가는 트베리의 마을이 재건되기 시작했고 그 공국의 인구가 증가했다고 기록했다.[75] 몽골의 침입 유형도 변하기 시작하여, 타타르[몽골을 가리킨다. 이하 동일]의 공격은 점차 랴잔과 니즈니 노브고로드의 변경 지역에 국한됐다. 물론 예외적인 사례도 있었으니, 1382년과 1408년의 모스크바 약탈 사건이 대표적이다. 그럼에도 14세기 내내 수즈달리아에 있었던 마을의 수는 1230년대 키예프 루스에 존재했던 것보다 적었다.[76]

73　Martin 1995, 144.

74　Langer 2010, 187-201.

75　*PSRL*, 10: 221; Rikman 1951, 71-84.

　　14세기 중엽에 시작된 경제 회복은 1352~1353년 루스에서 처음 출현한 흑사병으로 이내 중단됐다. 이 전염병은 대공 세멘, 그의 아들들과 형제, 대주교 페오그노스트의 목숨을 앗아갔다. 이 첫 번째 전국 유행에 이어 1364~1366년, 1417년, 1419년, 1421~1422년, 1424~1427년까지 모두 다섯 차례의 대유행이 반복됐다. 또한 다른 종류의 국지적 전염병과 기근도 빈번했으며, 종종 동시에 발생하기도 했다.[77] 인구조사 데이터나 세금 명부와 같은 통계적 증거는 부족하지만, 전염병과 기근의 주기적 발생으로 서유럽과 유사한 비율로 인구가 급감했을 것이다.

　　루스의 경제적 어려움을 보여주는 한 가지 분명한 표식은 1380년대 후반부터 나온 버려진 땅(푸쉬토시(pushtoshi))에 대한 언급이다. 농민의 노동력을 유지하고 유인하기 위해, 농민들에게 보통 5~10년 치 공물과 다른 세금을 면제해주는 면세 혜택이 주어졌다. 그러나 드미트리 돈스코이가 1367년 석조 크렘린을 건설하면서[기존의 나무 울타리를 석벽으로 교체] 모스크바로 돌을 운송하는 일에 농민들을 동원했듯이, 공작들은 때때로 강제 노동에 의존하기도 했다.[78]

　　이반 1세의 아들 세멘(재위 1341~1353)과 이반 2세(재위 1353~1359)가 통치하는 동안 모스크바 공국의 팽창은 거의 멈췄다. 1359년 베르디벡 칸이 피살되면서 주치 울루스는 러시아 사료에 "대혼란"으로 기록된 20년간의 내전과 암살의 시기에 접어들었

76　French 1983, 263.

77　Langer 1975, 53-67; Langer 1976, 351-368.

78　Sakharov 1959, 132.

다. 전염병과 내전이 겹치면서 주치 울루스는 크게 약해졌다. 모스크바는 주치 울루스의 지원에 의존했으나, 주치 울루스 내부의 정치적, 군사적 경쟁 관계로 인해 더는 타타르의 지원을 보장받을 수 없었다. 다른 공국들, 특히 부흥한 트베리와 수즈달-니즈니 노브고로드 등이 모스크바에 도전했다. 특히 모스크바의 공작 드미트리 돈스코이는 아버지 이반 2세가 사망했을 때 겨우 아홉 살에 불과했다. 또한 모스크바는 서쪽에서 새롭게 부상한 리투아니아와 폴란드라는 경쟁자도 마주했다. 이들은 한때 키예프 루스의 영토였다가 몽골의 지배를 받아온 남서부 및 남쪽으로 세력을 확장하고 있었다. 1370년대 중반 드미트리는 트베리와 수즈달-니즈니 노브고로드의 도전을 격퇴했고, 1375년 트베리의 미하일 알렉산드로비치는 드미트리를 자신의 형으로 인정해야만 했다.

주치 울루스 내부에서는 비칭기스계 군사 지휘관 마마이가 주치 울루스의 서부에서 집권했고, 동쪽에서는 칭기스계 인물 톡타미시가 그를 위협했다. 드미트리가 공물 납부를 중단하면서 모스크바와 마마이 사이에서 긴장이 고조됐는데, 그 주된 이유는 1373년과 1375년 사이에 한자 동맹이 노브고로드로의 은 수출을 금지했기 때문이다. 또한 주치 울루스는 주요 무역로가 무너지는 상황에 직면했다. 첫째, 1368년 중국의 원조가 붕괴하고 1335년부터 일 칸국이 쇠락하면서 실크로드 무역이 쇠퇴했다. 둘째, 노브고로드 도적(우쉬쿠이니키(ushkuinniki))의 습격이 볼가 강변의 모피와 노예 무역을 위협했다. 1375년 모스크바와 수즈달-니즈니 노브고로드는 함께 불가르를 장악하고 그곳에 자신들의 도로가(doroga)[즉, 다루가]와 탐가 관리를 두었는데, 이는 주치 울루스에 대한 직접

적인 도전이었다.[79]

　1378년 모스크바는 마마이에 속해 있는 한 타타르 군대를 보자강[오카강의 지류]에서 격파했고, 같은 해 톡타미시는 사라이를 점령했다. 마마이는 루스에 대한 자신의 권위를 다시 주장하기 위해 공물의 납부를 요구했고, 1380년에는 북쪽으로 군사를 파견했다. 드미트리는 쿨리코포 폴레("도요새 들판")에서 마마이와 교전해 대승을 거두었으나, 진정한 승자는 1381년 마마이를 격퇴하고 처형시킨(또는 마마이는 카파로 달아났다가 그곳에서 살해당했다고도 한다) 톡타미시였다. 1382년 톡타미시는 대군을 이끌고 북진하여 모스크바를 약탈했고, 드미트리는 달아났다. 쿨리코보 전투로 상황이 크게 달라지지는 않았다. 드미트리는 블라디미르에 대한 야를릭[즉 대공으로 임명하는 야를릭]을 유지했지만, 더 많은 공물을 바쳐야만 했고, 자신의 아들이자 미래의 모스크바 대공인 바실리를 톡타미시에게 인질로 보냈다(그는 1년 후 탈출에 성공한다).[80] 그럼에도 비록 극적이지는 않지만 미묘한 변화가 발생했으니, 블라디미르 대공 드미트리 돈스코이는 처음으로 칸의 사전 승인 없이 자신의 지위를 아들에게 물려주겠다고 유언에서 밝혔다.

15세기, 쇠퇴하는 몽골의 지배

티무르는 1391년과 1395년에 톡타미시에게 승리를 거두었다. 특

79　　*TL*, 401-402.

80　　Martin 1995, 213-215; Halperin 2013a, 854.

히 1395년에는 주치 울루스의 사라이, 아스트라한 및 여러 도시를 약탈한 결과 루스와 몽골의 관계가 근본적으로 달라졌다. 에디게이[에디구로도 알려져 있다]와 같은 강력한 아미르가 출현했음에도 불구하고 결코 주치 울루스는 완전히 회복하지 못했다. 에디게이는 1408년 모스크바를 포위했지만, 1411년에 권좌에서 쫓겨났고 1419년에 죽임을 당했다. 루스에 대한 몽골의 지배가 쇠퇴한 것은 드미트리의 아들 바실리 1세(재위 1389~1425)의 치세 때였다. 이러한 변화는 자신을 "모든 루스의 대공"으로 명명한 바실리의 주화에서도 확인할 수 있다.[81]

1420년대 주치 울루스는 해체되기 시작하여 먼저 크림이 서서히 독립했고, 결국 1449년 하지-기레이 아래에서 크림 칸국을 건설했다. 2년 전 마흐무텍[즉, 마흐무드]은 자신의 아버지 울루-무함마드[즉, 울룩 무함마드]를 살해하고 카잔 칸국을 건립했다. 과거 주치 울루스의 잔여 세력은 이제 대호르드(Great Horde)로 알려졌다. 이들은 1502년 크림 타타르에게 격파당할 때까지 옛 수도 사라이를 유지했다.

1425년 바실리 1세가 사망하고, 그의 10살 난 아들 바실리 2세(재위 1425~1462)가 뒤를 이었다. 그러자 바실리의 삼촌 유리가 역사 속으로 사라진 것 같았던 방계 계승 원칙을 꺼내 왕좌에 도전했다. 1453년 바실리가 모스크바의 권좌를 차지할 때까지 맹렬한 내전이 간헐적으로 계속됐다. 앞서 1431년 바실리와 유리는 몽골의 전통에 기대어 문제를 해결하기 위해 자신들의 분쟁을 울

---

81 Noonan 1997, 502-504.

루-무함마드 칸에게 가져갔고, 칸은 바실리를 대공으로 승인했다. 이로써 바실리는 야를릭을 받기 위해 칸 앞에 출석한 마지막 공작이 됐다. 1445년 수즈달 전투에서 울루-무함마드에게 속한 타타르인들이 바실리를 붙잡았고, 그는 석방을 위해 거대한 몸값을 지불했다. 1452년 울루-무함마드의 아들 카심은 오카강 유역의 토지와 세수를 하사받았다. 이후 이 지역은 카심 칸국으로 알려지게 되었으며, 결국 그 군대는 모스크바 대공에게 복무한다. 그러나 타타르도, 유리나 그의 아들들도, 또는 어떠한 다른 루스 공국도 루스 북부의 정치적, 군사적 지도자인 바실리를 몰아낼 수는 없었다. 모스크바가 주치 울루스로부터 자율성을 확보했음은 바실리의 주화에서 분명하게 드러난다. 그는 "모든 루스의 군주"라는 칭호를 사용했고, 아들 이반을 공동 통치자로 임명한 뒤에는 "모든 루스의 군주들"이라 했다.[82]

바실리의 아들 이반 3세(재위 1462~1505)의 긴 치세 동안에는 모스크바 군사-재정 국가의 기반을 마련하는 주요 개혁들이 이루어졌다. 이반과 그의 아들 바실리 3세(재위 1505~1533)는 모스크바가 다른 공국과 노브고로드 및 프스코프 공화국을 병합하는 과정을 완수했다. 모스크바는 단지 정교회뿐만 이니라 기독교 세계의 중심인 "새로운 예루살렘"으로 부상했다. 그들의 교회와 의례는 콘스탄티노플에서 유래했으나 이제 그 자리를 대신했다.

1480년 모스크바군은 우그라강에서 대호르드군과 맞닥뜨렸다. 2주간의 소규모 교전 끝에 아흐메드 칸은 퇴각했다. 16세기에

---

82 Martin 2006a, 178.

는 우그라에서의 대치를 이른바 "타타르의 멍에"(동시대 사료에서는
보이지 않는 용어이다)의 종식으로 칭송했다. 우그라에서의 대결이 과
거의 교전과 매우 달랐던 것은 아니다.[83] 그러나 대호르드가 모스
크바를 공격한 것은 이번이 마지막이었고, 1502년 크림 칸국이 대
호르드를 멸망시키면서 우그라 사건은 더 큰 중요성을 갖게 됐다.
사실 모스크바는 크림과 카잔, 그리고 대호르드의 계승 국가인 아
스트라한 칸국에 계속 공물을 바쳤지만, 적어도 1420년대부터는
타타르의 지배 아래에 있지 않았다.

루스 지역은 두 세기 이상 주치 울루스와 몽골 제국의 경제적
배후지 역할을 했다. 루스의 국제 무역을 방해하는 문제 중의 하
나는 통화가 없다는 것이었다. 루스에는 금광이나 은광이 없었고
귀금속은 수입에 의존했다. 1030년대에 통화 주조가 중단된 후 이
른바 "통화 부재 시기"가 거의 350년에 걸쳐 이어졌다(서유럽의 데
니르가 수입 중단된 1140년대부터를 통화 부재 시기의 시작으로 볼 수도 있다).[84]
보헤미아의 쿠트나 호라에 있는 광산 같은 곳이 연간 20~25톤의
은을 생산하면서, 유럽 대부분 지역에서 1160년부터 1330년 사이
에 실제로 은화 주조가 폭발적으로 증가했기 때문에, 루스에 통화
가 없었다는 사실은 더욱 놀라운 일이다.[85] 통화가 없는 상황에서
루스는 일반적으로 모피의 형태를 취한 "상품 화폐"를 사용했다.
은의 주요 수입처였던 노브고로드는 1420년까지 자신만의 은화
를 주조하지 않았다.[86]

---

83 Ostrowski 2006, 235-238.
84 Pavlova 1994, 375-376.
85 Spufford 1988, 110-111.

  제3권 지역사 · 외부 역사

주치 울루스는 일찍이 1240년대와 1250년대에 은화를 주조하기 시작했으나, 의미심장하게도 수즈달리아에서는 13세기의 몽골 통화가 많이 발견되지 않았다.[87] 혹자는 몽골의 통치가 장거리 무역을 장려했으리라 예상할 수 있지만, 게오르기 베르낫스키에 따르면 루스 상인들은 아마도 뭉케 테무르(재위 1267~1280) 통치 시기까지, 심지어는 그 이후인 우즈벡(재위 1313~1341) 때에도 사라이에 들어가지 못했을 수 있다.[88] 하지만 13세기에 루스와 사라이 간 무역 교류는 일부 존재했으니, 주치 울루스의 도자기, 은그릇, 커넬리언 비즈(cornelian beads), 회양목 빗, 개오지 조개껍데기, 심지어 몇몇 비단이 루스 동북부에서 발견됐다.[89] 그러나 그러한 교류가 13세기의 경제 쇠락을 상쇄할 수는 없었다. 비록 1308년 타타르의 카파 약탈이 쿠만초원에서의 노예 무역에 지장을 주었을 수는 있지만, 루스인들은 여전히 노예로 잡혀갔다. 14세기 후반에 크림의 노예 시장으로 향하는 루스인의 수가 감소했을 가능성은 있다. 미셸 발라르에 따르면, 끌려간 사람들 대부분이 타타르인이었기 때문이다.[90] 그럼에도 랴잔과 니즈니 노브고로드에 대한 몽골의 습격은 지속적인 위협으로 남아 있었다. 앨런 피셔에 따르면, 카파는 1414~1423년에 베네치아에서 판매될 노예 1만 명을 수출했고, 유럽에서 구매한 대부분의 노예는 실제로 루스인이었다고 한다.[91]

---

86 *NPL*, 412.

87 Mellinger 1987-1991, 163; Fedorov-Davydov 1960, 95, 101-102, Map 1.

88 Vernadsky 1953, 343.

89 Noonan 1983, 201-264.

90 Balard 1978, 790-796.

91 Fisher 1972, 576-578.

루스에 주화는 없었지만 국제 무역에서 종종 은정(銀錠)이 그 역할을 대신했다. 노브고로드의 은정은 국제 무역에서 사용된 네 가지 표준 은정 중 하나였다. 그 무게는 최대 206그램에 달했으나 일반적으로는 평균 196.2그램이었고 카파와 타나에서 사용됐으며, 중국에서 지폐와 교환됐던 솜미(sommi)의 무게와 비슷했다.[92] 재닛 마틴의 추정에 따르면, 15세기에 노브고로드는 지대세 시스템으로 연간 20만 장이 넘는 다람쥐 모피를 거둬들였고, 이를 한자 동맹과의 거래에서 은으로 교환해 연간 2000루블 이상, 많게는 4000~6000루블을 확보했다. 이는 5000루블의 공물을 지불하기에 충분한 양으로, 1년에 600~700루블, 많게는 아마도 1200~2100루블의 순익을 남겼다고 한다.[93]

노브고로드를 통해 들여온 은은 14세기 후반부터 수즈달리아에서 화폐 주조의 부활을 위한 기반이 되었다. 그러나 당시 유럽은 전염병이 창궐했고, 피터 스퍼포드가 은괴 기근으로 명명한 현상이 발생하면서 유럽 경제가 완전히 멈추었다.[94] 루스에서의 은괴 기근은 드미트리 돈스코이 통치 말기부터 바실리 2세 시기까지 화폐 가치가 하락한 데에서 드러난다. 심지어 노브고로드는 1430년대에 자신이 한자로부터 받고 있는 은의 품질에 대해 항의했다.[95] 역설적이게도, 루스가 은화 주조를 재개하려고 한 그 시기에 유럽은 금화 체제로 전환하고 있었으며, 이는 루스를 서방 국제 시장으

---

92 Spufford 1988, 219-220.

93 Martin 1986, 157, 159, 162.

94 Spufford 1988, 362 and ch. 13.

95 Khoroshkevich 1963, 286; Langer 2012, 85-101.

   제3권 지역사 · 외부 역사

로부터 더욱 고립시킬 뿐이었다.

　루스 상인들이 오르톡(ortoq) 또는 상업 무역 조합 집단에 참여했다는 증거는 없다. 이 집단은 주로 무슬림 상인들로 구성돼 있었고, 몽골에 겨울철 사료, 직물, 상품을 공급하는 대가로 후한 보수를 받았다.[96] 물론 고스티-수로자네[수로즈(수닥/솔다이아)의 상인들]와 같은 부유한 루스 상인들이 일부 있었다. 이들은 14~15세기에 주치 울루스, 그리고 크림과 아조프해의 이탈리아 식민지와 무역했다. 그러나 이들은 일찍이 서구에서 발생한 것과 같은 상업 혁명을 촉발하지는 못했다. 수즈달리아에 상인이나 수공예 길드는 존재하지 않았고, 도시의 정치적 자치를 위한 투쟁도 없었다. 실제로는 수도원이 일부 초보적인 은행의 기능을 하는 경우가 더 많았는데, 이는 루스에서 상업 거래를 위한 은행과 채권의 이용이 제한적이었음을 역설한다. 우리가 가지고 있는 상인 무역에 관한 정보는 주로 15세기 말과 16세기의 것이며, 크림과 아조프 무역에 종사한 대부분의 루스 상인들이 사실 부유하지 않았음을 보여준다.[97]

　15세기 루스 경제는 신설되는 도시의 수가 줄어들면서 침체했다.[98] 루스의 상업적 부는 주로 노브고로드와 모스크바에 집중됐다. 데이비드 밀러에 따르면, 1363년부터 1437년까지 흑사병 시기 동안 이뤄진 모든 대규모 도시 건축의 88퍼센트가 이 지역에서 이뤄졌다.[99] 모스크바와 노브고로드 이외 지역에서는 도시 건설이

96　Allsen 1989, 83-126; Khazanov 1990, 1-15.

97　Martin 1985, 21-38.

98　Kuchkin 1990, 77, 81.

99　Miller 1989, 371-374, Figure 4, 383.

더뎠다. 대부분의 교회는 특히 몽골 이전 루스의 교회와 비교할 때 규모가 상당히 작았고 구조적 세부 사항은 단순했다.[100]

14세기 중엽 루스는 13세기의 혼란에서 벗어나 경제 회복의 조짐을 보였는데, 이는 화폐 주조가 시작된 것으로 입증된다. 그러나 전염병, 기근, 내전, 주기적인 타타르의 침입이 루스 경제에 피해를 입혔으니, 수십 년간의 명백한 성장에도 불구하고 루스의 경제는 1460년대와 1470년대까지 대체로 정체됐거나 심지어 불황에 빠져 있었다.[101] 몽골 시기에 루스는 1237년 이전의 경제 수준에 도달하지 못했을 가능성이 있으며, 이것은 몽골이 이란에 미친 경제적 영향에 관한 페트루셰브스키의 평가와 일치한다. 일반적으로 이란에서는 도시 생활이 쇠락했지만, 일부 대도시는 수출과 중계무역에서 얻은 수익으로 번성했다.[102] 마찬가지로 15세기 잉글랜드에서는 전염병과 전쟁이 겹쳐 국부가 감소하거나 좋게 보아도 경제가 침체했으나, 런던과 같은 일부 대도시 지역은 소도시의 희생으로 성장했다.[103] 루스에 대해서도 거의 똑같이 말할 수 있다. 즉, 모스크바는 14세기와 15세기에 약간의 경제적 팽창을 향유했지만, 북동부의 다른 지역은 적어도 이반 3세의 통치 시기까지 경제가 침체했다. 노브고로드는 서방과 상업적 관계를 유지하며 상대적으로 번영했지만, 15세기에는 경제 성장이 거의 이루어지지 않았을 가능성이 있다.

---

100 Miller 1989, 374-375.
101 Langer 2015a, 32-48.
102 Petrushevsky 1968, 483, 507.
103 Palliser 1988, 10-11; Postan 1973, 41-48.

몽골의 지배와 루스

루스가 주치 울루스의 일부였는지는 불분명하다. 13세기와 14세기 초 몽골의 바스칵 대리인과 간헐적인 포솔(posols, 사신)의 출현을 제외하면, 몽골은 루스 북부에 정착하는 데 관심이 없었다. 삼림이 그들의 초원식 말 문화에 적합하지 않았기 때문이다. 그 결과 루스는 주치 울루스의 22~23개 영역(울루스) 중 하나가 아니었다.[104] 그럼에도 루스인들은 울루스 개념을 아주 잘 알고 있었고, 자신들이 한때 주치 울루스의 여러 울루스 중 한 부분이었다고 자주 언급했다.[105] 몽골이 루스에 정착하지 않았음에도 불구하고, 야를릭을 하사하고 공물을 받은 것에서 입증되듯 몽골은 루스를 지배했다. 찰스 핼퍼린이 언급했듯이 루스인들은 타타르 지배의 실제 현실에 익숙했으나,[106] 몽골이 블라디미르 대공에게 공물의 관리를 양도하면서 문인들은 몽골의 통치권을 얼버무리고, 핼퍼린이 '침묵의 이데올로기(ideology of silence)'로 부른 태도를 취할 수 있었다. 문인들은 몽골의 약탈과 도시 파괴를 알고 있었다. 그들은 "이교도의 압제", "가혹한 노예화" 같은 용어를 사용했지만, 복속과 지배라는 개념은 애써 피했다.[107]

루스는 몽골의 관습을 매우 잘 알고 있었고 타타르인들이 모스크바 사회로 진입해 심지어 보야르 집단을 만들기도 했지만, 몽골인은 루스 사회의 외부인으로 남아 있었다. 도널드 오스트로

---

104 Seleznov 2013, 144-145.

105 Halperin 1982, 257-263.

106 Halperin 2013b, 381; Halperin 1986, 169.

107 Halperin 1985, 68-69; Halperin 1986, 40, 73.

스키와 같은 일부 학자들은 루스인들이 주치 울루스의 행정 기구를 사실상 그대로 모방했다고 주장했다. 그러나 면밀하게 살펴보면 루스에는 바지르의 지위나, 군정과 민정을 구분하는 타타르의 이중 행정과 같은 것이 존재하지 않았다. 모스크바의 보야르 의회는 네 명의 울루스베이(ulusbeys) 또는 카라치 베이(karachi beys) 회의처럼 기능하지 않았다. 우즈벡 통치 시기에 주치 울루스가 이슬람으로 개종하면서 극복할 수 없는 종교적, 문화적 경계선이 만들어졌다. 그리고 이것이 아마도 주치 울루스에 존재했을지 모르는 이란의 디완(dīwīn) 제도를 루스가 받아들이지 못하도록 한 근본적이유 중의 하나였을 것이다.[108] 중세 모스크바의 행정부는 일부 노예를 포함한 가복, 그리고 군사 지휘관 및 총독으로 복무한 보야르에 의지했다. 몽골 공물은 중세 유럽에서 확인되는 것과 마찬가지로 전통적인 가호 관리 체제에 통합됐으나, 몽골 공물의 중요성은 러시아어에 반영됐다. 바로 주화를 의미하는 뎅가(den'ga)와 재무관이라는 뜻의 카즈나체이(kaznachei) 같은 상용어가 몽골 어휘에서 비롯됐다. 또 몽골은 모스크바 군대의 조직과 무기, 모스크바의 외교 방식과 우편 제도, 형사 처벌의 일부 측면에도 깊은 영향을 미쳤지만, 이러한 관행은 모스크바의 특정 요구를 충족시키기위해 도입됐다.[109] 주치 울루스의 칸은 하나의 통치 모델을 제공했지만, 비잔티움 황제 역시 마찬가지였으며, 둘 다 모두 "차르(tsar)"로 불렸다.[110] 칸 또는 차르는 그에 걸맞은 존경을 받았고, 디프틱

---

108   Halperin 1985, 94; Halperin 2000, 237-257; Ostrowski 1990a, 525-542.
109   Halperin 1985, 90.
110   Cherniavsky 1970.

                                    제3권 지역사 · 외부 역사

(dyptychs)[두 개의 패널로 된 양면 서판]에 이름이 기록되어 그 안녕이 기원되었다. 모스크바 내의 칭기스 일족은 예우를 받았고 귀족으로 여겨졌지만, 모스크바와 주치 울루스의 모든 관계에서 모스크바가 몽골 국가의 복제품은 아니었다.[111] 적어도 두 세기 동안 루스의 공작들은 자신의 백성을 보호하고, 그들의 경제적, 인적 자원을 관리하는 법을 배워야 했다. 그리고 그 목적을 달성하는 데에 모스크바 공작들이 가장 능숙했는데, 그들은 주치 울루스의 칸과 함께 생활하며 일하는 법을 배웠기 때문이다.

111　Cherniavsky 1970, 95; Halperin 2011, 5-20.

참고문헌

사료와 번역서

Akty sotsial' no-ekonomicheskoi istorii severo-vostochnoi Rusi 1964(Social-Economic Documents of the History of Northeast Rus'), 3 vols. Moscow.

Dawson, Christopher, ed. 1955. *The Mongol Mission*. London.

Dukhovnye i dogovornye gramoty velikikh i udel' nykh kniazei XIV-XV v (Testaments and Agreement Charters of the Grand and Udel' Princes of the 14th and 15th Centuries). 1950. Moscow and Leningrad.

Gramoty velikogo Novgoroda i Pskova(Charters of Great Novgorod and Pskov). 1949. Moscow and Leningrad.

JT/Boyle. 일러두기 6번 참조.

Novgorodskaia pervaia letopis'(Novgorod First Chronicle). 1950. Moscow and Leningrad.

Pamiatniki russkogo prava(Monuments of Russian Law). 1952-1963. 8 vols. Moscow.

Polnoe sobranie russkikh letopisei(Complete Collection of Russian Chronicles). 1841-2002. 42 vols. to date. St. Petersburg and Moscow.

Troitskaia letopis'(Trinity Chronicle). 1950. Ed. M. D. Priselkov. Moscow and Leningrad.

연구서와 논문

Allsen, Thomas. 1983. "Prelude to the Western Campaigns: Mongol Military Operations in the Volga-Ural Region, 1217-1237." *AEMA* 3: 5-24.

　　1986. "Guard and Government in the Reign of the Grand Qan Möngke, 1251-59." *HJAS* 46.2: 495-521.

　　1987. *Mongol Imperialism: The Policies of the Grand Qan Möngke in China, Russia, and the Islamic Lands, 1251-1259*. Berkeley.

　　1989. "Mongolian Princes and Their Merchant Partners, 1200-1260." *Asia Major* 2.2: 83-126.

　　1997. *Commodity and Exchange in the Mongol Empire*. Cambridge.

Balard, Michel. 1978. *La Romanie Génoise (XIIe-début du XVe siècle)*, 2 vols. Paris.

Biran, Michal. 1997. *Qaidu and the Rise of the Independent Mongol State in Central Asia*. Richmond.

2007. *Chinggis Khan*. Oxford.

Cherniavsky, Michael. 1970. "Khan or Basileus: An Aspect of Russian Mediaeval Political Theory." In *The Structure of Russian History*, ed. Michael Cherniavsky, 65-79. New York.

Chernov, S. Z. 2003. "Sel'skoe rasslenie v Moskovskom kniazhestve vtoroi poloviny XIIIv.: 'traditsionnye' i 'novatsionnye' modeli vykhoda iz krizisa (po materialam arkheologich-eskikh issledovanii 1976-1993 gg. Volostei Voria i Pekhorka). (Distribution of Rural Settlement in the Moscow Principality in the Second Half of the 13th Century: Traditional and Innovative Models of Recovery from a Crisis (Based on Materials of Archaeological Studies in 1976-1993 in Voria Rural District and Pekhorka)). In *Rus' v XIII veke: Drevnosti tëmnogo vremeni* (In Rus' in the 13th Century: Archaeology of a Dark Age), ed. N. A. Makarov and A. V. Chernetsov, 168-227. Moscow.

*CHI*5. 일러두기 6번 참조.

Ciocîltan, Virgil. 2012. *The Mongols and the Black Sea Trade in the Thirteenth and Fourteenth Centuries*, tr. S. Willcocks. Leiden.

Fedorov-Davydov, G. A. 1960. "Klady dzhuchidskikh monet"(Jochi Money Hordes). *Numizmatika i epigrafika* 1: 94-192.

Fennell, John. 1980. "The Tatar Invasion of 1223: Source Problems." *Forschungen zur osteuropäischen Geschichte* 27: 18-31.

1983. *The Crisis of Medieval Russia 1200-1304*. London and New York.

Fisher, Alan. 1972. "Muscovy and the Black Sea Slave Trade." *Canadian-American Slavic Studies* 6.4: 575-594.

Franklin, Simon, and Jonathan Shepard. 1996. *The Emergence of Rus 750-1200*. London and New York.

French, R. A. 1983. "The Early and Medieval Russian Town." In *Studies in Russian Historical Geography*, ed. J. H. Baxter and R. A. French, vol. 1, 249-277. London.

Gumilev, L. V. 1989. *Drevniaia Rus' i velikaia step'* (Old Rus' and the Great Steppe). Moscow.

Halperin, Charles. 1982. "Tsarev Ulus: Russia in the Golden Horde." *Cahiers du monde russe et soviétique* 23.2: 257-263.

1983. "Russia in the Mongol Empire in Comparative Perspective." *HJAS* 43.1: 239-261.

1985. *Russia and the Golden Horde*. Bloomington, IN.

1986. *The Tatar Yoke*. Columbus, OH.

2000. "Muscovite Political Institutions in the 14th Century." *Kritika: Explorations in Russian and Eurasian History* 1.2: 237-257.

2011. "Muscovy as a Successor State of the Jochid Ulus." *AEMA* 18: 5-20.

2013a. "The Battle of Kulikovo Field (1380) in History and Historical Memory." *Kritika. Explorations in Russian and Eurasian History* 14.4: 853-864.

2013b. "No One Knew Who They Were: Rus Interaction with the Mongols." In *The

Steppe Lands and the World beyond Time. A Collection in Honor of Victor Spinel on His 70th Birthday, ed. Florin Curta and Bogdan-Petru Maleon, 377-387. Iasi.

Ianin, V. L. 1982. "K khronologii i topografii ordynskogo pokhoda na Novgorod v 1238 g." (Toward the Chronology and Topography of the Horde's Campaign against Novgorod in 1238). In *Issledovaniia po istorii i istoriografii feodalizma: K 100-letiiu so dnia rozhdeniia akademika B. D. Grekova*, 146-158. Moscow.

    1983. "'Chernyi bor' v Novgorode XIV-XV vv"("Black Tax" in Novgorod in the 14th and 15th Centuries in the Battle of Kulikovo). In *Kulikovskaia bitva*, 98-106. Moscow.

Kargalov, V. V. 1965. "Posledstviia mongolo-tatarskogo nashestviia XIII v. dlia sel'skikh mestnostei severo-vostochnoi Rusi"(The Aftermath of the Mongol-Tatar Invasion in the 13th Century for the Countryside in Northeast Rus'). *Voprosy istorii* 40.3: 53-58.

    1967. *Vneshne-politicheskie factory razvitiia feodal' noi Rusi* (Foreign-Political Factors in the Development of Feudal Rus'). Moscow.

Kashtanov, S. M. 1982. "Finansovoe ustroistvo Moskovskogo kniazhestva v seredine XIV v. po dannym dukhovnykh gramot"(Financial System of the Moscow Principality in the mid-14th Century According to Given Testament Charters). In *Issledovaniia po istorii i istoriografii feodalizma*, 173-189. Moscow.

Khazanov, A. M. 1990. "Ecological Limitations of Nomadism in the Eurasian Steppes and Their Social and Cultural Implication." *Asian and African Studies: Journal of the Israel Oriental* Society 24: 1-15.

Khoroshkevich, A. L. 1963. *Torgovlia velikogo Novgoroda s pribaltikoi i zapadnoi evropoi v XIV-XV vekakh*(Trade of Great Novgorod with the Baltic and Western Europe in the 14th and 15th Centuries). Moscow.

Koshcheev, V. B. 1993. "Eshche raz o chislennosti mongol'skogo voiska v 1237 godu"(Once More on the Number of the Mongol Army in 1237). *Voprosy istorii* 10: 131-135.

Krenke, N. A. 2003. "Blizhaishaia sel'skaia okruga Moskvy v XII-XIII vekakh"(Near Rural District of Moscow in the 12th and 13th Centuries). In *Rus' v XIII veke: Drevnosti tëmnogo vremeni*, ed. N. A. Makarov and A. V. Chernetsov, 151-167. Moscow.

Krivosheev, Iu. V. 1999. *Rus' i Mongoly* (Rus' and the Mongols). St. Petersburg.

Kuchkin, B. A. 1990. "Goroda severo-vostochnoi Rusi v XIII-XV vekakh(chislo i politiko-geograficheskoe razmeshchenie)"(The Towns of Northeast Rus' in the 13th-15th Centuries (Number and Political-Geographic Distribution)). *Istoriia SSSR* 6: 72-85.

Kuza, A. V. 1985. "Drevnerusskie poseleniia"(Old Russian Settlements). In *Arkheologiia SSSR: Drevniaia Rus'. Gorod, zamok, selo*, ed. B. A. Kolchin, 36-94, 96-104. Moscow.

Kwanten, Luc. 1979, *Imperial Nomads: A History of Central Asia*, 500-1500. Philadelphia.

Langer, Lawrence N. 1975. "The Black Death in Russia: Its Effects upon Urban Labor." *Russian History* 2.1: 53-67.

    1976. "Plague and the Russian Countryside: Monastic Estates in the Late Fourteenth and Fifteenth Centuries." *Canadian-American Slavic Studies* 10.3: 351-368.

2007. "Muscovite Taxation and the Problem of Mongol Rule in Rus´." *Russian History* 34.1–4: 101–129.

2010. "War and Peace: Rus´ and the Mongols in the 13th and 14th Centuries." In *Everyday Life in Russian History, Quotidian Studies in Honor of Daniel Kaiser*, ed. G. Marker, J. Neuberger, M. Poe, and S. Rupp, 187–201. Bloomington, IN.

2012. "For Want of Coin: Some Remarks on the Mongol Tribute and the Problem of the Circulation of Silver." In *Dubitando: Studies in History and Culture in Honor of Donald Ostrowski*, ed. Brian J. Boeck, Russell E. Martin, and Daniel Rowland, 85–101. Bloomington, IN.

2015a. "Economic Stagnation or Depression: War and the Economy in the Reign of Vasilii. Ⅱ." *Russian History* 42.1(Festschrift for Janet Martin, ed. Ann Kleimola and Gail Lenhoff): 32–48.

2015b. "Slavery in the Appanage Era: Rus´ and the Mongols." In *Eurasian Slavery. Ransom and Abolition in World History*, 1200–1860, ed. Christoph Witzenrath, 145–69. Farnham.

2017. "Rus´ and the Mongol Decimal System." *Russian History* 44.4(*Festschrift to the Honor of Ann Kleimola*, part 1, ed. Brian Davies): 515–533.

2021a. "The Economics of Mongol Rule in Rus´, 1237–1350." In *The Routledge Handbook of the Mongols and Central-Eastern Europe*, ed. A. Maiorov and R. Hautala, 391–404. Abingdon.

2021b. "Between the Politics of Accommodation and Independence: Rus´, the Mongols, and the Church, 1237–1350." In *The Routledge Handbook of the Mongols and Central-Eastern Europe*, ed. A. Maiorov and R. Hautala, 487–500. Abingdon.

Lenhoff, Gail. 2015. "Rus´ Tatar Princely Marriages in the Horde: The Literary Sources." *Russian History* 42.1: 16–31.

Leont´ev, A. E. 2003. "Ot stolitsy kniazhestva k uezdnomu gorodu(Materialy k istoricheskoi topografii Rostova X – XIV vv.)."(From the Capital of Princedom to Provincial Town (Materials to the Historical Topography of Rostov 10th–14th Centuries)). In *Rus´ v XIII veke: Drevnosti tëmnogo*, ed. N. A. Makarov and A. V. Chernetsov, 34–47. Moscow.

Maiorov, Alexander, and Roman Hautala, eds. 2021. *The Routledge Handbook of the Mongols and Central-Eastern Europe*. Abingdon.

Malygin, P. D. 2003. "Sud´ by Torzhka i Tveri v XIII veke"(The Fate of Torzhok and Tver´ in the Thirteenth Century). In *Rus´ v XIII veke: Drevnosti tëmnogo vremeni*, ed. N. A. Makarov and A. V. Chernetsov, 92–96. Moscow.

Martin, Janet. 1985. "Muscovite Travelling Merchants: The Trade with the Muslim East (15th and 16th Centuries)." *Central Asian Survey* 4: 21–38.

1986. *Treasure of the Land of Darkness: The Fur Trade and Its Significance for Medieval Russia*. Cambridge.

1995. *Medieval Russia 980-1584*. Cambridge.

2006a. "The Emergence of Moscow(1359-1462)." In *Cambridge History of Russia*, vol. 1, ed. M. Perrie, 158-187. Cambridge.

2006b. "North-eastern Russia and the Golden Horde(1246-1359)." In *Cambridge History of Russia*, vol. 1, ed. M. Perrie, 127-157. Cambridge.

May, Timothy. 2007. *The Mongol Art of War*. Yardly, PA.

Mazurov, A. B. 2003. "Evoliutsiia Kolomny v XIII - XIV vekakh: ot malogo goroda Drevnei Rusi k domenu velikogo kniazia moskovskogo"(The Evolution of Kolomna in the 13th and 14th Centuries: From a Minor Town of Old Rus' to the Domain of the Grand Prince of Moscow). In *Rus' v XIII veke: Drevnosti tëmnogo vremeni*, ed. N. A. Makarov and A. V. Chernetsov, 83-91. Moscow.

Mellinger, G. 1987-1991. "The Silver Coins of the Golden Horde: 1310-1358." *AEMA* 7: 153-211.

Miller, David. 1989. "Monumental Building as an Indicator of Economic Trends in Northern Rus' in the Late Kievan and Mongol Periods, 1138-1462." *American Historical Review* 94: 360-390.

Morgan, David. 1979. "The Mongol Armies in Persia." *Der Islam* 56.1: 81-96.

1986. *The Mongols*(데이비드 O. 모건, 권용철 옮김, 『몽골족의 역사』, 모노그래프, 2012). Oxford.

Nasonov, A. N. 1940. *Mongoly i Rus'*(The Mongols and Russia). Moscow and Leningrad.

Noonan, Thomas. 1983. "Russia's Eastern Trade, 1150-1350." *AEMA* 3: 201-264.

1997. "Forging a National Identity: Monetary Politics during the Reign of Vasilii I (1389-1425)." In *Culture and Identity in Muscovy, 1359-1584*, ed. A. M. Kleimola and G. D. Lenhoff, 495-529. Moscow.

Ostrowski, Donald. 1990a. "The Mongol Origins of Muscovite Political Institutions." *Slavic Review* 49: 525-542.

1990b. "Second-Redaction Additions in Carpini's Ystoria Mongalorum." In *Adelphotes: A Tribute to Omeljan Pritsak by His Students*, ed. Frank E. Sysen. Harvard Ukrainian Studies 14.3-4: 522-550.

1993. "Why Did the Metropolitan Move from Kiev to Vladimir in the Thirteenth Century?". In *Slavic Culture in the Middle Ages*, vol. 1, ed. Boris Gasparov and Olga Raevsky-Hughes, 83-101. Berkeley.

1998. *Muscovy and the Mongols: Cross-cultural Influences on the Steppe Frontier 1304-1589*. Cambridge.

2006. "The Growth of Muscovy (1462-1533)." In *The Cambridge History of Russia*, vol. 1, ed. M. Perrie, 213-239. Cambridge.

2009. "The Mongols and Rus': Eight Paradigms." In *A Companion to Russian History*, ed. Abbott Gleason, 66-86. Chichester.

Palliser, D. M. 1988. "Urban Decay Revisited." In *Towns and Townspeople in the Fifteenth Century*, ed. John A. F. Thomson, 1-21. Gloucester.

Pavlova, Elena. 1994. "The Coinless Period in the History of Northeastern Rus´: Historiography Study." *Russian History*. 21.4: 375-392.

Petrushevsky, I. P. 1968. "The Socio-economic Condition of Iran under the Il-Khans." In *CHI*5, 483-537. Cambridge.

Pliguzov A. I., and A. L. Khoroshkevich. 1990. "Russkaia tserkov´ i antiordynskaia bor´ba v XIII-XV vv.(po materialam kratkogo sobraniia khanskikh iarlykov russkim mitropolitam)" (The Russian Church and the Anti-Horde Struggle in the 13th to 15th Centuries (According to the Material of the Brief Collection of Khan Iarlyks to the Russian Metropolitans)). In *Tserkov´ obshchestvo i gosudarstvo v feodal´noi Rossii: sbornik statei*, ed. A. I. Klibanov, 84-102. Moscow.

Postan, M. M. 1973. "The Fifteenth Century." In his *Essays on Medieval Agriculture and General Problems of the Medieval Economy*, 41-48. Cambridge.

Rikman, E. A. 1951. "Obsledovanie gorodov Tverskogo kniazhestva"(Investigations into the Towns of the Tver´ Principality). *Kratkie soobshcheniia o dokladakh i polevykh issledovanniiakh Instituta istorii material´no i kul´tury* 41: 71-84.

Roublev, Michel. 1970. "The Mongol Tribute According to the Wills and Agreements of the Russian Princes." In *The Structure of Russian History*, ed. Michael Cherniavsky, 29-64. New York.

Sakharov, A. M. 1959. *Goroda severo-vostochnoi Rusi XIV-XV vekov*(The Towns of Northeast Rus´ in the 14th and 15th Centuries). Moscow.

Seleznev, Iu. V. 2010. *Russko-ordynskie konflikty XIII-XV vekov*. Spravochnik(Rus´-Horde Conflicts 13th-15th Centuries. Reference). Moscow.

2013. *Russkie kniaz´ia v sostave praviashchei elity dzhucheva ulusa v XIII-XV vekakh* (Russian Princes in the Composition of the Ruling Elite of the *Ulus* of Jochi in the 13th-15th Centuries). Voronezh.

Sinor, Denis. 1972. "Horse and Pasture in Inner Asian History." *Oriens Extremus* 9: 171-184.

Spufford, Peter. 1988. *Money and Its Use in Medieval Europe*. Cambridge.

Tatishchev, V. N. 1962-1968. *Istoriia rossiiskaia*(Russian History), 7 vols. Moscow and Leningrad.

Vásáry, István 1976. "The Golden Horde Term Daruga and Its Survival in Russia." *AOH* 32: 187-197.

2015. "The Tatar Factor in the Formation of Muscovy´s Political Culture." In *Nomads as Agents of Cultural Change: The Mongols and Their Eurasian Predecessors*, ed. Reuvan Amitai and Michal Biran, 252-270. Honolulu.

Vernadsky, George. 1953. *A History of Russia: The Mongols and Russia*. New Haven.

Zharnov, Iu. E. 2003. "Arkheologicheskie issledovaniia vo Vladimire i ´problema 1238 goda´" (Archaeological Investigations in Vladimir and "the Problem of 1238"). In *Rus´ v XIII veke: Drevnosti tëmnogo vremeni*, ed. N. A. Makarov and A. V. Chernetsov, 48-58. Moscow.

외부 역사

몽골과 정복되지 않은 지역과의 관계

제 6 장

몽골과 유럽

니콜라 디 코스모

니콜라 디 코스모　　　　　　　Nicola di Cosmo

미국 고등연구소에서 선사 시대부터 근대에 이르기까
지 중국과 중앙아시아의 관계사를 연구한다. 중국과 초
원 유목민 간의 초기 관계사를 분석한 『오랑캐의 탄생:
중국이 만들어낸 변방의 역사』, 몽골과 만주의 역사서
인 『청나라 정복 직전의 만주 몽골 관계(*Manchu-Mongol
Relations on the Eve of the Qing Conquest*)』 등을 출간했다.

서론

몽골과 유럽의 관계에 관한 문헌은 방대하며, 어떠한 종합적 개론도 그 깊이와 범위를 제대로 다룰 수 없다.[1] 대부분의 학자들은 선교, 외교 문제, 정치사, 무역 관계와 같은 개별 주제에 집중했다. 이장에서는 정복 초기부터 14세기 중반 팍스 몽골리카가 해체될 때까지 전개된 몽골 정복자와 유럽 세력 간 상호작용의 본질을 규정한 주요 측면을 밝힐 것이다.

13세기 유럽의 왕과 교황은 무서울 정도로 파괴적이고 매우 이질적이며 막을 수 없을 것처럼 보이는 몽골 군대의 힘에 맞서야만 했다. 우구데이 카안 시기에 시작된 몽골의 러시아와 동유럽 침공은, 이미 성지에서의 교착 상태와 신성 로마 제국과 교황권 사이의 충돌로 휘청거리던 기독교 세계에 종말론적 불안과 정치적 혼란을 초래했다. 기본적으로 무방비 상태였던 유럽의 정치적, 군사적 붕괴, 그리고 러시아, 조지아, 아르메니아, 폴란드, 헝가리 등 여러 나라 사람들에게 침입자들이 가한 가혹한 대우가 외교 서신과 목격자들의 기록에 담겨 있다. 몽골에 관한 방대한 문서들이 매튜 패리스(1259 사망)에 의해 런던 인근의 성 올번스 베네딕토회 수도원에 수집됐다. 그의 『대연대기(*Chronica Majora*)』에는 종교 및 기타 네트워크로부터 유래한 여러 소식과 정보가 포함돼 있다. 멀리 떨어져 있고 바다의 보호를 받고 있는 잉글랜드가 몽골 정복에 관한 우리의 지식에서 매우 중심적인 위치를 차지하고 있다는 점은 종

---

1 초기, 그리고 특히 최근의 연구 중에서는 요한 로렌즈 폰 모스하임(1741)과 장 피에르 아벨 드 레뮈자(1824)의 연구에서부터 펠리오, 리샤르, 도송, 슈미더, 라케빌츠, 잭슨 등 20세기의 중요한 기여에 이르기까지 획기적인 연구를 수없이 확인할 수 있다.

말론적 소식이 유럽 전역에 퍼지면서 만들어낸 깊은 반향을 보여
준다.[2]

침공의 충격과 더 많은 파괴에 대한 두려움은 외교 관계의 강
화로 이어졌다. 1243년 인노켄티우스 4세가 교황으로 선출된 뒤,
유럽은 사신을 파견하고 정보를 수집함으로써 몽골의 위협에 대
처했다. 1240년대와 1250년대, 사실 확인을 위해 몽골의 땅과 궁정
에 파견된 사신단들이 향후 관계를 위한 길을 닦는 역할을 했다.
더 중요한 것은, 이들이 몽골과 만나는 과정에서 예언과 전설이 아
닌 지식에 기반해 접근했다는 점이다.[3]

이어지는 1250년대와 1260년대는 러시아(주치 울루스)와 근동
(일 칸국)에서 몽골의 지배가 더욱 팽창하고 강해지는 시기로, 유럽
의 태도는 몽골 제국 내부 정치의 발전과 상호 연관성을 가졌다.
몽골의 지속적인 위협과 의사소통의 어려움에도 불구하고, 유럽
인들은 유럽의 동쪽 국경에 있는 몽골의 존재를 받아들였고, 결국
이를 이용해 기독교 신앙을 흑해에서 중국으로 전파하고, 자신들
의 무역을 아시아 전역에 퍼져 있는 시장으로 확대하는 전례 없는
기회로 활용하고자 했다.

몽골 제국은 여러 개별 영역으로 분화했고 때로 서로 적대적
이기도 했지만, 지역 간 소통, 공용어, 무역 행정, 화폐 교환, 문화적
특징의 측면에서 기본적으로 일체성을 유지했다. 또 몽골은 유럽
의 국경에서 멀리 떨어져 있는 아시아에 기독교가 기반을 마련할

---

2   Saunders 1969; Bigalli 1971.
3   Dawson 1995; Richard 1977; de Rachewiltz 1971.

수 있는 길을 열어주었다. 종교에 대한 개방성, 문화적 포용성, 상업 활동의 적극적 장려는 몽골 통치의 전형적인 특징이었고, 유럽인들은 이를 인지하고 활용했다.

정치적 측면에서는, 몽골과 유럽 세력, 특히 프랑스, 교황, 잉글랜드 사이에 협력으로 이어질 법한 몇 차례의 외교적 소통이 있었다. 그러나 이론상으로는 이해관계가 수렴했는데도 동맹은 결코 실현되지 않았다. 불신, 잘못된 의사소통, 극도로 복잡한 양측의 내부 정치 때문에 정치적 연합 또는 광범위한 군사 협력은 이루어지지 못했다. 1260년 이후 몽골 지도층이 분권화했고, 제국이 분할되면서 각 울루스는 외교 정책에서 서로 다른 목표를 추구했다. 유럽도 마찬가지로 정치 지형 전반에 걸친 고질적인 경쟁으로 행동의 단합에 어려움을 겪었다. 심지어 몽골의 군사 원조가 결정적일 수 있었던 성지에서의 전쟁 상황에서도 기독교 군주들은 입장을 하나로 모으지 못했다.

정치적인 합의는 달성하기 어려웠던 반면, 유럽인들은 상업과 종교 활동의 영역을 크게 넓힐 기회를 포착했다. 13세기 말과 14세기에 기독교 선교 수도회와 이탈리아 해상 공화국이 주도한 유럽의 아시아 팽창은 지리적 탐험, 상업적 투자, 정치적 관계, 종교적 열의가 결합된 지속적인 노력이었다. 그 결과 유럽은 아시아에서 더 큰 영향력을 갖게 되었고, 아시아는 서구의 정세에서 더 중요한 역할을 담당하게 되었다.

13세기 후반부터 유럽과 몽골의 관계는 교황과 국왕에 국한되지 않았다. 몽골의 통치 지역에 유럽인 근거지가 안정적으로 존재하게 되면서 매우 중요한 발전이 이루어졌다. 아시아에서 유럽의 존재는 1280년과 1350년 사이에 절정에 달해, 이 시기 크림, 타브리즈, 칸발릭에 라틴계 공동체가 번성했다. 이때 몽골 군주들의 적극적인 지원으로 협약이 체결됐고 협력 관계가 성립했다. 그러나 몽골의 이란 통치 붕괴부터 14세기 후반 주치 울루스와 원조의 정치적 분열에 이르기까지, 팍스 몽골리카의 종식은 아시아에서 유럽의 존재감을 약화했다. 반면 크림의 제노바 식민지인 카파 등 일부 거점은 더 넓은 아시아의 도시 및 도로와는 단절됐지만, 지역 근거지로는 계속 작동했다.

몽골의 유럽 침공과 초기 접촉

1219~1221년 칭기스 칸이 호레즘을 원정할 때, 두 명의 강력한 지휘관 제베와 수베데이가 이끄는 몽골군이 아제르바이잔과 조지아를 공격했고, 1223년 칼카강에서 러시아와 쿠만 연합군을 격파했다. 몽골은 호레즘 샤[알라 앗 딘 무함마드]를 추격하면서 카스피해 너머까지 도달했고, 캅카스와 러시아 남부 지역을 정찰했다.[4] 그러한 정보에 힘입어, 그리고 몽골군이 이미 캅카스에서 작전을 벌이고 있는 와중에, 이제 몽골 본토 중앙에 위치한 수도 카라코룸에 상주하던 우구데이 카안은 1235년 주치의 아들 바투를 공식 지휘관으로 삼아 서방 원정을 시작했다.

우구데이가 서방 원정을 벌인 개연성 높은 이유를 몇 가지로 요약할 수 있다. 칭기스 칸이 사망할 당시, 알려진 세계를 네 부분

---

4 Allsen 1983, 5-24.

으로 나누어 칭기스의 네 아들, 즉 주치, 우구데이, 차가다이, 톨루이에게 지정함으로써 현재와 미래의 정복지를 할당했다.[5] 하나의 제국 내에 있는 여러 지역의 정부들이 명목상으로는 최고 통치자에게 복속하지만 사실상 독립적인 영역으로서 공존한다는 개념은 초원의 정치 유산과 일치했다. 칭기스의 유언과는 별개로, 제국의 규모를 확대하는 일은 칭기스 칸의 아들들과 손자들 사이에 고조되던 긴장을 고려할 때 아마도 정치적으로 필요한 일이었을 것이다. 서방은 주치와 그의 계승자에게 할당됐다. 몽골의 신속한 원정이 가능했던 것은 러시아 남부 초원에서 사전에 수집한 정보 덕분일 것이다. 그곳에는 활용할 수 있는 광활한 초원이 있었고 현지 군대를 손쉽게 격파한 경험이 있었다. 게다가 서하와 금을 정복하면서 북중국과 중앙아시아 동부 원정이 일단락되자, 몽골 최고 지휘부는 상당한 병력을 서부 전선으로 돌리고 수베데이 같은 숙련된 지휘관을 재배치할 수 있었다. 그러나 또다른 이유는 몽골이 이전에 접촉했던 중앙아시아와 러시아 남부의 독립적인 유목민들, 특히 볼가 불가르를 제거해야 했기 때문이다.[6] "제국적 이데올로기"의 측면에서 봤을 때, 하늘[몽골어로 '텡그리']이 몽골에게 세상을 정복할 수 있는 권한을 주셨다는 믿음이 그들의 정복을 지탱했고, 이는 몇몇 외국과의 외교 서한에서 확인할 수 있다.[7] 군사적 추진력과 이데올로기적 동기가 대내외의 정치적 변수들을 뒷받침하는 이러한 상황들은, 우구데이가 1235년 서방 원정을 추진하기로 결

---

5 Jackson 1999.

6 Zimonyi 1992, 347-355.

7 Jackson 2006, 3-22.

심한 이유를 설명하는 데 충분히 설득력 있는 근거를 제공한다.

몽골의 러시아 침공은 큰 저항을 받지 않고 진행되었다. 1237년 랴잔, 1238년 블라디미르, 1240년 키예프를 정복하는 등 몽골은 러시아 도시들을 연달아 빠르게 함락했다. 러시아 공작들은 다른 기독교 세력에 군사 원조를 요청했다가 무시당했으니, 이는 유럽 강대국들 간, 그리고 로마 가톨릭과 정교회 사이의 뿌리 깊은 분열을 보여주는 표식이었다. 1241년 몽골군이 헝가리와 폴란드를 침공하기 위해 이동하자, 헝가리 국왕 벨러 4세는 달아났고, 몽골은 헝가리평원에 자리 잡았다. 몽골이 동유럽, 특히 헝가리를 침공한 이유로 기존에 알려진 것은, 초원 정치에서 전쟁의 명분을 구성하는 전형적인 레퍼토리에 속한다. 첫째, 몽골은 도망친 쿠만인들, 즉 복속민으로 여겼던 러시아 남부 유목민들의 반환을 요구했다. 둘째, 몽골은 헝가리에 파견된 사신들이 귀환하지 못했고, 서구에서 자신들의 호의에 보답하기 위해 사신을 보낸 적이 없다는 사실에 항의했다.

바투의 군대는 쿠만인을 추격하고 헝가리인을 응징하면서 다뉴브강 동쪽 지역을 빠르게 장악했고 광범위한 지역을 폐허로 만들었다. 1242년 1월 말, 몽골은 얼어붙은 다뉴브강을 건너 헝가리 서부를 침공했으나, 봄이 되자 바투는 모든 군대를 이끌고 볼가강 하류 지역으로 돌아갔다. 그곳은 현재 아스트라한 북쪽으로, 바투의 수도 사라이가 건설됐다. 그가 동유럽으로부터 갑자기 철수한 이유에 대한 몇 가지 설명이 제시됐다. 전통적인 설명은 1241년 12월 11일 우구데이가 사망하면서 계승 위기가 시작됐고, 몽골 지도층은 몽골 본토에서 개최하는 쿠릴타이에 참석해 새로운 카안을 선출하기 위해 전열을 가다듬어야만 했다는 것이다. 하지만 바투가 러시아로 돌아갔을 뿐 몽골 본토까지는 가지 않았다는 점이 지적돼왔다. 이러한 정치적 해석 외에 헝가리초원이 몽골의 장기간 점령에 적합하지 않았다는 등 다른 이유들도 제기됐다.[8]

의심의 여지 없이 헝가리는 몽골의 점령으로 크게 고통받았다. 이는 헝가리에서 활동한 이탈리아인 성직자 로게리우스가 편찬한 몽골 침공 연대기 『슬픈 노래(*Carmen Miserabile*)』를 비롯한 다양한 사료에 기록됐다. 몽골 침공의 충격에 대한 유럽의 반응은 정치적, 종교적, 개인적 균열을 드러냈다. 몽골을 피해 도망친 헝가리 국왕 벨러 4세는 오스트리아로부터 지원을 거의 받지 못했고 막대한 대가를 치렀다. 종교적 분열로 인해 가톨릭 세력은 동쪽의 정교회를 돕지 못했다. 교황 그레고리우스 9세(재위 1227~1241)는 1241년 몽골에 대한 십자군을 승인했으나, 그해 가을 교황과 프리드리히 2세의 아들이자 독일 국왕인 콘라트(1228~1254) 사이의 신뢰 문제로 군대가 해체됐다. 요컨대 몽골의 침공으로 러시아와 캅카스는 몽골의 지배 아래에 놓였고, 나머지 유럽은 몽골의 점령으로부터 자유로웠지만 추가 공격에 완전히 노출됐다.

몽골에 대해 알기

서구는 침공의 충격으로 자신의 취약함을 뼈저리게 깨달았다. 동시에 몽골에 관한 정보를 얻고 대화를 시작하며 관계를 수립하

8　Rogers 1996; Jackson 2005, 71-74, Büntge and Di Cosmo 2016.

기 위해 신중히 노력해야 한다는 절박함과 목표가 생겼다.[9] 이는 부분적으로는 1230년대에 획득한 빈약한 지식을 기반으로 했다. 1241년 교황 그레고리우스 9세가 사망하고 1242년 인노켄티우스 4세가 선출된 뒤, "타타르에 대한 해결책"을 찾기 위한 새로운 계획이 시행되어 도미니크회와 프란체스코회 성직자들이 실사 임무를 띠고 동쪽으로 파견됐다.[10] 우리에게 전하는 가장 중요한 보고서로는 1245~1247년 교황을 대표해 출사한 플라노 카르피니가 저술한 것, 카르피니와 함께 여행한 폴란드의 베네딕트가 지은 것, 1245~1248년 교황이 몽골 지휘관 바이주에게 보낸 수사 아셀린 사절단의 일원이었던 생캉탱의 시몬이 쓴 것, 국왕 루이 9세의 요청으로 1253~1255년 몽골의 수도로 여행한 윌리엄 루브룩이 작성한 것 등이 있다. 신설된 프란체스코회와 도미니크회 선교회는 기독교 신앙 전파에 헌신했지만, 그들의 선교에는 정치적인 목적도 있었다.

사절단은 몽골에 관한 풍부한 정보를 수집했지만, 정치적, 외교적 측면에서는 좋게 말해도 성과가 엇갈렸다. 로마 가톨릭 교회와 유럽 군주들은 세계를 통치하는 신성한 권한을 행사하고 있다는 몽골인들의 주장에 불만을 가졌고, 카안에게 경의를 표하거나 그렇지 않으면 그 결과에 책임져야 한다는 개념을 거부했다. 후자의 사례로, 수사 아셀린은 몽골 사령관 바이주 앞에서 반항적인 태도를 보였다가 거의 목숨을 잃을 뻔했다.[11] 문화적인 측면에서

---

9   Dorrie 1956, 125-202.

10   1245년 1월 교황 인노켄티우스 4세의 서한에서 "remedium contra Tartaros"라는 구절을 인용했다. Aigle 2015, 45.

사절단은 몽골의 사회, 관습, 경제에 관한 귀중한 정보를 수집했고, 그리하여 유럽은 전례가 없을 정도로 몽골에 익숙해졌다. 루브룩과 카르피니의 묘사는 새로운 아시아 민족지에 속하며, 직접적이고 때로는 고통스러운 개인적 경험을 생생하게 전한다.

전도 활동의 측면에서, 선교사들은 몽골인들 사이에 기독교가 존재한다는 사실에 관한 지식을 가지고 돌아왔다. 케레이트, 나이만, 옹구트 중 일부가 네스토리우스파 기독교를 추종했기 때문이다. 그러나 몽골인들이 종교와 철학의 문제에 대해 대체로 개방적인 태도를 보였는데도, 선교사들은 기독교에 대한 몽골인들의 수용 범위를 넓히는 데 진전을 이루지 못했다.[12] 유라시아적 관점에서 볼 때, 서구는 몽골의 세계관 속에서 중국과 이슬람 문명, 그리고 영향력을 키워가던 불교에 비해 아마도 상당히 주변적인 존재였을 것이다. 실제로 1246년 8월 24일 카라코룸에서 구육의 즉위를 목격한 카르피니는 각국에서 수천 명의 고귀한 사람들이 몽골 카안에게 경의를 표하기 위해 몰려왔다고 기록했다. 그와 같은 장관에서 뿜어져 나오는 권력의 위용과 그 자리에 유럽 왕실(또는 그 사신)이 부재한 모습 사이의 대조는 매우 인상적이었을 것이다. 유럽이 세계 정치의 무대에서 얼마나 소외되어 있었는지를 보여주었기 때문이다.

하지만 유럽에 전해지고 유포된 몽골에 관한 가장 유명한 정보의 원천은 종교적인 것이 아니었다. 그 저자인 마르코 폴로

---

11 Guzman 1971, 249.

12 Allsen 2001, 147.

(1254~1324)는 두 베네치아 상인, 즉 니콜로와 마페오 폴로 형제의 아들이자 조카였다. 일전에 중국을 방문한 경험이 있던 이들은 이제 교황 그레고리우스 10세(재위 1271~1276)의 사절로서 쿠빌라이의 궁정으로 가는 중이었다. 여행을 시작했을 때 10대였던 마르코는 몽골이 지배하던 중국에서 20년 이상을 보냈다. 『마르코 폴로 여행기(*The Travels of Marco Polo*)』, 『백만의 서(*Il Milione*)』, 『경이의 서(*The Book of Marvels*)』 등 다양한 이름으로 알려진 그의 회고록은 아시아에서 돌아와 제노바에 감금돼 있을 때 한 작가에게 받아쓰게 한 것이다. 그 책은 중앙아시아, 중국, 남아시아 등 유럽에서 이용 가능한 아시아에 관한 가장 광범위한 정보를 포함하고 있다. 그가 아시아에서 경험해 직간접적으로 얻은 지리, 문화, 민족지, 경제 정보는 몽골 지배하의 중국에 관한 최초의 종합적 서술이 됐고, 당시까지 알려지지 않았던 세계에 대한 창을 열었다. 대부분의 정보, 특히 지리적, 경제적 정보는 정확하게 수집되고 작성됐으며, 어떤 것은 매우 상세하다. 시대에 맞지 않거나 잘못된 정보도 일부 포함돼 있는데, 아마 그가 간접적인 정보 출처에 의존했기 때문일 것이다.

14세기 초 유럽인들은 몽골과 아시아에 관해 상당한 양의 정보를 획득했고, 이는 무역 안내서를 포함해 다양한 형태로 우리에게 전해져 내려왔다. 유럽 전역에서 폭넓은 경험을 쌓은 토스카나 출신 은행가 프란체스코 발두치 페골로티의 『상업실무서』는 교역로, 비용, 물품, 환율을 비롯해 14세기 초 아시아와의 무역에 관한 상세한 지식을 보여준다.[13] 거의 같은 시기에 제노바에서 작성된 것

---

13 Balducci Pegolotti 1936.

으로 추정되는 『코덱스 쿠마니쿠스(*Codex Cumanicus*)』는 라틴어, 페르시아어, 튀르크어(쿠만) 등 세 언어의 중요 단어 및 구절을 담은 작은 책으로, 몽골이 통치하는 아시아로 진출하기 위한 언어 참고서에 해당한다.[14] 이 책의 내용은 상업적, 종교적 용도를 반영하며, 아시아 대륙으로 가는 길에 오른 유럽 상인들과 선교사들이 지닌 언어적 역량을 잘 보여준다.

외교 관계

앞에서 살펴본 것처럼 1240년대부터 탐험적 성격의 사절을 몽골에 보낸 것은 지식을 구하기 위해서였지만, 공식적인 접촉을 시작하려는 목적도 있었다.[15] 유럽 세력과 몽골의 군주 및 지휘관은 무슬림과의 전쟁이라는 공통의 이해를 배경으로 외교 관계를 수립하고자 반복해서 시도했다. 근동에서 이루어진 몽골의 군사 작전과 성지에서의 십자군전쟁이 협력을 위한 충분한 기반을 형성한 것으로 보인다. 실제로 양측은 동맹을 맺기 위해 몇 차례 노력했는데, 여기에는 종종 여러 사절단, 중개인, 비공식적 경로가 포함됐다. 몽골은 서구와의 외교적 대화를 위해 네스토리우스 수도사와 제노바 상인을 고용했고, 양편의 다른 세력들도 정치적 통합을 촉구했다. 예를 들어 몽골에 항복하고 1254~1255년에 뭉케 카안의 궁정을 방문한 킬리키아 아르메니아의 기독교 국왕 헤툼 1세

14　Schmieder and Schreiner 2005.

15　특히 몽골의 외교에 대해서는 Voegelin 1940-1941, 378-413; Aigle 2008, 395-434; Aigle 2005, 143-162 참고.

(1226~1270)는 몽골에게 서구와의 화해를 촉구하기 위해 계속 노력했다.[16] 하지만 대부분의 경우 먼저 행동에 나선 것은 몽골이었다.

1247년 페르시아의 몽골 사령관 엘지기데이는 기독교 사신을 통해 프랑스 국왕 루이 9세에게 접근하여 아바스 왕조에 맞서 힘을 합치자고 제안했다. 이 외교적 제안은 양측의 우호 관계를 희망하는 것이었고, 몽골은 자신이 정복할 무슬림 지역에 살고 있는 기독교도를 보호할 것임을 암시했다.[17] 이에 따라 루이 9세는 1249년 도미니크회의 앙드레 드 롱쥐모를 몽골 조정으로 파견했다.[18] 그는 구육 카안의 미망인이자 섭정이었던 오굴 카이미시를 만났지만, 무조건 복속이라는 몽골의 전형적인 요구를 담은 냉담한 서신 외에 다른 위안거리는 얻지 못했다. 엘지기데이의 원래 의도가 무엇이었든 간에 제국의 중앙 지휘부는 동맹을 지지하지 않았고, 몽골 제국은 구육이 사망하자마자 곧바로 격렬하고 피로 얼룩진 내전 시기로 접어든다.

동맹을 맺기 위한 두 번째 시도는 훌레구의 근동 원정이라는 맥락 속에서 1262년 루이 9세에게 보낸 편지에서 등장하는데, 그 발신과 수신은 불분명한 채로 남아 있다.[19] 이 서한에는 일반적인 복속 명령이 담겨 있지만, 동시에 맘룩에 대항해 협력하자는 제안과 프랑크인들에게 이집트의 맘룩을 공격해달라고 요청하는 내용도 있었다. 유럽과의 동맹 결성이라는 가설은 몽골이 아바스 왕조

---

16 Boyle 1964, 175-189.

17 Jackson 2005, 98-99.

18 Guzman 1971.

19 Meyvaert 1980, 245-260.

를 파괴하고자 결심하고, 1258년 바그다드를 약탈하고, 시리아와 팔레스타인에서 맘룩과 대립한 사실 등에 의해 뒷받침됐다. 게다가 1260년 아인 잘루트에서 당한 패배는 몽골도 무적이 아님을 보여주었고, 맘룩의 군대를 두 전선에 분산시키는 것은 현명한 군사 전략이었다.[20] 그러나 한편으로 1259~1260년 바투의 동생 베르케가 폴란드와 리투아니아에 짧지만 잔인한 습격을 가한 데 이어 바투가 루이 9세에게 복속을 요구하면서 몽골의 침략에 대한 유럽의 두려움이 되살아났다. 이러한 상황은 성지에서 발생한 몽골과 십자군 간 충돌과 더불어 경각심을 불러일으킬 수밖에 없었다. 이와 같은 상황에서 훌레구는 프랑크인들에게 예루살렘을 넘겨주겠다는 모호한 제안을 교황 우르바누스 4세(재위 1261~1264)와 프랑스 및 잉글랜드의 국왕들에게 전달했지만, 결국 그들을 설득하는 데 실패했다.

일 칸들은 서구와 외교 동맹을 계속 도모했다. 1274년 훌레구의 아들 아바카(재위 1265~1282)는 교황 그레고리우스 10세가 소집한 제2차 리옹 공의회에 사신을 파견했다. 합의에 이르렀지만, 교황이 사망해 동맹은 실현되지 않았다. 특히 중요한 것은 네스토리우스파 기독교 사제 랍반 사우마가 이끄는 사절단으로, 1287년 아르군(재위 1284~1291)이 그들을 교황과 프랑스와 잉글랜드의 국왕에게 파견했다.[21] 중국에서 태어난 네스토리우스교 사제 랍반 사우마는 자신의 제자이자 네스토리우스교 총대주교인 마르 야발

---

20 Jackson 1980, 481-513; Paviot 2000, 308.
21 Rossabi 2010, 99-138.

라하 3세와 함께 페르시아로 갔다가[총대주교로 임명된 것은 서쪽으로 간 뒤의 일이다], 그곳에서 유럽으로 향했다. 그는 유럽의 수도들을 여행한 것 외에도 제노바에서 여러 달을 보냈는데, 이것은 동쪽에 위치한 이 해양 도시 국가가 경제적 힘을 가지고 있었고 외교 관계에서 중개자 역할을 했음을 보여주는 증거이다. 1년 뒤(1289), 일 칸들을 위해 복무하던 제노바인 부스카렐로 데 기솔피가 이끄는 두 번째 사신단이 뒤를 이었다. 그는 교황 니콜라우스 3세(재위 1288~1292), 프랑스의 공정왕 필리프, 잉글랜드 국왕 에드워드 1세를 만나 유럽이 시리아의 맘룩을 겨냥한 공동 군사 원정에 참여할 의사가 있음을 확인했다. 하지만 1291년 아르군의 사망으로 이 계획은 수포로 돌아갔고, 이후 일 칸들은 그와 같은 강렬한 외교 활동을 추구하지 않았다. 14세기 들어 몽골과 유럽 조정 간의 외교 사절 왕래는 점차 줄어들었고, 비록 교황청과 계속 사신을 주고받기는 했지만 군사 협력을 모색하는 새로운 계획에 착수하지는 않았다. 대신, 특히 주치 울루스와 페르시아에서는 몽골 영역 내에 유럽 기지를 설립하고 운영하도록 호의를 베푸는 제한적인 조약을 체결하는 데 외교 활동이 집중됐다.

몽골 영역에서의 무역과 상인

몽골의 지원이 없었다면 유럽인들은 아시아에서 무역을 하거나 포교 활동을 할 수 없었을 것이다. 특히 결정적인 조치는 흑해에 이탈리아 식민지를 건설한 것이었다. 이탈리아 해양 세력, 특히 제노바와 베네치아의 무역 활동 범위가 확대되면서 지중해 유럽은 러시아와 페르시아의 몽골 군주와 직접 접촉하게 됐다. 제노바인들은 비잔티움 제국과 님파이움 조약(1261)을 맺은 뒤 흑해에 대한 접근권을 확보함으로써, 이탈리아가 흑해 지역을 식민지화하고 유라시아 대륙로를 통한 무역 기회를 활용할 수 있는 길을 열었다. 몽골이 선호하는 시장 지향적 분위기 속에서 장거리 연결과 국제 교류 네트워크가 번성했다. 유럽 상인과 몽골 군주의 공생은 공포와 폭력보다는 상호 이익에 의해 탄생한 새로운 형태의 관계를 규정하는 특징이었다.[22]

주치 울루스에서는 제노바와 베네치아 해상 세력들이 그 영역 안에 주요 정착지를 설립했는데, 크림반도의 카파는 제노바의, 아조프해의 타나는 베네치아의 핵심 근거지였다.[23] 솔다이아(수닥)와 같은 다른 기지들도 흑해 연안을 따라 흩어져 있었다. 그들이 성공할 수 있었던 비결은 몽골 칸들이 조약으로 제공한 양보에 있었다. 이 조약의 내용은 토지 수여, 상업 관세, 법적 보장, 대상로에서의 보호 등이었다. 유리한 경제 상황, 낮은 위험도, 아시아 전역의 시장이 제공하는 무한한 가능성은 많은 이탈리아 상인과 일확천금을 노리는 사람들의 활동을 촉진했다. 이 흑해 식민지들은 태생적으로 다민족, 다언어적이었고, 서로 다른 문화와 종교가 만나는 지점이었다.

흑해 식민지에서의 무역은 쌍방 간 조약에 의해 규제됐고, 영사(領事) 대표의 형태로 몽골과 유럽 당국이 감독했다. 제노바

---

22   Di Cosmo 2005, 391-424.
23   Balard 1983, 31-54; Berindei and Veinstein 1976, 110-201.

와 베네치아 국가 당국의 관할 구역을 넘어 위험을 무릅쓰고 대륙로로 나아가는 상인들은 오직 몽골의 보호와 지원에만 의존할 수 있었다. 하지만 항상 관계가 원활하지는 않았다. 톡토아 칸(재위 1291~1312)은 1308년(1315년까지)에, 자니벡 칸(재위 1341~1357)은 1343년에, 총 두 차례 이탈리아인들을 주치 울루스에서 추방하고 무역을 중단시켰다. 두 경우 모두 몽골은 실제 법 위반 또는 그러한 혐의 때문에 그렇게 반응했다. 하지만 몇 년 후 관계가 재개됐고, 무역 조건은 회복됐다. 또 다른 위협은 베네치아와 제노바의 지속적인 갈등에서 비롯됐으며, 특히 1350년대에 격렬하게 폭발했다.

일 칸국에서는 이탈리아 상인들이(아마도 베네치아인이 먼저 도착했지만, 곧 제노바인이 더 많아졌다) 13세기 후반부터 타브리즈에 번영하는 상인 공동체를 형성했고, 특히 울제이투(재위 1304~1316)와 아부 사이드(재위 1317~1335)의 치세에 번창했다. 일 칸국의 무역은 흑해의 트레비존드 항구와 아나톨리아 남부 킬리키아 연안의 라야조(아야스) 항구를 통해 해상로로 연결됐다. 타나가 중앙아시아와 케세이[즉, 중국]로 가는 출발점이었다면, 타브리즈는 페르시아만과 인도로 가는 여정에 있는 징검다리였다.[24]

1336년 일 칸국이 갑자기 붕괴하면서 상황은 극적으로 바뀌었다. 몽골 군주들이 보장하던 질서와 안전은 외국 상인들이 활동할 수 있게 해주던 기본 조건들과 함께 사라졌다. 1338년 베네치아는 페르시아에서의 무역을 금지했고, 곧이어 제노바도 그 뒤를 이었다. 이후 외국 상인들을 페르시아 시장으로 다시 유치하려 했

---

24 Wing 2014, 301–320; Preiser-Kapeller 2014, 251–299.

으나, 강도 사건들과 전반적인 안전 문제 때문에 실패했다. 상인들이 페르시아 무역로를 포기하고 수십 년이 지난 뒤, 1368년 몽골 왕조[원]의 몰락과 함께 중국과의 접촉이 단절됐으며, 대륙 간 무역도 전반적으로 무너졌다. 하지만 크림반도에 있는 이탈리아 상업 기지들은 상대적으로 큰 회복력을 보였다. 한편으로는 흑해 지역으로부터 밀과 기타 주요 산물을 수입하는 것이 전략적으로 이익이 되었고, 다른 한편으로는 그 기지들이 유럽으로 유입되는 수입품의 주요 판매처로서 지역적 중요성을 계속 유지하고 있었기 때문이다. 카파는 정치와 경제 문제에서 제노바로부터 상당히 독립했고 티무르 원정에서 살아남았다. 이는 1395년 파괴됐지만 곧 회복한 타나보다 상대적으로 더 순항한 것이라 할 수 있다.

몽골 아시아에서 선교사의 존재

14세기 초부터 몽골 영토 내에 여러 주교구와 대주교구가 설치됐다. 그중 카파, 타나, 수닥, 알말릭, 칸발릭이 가장 중요했다. 몽골이 다른 종교에 우호적인 환경을 조성한 덕분에, 기독교를 믿지 않는 아시아의 한가운데에 가톨릭 교구를 설립하고 전도 행위를 하며 기독교 공동체를 발전시킬 수 있었다. 카르피니와 루브룩 등의 초기 선교 외에도, 13세기 말과 14세기 초에 또 다른 선교단이 아시아에서 가톨릭 신앙의 존재감을 높였다. 비록 그 성과가 일시적이기는 했지만 말이다.

외교 사신들이 아르군과 교황 니콜라우스 4세 사이를 한바탕 오간 뒤, 1289년 교황은 프란체스코회의 몬테코르비노에게 케세이로 가는 임무를 맡겼다.[25] 쿠빌라이와 카이두 간의 전쟁으로 육로가 가로막혔기 때문에, 몬테코르비노는 바다로 나가 인도와 남중국을 거쳐 이동했다. 그는 중국의 수도 칸발릭(대도, 베이징)에 교회를 건설하고 현지인을 개종시키기 시작했지만, 정치적 격변으로 대상로를 통한 통신이 중단되면서 몇 년간 유럽으로부터 고립되는 고통을 겪었다. 몬테코르비노의 성공 소식이 아비뇽에 전해지자, 교황 클레멘스 5세(재위 1305~1314)는 선교를 지원하고자 여러 수사를 주교로 임명해 중국으로 파견했고, 몬테코르비노를 대주교로 임명했다. 칸발릭의 대주교구는 수사들의 도착으로(일부는 도중에 사망했다) 보강되면서 그 규모와 중요성이 더욱 커졌다.

몬테코르비노가 대주교로 재직하는 동안 또 다른 수도사 오도릭 다 포르데노네도 중국으로 여행했고(1318경~1330경), 귀환한 뒤 구술로 긴 보고서를 남겼다.[26] 오도릭의 『이야기(*Relatio*)』[한국어판은 오도릭, 정수일 옮김, 『오도릭의 동방기행』, 문학동네, 2012]는 저자 자신이 방문한 곳과 개인적 경험을 서술한 여행기로, 마르코 폴로의 『백만의 서』와 함께 몽골 아시아를 유럽에 알린 가장 중요하고 영향력 있는 작품이다. 또 1307년 클레멘스 5세는 몽골의 역사에 관한 또 다른 저서의 집필을 의뢰했으니, 이것이 곧 아르메니아의 왕자 하이톤(헤툼)이 쓴 『역사의 꽃(*Fleur des histoires*)』이다. 이 책은 아시아에서 오는 지식에 활짝 열려 있던 유럽에서 많은 독자를 확보했다.

1328년 몬테코르비노가 사망한 뒤 수년 동안 칸발릭에 새로

---

25   de Rachewiltz 1971, 160-173.

26   de Rachewiltz 1971, 179-186.

운 대주교가 오지 않았다. 1333년에 임명된 프란체스코회 수도사 니콜라오는 알말릭으로 이동했지만 칸발릭에는 도착하지 못했고, 이후 그의 운명에 대해서는 알려진 바가 없다. 그 후 원 황제 토곤 테무르(재위 1333~1370)는 알란인들(원래 캅카스 출신의 정교회 신자로 황실 근위대에 복무하다가 가톨릭으로 개종했다)의 간청에 따라, 칸발릭에 새로운 주교를 임명해달라고 요청하는 사신을 교황에게 파견했다. 프랑크인 앤드루로도 알려진 제노바인 안달로 다 사비뇨네가 이끄는 사절단이 1338년 아비뇽 교황청에 도착했고, 교황 베네딕투스 12세(재위 1334~1342)는 그에 대한 답으로 프란체스코회 수사 마리뇰리가 이끄는 선교단을 보내기로 결정했다.[27] 마리뇰리의 아시아 여정은 총 14년간 지속됐고, 그중 몇 년은 중국과 인도에서 보냈다. 마리뇰리가 귀환해 편찬한 『연대기(*Chronicle*)』는 동쪽으로의 긴 여정을 조명하는 목격담을 제공하고 있지만, 다른 저작에 비해서는 주목을 덜 받았다.

몽골과 유럽: 물질과 문화적 영향

주로 지중해 연안과 북쪽 중심지 및 시장으로 향하는 교역로만 바라보던 유럽 세계에, 몽골의 정복은 특히 동쪽의 문화, 지역, 사람에 대한 새로운 전망을 열었다. 마르코 폴로의 저작, 그리고 여행 및 문학 서적에서도 아시아는 더는 신화의 장소가 아니라 강력한 군주, 많은 사람들, 무역 기회가 있는 공간이었다. 게다가 동쪽의

---

27 Franke 1966, 57-58.

물질문화가 유럽 시장에 침투했고, 새로운 기술이 유럽인들의 관심을 사로잡았다. 유럽에 미친 몽골의 영향은 중동이나 이슬람 세계보다는 분명히 덜했지만, 그럼에도 사람, 상품, 사상이 자유롭게 교류하고 유통하는 제국의 개방성이라는 특징이 잘 드러났다.

역사상 가장 중대한 발견 중 하나인 화약은 이론의 여지 없이 중국에서 (다른 제조법으로) 발명됐다. 이미 12세기에 군사 목적으로 사용됐지만, 화약 무기가 크게 개선된 것은 13세기 몽골 전쟁 중의 일이었다.[28] 몽골은 중국 원정 도중에 화약 기술을 접했고, 13세기 말 원 왕조 시기에 그것을 도입했다. 동시에 몽골은 이슬람 세계와 인도로 화약을 전파하는 데 중요한 역할을 한 것으로 보인다.[29] 유럽에서는 13세기 후반에 이미 화약을 정확한 비율로 제조하는 방법이 등장했지만, 화기 기술은 몽골과 유럽의 무역 관계가 번창하던 14세기 초에야 비로소 나타났다. 몽골이 통치하던 아시아로부터 유럽으로 화약이 전해진 방식과 경로에 관한 직접적이고 명백한 증거는 아직 발견되지 않았다. 하지만, 아시아에서 일반적으로 사용되고 이슬람 지역에도 알려진 지 100년이 넘은 이 기성의 기술이 아시아와의 상업적, 정치적 접촉이 증가하고 있던 바로 그 시기에 유럽에서 독자적으로 발견됐을 가능성은 희박하다. 실제로 전문 역사가들의 견해는 유럽으로 화약이 전파되는 데 몽골이 결정적인 역할을 했다는 것이다.[30] 물론 유럽과 아시아에서 화약과 총기의 역사는 전반적으로 서로 다르게 진행됐지만, 이후 유럽에

---

28 Andrade 2016, 44-72.

29 Khan 1996.

30 Chase 2003, 58-60.

서 일어난 '군사 혁명'의 필수 구성 요소의 씨앗은 유럽과 아시아의 무역과 소통의 증가에 힘입은 '몽골 교환' 중에 심어졌다.

유럽의 물질문화가 '동양적' 혁신과 취향에 깊은 영향을 받은 또 다른 분야는 고급 직물 생산이다. 금실로 장식한 정교한 비단 직물이 몽골 통치 지역에서 인기를 얻었고, 몽골은 제국 전역의 공방에서 매우 다양한 장인들을 고용했다. 동쪽에서 수입된 타타르 의복(이탈리아 사료에 나오는 판니 타르타리치(panni tartarici))은 귀족층에서 유행을 불러일으켰으며, 이는 대개 수입품에 국한되었다. 하지만 나시크(nassik. 아랍어 나시즈(nasij)의 차용어)의[31] 현지 생산을 금지시킨 1334년 베네치아의 법령을 통해 현지에서 모조품이 제작됐음을 알 수 있다. 이 법령은 '가짜'가 수입품으로 판매되는 것을 막으려는 의도였을 것이다.[32] 이탈리아어로 나치(nacchi)로도 알려진 이 정교하고 값비싼 비단 직물은 13세기 중반 유럽에 전해졌고, 같은 세기 후반에 귀중한 상업 품목이 되어 급기야 프랑스와 잉글랜드 궁정에까지 도달했다.[33]

물론 몽골 정복이 유럽에 미친 영향 가운데 가장 중요한 측면 중 하나는 화폐 분야, 특히 은의 사용에 관한 것이다. 경제사학자들은 몽골의 정복으로 은의 유통이 증가했다는 점을 지적했고, 구로다 아키노부에 따르면 그것은 "세계 경제의 출현을 예고했다."[34]

부분적으로는 여행 문학의 광범위한 확산과 상인 및 선교사

---

31 Allsen 1997, 2–3.

32 Baldissin Molli 2011, 106.

33 Jacoby 2010, 87–89.

34 Kuroda 2009, 268.

가 전달한 정보에 대한 반응으로, 유럽의 지도 제작이 발전하여 전통적인 세계 지리, 즉 이마고 문디(imago mundi)[세계상(世界像)]에 새로운 지역을 더했다. 상인과 여행자가 제공한 정보는 문헌상의 발견과 함께 유럽의 지리 지식에 혁명을 일으켰고, 두 장의 세계 지도(mappae mundi['세계 지도'라는 뜻의 마파 문디(mappa mundi)의 복수형])가 편찬되는 계기가 됐다. 그중 더 유명한 것은 프라 마우로의 지도로 알려진 것으로, 1450년 베네치아 무라노섬의 성 미카엘 수도원에서 만들어졌다. 베네치아 방언으로 작성된 이 지도는 매우 상세하며 아시아의 넓은 지역을 포괄하고 있다. 몇 년 후 포르투갈 정부는 엄청난 가치가 있는 이 지도를 복제하라고 명했으나 지금은 전해지지 않는다. 작자 불명인 두 번째 지도[일반적으로 "1457년 제노바 세계 지도"로 부른다]의 작성 시기는 1457년으로 거슬러 올라가며 현재 피렌체에 보관돼 있다. 한편 지도 제작자들은 문헌 자료 이외에 구전 기록도 수집했다.[35]

예술 분야에서는 암브로조 로렌체티(1282~1348)의 작품이 시에나(이곳의 기업가와 은행가는 이탈리아와 유럽 전역에서 번영하던 비단 무역에 참여했다)와 몽골 세계를 연결하는 아시아의 영향에 대한 감수성을 보여준다.[36] 로렌체티의 미술품 중 일부는 일 칸국 페르시아의 영향을 드러내고 있다는 점이 지적됐다.[37] 특히 로렌체티의 〈프란체스코회 수도사들의 순교(Martyrdom of the Franciscans)〉는 몽골 복식과 신체적 특징, 건축적 세부 사항과 함께 몽골 조정을 생생하게

35　Cattaneo 2016, 39.

36　Ertl 2006, 255.

37　Prazniak 2010, 192.

표현해 유럽인 관객 앞에, 특히 매우 눈에 띄는 곳에 선보였다. 이 웅장한 프레스코화는 1343년 시에나의 성 프란체스코 대성당 회의실에 그려졌고, 지금도 볼 수 있다. 이 그림이 내포하는 정치적, 종교적 메시지와 순교 장소는 논쟁의 대상으로, 록산 프라즈니아크의 예리한 분석에 따르면, 이것은 1339년 차가다이 울루스의 알말릭에서 프란체스코회 수도사들이 처형된 장면을 그린 것이다. 만약 그렇다면, 이는 동쪽에서 서쪽으로 소식이 빠르게 전달됐음을 입증하며, 결국 몽골 제국과 지중해 세계를 연결한 무역로를 따라 높은 수준의 "연결성"이 있었음을 보여주는 것이다.[38]

다른 유럽 미술품 속에서도 동양의 물품이 표현된 것을 확인할 수 있다. 예를 들어, 시에나의 화가 시모네 마르티니는 〈수태고지(Annunciation)〉(1333)에서 직물을 표현할 때 금과 은을 기반으로 했는데, 이는 수입된 몽골 직물(앞서 언급한 판니 타르타리치)을 모방한 것이다.[39]

유럽 미술에서 몽골과 타타르를 표현할 때 일 칸국 페르시아의 예술적 영향이 반영된 것은 유럽이 동양적 모티프에 개방적이었음을 입증한다. 당시 일반적 상상 속의 동양은 강력한 몽골 통치자와 칸이 지배하는 곳이었다. 15세기 초 프랑스에서 활동하던 세밀화가 집단은 몽골 제국이 멸망한 후에도 유럽의 회화 레퍼토리에 그와 같은 모티프가 존재했음을 보여준다.[40] 피사넬로 다 베로나가 베로나의 성 아나스타샤 교회에 있는 자신의 프레스코화에

---

38   Prazniak 2010, 201–215.

39   Hoeniger 1991, 164.

40   Kubiski 2001, passim.

표현한 몽골 기수와 그와 동일한 인물을 그린 드로잉[루브르 박물관에 보관돼 있다]은 사실적인 묘사를 보여주며, 일부 비평가들에 따르면 실물을 보고 그린 것이라 한다. 따라서 이는 르네상스 시기의 이탈리아에 몽골의 복장을 입고 궁수로 복무하는 몽골 계통의 존재가 있었음을 입증한다.[41]

결론

끝으로, 우리는 몽골 제국과 관련하여 유럽이 전반적으로 얼마나 중요했는지 질문을 던져볼 수 있다. 침략의 충격을 극복하고 나자, 정치적, 상업적, 종교적 측면에서 관계가 발전했다. 정치적, 외교적 계획은 가시적인 성과를 거두지 못했지만, 이탈리아 해양 세력의 아시아 시장 진출은 호혜적 무역을 위한 유라시아 대륙로를 열었고, 흑해 식민지와 지중해 동쪽 항구라는 결절점을 통해 유럽과 아시아를 연결했다.

하지만 상인과 선교사는 자신이 활동했던 사회로부터 매우 분리된 상태로 지내며 몽골 지배층 내에 확고히 자리 잡았다. 예를 들어 우리는 여러 선교사 또는 마르코 폴로를 통해서는 몽골의 대다수 중국인 속민에 관해 거의 알 수 없으며, 반대로 그들의 활동은 중국 기록에 거의 흔적이 남지 않았다. 몽골 제국에서 활약한 유럽인들은 튀르크-몽골 엘리트 집단에 합류해서 주로 튀르크어와 페르시아어 등 그들의 언어를 배웠고, 참모, 무역 파트너, 사신,

---

41 Olschki 1944, 101.

통역, 조언자 등 다양한 지위에서 복무했다. 따라서 팍스 몽골리카
가 끝나자 유럽인들이 몽골을 계승한 국가에서 거의 사라진 것은
놀라운 일이 아니다.[42]

문화 교류의 측면에서 몽골 제국 내의 주요 과학적, 철학적 대
화는 이슬람과 중국 사이에서 이루어졌고, 유럽은 몽골 조정에서
있었던 주요한 지적 만남에서 주변부에 머물렀다. 몽골은 화약과
같은 중국의 발명품을 유럽에 가져오는 데 주요 역할을 했을지도
모르지만, 그 전파에는 여전히 의문의 여지가 있다.[43] 몽골의 통치
가 끝나자 유럽인들은 곧 내륙 아시아의 대상로에서 자취를 감췄
다. 유럽인들이 몽골의 보호에 전적으로 의존하고 현지 사회와의
연결에 실패한 것이 아마도 이러한 결과를 초래했을 것이다.

---

42 Petech 1962, 549-574.
43 Haw 2013, 441-469.

참고문헌

사료와 번역서

Balducci Pegolotti, Francesco. 1936. *La pratica della mercatura*, ed. Allan Evans. Cambridge, MA.

Dawson, Christopher. 1995. *The Mongol Mission: Narratives and Letters of the Franciscan Missionaries in Mongolia and China in the Thirteenth and Fourteenth Centuries*. New York.

de Rachewiltz, Igor. 1971. *Papal Envoys to the Great Khan*. Stanford.

연구서와 논문

Aigle, Denise. 2005. "The Letters of Eljigidei, Hülegü, and Abaqa: Mongol Overtures or Christian Ventriloquism?" *Inner Asia* 7.2: 143-162.

    2008. "De la 'non-négociation' à l'alliance inaboutie: Réflexions sur la diplomatie entre les Mongols et l'Occident latin." *Oriente Moderno* 88.2: 395-434.

    2015. *The Mongol Empire between Myth and Reality*. Leiden.

Allsen, Thomas T. 1983. "Prelude to the Western Campaigns: Mongol Military Operations in the Volga-Ural Region, 1217-1237." *AEMA* 3: 5-24.

    1997. *Commodity and Exchange in the Mongol Empire*. Cambridge.

    2001. *Culture and Conquest in Mongol Eurasia*. Cambridge.

Andrade, Tonio. 2016. *The Gunpowder Age: China, Military Innovation, and the Rise of the West in World History*. Oxford.

Balard, Michel. 1983. "Gênes et la mer Noire(XIIIe-XVe siècles)." *Revue historique* 270: 31-54.

Baldissin Molli, Giovanna. 2011. "D'oro e d'argento: Beni di lusso a Padova al tempo dei signori di Carrara." In *Padova Carrarese*, ed. G. Baldissin Molli et al., 105-111. Padua.

Berindei, Mihnea, and Gilles Veinstein. 1976. "La Tana-Azaq, de la présence italienne à l'emprise ottomane (fin XIII-e-milieu XVI-e siècle)." *Turcica* 8.2: 110-201.

Bevilacqua, Eugenia. 1980. "Geografi e Cosmografi." In *Storia della Cultura* Veneta, ed. Girolamo Arnaldi and Manlio Pastore Stocchi, vol. 3, part 2, 355-374. Vicenza.

Bigalli, Davide. 1971. *I Tartari e l'Apocalisse*. Florence.

Boyle, John Andrew. 1964. "The Journey of Het'um I, King of Little Armenia, to the Court of the Great Khan Möngke." *CAJ* 9.3: 175-189.

Büntgen, Ulf, and Nicola Di Cosmo. 2016. "Climatic and Environmental Aspects of the Mongol Withdrawal from Hungary in 1242 C E." *Scientific Reports* 6: 1-9.

Cattaneo, Angelo. 2016. "European Medieval and Renaissance Cosmography: A Story of Multiple Voices." *Asian Review of World Histories* 4.1: 34-81.

Chase, Kenneth. 2003. *Firearms: A Global History to 1700*. Cambridge.

Di Cosmo, Nicola. 2005. "Mongols and Merchants on the Black Sea Frontier in the Thirteenth and Fourteenth Centuries: Convergences and Conflicts." In *Mongols, Turks and Others: Eurasian Nomads and the Sedentary World*, ed. Reuven Amitai and Michal Biran, 391-424. Leiden.

Dorrie, Heinrich. 1956. "Drei Texte zur Geschichte der Ungarn und Mongolen: Die Missionreisen des fr. Iulianus O.P. ins Ural-Gebiet(1234/5) und nach Russland(1237) und der Bericht des Erzbischofs Peter uber die Tartaren." *Nachrichten der Akademie der Wissenschaften in Goettingen*(Phil.-Hist. Klasse) 6: 125-202.

Ertl, Thomas. 2006. "Silkworms, Capital, and Merchant Ships: European Silk Industry in the Medieval World Economy." *Medieval History Journal* 9.2: 243-270.

Flint, Valerie I. J. 1995. "The Medieval World of Christopher Columbus." *Parergon* 12.2: 9-27.

Franke, Herbert. 1966. "Sino-Western Contacts under the Mongol Empire." *Journal of the Hong Kong Branch of the Royal Asiatic Society* 6: 49-72.

Guzman, Gregory G. 1971. "Simon of Saint-Quentin and the Dominican Mission to the Mongol Baiju: A Reappraisal." *Speculum* 46.2: 232-249.

Haw, Stephen G. 2013. "The Mongol Empire: The First 'Gunpowder Empire'?" *JRAS*, third series 23.3: 441-469.

Hoeniger, Cathleen S. 1991. "Cloth of Gold and Silver: Simone Martini's Techniques for Representing Luxury Textiles." *Gesta* 30.2: 154-162.

Jackson, Peter. 1980. "The Crisis in the Holy Land in 1260." *English Historical Review* 95.376: 481-513.

———. 1999. "From Ulus to Khanate: The Making of the Mongol States, c. 1220-c. 1290." In *The Mongol Empire and Its Legacy*, ed. Reuven Amitai-Preiss and David Morgan, 12-38. Leiden.

———. 2005. *The Mongols and the West*. Harlow.

———. 2006. "World-Conquest and Local Accommodation: Threat and Blandishment in Mongol Diplomacy." *History and Historiography of Post-Mongol Central Asia and the Middle East: Studies in Honor of John E. Woods*, ed. Judith Pfeiffer and Sholeh A. Quinn, 3-22. Wiesbaden.

Jacoby, David. 2010. "Oriental Silks Go West: A Declining Trade in the Later Middle Ages." In *Islamic Artifacts in the Mediterranean World: Trade, Gift Exchange and Artistic Transfer*, ed. Catarina Schmidt and Gerhard Wolff, 87-104. Florence.

Khan, Iqtidar Alam. 1996. "Coming of Gunpowder to the Islamic World and North India:

Spotlight on the Mongols." *Journal of Asian History* 30.1: 27-45.

Kubiski, Joyce. 2001. "Orientalizing Costume in Early Fifteenth-Century French Manuscript Painting(Cité des Dames Master, Limbourg Brothers, Boucicaut Master, and Bedford Master)." *Gesta* 40.2: 161-180.

Kuroda, Akinobu. 2009. "The Eurasian Silver Century, 1276-1359: Commensurability and Multiplicity." *Journal of Global History* 4.2: 245-269.

Meyvaert, Paul. 1980. "An Unknown Letter of Hulagu, Il-Khan of Persia, to King Louis IX of France." *Viator* 11: 245-260.

Olschki, Leonardo. 1944. "Asiatic Exoticism in Italian Art of the Early Renaissance." *Art Bulletin* 26.2: 95-106.

Paviot, Jacques. 2000. "England and the Mongols(c. 1260-1330)." *Journal of the Royal Society of Great Britain and Ireland* 10.3: 305-318.

Petech, Luciano. 1962. "Les marchands italiens dans l'empire mongol." *Journal asiatique* 250: 549-74.

Prazniak, Roxann. 2010. "Siena on the Silk Roads: Ambrogio Lorenzetti and the Mongol Global Century, 1250-1350." *Journal of World History* 21.2: 177-217.

Preiser-Kapeller, Johannes. 2014. "Civitas Thauris: The Significance of Tabriz in the Spatial Frameworks of Christian Merchants and Ecclesiastics in the 13th and 14th Centuries." In *Politics, Patronage and the Transmission of Knowledge in 13th-15th Century Tabriz*, ed. Judith Pfeiffer, 251-299. Leiden.

Richard, Jean. 1977. *La papauté et les missions d'Orient au moyen-âge (XIIIe-XVe siècles)*. Rome.

Rogers, Greg S. 1996. "An Examination of Historians' Explanations for the Mongol Withdrawal from East Central Europe." *East European Quarterly* 30.1: 3-26.

Rossabi, Morris. 2010. *Voyager from Xanadu: Rabban Sauma and the First Journey from China to the West*(모리스 로사비, 권용철, 『랍반 사우마의 서방견문록』, 사회평론아카데미, 2021). Berkeley.

Saunders, J. J. 1969. "Matthew Paris and the Mongols." In *Essays in Medieval History Presented to Bertie Wilkinson*, ed. T. A. Sandquist and M. R. Powicke, 116-132. Toronto.

Schmieder, Felicitas, and Peter Schreiner, eds. 2005. *Il Codice Cumanico e il suo Mondo*. Roma.

Voegelin, Eric. 1940-1941. "The Mongol Orders of Submission to European Powers, 1245-1255." *Byzantion* 15: 378-413.

Wing, Patrick. 2014. "'Rich in Goods and Abounding in Wealth': The Ilkhanid and Post-Ilkhanid Ruling Elite and the Politics of Commercial Life at Tabriz, 1250-1400." In *Politics, Patronage and the Transmission of Knowledge in 13th-15th Century Tabriz*, ed. Judith Pfeiffer, 301-320. Leiden.

Zimonyi, István. 1992. "The Volga Bulghars between Wind and Water(1220-1236)." *AOH* 46.2-3: 347-355.

제 7 장

몽골과 아랍 중동

레우벤 아미타이

레우벤 아미타이   **Reuven Amitai**

이스라엘계 미국인 역사학자이자 작가로, 이스라엘로 이주하여 현재 예루살렘히브리대학에서 역사학을 가르치고 있다. 맘룩 시대의 시리아와 팔레스타인을 중심으로, 일 칸국을 비롯한 튀르크와 몽골 이전의 역사, 이집트와 시리아의 맘룩 술탄국, 레반트 지역의 십자군 전쟁과 이에 대한 무슬림의 대응, 중세 군사사, 이슬람 개종 등을 연구했다.

서론

1219년 몽골이 호레즘 왕국을 처음으로 침공했다는 소식은 이내 오늘날 아랍 세계의 일부로 간주되는 지역에 도달했다.[1] 이븐 알 아시르(1233 사망)는 모술에서 글을 쓰면서 이 사건이 어떻게 인식됐는지 생생하게 표현했다.

> 나는 이 재앙에 대한 언급을 수년간 계속 피했으니, 그것이 나를 무섭게 했고 그 이야기를 하고 싶지 않았기 때문이다. … (역사서에) 언급돼 있는 가장 큰 재앙 중의 하나는 네부카드네자르가 이스라엘인들에게 한 행위로, 그는 그들을 학살하고 예루살렘을 파괴했다. 그러나 이 저주받은 존재(인 몽골)가 파괴한 땅들과 비교하면, 예루살렘은 무엇이란 말인가? 그곳의 각 도시는 예루살렘보다 몇 배나 더 크지 않은가? … 아마도 인류는 곡과 마곡을 제외하고는 이 세상이 끝나고 생명이 더 존재하지 않을 때까지 그러한 재난을 보지 못할 것이다.[2]

모술은 자지라[3]의 일부로, 그 지역은 이라크(알 이라크)[4]와 함께 거의 40년 뒤에 몽골의 지배 아래 놓인다. 또 다른 크고 중요한 지역인 앗 샴(역사상의 시리아)은 1260년과 1300년에 두 차례 몽골에

---

1 이 시기에 '아랍 중동'과 '아랍 세계'라는 용어를 사용하는 것은 분명히 시대착오적이지만, 그 의미가 분명하고 지리 용어에 관한 추가적인 논의의 수고를 덜어준다.

2 Ibn al-Athīr 1965-1967, 12: 358-359; 번역은 2005-2008, 3: 202.

3 '섬'이라는 뜻의 아랍어에서 유래했고, 오늘날 이라크, 시리아, 튀르키예 영토를 포함한 메소포타미아 상류를 가리킨다.

4 지금의 이라크 남부를 의미한다.

의해 잠시 정복당했고 그들로부터 분명히 영향을 받았는데, 그것은 단지 이 짧은 점령 때문만은 아니었다. 이집트와 아라비아(예멘 포함)의 역사도 가까이에서 존재하고 있던 몽골의 영향을 확실히 받았다. 따라서 이 장에서는 몽골과 시리아, 이집트, 아라비아의 관계에 초점을 맞출 것이며, 1258~1259년 몽골의 정복으로 제국 내에 통합된 자지라와 이라크에 대해서는 소략하고자 한다.

첫 만남

1221년 초, 호레즘 샤 알라 앗 딘 무함마드를 추격하던 몽골군은 처음으로 자지라에 접근했지만, 그 지역에 진입하기 전에 북쪽 캅카스로 방향을 돌렸다. 이후 한동안 몽골과 비옥한 초승달 지대 사이에 직접적인 접촉은 없었지만, 몽골에 관한 소식은 그 일대 및 너머에까지 계속 전해졌다. 1230년대 초 몽골은 이 지역으로 돌아와 인근 아제르바이잔의 목초지를 이용했고, 알라 앗 딘의 아들 잘랄 앗 딘을 추격해 1231년 아미드 부근에서 그를 격파했다(지도 7.1 참고). 그해 말 이 마지막 호레즘 샤가 사망한 뒤에도 몽골군은 그 주변에 머물렀고, 아제르바이잔은 곧 그들의 전진 기지가 됐다. 1230년대에 몽골은 빈번하게 자지라를 습격했고, 1243년 쾨세다에서 승리한 뒤 셀죽 아나톨리아에 대한 지배권을 획득했다. 이는 그들을 자지라 및 시리아 방면의 더 넓은 전선으로 인도했다. 이듬해 몽골은 알레포 인근을 침입했고, 마야파리킨, 아미드, 에데사(루하), 하란 등을 공격했으며, 마지막으로 언급한 두 지역을 1252년에 다시 습격했다.[5] 바그다드 인근 역시 1245년경 몽골의 소

 제3권 지역사·외부 역사

규모 원정의 초점이었다.[6]

이러한 소규모 작전은 일부 현지 군주들이 몽골과 외교적 타협을 찾도록 만들기에 충분했다. 1244년 초 알레포의 아이유브 왕조 군주(살라딘의 손자[실제로는 증손자]) 안 나시르 유수프와 다마스쿠스의 군주(살라딘의 조카 앗 살리흐 이스마일)는 중동에 배치된 몽골 고관으로서 당시 타브리즈에 있던 아르군 아카에게 사신을 보냈다. 그리고 1년 후 전자는 그 지역의 몽골 지휘관인 바이주에게 조공을 바치고 있었다. 1246년 안 나시르는 카라코룸에 있는 대칸의 궁정으로 한 친척을 보냈고, 그는 야를릭(칙령)을 가지고 귀환했다. 1250년 또 하나의 사절단이 몽골의 수도로 파견됐고, 1년 후 새로운 대칸 뭉케를 향한 안 나시르(이제는 알레포와 다마스쿠스의 군주)의 종속적 지위를 확인하고 돌아왔다. 그리고 이 무렵 더 많은 공물이 바이주에게 보내졌다. 1250년대에 여러 아이유브 일족(과 다른 현지 통치자들)도 추가로 복속했다. 마야파리킨의 알 카밀 무함마드는 1253년 카라코룸을 방문했고, 그곳에서 킬리키아 아르메니아의 왕자뿐만 아니라 모술과 마르딘의 후계자를 발견했다. 그해 말에 도착한 루브룩은 트란스요르단에 위치한 카라크의 아이유브 왕조 군주 알 누기쓰 우마르의 사신이라고 주장하는 사람을 만났다.[7]

칼리프 알 무스타심 역시 일찍부터 몽골에 일종의 복속을 했

---

5 Humphreys 1977, 220, 227, 234; Krawulsky 1978, 439, 441, 452; Jackson 1978, 218-219; Ibn Shaddād 1978, 472-473.

6 Bar Hebraeus 1932, 1: 410. 다른 사료는 William of Rubruck 1990, 246 n. 4에 인용된 것들을 참고.

7 Amitai-Preiss 1995, 20-21; Humphreys 1977, 335, 466 n. 42; *TJG*, 2: 224; *HWC*, 2: 508; Ibn Shaddād 1978, 237-242, 472-473, 485; William of Rubruck 1990, 184.

던 것으로 보인다. 이미 1246년에 그가 보낸 사신이 구육에게 이르러 복종을 표명했다.[8] 라시드 앗 딘은 훌레구가 나중에 대칸 몽케로부터 이 복속을 확보하라는 지시를 받았다고 적었다. 이것은 1256년 중동에 들어온 훌레구가 칼리프에게 이스마일 성채를 정복하기 위한 원정에 참여하라고 명령한 이유를 설명해준다. 하지만 알 무스타심은 이 요구를 무시했고, 칸은 분노했다.[9] 비록 유명무실해지기는 했지만 전 세계를 통치한다는 칼리프의 주장 또한 분명히 몽골의 심기를 거슬렀다. 협상이 시작되었으나 무익하게 끝나면서 상황을 호전시키지 못했고, 칼리프 조정은 혼란스럽고 분열된 상황(필시 훌레구와 비밀리에 소통하고 있었던 바지르 이븐 알 알카미를 포함)이어서 몽골에 대한 효과적인 대책을 세울 수 없었다. 1258년이 시작되자마자 훌레구와 그의 군대는 사방에서 바그다드로 모여들었다. 1월 중순에 본격적으로 전투를 개시했고, 2월 10일에 칼리프가 자신의 왕궁을 떠나 훌레구에게 복속하면서 도시는 점령됐다. 그 후 도시에서는 약탈과 학살이 시작됐고, 얼마 후 칼리프의 가족 대부분이 처형됐다.[10]

바그다드 정복 이후 훌레구와 그의 군대 대다수는 아제르바이잔의 목초지로 돌아왔다. 이윽고 다마스쿠스의 안 나시르 유수

8　Bar Hebraeus 1932, 1: 411; Ibn al-'Ibrī 1992, 256. 또 John of Plano Carpini 1995, 118 (Latin text); 217 (translation); Dawson 1955, 62. 10년 후, 루브룩은(1990, 246-247) 카라코룸에서 칼리프의 사신을 만났고, 칼리프가 몽골에 복속했으며 자신의 성채를 파괴하라는 요구를 받았다는 소문을 들었다.

9　Boyle 1961, 151-152.

10　Boyle 1961; Boyle 1968, 345-350; Spuler 1985, 46-48; 1258년의 전반적인 폭력 사태에 대한 일부 완화 요인에 대해서는 Biran 2016 참고.

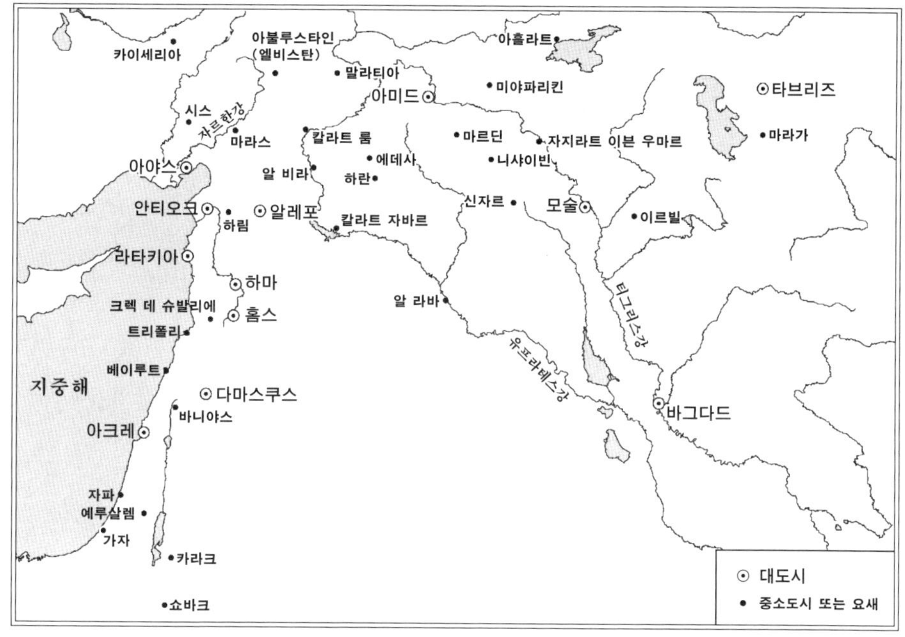

지도 7.1   13세기 중반의 중동

프에 대한 외교 활동이 활발히 이어졌으니, 일 칸(이제는 훌레구를 이렇게 부를 수 있다[11])은 이 술탄에게 이전의 복속을 분명히 하도록 요구했다. 그러나 안 나시르의 대답은 몽골 헤게모니에 대한 수용과 저항, 심지어 적대적인 반응 사이를 오갔다. 이렇게 주저한 것은 부분적으로는 몽골에 대해 어떤 방침을 취해야 하는가를 놓고 참모들 사이에 의견이 달랐기 때문이다. 그 결과 안 나시르 유수프는 신뢰할 만한 군사적 선택권이 사라졌고, 동시에 훌레구의 분노를

---

11   이 칭호의 초기 사용과 의미에 대해서는 Amitai-Preiss 1991; Erdal 1993; Krawulsky 2011, 53-62 참고.

불러왔다.[12]

시리아와 심지어 그 너머 지역도 오랫동안 몽골의 시야에 있었다. 라시드 앗 딘에 따르면 뭉케는 통치 초기에 훌레구에게 이렇게 주문했다. "크고 작은 모든 사안에서 칭기스 칸의 루숨(rusūm, 규칙), 요순(yosun, 관습), 야사(yasa, 법령)를 준수하라. 아무다리야로부터 멀리 이집트의 경계까지 너의 명령을 따르고 복종하는 사람은 누구라도 다정하고 자애롭게 대하고 충분히 보상하라."[13]

이 저자는 훌레구가 바그다드를 정복한 뒤에 대칸에게 이집트와 시리아로 진격하겠다는 메시지와 함께 전리품을 보냈다고 한다.[14] 하지만 일 칸은 서두르지 않았다. 먼저 자지라의 도시들을 평정할 필요가 있었다. 교활하고 노회한 바드르 앗 딘 룰루가 오랫동안 통치하던 모술은 바그다드 점령 전부터 복속했고, 그의 아들들과 군대는 그 포위 공격에 참여했으며, 바드르 앗 딘 룰루 자신은 이르빌을 차지하는 데 도움을 주었다. 하지만 다른 도시들은 그렇게 협조적이지 않았다. 통치자 알 카밀이 표면적으로 몽골에 항복했던 마야파리킨은 이제 몽골에 저항했다. 몽골은 1258년 말 훌레구의 아들 요시무트의 지휘 아래 포위 공격을 시작했지만, 1260년 봄에야 그 도시를 점령할 수 있었다. 1259년에는 다시 룰루의 아들 중 한 명의 노력으로 북쪽에 있는 아미드를 함락했다.

훌레구는 키트 부카 장군을 선발대와 함께 먼저 보내고, 자신

---

12 Humphreys 1977, 337-344; Amitai-Preiss 1995, 21-24.

13 *JT*/ 'Alīzādah, 3: 23; 번역은 *JT*/Thackston, 2: 479를 기반으로 했음.

14 *JT*/ 'Alīzādah, 3: 65; 번역은 *JT*/Thackston, 2: 501. 더 많은 참고문헌은 Amitai-Preiss 1995, 16-17 참조.

은 1259년 9월에 본진과 함께 오르도를 떠나 시리아로 향했다. 자지라트 이븐 우마르[모술 북쪽에 위치한 도시로 지금의 지즈레]는 복속했지만, 유프라테스강 동안과 더 멀리 내륙에 위치한 다른 도시 및 성(에데사와 하란 등)은 협조에 소극적이었고, 결국 무력에 의한 정복과 이어지는 파괴와 학살의 대상이 됐다. 마찬가지로 유프라테스강 동안에 있고 중요한 여울목을 지키고 있던 알 비라의 강력한 요새도 얼마간 저항하다 항복했다. 이제 알레포로 가는 길이 열렸다.[15]

몽골은 일주일간의 전투 끝에 알레포를 점령했고, 한 달 뒤 성채를 차지했다. 도시 안에서 많은 약탈과 살육이 벌어진 반면, 성채를 지키던 사람들은 그 용맹함을 인정받아 이례적으로 용서받았다. 한편 몽골군은 시리아 북부 전역으로 산개해 여러 도시와 성을 점령했다. 홈스 등 일부 지역은 항복하고 피해를 모면했지만, 하림 등은 저항하다가 고통을 받았다. 훌레구 본인은 북쪽에 남아 있었던 반면, 키트 부카는 1투멘(이론적으로 1만 명으로 이루어진 부대)과 함께 남쪽으로 파견됐다. 다마스쿠스는 항복했지만, 그 성채는 바알벡[다마스쿠스 북쪽 약 60킬로미터 거리에 위치한 도시]의 성채가 그랬던 것처럼 저항했다. 하지만 이러한 저항의 중심지들은 금방 제거됐다. 몽골 침략자들은 드란스요르단과 팔레스타인 전역을 질주했고 많은 전리품을 챙겨 돌아갔다. 전자의 경우 카라크 북쪽 지역까지 도달했고, 후자의 경우에는 멀리 가자와 헤브론까지 이르렀으며 중간에 예루살렘에 머물기도 했다. 친몽골적인 아이유브 왕조 왕자들이 홈스와 골란의 바니야스[홈스 서북쪽 약 90킬로미터 거

15　Humphreys 1977, 344-345; Boyle 1968, 349-350; Spuler 1985, 50-51.

리에 위치]에 임명됐고, 카라크를 지배하던 그들의 사촌은 항복했
다. 시리아 점령지 대부분에서 몽골의 행정이 수립됐다. 비록 소규
모 전투가 있었지만, 적어도 일부 현지 프랑크인들과는 협정도 이
루어졌다. 지중해 연안의 프랑크인 대부분은 몽골의 지배를 꺼려
했지만, 안티오크의 공작 보헤문드 6세는 자신의 장인인 킬리키아
아르메니아의 헤툼 왕과 함께 몽골의 통치를 열성적으로 받아들
였다. 다만 한 프랑크 자료에서 제시하고 있는 것처럼 이 두 사람이
실제로 다마스쿠스에 도착했는지 여부는 매우 의심스럽다.[16]

아마도 훌레구의 목표는 이제 몽골 제국에 통합된 시리아를
거점으로 활용해 부유한 이집트 지방으로 진출하는 것이었으리라
생각된다. 우리는 이집트가 이미 일 칸의 시야에 들어왔을 가능성
을 확인했다. 또 1260년 늦봄에 일 칸이 이집트의 군주에게 무조
건 항복을 요구하는 매우 호전적인 내용의 서신을 보낸 것에서도
이를 알 수 있다. 하지만 이러한 계획은 결코 실행에 옮겨지지 않았
다. 늦은 겨울, 훌레구와 그의 군대 대부분은 시리아에서 아제르바
이잔으로 철수했고, 키트 부카만 한 부대 및 선별된 다른 병력(여
기에는 몽골군에 동원된 일부 아르메니아인과 현지 시리아 군사가 포함됐다)과
함께 다마스쿠스 인근에 남겨두었다. 아마도 당시의 철수는 뭉케
의 사망(1259. 9.) 소식이 훌레구에게 전해졌기 때문일 것이다. 맘룩
과 현대의 일부 저자들은 훌레구가 새로운 대칸 선출에 참석하기
위해 몽골 본토로 돌아가고 있었다고 주장했다.[17] 하지만 훌레구

---

16 Humphreys 1977, 348-358; Jackson 1980, 490-500; Amitai 1987; Amitai-Preiss 1995, 24-35; Amitai-Preiss, 1995-1997; Amitai 2007b; Amitai 2011a, 91-94. 프랑크 사료에 대해서는 Gestes des Chiprois 1906, 751; 번역은 Gestes des Chiprois 2003, 34.

는 아제르바이잔보다 더 동쪽으로 가지는 않았으니, 그것이 진짜 목적이었을 것 같지는 않다. 남캅카스초원에서 주치 울루스 몽골인들과 긴장이 고조되고 있었고, 아마 훌레구는 전투가 발생하리라 예견했을 것이다. 실제로 1261~1262년 겨울에 정확히 그러한 일이 벌어졌다.[18] 또 몇몇 학자들은 훌레구의 철수가 병참과 관련이 있다고 주장했다. 시리아의 여름에는 기병에 근간한 대군을 유지할 수 있을 만한 목초지와 물이 충분치 않았다. 그리하여 훌레구가 대부분의 군대를 아제르바이잔으로 되돌려보냄으로써 이 문제를 미리 피했다는 것이다.[19] 확실히 몽골 지휘부가 병참을 고려하기는 했지만, 이것이 철수의 근본 원인인지는 이론의 여지가 있다. 어쨌든 시리아는 키트 부카와 함께 남은 군대보다는 더 많은 병력을 장기간 지원할 수 있었기 때문이다.[20] 따라서 병참에 대한 고려보다는 아마도 "첩보 실패"가 있었던 것으로 보인다. 훌레구와 그의 참모들은 키트 부카에게 진지하게 도전할 만한 병력이 그 지역에 존재할 것이라 생각하지 않았다.

1250년 이후 이집트는 대부분 튀르크계 맘룩 군단 출신으로 구성된 장교들이 운영했다. 이들은 처음에는 노예 신분으로 시작했으며, 훈련을 마치면 해방됐다. 이 시기에는 시리아 아이유브 왕조와의 충돌뿐만 아니라 10여 년간 내부적으로도 심각한 정치적 혼란을 겪었다.[21] 1260년 늦은 봄 또는 이른 여름에 훌레구가 술탄

---

17 Nuwayrī 1984, 390; Boyle 1968, 351; Weiers 1986, 303.

18 Boyle 1968, 351; Amitai-Preiss 1995, 29.

19 Smith 1984, 1998; Morgan 1985; Jackson 2005, 178-179.

20 이 병참 문제는 뒤에서 논의할 것이다.

쿠투즈(재위 1259~1260)에게 보낸 서신에서 몽골 지도층이 이집트 정권의 사정을 어느 정도 알고 있었음을 엿볼 수 있다.

우리의 칼 앞에서 이 지역으로 달아나 호강을 누리다가 자신의 군주를 살해한 맘룩 무리 출신의 알 말릭 알 무자파르 쿠투즈는 우리가 지상에 있는 신의 군대임을 알도록 하라.[22]

하지만 몽골의 생각과는 달리 쿠투즈는 항복 요구를 거절하고 몽골의 사신을 죽인 뒤, 시리아 원정에 착수하기 위해 맘룩 지도부와 군대를 규합했다. 이 과정에서 쿠투즈는 숙적 바이바르스 알 분둑다리의 도움을 받았는데, 그는 수년간의 시리아 망명 생활을 마치고 일군의 지지자들과 함께 이집트로 돌아왔다. 7월 중순 맘룩군은 카이로에서 출발했다. 바이바르스가 지휘하는 선발대는 가자에서 조우한 바이다르 휘하의 소규모 몽골군을 물리쳤다. 전체 맘룩군은 해안을 따라 북쪽으로 이동했다. 맘룩은 아크레(악카)에서 약간의 식량을 지원받았지만, 전체적으로 그곳의 프랑크인들은 중립적인 태도를 보였다.[23]

시리아에 있는 몽골인들도 가만히 있지 않았다. 맘룩이 시리

---

21 맘룩 왕국의 설립과 첫 10년간의 통치에 대해서는 Irwin 1986, 1-36; Thorau 1992, 1-58; Levanoni 1990; Loiseau 2014, 112-116 참고.

22 Maqrīzī 1934-1973, 1: 427; 번역은 Lewis 1974, 1: 84. 이 문장은 몽골이 흑해 북쪽 초원 지역을 정복한 후에 그 지역으로부터 맘룩을 수입했다는 것, 그리고 1250년 그들이 이집트의 새로운 아이유브 왕조 군주 투란샤를 살해했음을 언급하고 있다.

23 아크레에 있는 프랑크인들의 태도에 관해서는 Jackson 1980, 503-507; Irwin 1986, 32-34; Thorau 1992, 75-76 참고.

아에 도착했다는 소식을 전해들은 키트 부카는 군대를 모아 남쪽으로 향했다. 몽골은 팔레스타인 북쪽 이스르엘평야에 있으며 베트세안의 북서쪽 약 10킬로미터 거리에 있는 아인 잘루트(아랍어로 "골리앗의 샘") 인근에 자리를 잡았다. 맘룩은 북서쪽 더 먼 곳에서 도착했고, 1260년 9월 3일 아침 이른 시간에 두 군대가 충돌했다. 길고 격렬한 전투 끝에 맘룩이 확실한 승리를 거뒀다. 키트 부카가 전사하고, 쿠투즈가 침착성과 영웅적 면모를 보였으며, 쿠투즈 군대가 수적으로 약간 우위에 있었고, 강제 징집된 시리아 군사들이 몽골 진영에서 달아난 것 등이 모두 몽골의 패배에 영향을 미쳤다. 다만 더 중요한 것은 맘룩이 몽골의 전술에 맞서 싸울 능력이 있었다는 점일 것이다. 즉, 훈련된 대규모 기마 궁수들이 파상 공격을 펼쳤고, 그 와중에 다량의 화살을 일제 사격한 것이 주효했다.[24] 동시대와 후대의 맘룩 작가들도 몽골과 맘룩의 유사성을 지적할 때 이 점을 염두에 두었던 것 같은데, 두 세력 모두 초원에서 기원했다는 공통점이 있기 때문이다. 아인 잘루트에서 승리한 맘룩은 그 후 수십 년 동안 몽골에 대체로 우위를 유지했다.[25]

맘룩과의 계속되는 전쟁

맘룩은 아인 잘루트에서 승리함으로써 중요한 결과를 얻었다. 유

---

24 Amitai-Preiss 1992a; Amitai 2007a; cf. Thorau 1986; Prawer 1970, 2: 421-436; Herde 2002.

25 Abū Shāma 1947, 208; Ibn Faḍlallāh al-'Umarī 1968, 70-71(텍스트), 139-140(번역); Ayalon 1971-1973, part C1, 117-124.

프라테스강에 이르는 시리아 전역에 대한 지배권(해안 지역의 프랑크인 영토는 제외)을 차지하고 명성과 정통성을 얻었으며, 몽골의 무적신화를 무너뜨린 것이다. 몽골에게는 분명히 놀랍고 당황스러운 실패였다. 훌레구의 첫 대응은 소규모 군대를 파견하는 것이었으나, 이 군대도 1260년 12월 시리아 중부 홈스 인근에서 규모가 더 작은 시리아 군대에게 결정적으로 패배했다.[26]

1260년의 두 차례 충돌은 일 칸국과 맘룩 왕국 간 분쟁의 1회전으로, 이 갈등은 해결될 때까지 약 60년간 지속된다. 대략 20년마다 한 번씩 벌어진 대규모 야전 사이사이에, 국경 지대와 그 너머로의 습격 및 다수의 소규모 접전이 있었다. 양측은 첩보 활동과 기만책을 사용했고, 외교전과 심리전도 숱하게 벌였다. 양측 모두 내부 결속을 다지고 적에게 맞서기 위해 이데올로기를 활용했다. 마지막으로 일 칸국과 맘룩 모두 제2 전선을 펼치거나 다른 지원을 받기 위해 외부에서 동맹을 찾으려고 했다. 이 모든 노력에도 불구하고 일 칸들은 이집트로 진격해 맘룩 왕국을 파괴하기는커녕, 시리아 재정복에도 실패했다.[27]

국경 주변과 시리아에 대한 습격은 몽골이 맘룩을 상대하는 전략의 중요한 부분이었다. 이러한 침입과 정찰은 1281년 홈스에서의 두 번째 전투까지 가장 집중적으로 이루어졌고, 이후 수십 년 동안은 간헐적으로 진행됐다. 처음에 몽골은 일 칸국의 충실한 속국인 킬리키아 아르메니아가 앞장서서 1260년대 초에 시리아 북

<hr>

26　Amitai-Preiss 1995, 49–52; Boyle 1968, 352.

27　Morgan 1989; May 2003; Amitai-Preiss 1995; Amitai 2007c; Amitai 2013.

부로 일련의 습격을 가하게 하는 것에 만족했다. 그러나 이 침략은 현지 맘루크군에 의해 격퇴됐고, 킬리키아에 대한 맘루크의 파괴적인 반격이 이어졌다. 아르메니아군은 이후 몽골의 대규모 시리아 원정에는 참여했지만 독자 공격을 감행하지는 않았다.[28]

1264년, 1272년, 1275년에 훌레구와 아바카(재위 1265~1282)는 유프라테스강 동쪽(오늘날 튀르키예 동남부)의 맘루크가 통치하는 소규모 월경지에 있는 알 비라 요새를 공격했다. 이곳은 남쪽의 알 라흐바와 함께 수 차례에 걸쳐 몽골의 습격과 포위 공격을 받았다. 원정에는 예외 없이 공성기 만자니크(manjānīq)를 갖춘 약 1만 명의 몽골군이 포함됐고, 자지라 또는 아나톨리아 출신 지휘관이 이들을 이끌었으며, 때때로 룸(아나톨리아)의 속국인 셀죽의 부대로 보강됐다. 매번 수비 측(주둔군과 민간인 모두)은 단호하게 맞서 싸웠고, 항상 대규모 구원군(1272년과 1275년에는 술탄이 직접 지휘했다)이 곧 출발했다. 맘루크군이 다가오고 있다는 소식에 몽골은 포위 공격을 두 차례나 포기했다(1275년에는 병참 문제도 하나의 원인이었을 수 있다). 반면 1272년에는 알 비라 인근의 강에서 격렬한 전투가 벌어지기도 했다. 전반적으로 맘루크은 시리아와 자지라 사이에서 우위를 점했다(지도 7.1 참고).[29]

---

28 Dashdondog 2011, esp. 143-157; Stewart 2001, esp. 43-61; Stewart 2014; Amitai-Preiss 1995, 54, 106-107; Amitai 2014.

29 Amitai-Preiss 1995, 111-114, 129-131; 136-137; 룸 분견대의 역할에 대해서는 Cahen 1968, 285-286 참고. 1264년 원정의 세부 사항에 대해서는 Ibn ʻAbd al-Ẓāhir 1976, 221-227을 볼 것. 1272년 원정에 대해서는 젊은 맘루크로서 그곳에서 전투를 벌였던 바이바르스 알 만수리(Baybars al-Manṣūrī 1998, 137-138) 참고. 몽골에게 유리한 기록은 Waṣṣāf 1959-1960, 87-88 참고.

일 칸은 때때로 시리아 깊숙한 곳까지 병력을 보내기도 했다. 그 첫 사례는 1269년으로, 당시 대규모의 몽골군이 알레포 인근까지 급습했다. 1271년에는 약 1만 명의 몽골과 복속국 셀죽의 군대가 시리아에 접근했다. 본대는 북쪽 국경 부근에 머물렀지만, 약 1500명의 기병으로 구성된 전위 부대는 안티오키아 지역까지 침투했다. 이 특별한 작전은 잉글랜드 에드워드 왕자와의 협력을 기대하며 시작됐지만 그 희망은 무산됐고, 술탄 휘하의 대규모 맘룩군이 전진해 오자 몽골은 퇴각했다. 1280년 여름에도 비교적 대규모의 몽골군이 여러 방면에서 시리아로 집결했으나, 반란을 일으킨 맘룩 지휘관들과 베두인 지도자들로부터 기대했던 지원이 이루어지지 않자 철수했다.[30]

일 칸들은 자신의 적인 맘룩에게 결정적인 승리를 거두고 시리아, 아마도 그 너머까지 최종적으로 정복하기 위해 여러 차례 대군을 파견했다. 그러나 몽골은 승리했을 때조차도 결국 시리아를 차지하지 못했다. 이러한 대충돌 중 첫 번째는 1281년 홈스 북쪽 평원에서 이루어졌다. 수적으로 우세했던 몽골군은 아바카의 동생 멩구 테무르[뭉케 테무르로 옮기기도 한다]가 지휘했고, 맘룩군은 술탄 칼라운(재위 1279~1290)이 이끌었다. 넓은 전선에서 격렬한 전투가 벌어졌는데, 이번에도 맘룩의 승리로 끝났다. 몽골은 재침을 계획했지만, 다음 해 아바카가 사망하면서 무위로 돌아갔다.[31]

전쟁 준비를 재개한 가잔(재위 1295~1304)은 이때까지 맘룩이

---

30 Amitai-Preiss 1995, 183-185.
31 Boyle 1968, 363-364; Amitai-Preiss 1995, 185-201.

직면한 가장 위험한 상대였다. 그는 칸의 자리를 차지하기 얼마 전에 이슬람으로 개종했지만, 이것이 맘룩을 향한 일 칸국의 전통적인 적개심을 바꿔놓지는 않았다. 자칭 파드샤히 이슬람(Pādshāh-i Islām, "이슬람의 제왕")인 가잔은 칭기스 일족이자 적법한 무슬림 군주로서 맘룩과 싸웠다. 맘룩이 자지라를 침입하고 몽골이 통제하던 아나톨리아의 내정에 개입한 것에 자극받은 일 칸은, 최근 변절한 일부 맘룩 고위 지휘관들이 부추기자 1299년 늦가을에 시리아 침공을 개시했다. 12월 22일 두 군대는 홈스 북쪽 평원의 와디 알 하즈나다르("재무관의 계곡")와 마즈마 알 무루즈("평원의 모임")로 알려진 곳에서 충돌했다. 이때 몽골군은 일 칸이 직접 지휘한 반면 맘룩은 군관 집단이 통솔했는데, 술탄 안 나시르 무함마드가 10대 소년이자 꼭두각시 군주였기 때문이다. 맘룩은 초반에 유리한 위치를 차지했다. 몽골군이 말에게 먹이를 주느라 분산돼 있는 것을 발견했기 때문이다. 하지만 몽골은 가잔의 열정적인 지휘 아래 결집해 맘룩을 전장에서 몰아냈다. 맘룩은 뿔뿔이 흩어진 상태로 이집트로 달아났고 이후 시리아 전역을 몽골에 내줬다. 가잔과 그 군대는 다마스쿠스로 진격하여 이제 수비군이 사라진 그곳의 성문을 열었다. 하지만 성체에 남아 있던 맘룩 기병들은 3개월을 더 버텨냈다. 그 지역에 초보적 몽골 행정이 수립되는 동안, 침략자들은 가자와 예루살렘에까지 도달했다. 몽골군과 연합한 아르메니아인들도 예루살렘에 이르러 그곳과 다마스쿠스 북부 살리히야 근교에 막대한 피해를 입혔다. 그러나 아마도 병참 또는 (차가다이 울루스의 침입 등) 본국의 긴급한 문제 때문에 가잔은 2월 초 대부분의 군대와 함께 철수했다. 두 달 이내에 나머지 몽골군도 그 지역을 떠

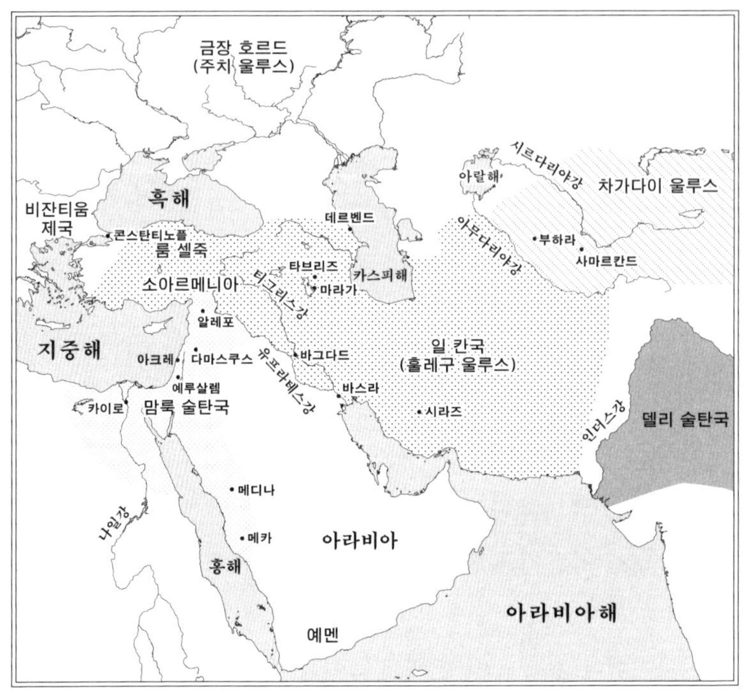

지도 7.2   맘룩 술탄국과 몽골 울루스

났다. 이집트에서 부대를 재편성한 맘룩이 곧 그 도시와 지역의 소유권을 되찾았다.[32]

가잔은 맘룩과의 전쟁을 아직 끝내지 않았다. 같은 해 후반에 또 한 차례 원정을 개시했지만, 겨울철 폭우로 그의 군대는 시리아 북부에서 수렁에 빠졌다. 말들이 죽어가고, 여러 병참 문제가 생기고, 어쩌면 복합궁이 손상되었을지도 모르는 상황에서 몽골

---

32 Melville 1990; Boyle 1968, 387-389; Smith 1984, 324-325, 특히 n. 53, 329-330; Amitai 2002, 2004, 2006.

   제3권 지역사 · 외부 역사

군은 돌아갈 수밖에 없었다. 이집트에서 온 맘룩도 똑같은 날씨를 만나 시리아로 진격할 수 없자 카이로로 귀환했다.[33]

그러나 이것이 끝은 아니었다. 1302년 말, 가잔은 시리아를 침공하기 위해 또 다른 군대를 조직했다. 이번에는 직접 본대를 지휘하는 대신 국경 요새 알 라흐바 인근에 머물면서 그 지역의 공식적인 항복을 받았다. 쿠틀룩 샤 장군이 지휘하는 몽골군 본진은 다마스쿠스를 지나 시리아 깊숙이 진격했다. 다마스쿠스 등 여러 도시의 시리아 군대는 남쪽으로 물러나 더 큰 이집트 군대에 합류했다. 1303년 4월, 양측은 시리아 수도 남서쪽의 마르즈 앗 수파르에서 조우했다. 이번에도 격전이 펼쳐졌지만 맘룩이 승리를 거뒀고, 몽골은 많은 시신과 포로를 남긴 채 전장에서 달아났다.[34] 일 칸은 이 소식을 듣고 분명히 당황했지만, 굴하지 않고 네 번째 시리아 원정을 계획했다. 그러나 이듬해 그가 예기치 않게 사망하면서 전쟁 준비는 중단됐다.

울제이투(재위 1304~1316)는 1312년 맘룩에 대한 일 칸국의 마지막 대규모 원정을 개시했다. 일 칸은 알레포의 옛 총독 카라송코르가 이끄는 맘룩 변절자들에게 고무되어 대군을 이끌고 국경으로 이동해 유프라테스강을 건넜다. 진군은 12월 23일에 변성의 요새 알 라흐바 주변에 자리를 잡았다. 하지만 한 달 뒤 보급품이 부족해지고 말과 사람 사이에 질병이 퍼지면서 몽골군은 철수했다. 몽골에 우호적인 사료에 따르면, 일 칸은 강을 건너 자신의 왕

33　Boyle 1968, 389; Irwin 1986, 101; Bowlus 1996.

34　Boyle 1968, 392-395; Irwin 1986, 101; Smith 1984, 330, 340-344.

국으로 돌아가기 전에 그 요새로부터 상징적인 항복을 받았다고
한다. 이 사실은 맘룩 역사가들에 의해서도 확인되지만, 이 복속
을 완전히 의미 없는 것으로 기록했으니, 몽골은 총독을 남겨두지
도 않았고 이후 그 요새와 주변에 대해 어떠한 지배력도 갖지 못했
다.[35] 1312년 알 라흐바에서 성과가 부진했던 것은 일 칸국이 쇠락
하는 징조로 볼 수도 있지만, 그보다는 울제이투 개인의 리더십 부
재와 결단력 부족, 그리고 허술한 계획을 반영한 것일 가능성이 더
크다. 일 칸국 군대는 이어지는 20년 동안 다른 전선에서 자신들
의 저력을 입증했기 때문이다.

몽골은 맘룩과 투쟁하는 과정에서 라틴 유럽과 외교적인 노
력을 지속적으로 병행했고, 그것은 공동의 적에 대한 협공을 목
표로 했다. 훌레구가 1262년에 이러한 노력을 시작했고, 아바카는
적어도 다섯 차례 사신단을 파견하는 등 지속적으로 의욕을 보
였다. 그 정점은 1274년 리옹 공의회에 사신단을 파견한 것이며,
1266~1267년, 1268년, 1276~1277년, 1281년에도 사신단을 서구
로 보냈다. 반면 테구데르 아흐마드(재위 1282~1284)는 어떠한 사절
도 보내지 않았는데, 맘룩에 대한 그의 새로운 외교 정책을 감안
하면 놀라운 일은 아니다. 하지만 아르군(재위 1284~1291)은 합동 원
정을 준비하는 정책으로 되돌아가 사신단을 네 차례나 파견했다
(1285, 1287, 1289~1290, 1290). 그중 가장 주목할 만한 것은 1287년 랍
반 사우마가 이끈 사신단으로, 로마에 도착한 뒤 프랑스와 잉글랜
드 조정으로 계속 이동했다. 가잔은 1299~1300년의 시리아 원정

---

35 Boyle 1968, 403; Amitai-Preiss 1996, 29-31.

이후에 이러한 노력을 재개했고, 그의 동생이자 후계자인 울제이투는 1305년부터 1313년까지 세 차례 사신단을 보냈다. 그중 마지막으로 언급한 1313년의 서한은 일 칸이 서방으로 보낸 최후의 외교 문서로 보인다.[36]

이러한 외교적 노력은 실질적인 성과로 거의 이어지지 않았지만, 서구가 세 차례에 걸쳐 몽골과 공동 군사 작전을 조직하려 했고, 그중 두 번은 아바카의 치세에 있었음을 우리는 알고 있다. 1269년 아라곤의 제임스는 소함대와 함께 원정군을 파견했지만, 대부분 바르셀로나를 떠난 직후 폭풍우에 흩어지고 침몰했다. 2년 후, 잉글랜드 왕자 에드워드(훗날 왕이 되는 에드워드 1세)는 프랑스의 루이 9세가 이끄는 튀니스 십자군전쟁이 실패한 후 아크레에 도착했다. 그러나 아바카(위에서 언급한 것처럼 그는 시리아로 일부 군대를 파견했다)와의 실질적인 협공은 이루어지지 않았고, 에드워드는 팔레스타인에서 무의미한 공격에 병력을 허비했다.[37] 1290년대 초 수백 명의 제노바 선원이 이라크에 도착해 배 두 척을 만들었는데, 티그리스강을 따라 내려가 인도양에 도착한 후 이집트로 향하는 선박들을 사냥하기 위한 것이었다. 하지만 이 흥미로운 발상이 실행되지 않았다.[38]

또한 일 칸은 맘룩 술탄들과도 외교적 접촉을 유지하면서 주로 그들의 복속을 요구하는 아랍어 서신을 보냈다. 훌레구는 한

---

36 Sinor 1972; Sinor 1975; Boyle 1976; Schein 1979; Meyvaert 1980; Rossabi 1992; Jackson 2005, 165-195; Aigle 2014a.

37 Röhricht 1890, 373-378; Amitai-Preiss 1995, 93, 97-98; Amitai 2001b.

38 Sinor 1975, 542; Jackson 2005, 169-170.

차례, 앞서 언급한 1260년 쿠투즈에게 보낸 서한을 사신을 통해
전달했다. 아바카는 두 차례, 즉 1269년과 1272년에 바이바르스와
활발하게 교류했다. 1269년 일 칸은 맘룩이 복속할 준비가 됐다고
생각한 것 같다.

> 너는 제안하고 간청하기를, "우리는 복속할 것이며(naṣīru il) 권력
> 을 넘길 것입니다"라고 했다. 우리는 너희들의 (이 말에) 기쁘다.
> 해가 뜨는 곳으로부터 지는 곳까지 온 세상의 사람들은 (몽골에)
> 충성하고 복속한다.

바이바르스는 즉각 비난조로 반박했고, 그 안에는 아인 잘루
트에 대한 언급도 포함돼 있었다. "해가 뜨는 곳으로부터 지는 곳
까지 (모두) 충성하게 됐다고 (아바카는) 말했다. (그런데) 키트 부카
노얀에게 무슨 일이 생겼으며 그는 어떻게 궤멸됐는가?"[39]

무슬림이었던 테구데르 아흐마드는 이러한 서한 왕래를 재개
했고, 즉위 후 술탄 칼라운에게 두 군주 사이에 평화 관계를 수립
하자는 요구를 담은 서한을 보냈다. 이 서한은 이슬람적 표현으로
작성됐고 외관상 평화적인 어조라 할 수 있다. 그러나 이전 서한보
다 더 미묘하기는 하나 여전히 항복을 요구하고 있다. 맘룩 지도부
는 이 함축적이고 호전적인 메시지를 이해했고, 그의 제의를 정중
하게 거절했다. 그러자 테구데르는 더 유화적인 내용으로 서한을

---

39 Ibn ʿAbd al-Ẓāhir 1976, 340-341. 또 Amitai-Preiss 1994; Amitai-Preiss 1995, 118-129
참고.

다시 써서 보냈다. 그러나 그것이 맘룩 조정에 도착할 무렵 일 칸은 사망했고 조카 아르군이 그 자리를 대신했다. 아르군의 치세 동안, 맘룩과 일 칸국 사이에 외교가 있었다는 증거는 없다.[40] 그것은 게이하투 시기가 되어서야 재개됐다. 일 칸은 사신들을 통해 서한을 보내, 자신은 선조 훌레구가 정복했던 알레포로 돌아가기를 원하며, 만약 이 요구를 거절하면 시리아 전역을 차지할 것이라 했다. 1291년 프랑크의 아크레, 1292년 아르메니아의 칼라트 알 룸 정복을 막 마친 술탄 알 아슈라프 할릴(재위 1290~1293)은 이 서한에 공격적으로 반응했다. 그는 이라크를 침공하고 바그다드를 탈환하겠다고 위협했고, 누가 먼저 목표를 이루겠느냐며 일 칸을 자극했다. 이 메시지에 대한 몽골의 반응을 언급한 기록은 없다.[41]

가잔이 첫 번째 시리아 원정에 성공한 뒤 외교의 장이 다시 열렸다. 1301년 여름에 일 칸은 유명무실한 술탄 안 나시르 무함마드에게 서한을 보냈다. 이 서한은 새롭게 받아들인 이슬람적 수사(修辭)와 오래된 몽골 모티프의 흥미로운 조합을 보여준다. 맘룩의 부도덕과 종교성 부재를 비난하고, 가잔을 적법한 무슬림 군주로 묘사한 것이다. 동시에 몽골의 종주권 인정과 무조건 항복이라는 전통적인 요구도 빼놓지 않았다. 맘룩 측 반응이 이내 도착했는데, 그들은 가잔의 주장을 일축하고 그의 개종을 비방했으며 무슬림 통치에 대한 주장을 받아들이지 않았다. 또 몽골인(과 그들의 비호를 받는 사람들, 특히 아르메니아인들)이 짧은 시리아 점령 기간에 저지른

40　Holt 1986; Allouche 1990; Amitai 2001a, 30-34; Broadbridge 2008, 38-44; Pfeiffer 2006.
41　Broadbridge 2008, 44-49; Maqrīzī 1934-1973, 1: 786; 번역은 Quatremère 1837-1847, 2.1: 150.

악행을 비난했다. 1302년 여름에 또 다른 몽골 사절단이 카이로에 도착했는데, 마찬가지로 술탄의 복속을 요구하는 서한을 가지고 있었다. 맘룩은 이에 대응해 사신을 파견했고, 역시나 몽골의 요구를 완전히 거부한다는 메시지와 함께 자신들의 요구를 전달했다.[42] 양국 사이의 문제는 서한 교환으로는 아무런 결론이 나지 않았고, 결국 전장으로 넘어갔다. 그리고 그 결과 마르즈 앗 수파르에서 발생한 교전에서 맘룩이 승리했다.

이 전쟁이 진행되는 사이에 울제이투가 즉위했고, 곧 일 칸국과 맘룩 외교의 마지막 라운드가 시작됐다. 그의 메시지는 분명히 유화적이었지만, 더 큰 맥락에서 보면 새로운 일 칸은 다른 몽골 통치자들과 관계를 개선하고 서구 군주들과 합의에 도달하기 위해 노력하며 시간을 벌고 있었음을 알 수 있다. 1312년 알 라흐바에 대한 공격은 몽골의 히자즈 습격(아래 참조)이 그랬던 것처럼 울제이투의 본색을 드러냈다.[43]

전반적으로 일 칸국 몽골은 맘룩과 벌인 수십 년에 걸친 분쟁에서 성공적이지 못했다. 가잔 휘하의 몽골이 1299년 말 와디 알 하즈나다르에서 맘룩에게 승리했지만, 뒤이은 다마스쿠스 점령은 겨우 3개월 지속됐다. 1260년(두 차례), 1281년, 1303년에는 시리아에서 벌어진 야전에서 패배했고, 국경 지역의 전투에서도 거의 성공을 거두지 못했다. 고(故) 존 M. 스미스 주니어는 이러한 전술적,

---

42 Broadbridge 2008, 73-90(가잔의 시리아 정복 선언에 관해서도 훌륭한 논의가 이루어지고 있다). 더 일반적인 설명에 대해서는 Aigle 2014b; Aigle 2014d; Amitai 2013, 71-80, 109-115 참고.

43 Boyle 1968, 399; Broadbridge 2008, 94-98.

전략적 실패에 대해 종합적으로 설명하면서, 서로 밀접한 관련이 있는 두 가지 이유를 제시했다. 첫째, 훈련이 더 잘되고 더 좋은 장비와 더 큰 말을 보유한 맘룩 군대가 상대적으로 더 뛰어났다. 반면에 몽골 군대는 직접 만든 장비를 주로 가지고 있었고, 비록 튼튼하기는 하지만 더 작은 말을 탄 평범한 남성들로 구성됐다. 이러한 단점은 몽골이 종종 원정에서 그랬듯이, 매우 큰 규모의 병력을 동원함으로써 보완할 수 있었다. 그러나 둘째, 몽골은 병참 문제로 어려움을 겪었다. 시리아는 유목 군대가 가족과 가축은 제외하고 말만 가지고 왔을 때조차 "수용" 가능한 수가 제한적이었다. 목초지와 물이 제약 조건이었는데, 여름이 다가오면 특히 치명적이었다. 시리아에서는 언제나 이 계절에 비가 내리지 않아서 초원과 강바닥이 모두 말라버렸기 때문이다. 따라서 맘룩과의 전쟁에 대병력을 동원하고 심지어 승리를 거둘 수도 있었지만, 대부분의 군대는 건기가 시작되기 전에 철수해야만 했다. 이런 상황이 1260년, 그리고 1300년에 반복됐다. 당시 몽골은 평범한 군대, 불리한 기후와 지리로 인해 곤란한 상황에 놓여 있었다.[44]

이와 같이 병참적 요소로 접근하는 것은, 양 군대 및 개별 기병의 비교와 결합했을 때 언뜻 보기에는 매우 타낭해 보일 수 있다. 하지만 이것은 문제의 일면만 보여주고, 인간의 행위에 대해 온당한 주의를 기울이지 않으며, 사안의 대부분을 지리 문제로 국한한다. 여하튼 맘룩은 자신들이 본질적으로 더 뛰어나다고 생각하지 않았다. 그리고 이것은 바이바르스와 그의 계승자들이 몽골을

44　Smith 1984; Smith 1998. 또 Morgan 1985; Jackson 2005, 178-179.

상대할 군대를 준비하는 데 얼마나 열성적이고 진지하게 노력했는지 설명해준다.[45] 따라서 병참에 대해서 앞서 제시된 것만큼이나 문제가 심각했는지 의구심이 들 수 있다. 만약 그랬다면 몽골은 왜 계속 돌아왔는가? 물론 맘룩에게 승리를 거두고 그 지역에 지배권을 수립하고 싶었기 때문이다. 병참에 대한 고려는 훌레구가 1260년 봄에 전군을 시리아에 남겨두지 않은 이유를 설명해줄 수 있지만, 그가 단 1만 명의 부대만 남겨둔 이유는 설명하지 못한다. 이집트 군대에 관한 잘못된 정보, 즉 그 질, 규모, 결의를 포함한 다른 고려 사항도 분명히 그렇게 결정하는 데 영향을 미쳤을 것이다. 생각해봐야 할 또 다른 문제는 맘룩의 병참 문제이다. 맘룩 군대는 대부분 카이로에 집중돼 있었다. 따라서 몽골에 맞서기 위한 모든 원정은 그들의 상대인 몽골이 직면한 것과 여러 측면에서 비슷한 어려움이 따랐다. 많은 양의 물을 확보하는 것은 양측 모두에게 중요한 문제였다.[46]

이 전쟁의 장기적 결과를 해석하는 한 가지 방법은, 이란과 그 주변 지역의 몽골 지도층이 이 전쟁을 어떻게 바라보았는지를 살펴보는 것이다. 즉, 맘룩은 중요한 관심사이자 때로는 성가시고 당혹스럽게 하는 존재이지만, 일 칸국 지도부는 종종 다른 몽골 세력과의 관계를 포함한 다양한 문제로 매우 바빴다. 이 목록의 최상단에는 주치 울루스가 있었겠지만, 차가다이 울루스(때때로 카이두의 지원을 받았다)와 동쪽 변경 지역의 네구데르인도 포함됐다.[47] 훌

---

45 맘룩과 몽골의 비교에 대해서는 Amitai-Preiss 1995, 214-225. 몽골 군사의 높은 수준에 대한 바이바르스의 이해에 관해서는 Ibn al-Mughayzil 2004, 84-85.

46 Amitai-Preiss 1995, 225-229; Amitai 2006; Amitai 2013, 29-35.

레구와 아바카는 1267년까지 주치 울루스에 전념하느라 1260년의 패배에 대해 조기에 제대로 대응하지 못했다. 당시 이집트의 바이바르스 정권은 아직 체제 정립의 초기 단계에 있었다.[48] 이러한 외부의 혼란은 일 칸국의 정치, 군사 생활에서 빈번하게 나타나는 특징이었고, 일 칸국 내 몽골인들 사이에 종종 내전(예를 들어 가잔이 즉위하기 전 1290년대)이 일어나 일 칸들은 맘룩과의 투쟁에 전념할 수 없었다.[49] 그러나 일 칸들의 전략적 목표가 시리아를 차지한 뒤 맘룩 왕국을 복속시키는 것이었음은 의심의 여지가 없다. 몽골 군주들이 술탄에게 보낸 서한의 호전적인 수사를 보면 이를 분명히 알 수 있다. 14차례에 걸쳐 사절단을 교황과 서구의 군주에게 보내 맘룩을 공격하기 위한 협력을 요구했다는 사실도 같은 내용을 말해준다. 이러한 노력에 대해 맘룩을 굴복시키고자 하는 진정한 바람 이외에 다른 해석을 할 수 있을까?

아마도 몽골이 이 대결에서 성공하지 못한 데는 쿠투즈부터 안 나시르 무함마드의 세 번째 통치(1310~1340) 초기에 이르기까지 맘룩 지도부가 전쟁에 헌신한 결의 역시 중요한 요소였다. 맘룩의 관점에서 볼 때, 이것은 술탄국과 이슬람의 운명(그리고 군사-정치 엘리트로서 자신들의 지위)이 걸려 있는 실존적 규모의 싸움이었다. 술탄 바이바르스(재위 1260~1277)는 맘룩을 정력적으로 지휘하며 효과적인 반(反)일 칸국 정책의 토대를 마련했다. 주로 기마 궁수를

---

47 Boyle 1968, 356-360; Spuler 1985, 61-64; Biran 2002.

48 Boyle 1968, 352-354, 356; Spuler 1985, 55-57, 60-61. 교전이 발발한 날짜에 대해서는 Jackson 1978, 233-235, 그리고 이 충돌의 배경은 같은 책 여러 곳에 등장.

49 Boyle 1968, 370.

기반으로 대규모 상비군을 확대 및 개선하고, 국경 인근과 국내의 요새를 선별해 강화하고 병력을 배치했다. 또 내부 통신과 도로를 개선하고, 효과적인 외국 정보부를 창설했으며, 적국 영토에서 교란작전을 교묘히 펼쳤다. 아울러 시리아 베두인을 맘룩의 정치, 군사 체계로 통합하고, 카이로에서 꼭두각시 아바스 칼리프조를 부활시키는 등 강력한 반몽골 이데올로기를 개발했다. 한편, 때때로 전쟁은 적진에서 이루어지기도 했다. 이것은 대개 소규모 작전이었지만, 1276~1277년 바이바르스는 몽골이 지배하던 아나톨리아로 대규모 군사 행동을 개시했고, 1277년 4월에 아불루스타인(오늘날 엘비스탄)에서 몽골군을 격파했다. 술탄은 그 지역을 휩쓸고 시리아로 돌아와 얼마 후 사망했지만, 그 과정에서 해당 지역에 대한 몽골의 지배를 불안정하게 만들었다. 이러한 정책들은 대체로 몽골을 견제하는 데 충분히 효과적이었고, 그렇기 때문에 바이바르스의 후계자들도 계속 이어나갔다.[50]

맘룩 지도부는 몽골 세계의 균열, 특히 일 칸들과 주치 울루스 칸들 사이에 깊어지는 충돌을 확실히 알고 있었다. 일 칸들을 사로잡을 두 번째 전선이 매우 중요하다는 점은 그들에게 명백했다. 때때로 일 칸들은 이 문제에 대해 놀라울 정도로 솔직함을 보여주었다. 그리하여 아바카는 1268년 바이바르스에게, "우리 형제들(즉, 칭기스계의 손위, 손아래 군주들과 왕자들) 사이에 갈등이 있었다. 이 때문에 우리는 너희를 향해 달려갈 수 없었다"고 했다.[51] 그리

---

50 Thorau 1992; Northrup 1998; Amitai-Preiss 1995, chs. 3, 5, 6, 7, 9; Amitai 1988; Amitai 2011a; Tritton 1948; Hiyari 1975.

51 Ibn ʿAbd al-Ẓāhir 1976, 340-341; Amitai-Preiss 1994, 16-21.

  제3권 지역사 · 외부 역사

고 이제 그는 칭기스계 사이에 새롭게 수립된 일체성에 대해 알려
주었다. 그러나 이는 희망사항이었다. 칭기스 일가 내 여러 지파 사
이의 화해는 오래가지 못했고, 일 칸국과 주치 울루스의 국경에서
긴장이 곧 다시 고조되어 때로는 전면전으로 변했다.

바이바르스와 이후 술탄들은 이러한 몽골 내 반목을 부추기
기 위해 최선을 다했고, 상호 전략적인 목표와 가능하다면 공동의
종교적 이익을 도모했다. 바이바르스는 1262년 중반에 주치 울루
스의 무슬림 군주 베르케와 대화를 시작했고, 그 후 비록 때로 어
려움이 있기는 했지만 사신들이 오고 갔다. 이러한 상황은 그 후계
자들의 치세에도 계속됐다. 실질적인 공동 전략이 마련되지는 않
았지만, 자신들이 공동의 적을 상대로 싸우고 있음을 아는 것은
양측 모두에게 고무적이었음에 틀림없다. 심지어 더 중요한 것은
주치 울루스의 칸들이 크림반도와 흑해, 그다음에는 보스포루스
를 거쳐 맘룩 왕국으로 어린 남녀 노예들(대부분은 킵착 튀르크인이지
만, 몽골인과 기타 종족 집단도 포함했다)의 수출을 허용했다는 점이다.
소년들은 맘룩군의 신병이었고, 소녀들은 그들의 미래 부인이자
첩이었다. 이 활발한 무역은 점차 어린 맘룩을 주로 운송했던 제노
바인, 그리고 이 무역이 보스포루스를 통해 이루어질 수 있도록
허락한 비잔티움인의 노력으로 유지됐다.[52]

몇 가지 단서에 따르면, 1310년대, 특히 1312년 알 라흐바의

---

52 맘룩과 주치 울루스의 관계에 대해서는 Spuler 1965, 44-49; Zakirov 1966; Amitai-Pre-
iss 1995, 78-91; Broadbridge 2008, 50-63; Favereau 2018 참조. 노예 무역은 Saunders
1977; Ehrenkreutz 1981; Holt 1995, 123-124; Amitai 2008a; Barker 2019; William of
Adam 2012, 32-35 참고할 것.

포위 공격에서 참패한 이후, 일부 고위 몽골인과 이란인 고관들이 맘룩과 전쟁을 계속하는 것이 현명한 일인지 의심하기 시작한 것으로 보인다. 확실히 새로운 일 칸 아부 사이드(재위 1316~1335)의 암묵적인 동의와 함께 몽골은 1317년 비공식적인 접촉을 시작했고, 맘룩 및 일 칸국 양측의 지배층과 밀접하게 연결된 국제 상인 알 마즈드 앗 살라미가 이를 중재했다. 1320년 무렵, 공식 협상을 시작할 수 있는 여건이 무르익었다. 몽골은 대체로 맘룩과의 분쟁을 주도했지만, 이제는 독립적인 맘룩 국가의 존재와 국경에서의 현상을 받아들일 준비가 됐다. 1323년에 조약이 체결되면서 양쪽에서 국경을 넘는 사람이 극적으로 증가하고, 그로 인해 다양한 영역에서 더 많은 상호작용이 생기는 등 맘룩-일 칸국 관계는 새로운 국면으로 접어들었다. 1320년대[원문은 1220년대지만 이는 실수로 보인다] 중반 당시에는, 양측의 어느 누구도 이 새로운 상황이 1335년 일 칸국의 붕괴와 함께 단명할 것이라고 예상하지 못했다.[53]

아라비아

아랍어권 국가 중에서 시리아와 유프라테스 국경의 양쪽만이 맘룩과 일 칸국 사이에 발생한 소규모 전투와 더 심각한 충돌의 유일한 장은 아니었다. 일 칸국은 성스러운 도시 메카와 메디나가 있는 히자즈(아라비아 북서부)에 여러 차례 개입을 시도했다. 이미 1260년대 중반에 일부 시리아 베두인들이 그 일대에서 혼란을 일으켰고,

---

53 Amitai 2005; Melville 1992, 202, 204; Melville 1996.

   제3권 지역사 · 외부 역사

그중 일부는 일 칸에게 보고되기도 했다. 1269년 한 몽골(앗 타타르)군이 히자즈로 향하면서, "도로를 정찰하고 이 지역을 약탈하려 했다. … (이 군대)에 한 몽골인(알 무굴) 집단이 있었는데, 그들은 알라와 그 성역[즉 메카의 하람]을 인정하지 않았다. … 그들의 목표는 성역에 순례자의 피를 뿌리는 것이었다." 하지만 바이바르스는 이 작전을 미리 알았고, 그리하여 이번에는 자신이 성지를 순례하기로 계획했다. 술탄이 오고 있다는 소식을 들은 몽골 침략자들은 철수했다.[54] 한편, 전반적인 긴장 상황에도 불구하고, 초기에는 매년은 아니지만 이라크에서 순례 행렬이 출발했다는 기록이 존재한다. 가잔은 정의로운 무슬림 군주라는 자신의 공적 페르소나의 일환으로, 1302년 쿠틀룩 샤에게 명해 1000명의 기병으로 구성된 원정대로 이 행렬을 보호하고, 아마도 아라비아 문제에 개입하려 했다. 하지만 1303년 몽골이 패배하면서 이 계획은 중단됐다. 울제이투 또한 1310년대 중반에 메카 유력 가문의 후예이자 불만 세력인 후마이다 빈 아비 누마이를 지원하면서 히자즈 문제에 영향력을 행사하려 했다. 그는 일부 몽골인들과 함께 돌아갔지만, 맘룩에게 충성하는 베두인들에게 패배했다. 한편 술탄 안 나시르 무함마드 역시 고위 지휘관을 원정군 사령관으로 임명해 성도(聖都)에 파견하는 등 몽골의 계획에 정력적으로 대응했다. 1316년 울제이투의 죽음(후마이다의 패배 직전)은 히자즈에 간섭하려는 몽골의 시도에 종지부를 찍었다.

　몽골과 맘룩 사이에 평화가 도래했다고 해서 이 지역에 영향

54　Ibn 'Abd al-Ẓāhir 1976, 354-358 (인용은 356쪽); Amitai-Preiss 1995, 68, 124.

을 미치려는 일 칸국의 노력이 중단된 것은 아니다. 평화 협상을
타진하고 있던 1319년에 이미 특별히 규모가 큰 하지[성지 순례] 행
렬이 이라크에서 출발했으며, 이후 수년간은 그보다 더 큰 순례 행
렬들이 이어졌다. 1323년 일 칸국과 맘룩 사이에 평화가 최종 비준
되면서, 하지 행렬은 정기적인 일이 됐다. 1325년에는 일 칸국 정권
의 실권자 초반이 직접 하지에 참여해 현지의 급수 시설을 수리하
기 위해 한동안 메카에 머물렀으며, 메디나에 마드라사(종교 대학)
와 목욕탕을 건설했다. 2년 후 초반은 아부 사이드와 싸우다 살해
됐고, 그해 이라크 순례 행렬이 그의 시신을 가져와 메디나에 묻었
다. 그 후 몇 년 동안은 일 칸 자신이 이라크에서 출발한 대규모 행
렬을 직접 후원했음이 분명하며, 때로는 그 장비가 과시적이기까
지 했으니, 1330년에는 코끼리도 동원했다.[55]

몽골이 예멘에 직접 간섭하거나 주둔한 적은 없었지만, 아라
비아의 이 구석에서조차 그들의 영향력을 느낄 수 있었다. 아이유
브 왕조 시기 이래로 예멘은 라술 왕조가 통치했고, 인도양 무역에
서 했던 핵심적인 역할, 그 결과로 얻은 부, 그리고 문화적, 지적 활
기로 잘 알려져 있다.[56] 몽골이 인도양 무역에 미친 영향은 라술 왕
조 군주였던 알 말릭 알 아프달 아바스(재위 1363~1377)가 예멘에
서 지은 한 저작에서도 확인된다. 이 책은 현재 영어로 『라술 왕조
6개 언어 사전(Rasūlid Hexaglot)』으로 알려져 있으며, 아랍어, 페르시
아어, 튀르크어, 몽골어, 그리스어, 아르메니아어 단어 목록을 갖

<hr>

55 Melville 1992; Amitai-Preiss 1995, 212-213.
56 라술 왕조는 공식적으로 맘룩의 속국이었지만 그들과 종종 불안한 관계를 맺었다.
  Smith 1995.

추고 있다.[57] 이는 인도양 무역의 역동적이고 국제적인 성격을 반영할 뿐만 아니라, 몽골과 그들의 문화, 언어에 대한 중요한 증거가 예기치 않은 곳에서 발견될 수 있음을 다시 한번 보여준다.

1335년 아부 사이드가 사망한 뒤 일 칸국이 붕괴하면서 이 지역의 정치, 군사적 상황은 크게 달라졌다. 여러 고위 지휘관들은 칭기스계의 후예를 꼭두각시로 내세우고 권력을 다퉜다. 맘룩은 이 상황을 활용해 자지라와 아나톨리아 동남부에서 국경 및 그 너머에 대한 권한을 주장했으니, 이것은 이전에는 할 수 없었던 행동이었다. 자지라의 경우, 우리는 이미 맘룩의 강력한 시리아 총독 탄키즈가 1335~1336년 유프라테스강 동안의 칼라트 알 자바르를 점령한 사실을 알고 있다. 이 총독은 1330년대 후반 맘룩의 후원 아래 시리아 북쪽에 작은 국가를 세웠던 둘 카디르조 튀르크멘에게 적어도 암묵적인 지원을 제공했다.[58] 여기서 우리는 일 칸국의 소멸 직후에 이 지역에서 이루어진 맘룩의 활동에 대해서는 피상적인 개관조차 시도하지 않을 것이다. 다만 맘룩의 관점에서 볼 때 전반적인 상황이 매우 유리했다는 점만은 지적하고자 한다.[59] 이는 1375년 킬리키아의 독립적인 아르메니아 왕국이 맘룩에 의해 멸망한 사례를 봐도 알 수 있다.[60] 1335년 이후 이란과 주변 지역에서의 혼란은 맘룩 왕국에 또 다른 영향을 미쳤으니, 시리아와 이집

---

57 Golden 2000. 라술 왕조 예멘에서 작성된 다른 관련 사료에 대해서는 이 책의 원서 제 2권의 Amitai와 Biran의 장 참조.

58 Sourdel 1965; Mordtmann and Ménage 1965.

59 Wing 2007; Wing 2015, 1-2.

60 Bournoutian 1997, 288-290.

트로 오는 피난민과 이주민이 급증했던 것이다. 이들 중 다수는 학자 및 일 칸국 관료 사회의 고관들이었다(이 범주들은 중첩됐다).[61]

　동쪽과 북쪽에서 강력한 적이 사라진 것은 맘룩의 내부 정치에도 분명히 영향을 미쳤다. 1340년 안 나시르 무함마드가 사망한 이후 수십 년간 이 술탄국을 특징 지은 정치적 불안과 내분은 어쩌면 이 시기에 중대한 적수가 없었다는 사실로 어느 정도 설명될지 모른다.[62] 14세기 말, 몽골 현상의 지속으로 여겨질 수 있는(맘룩 사료에서는 확실히 그렇게 간주됐다) 티무르가 그곳에 도착하면서 상황은 바뀌었다. 1400년 후반에 맘룩은 티무르와 대적하기 위해 시리아로 갔지만, 지휘관들 간, 그리고 그들과 젊은 술탄 안 나시르 파라즈 사이의 갈등 때문에 전투가 벌어지기도 전에 이집트로 철수했다. 이 시기의 맘룩 군대와 지도부는 약 140년 전 아인 잘루트에서 몽골군과 조우한 때와는 확실히 달랐다. 그러나 1401년 3월 중순 다마스쿠스를 차지한 티무르가 몇 주 뒤에 철수하면서, 맘룩은 그 지역으로 돌아와 다시 지배권을 주장할 수 있었다.[63]

비군사적 접촉과 결론

일 칸국과 맘룩 왕국의 국경은 심지어 전쟁의 시기에도 다소 투과성이 있었음은 앞서 언급했다. 여기에는 단지 이라크에서 히자즈로 가는 순례 행렬만 있었던 것은 아니다. 이주민(때로는 피난민으로

61　Ibn Faḍl Allāh al-'Umarī 1968의 Lech 서문, 17-41.

62　이 시기 맘룩의 정치에 대해서는 Van Steenbergen 2006; Levanoni 2010, 250-257 참조.

63　Roemer 1986, 74-76.

서), 민간인과 군인(대부분은 술탄국으로 갔지만 반대의 경우도 있었다), 종교적 인물(학자와 수피), 상인도 이러한 인적 이동의 일부였다. 최근 이븐 알 푸와티(1323 사망)가 지은 인명사전의 현전하는 부분이 출판되면서 국경을 넘는 무역 거래의 규모가 더 명확해졌다. 일 칸국의 학문적 권위자로서 맘룩 왕국을 방문한 인물로는 쿠틉 앗 딘 앗 시라지가 있다. 그는 1282년 테구데르 아흐마드가 보낸 사절단의 일부로 카이로에 도착했다. 또 다른 저명한 인물은 1295년경 일 칸 가잔의 이슬람 개종을 도운 사드르 앗 딘 이브라힘 이븐 함무야로, 그는 메카로 성지 순례를 하고 일 칸국으로 돌아오기 전에 다마스쿠스를 방문했다. 거의 같은 시기에, 다마스쿠스의 유명한 한발리(Ḥanbalī) 학자 타키 앗 딘 이븐 타이미야의 형제인 자인 앗 딘 압둘 라흐만은 타브리즈를 방문하고 있었다. 이러한 방문객들이 체류 도중에 현지 종교인들과 접촉했기 때문에, 우리는 전쟁의 와중에도 문화적, 지적 교류가 이루어지고 있었음을 알 수 있다.[64] 1320년대 초반에 평화가 도래하면서, 주로 여행과 이주를 통해 이러한 분야에서 진일보한 관계와 교류가 이루어졌다. 이주의 범주에 속하는 유명한 사례 중 하나는 학자이자 철학자인 샴스 앗 딘 마흐무드 빈 압둘 라흐만 알 이스파하니(1348 사망)로, 그는 그때까지는 타브리즈에서 활동하다가 1325년에 순례를 행한 뒤 다마스쿠스로 이주했고, 이후 카이로에 거처를 정한 뒤 14세기 중반에 흑사병으로 사망했다. 알 이스파하니는 교육과 학술 활동에 몰두했고, 카이로에서는 철학 연구를 계속하는 와중에 연이어 중요

---

64 Amitai-Preiss 1995, 207-213; Amitai 2015, 242-243; Gil 2015; Melville 1990.

한 한카(khānqāhs, 수피 시설) 두 곳의 셰이흐(shaykh, 책임자)가 됐다. 이로써 술탄국 학자들은 일 칸국 후기의 타브리즈가 제공할 수 있는 최고의 학문을 접했고, 알 이스파하니 자신도 새로운 고향의 동료와 서적으로부터 배울 수 있는 충분한 기회를 가졌다.[65] 문화교류는 학술적, 지적 문제에 국한되지 않았다. 예를 들어, 우리는 1320년대에 맘룩 사신 아이타미쉬 알 무함마디가 데려온 타브리즈 출신의 무명의 설계자이자 뛰어난 건축가를 알고 있다. 그는 아마도 안 나시르 무함마드 모스크에 있는 것을 포함해 카이로의 여러 미나렛을 담당했다.[66] 아이타미쉬를 언급한 김에 말하자면, 그가 몽골 출신으로 몽골어 구어와 문어에 능통했고, 몽골의 구전과 관습에 정통했으며, 사신으로 일 칸국 조정을 자주 방문했다는 사실도 주목할 만하다. 몽골 출신의 맘룩은 많이 있었지만, 모든 사람이 문어에 능통하고 '몽골의 사정'에 정통하지는 않았다.[67] 전쟁 도중, 그리고 그 이후 몽골과 맘룩 사이의 문화적, 지적 교류의 역사는 이제 막 쓰이기 시작했지만, 앞서 제시한 사례가 훨씬 더 큰 현상의 일부에 지나지 않는다는 사실을 안다고 해도 그리 놀랍지 않을 것이다.[68]

오늘날 아랍 세계의 중심지로 여겨지는 곳에 몽골이 미친 영향을 어떻게 요약할 수 있을까? 특히 1260년에 그랬듯이, 분명히 정복 그 자체에 파괴적 성질은 있었다. 그러나 적어도 시리아에서

---

65 al-'Umarī 1968의 Lech 서문, 32-34; Al Ghouz 2016.

66 Rabbat 1995, 265-266; Maqrīzī 1934-1973, 2: 320-321.

67 Little 1979. 몽골 출신의 맘룩에 대해서는 Amitai 2008b 참고.

68 Bent 2020.

는 그 영향이 크지는 않았다. 몽골의 점령이 짧기도 했고 그 후 맘 룩이 지배권을 되찾았기 때문이다. 몽골이 이 지역 전체에 진출한 이후, 사람들이 이라크, 자지라, 아나톨리아 등지로부터 시리아와 이집트로 이주하는 인구 변화가 발생했다. 맘룩-일 칸국 국경 지 역에서는 일부, 어쩌면 상당한 정도의 문화 교류가 있었고, 이는 1320년대 초 '평화 협상 과정'과 함께 확실히 증가했다. 몽골이 아 시아를 한쪽 끝에서 다른 쪽 끝까지 개방한 것은 확실히 이집트의 술탄국, 그리고 앞서 살펴본 것처럼 예멘에도 영향을 미쳤다. 하지 만 한 가지 영향만 특별히 꼽아야 한다면, 그것은 맘룩이 시리아 를 점령하고 통치할 수 있도록 몽골이 길을 닦았다는 점이다. 몽골 이 1260년에 시리아의 아이유브 왕조를 전멸시키면서―물론 그 해 훌레구가 아제르바이잔으로 철수하면서 그 위협은 약화되었지 만―맘룩에게 실존적 위협으로 등장하지 않았다면, 맘룩은 결코 이집트를 벗어나 시리아에 대한 지배권을 얻지 못했을 것이다. 그 들은 이전 10년간 아이유브 왕조 축출에 실패했기 때문이다. 몽골 의 지속적인 위협은 맘룩을 단결하게 했고, 그들의 국가가 호전적 이고 군국주의적이며 중앙집권적인 성격을 갖도록 영향을 미쳤다. 레반트의 프랑크인을 느리지만 확실하게 제거한 것이 바로 이 전 투적인 맘룩인으로, 그 배경에는 프랑크인을 몽골의 협력자로 여 겼다는 점도 일부 작용했다.[69] 한편, 술탄국에 필요한 젊은 맘룩 노 예를 공급할 수 있게 허용한 것은 주치 울루스의 몽골인들이었다. 따라서 몽골을 고려하지 않고 초기 맘룩 왕국의 역사를 연구할

69　Amitai-Preiss 1992b.

수는 없다.[70] 동시에 맘룩은 서아시아의 몽골사에서 중요한 역할을 했다. 적이자 동맹으로서뿐만 아니라, 몽골 세계 제국과 그 계승 국가에 관한 중요한, 이따금은 유일한 증거를 남긴 많은 아랍 작가들의 고향이기도 했기 때문이다.

---

70   이에 대해서는 Ayalon 1971-1973, part C1, 114-117.

참고문헌

사료와 번역서

Abū Shāma, Shihāb al-Dīn ‘Abd al-Raḥmān b. Ismā‘īl. 1947. *Tarājim rijāl al-qarnayn al-sādis wa’l-sāb‘ al-ma‘rūf bi’l-dhayl ‘alā al-rawḍatayn*, ed. Muḥammad al-Kawtharī. Cairo.

Bar Hebraeus. 1932. *The Chronography of Gregory Abû ’l-Faraj: 1225-1286*, tr. E. A. W. Budge. London.

Baybars al-Manṣūrī, Rukn al-Dīn al-Dawādār. 1998. *Zubdat al-fikra fī tar’īkh ahl al-hijra*, ed. Donald S. Richards. Beirut and Berlin.

CHI5. 일러두기 6번 참조.

Dawson, Christopher, ed. 1955. *The Mongol Mission: Narratives and Letters of the Franciscan Missionaries in Mongolia and China in the Thirteenth and Fourteenth Centuries*, tr. by a nun of Stanbrook Abbey. London and New York.

Gestes des Chiprois. 1906. In *Recueil des historiens des croisades, documents armeniens*, vol. 2, 111-253. Paris.

    2003. *The "Templar of Tyre": Part III of the "Deeds of the Cypriots"*, tr. Paul Crawford. Farnham and Burlington, VT.

Golden, Peter B., ed. 2000. *The King's Dictionary: The Rasûlid Hexaglot: Fourteenth Century Vocabularies in Arabic, Persian, Turkic, Greek, Armenian, and Mongolian*. Leiden-Boston-Köln.

Holt, Peter M. 1995. *Early Mamlūk Diplomacy (1260-1290): Treaties of Baybars and Qalawun with Christian Rulers*. Leiden.

HWC. 일러두기 6번 참조.

Ibn ‘Abd al-Ẓāhir, Muḥyī al-Dīn ‘Abdallāh. 1976. *Al-Rawḍ al-zāhir fī sīrat al-malik al-ẓāhir*, ed. ‘Abd al-‘Azīz al-Khuwayṭir. Riyad.

Ibn al-Athīr, ‘Izz al-Dīn Abū Ḥasan ‘Alī ibn Muḥammad. 1965-1967. *Al-Kāmil fī al-ta’rīkh*, 13 vols. Beirut.

    2005-2008. *Al-Kāmil fī al-ta’rīkh, Tr. Donald S. Richards. The Chronicle of Ibn al-Athir for the Crusading Period from al-Kamil fi’l-Ta’rikh*, 3 vols. Aldershot.

Ibn Faḍlallāh al-‘Umarī, Shihāb al-Dīn Aḥmad b. Yaḥyā. 1968. *Masālik al-abṣār fī mamālik al-amṣār*, partial edition and translation by Klaus Lech as *Das Mongolische Weltreich: al-‘Umarīs Darstellung der mongolischen Reiche in seinem Werk Masālik al-abṣār fī mamālik al-amṣār*. Wiesbaden.

Ibn al-Furāt, Nāṣir al-Dīn ʿAbd al-Raḥmān ibn Muḥammad. 1942. *Ta'rīkh al-duwal wa'l-muluk*, vol. 8, ed. Costi K. Zurayk. Beirut.

Ibn al-ʿIbrī. 1992. *Ta'rīkh mukhtaṣar al-duwal*, 3rd ed. Beirut.

Ibn al-Mughayzil, Nūr al-Dīn ʿAlī ibn ʿAbd al-Raḥīm. 2004. *Dhayl mufarrij al-kurūb fī akhbār banī ayyūb*, ed. ʿUmar ʿAbd al-Salām Tadmurī. Sidon and Beirut.

Ibn Shaddād al-Ḥalabī, ʿIzz al-Dīn Muḥammad ibn ʿAli. 1978. *Al-Aʿlaq al-khaṭīra fī dhikr umarāʾ al-shām waʾl-jazīra*, vol. 3, in 2 parts, ed. Yaḥyā ʿAbbāra. Damascus.

John of Plano Carpini. 1995. Historia Mongalorum, ed. and tr. Johannes Gießauf. *Die Mongolengeschichte des Johannes von Piano Carpine: Einführung, Text, Übersetzung, Kommentar*. Graz.

JT/Boyle. 일러두기 6번 참조.

JT/Thackston. 일러두기 6번 참조.

al-Maqrīzī, Taqī al-Dīn Aḥmad ibn ʿAli. 1934-1973. *Kitāb al-sulūk li-maʿrifat duwal al-mulūk*, ed. Muḥammad Muṣṭafā Ziyāda and ʿAbd al-Fattāḥ ʿĀshūr, 4 vols. Cairo.

al-Nuwayrī, Shihāb al-Dīn Aḥmad ibn ʿAbd al-Wahhāb. 1984. *Nihāyat al-arab fī funūn al-adab*, vol. 27, ed. Saʿīd ʿĀshūr. Cairo.

Quatremère, Étienne Marc, ed. and tr. 1837-1847. *L'histoire des sultans mamelouks de l'Égypte écrite en arabe par Taki-eddin-Ahmed Makrizi*, 2 vols. in 4 parts. Paris.

Rashīd al-Dīn, Abūal-Khayr Faḍl Allāh ibn ʿImād al-Dīn al-Hamdānī. 1957. *Jāmiʿ al-tawārīkh*, vol. 3, ed. ʿA. Alīzādah. Baku.

TJG. 일러두기 6번 참조

Waṣṣāf, ʿAbdallāh b. Faḍl Allāh. 1959-1960. *Ta'rīkh-i Waṣṣāf (=Tajziyat al-amṣār wa-tazjiyat al-aʿṣār)*. Teheran.

William of Adam. 2012. *How to Defeat the Saracens [Guillelmus Ade, Tractatus quomodo Sarraceni sunt expugnandi]*, ed. and tr. Giles Constable. Washington, DC.

William of Rubruck (Willem van Ruysbroeck). 1990. *Itinerarium*, tr. and ed. Peter Jackson with David Morgan. *The Mission of Friar William of Rubruck: His Journey to the Court of the Great Khan Mongke 1253-1255*. London.

연구서와 논문

Aigle, Denise. 2014a. "From 'Non-negotiation' to an Abortive Alliance: Thoughts on the Diplomatic Exchanges between the Mongols and the Latin West." In Aigle 2014c, 159-198.

2014b. "Ghazan Khan's Invasion of Syria: Polemics on His Conversion to Islam and the Christian Troops in His Army." In Aigle 2014c, 255-282.

2014c. *The Mongol Empire between Myth and Reality: Studies in Anthropological History.*

Leiden.

2014d. "A Religious Response to Ghazan Khan's Invasions of Syria: The Three 'Anti-Mongol' Fatwās of Ibn Taymiyya." In Aigle 2014c, 283-305.

Al Ghouz, Abdelkader. 2016. "Brokers of Islamic Philosophy in Mamlūk Egypt: Šams al-Dīn Maḥmūd b. ʿAbd al-Raḥmān al-Iṣfahānī (d. 1348) as a Case Study in the Transmission of Philosophical Knowledge through Commentary Writing." *ASK Working Paper* 24. Bonn.

Allouche, Adel. 1990. "Tegüder's Ultimatum to Qalawun." *IJMES* 22: 437-446.

Amitai, Reuven. 1987. "Mongol Raids into Palestine(A.D. 1260 and 1300)." *JRAS* 119: 236-255.

1988. "Mamluk Espionage among Mongols and Franks." *Asian and African Studies* 22: 173-181.

2001a. "The Conversion of Tegüder Ilkhan to Islam." *Jerusalem Studies in Arabic and Islam* 25: 15-43.

2001b. "Edward of England and Abagha Ilkhan: A Reexamination of a Failed Attempt at Mongol-Frankish Cooperation." In *Tolerance and Intolerance: Social Conflict in the Age of the Crusades*, ed. Michael Gervers and James M. Powell, 75-82.

2002. "Whither the Ilkhanid Army? Ghazan's First Campaign into Syria (1299-1300)." In *Warfare in Inner Asian History*, ed. Nicola Di Cosmo, 221-264. Leiden, Boston, and Cologne.

2004. "The Mongol Occupation of Damascus in 1300: A Study of Mamlūk Loyalties." In *The Mamlūks in Egyptian and Syrian Politics and Society*, ed. Amalia Levanoni and Michael Winter, 21-41. Leiden.

2005. "The Resolution of the Mongol-Mamlūk War." In *Mongols, Turks and Others: Eurasian Nomads and the Sedentary World*, ed. Reuven Amitai and Michal Biran, 359-390. Leiden and Boston.

2006. "Some More Thoughts on the Logistics of the Mongol-Mamlūk War (with Special Reference to the Battle of Wadi al-Khaznadar)." In *Logistics of War in the Age of the Crusades*, ed. John Pryor, 25-42. Aldershot.

2007a. "ʿAyn Jālūt." *EI3*, online version, at http://referenceworks.brillonline.com/entries/encyclopaedia-of-islam-3/ayn-jalut-SIM_0082(accessed March 5, 2023).

2007b. "Mongol Provincial Administration: Syria in 1260 as a Case-Study." In *In Laudem Hierosolymitani: Studies in Crusades and Medieval Culture in Honour of Benjamin Z. Kedar*, ed. Iris Shagrir, Ronnie Ellenblum, and Jonathan Riley-Smith, 117-143. Aldershot.

2007c. *The Mongols in the Islamic Lands: Studies in the History of the Ilkhanate*. Aldershot and Burlington, VT.

2008a. "Diplomacy and the Slave Trade in the Eastern Mediterranean: A Re-examination of the Mamlūk-Byzantine-Genoese Triangle in the Late Thirteenth Century in

Light of the Existing Early Correspondence." *Oriente Moderno, new series* 87.2: 349-368.

2008b. "Mamlūks of Mongol Origin and Their Role in Early Mamlūk Political Life." *Mamlūk Studies Review* 12.1: 119-137.

2011a. "Dealing with Reality: Early Mamlūk Military Policy and the Allocation of Resources." In *Crossroads between Latin Europe and the Near East: Frankish Presence in the Eastern Mediterranean*(12th to 14th Centuries), ed. Stefan Leder, 127-144. Würzburg.

2011b. "Im Westen nichts Neues? Re-examining Hülegü's Offensive into the Jazīra and Northern Syria in Light of Recent Research." In *Historicizing the "Beyond". The Mongolian Invasion as a New Dimension of Violence?*, ed. Frank Krämer, Katharina Schmidt, and Julika Sinder, 83-96. Heidelberg.

2013. *Holy War and Rapprochement: Studies in the Relations between the Mamlūk Sultanate and the Mongol Ilkhanate (1260-1335)*. Turnhout.

2014. "Dangerous Liaisons: Armenian-Mongol-Mamlūk Relations(1260-1292)." In *La Méditerranée des arméniens, XIIe-XVe siècle*, ed. Gérard Dédéyan and Claude Mutafian, 191-206. Paris.

2015. "The Impact of the Mongols on the History of Syria: Politics, Society and Culture." In *Eurasian Nomads as Agents of Cultural Change: The Mongols and Their Eurasian Predecessors*, ed. Reuven Amitai and Michal Biran, 228-251. Honolulu.

Amitai-Preiss, Reuven. 1991. "Evidence for the Early Use of the Title *Īlkhān* among the Mongols." *JRAS* 3, 3rd series 1: 353-362.

1992a. "Ayn Jālūt Revisited." *Tārīḫ* 2: 119-150.

1992b. "Mamlūk Perceptions of the Mongol-Frankish Rapprochement." *Mediterranean Historical Review* 7: 50-65.

1994. "An Exchange of Letters in Arabic between Abaγa Ilkhan and Sultan Baybars (A.H. 667/A.D. 1268-9)." *CAJ* 38: 11-33.

1995. *Mongols and Mamlūks: The Mamlūk-Ilkhanid War 1260-1281*. Cambridge.

1995-1997. "The Mongols and Karak in Trans-Jordan." *AEMA* 9: 5-16.

1996. "New Material from the Mamlūk Sources for the Biography of Rashid al-Din." In *The Court of the Il-Khans*, ed. Julian Rabi and Teresa Fitzherbert, 23-37. Oxford.

Ayalon, David. 1971-1973. "The Great Yāsa of Chingiz Khān: A Reexamination." *Studia Islamica*, part A, 33: 97-140; part B, 34: 151-80; part C1, 36: 113-58; part C2, 37: 107-156.

Barker, Hannah. 2019. *That Most Precious Merchandise: The Mediterranean Trade in Black Sea Slaves, 1260-1500*, Philadelphia.

Bent, J. M. C. van den. 2020. "Mongols in Mamluk Eyes: Representing Ethnic Others in the Medieval Middle East." PhD diss., University of Amsterdam.

Biran, Michal. 2002. "The Battle of Herat(1270): A Case of Inter-Mongol Warfare." In *Warfare in Inner Asia*, ed. Nicola Di Cosmo, 197-220. Leiden.

2016. "Music in the Conquest of Baghdad: Ṣafī al-Dīn Urmawī and the Ilkhanid Circle of Musicians." In *The Mongols in the Middle East: Continuity and Transformation in Ilkhanid Iran*, ed. Bruno De Nicola and Charles Melville, 133-155. Leiden.

Bournoutian, Ani Atamian. 1997. "Cilician Armenia." In *The Armenian People from Ancient to Modern Times*, ed. Richard G. Hovannisian, vol. 1, 273-293. New York.

Bowlus, Charles R. 1996. "Tactical and Strategic Weaknesses of Horse Archers on the Eve of the First Crusade." In *Autour de la première croisade*, ed. Michel Balard, 159-166. Paris.

Boyle, John Andrew. 1961. "The Death of the Last 'Abbāsid Caliph: A Contemporary Muslim Account." *Journal of Semitic Studies* 4: 145-161.

1968. "Dynastic and Political History of the Īl-Khāns." In *CHI*5, 303-428.

1976. "The Il-Khans of Persia and the Princes of Europe." *CAJ* 20: 25-40.

Broadbridge, Anne F. 2008. *Kingship and Ideology in the Islamic and Mongol Worlds*. Cambridge.

Cahen, Claude. 1968. *Pre-Ottoman Turkey: A General Survey of the Material and Spiritual Culture and History c. 1071-1330*, tr. J. Jones-Williams. London.

Dashdondog, Bayarsaikhan. 2011. *The Mongols and the Armenians (1220-1335)*. Leiden and Boston.

Ehrenkreutz, Andrew. 1981. "Strategic Implications of the Slave Trade between Genoa and Mamlūk Egypt in the Second Half of the Thirteenth Century." In *The Islamic Middle East, 700-1900: Studies in Economic and Social History*, ed. Avram L. Udovitch, 335-345. Princeton.

Erdal, Marcel. 1993. "Die türkisch-mongolischen Titel *elxan and elči*." In *Altaica Berolinensia: The Concept of Sovereignty in the Altaic World*, ed. Barbara Kellner- Heinkele, 81-99. Wiesbaden.

Favereau, Marie. 2018. *La Horde d'Or et le sultanat mamelouk: naissance d'un alliance*. Cairo.

Gil, Matania. 2015. "Commerce in the Ilkhanid State(1260-1335) According to the Biographical Dictionary of Ibn al-Fuwaṭī (d. 1323)"(Hebrew). MA thesis, The Hebrew University of Jerusalem.

Herde, Peter. 2002. "Taktiken muslimischer Heere vom ersten Kreuzzug bis 'Ayn Jalut (1260) und ihre Einwirkung auf die Schlact bei Tagliacozzo(1268)." In *Studien zur Papst- und Reichsgeschichte, zur Geschichte des Mittelmeerraumes und zum kanonischen Recht im Mittelalter*, ed. Peter Herde, vol. 1, 443-463. Stuttgart.

Hiyari, Mustafa A. 1975. "The Origins and Development of the Amīrate of the Arabs during the Seventh/Thirteenth and Eighth/Fourteenth Centuries." *BSOAS* 38: 509-524.

Holt, Peter M. 1986. "The Īlkhān Aḥmad's Embassies to Qalāwūn: Two Contemporary Accounts." *BSOAS* 49: 128-132.

Humphreys, R. Stephen. 1977. *From Saladin to the Mongols: The Ayyubids of Damascus, 1193-1260*. Albany.

Irwin, Robert. 1986. *The Middle East in the Middle Ages: The Early Mamlūk Sultanate 1250-*

1382. London.

Jackson, Peter. 1978. "The Dissolution of the Mongol Empire." *CAJ* 32: 186-244.

1980. "The Crisis in the Holy Land in 1260." *English Historical Review* 95: 481-513.

2005. *The Mongols and the West, 1221-1410*. Harrow.

Krawulsky, Dorothea. 1978. *Īrān - Das Reich der Īlḫāne: Eine topographisch-historische Studie*. Wiesbaden.

2011. *The Mongol Īlkhāns and Their Vizier Rashīd al-Dīn*. Frankfurt.

Levanoni, Amalia. 1990. "The Mamlūks' Ascent to Power in Egypt." *Studia Islamica* 72: 121-144.

2010. "The Mamlūks in Egypt and Syria: The Turkish Mamlūk Sultanate (648-784/1250- 1382) and the Circassian Mamlūk Sultanate (784-923/1382-1517)." In *The New Cambridge History of Islam, vol. 2, The Western Islamic World Eleventh to Eighteenth Centuries*, ed. Maribel Fierro, 237-284. Cambridge.

Lewis, Bernard. 1974. *Islam from the Prophet Muhammad to the Capture of Constantinople*, 2 vols. New York.

Little, Donald P. 1979. "Notes on Aitamiš, a Mongol Mamlūk." In *Der islamischen Welt zwischen Mittelalter und Neuzeit*, ed. Ulrich Haarmann and Peter Bachmann, 387-401. Wiesbaden.

Loiseau, Julien. 2014. *Les Mamelouks, XIIIe-XVIe siècle: Une experience du pouvoir dans l'Islam medieval*. Paris.

May, Timothy M. 2003. "The Mongol Presence and Impact in the Lands of the Eastern Mediterranean." In *Crusades, Condottieri, and Cannon: Medieval Warfare in Societies around the Mediterranean*, ed. Donald J. Kagay and L. J. Andrew Villalon, 133-56. Leiden and Boston.

Melville, Charles. 1990. "Pādshāh-i Islām: The Conversion of Sultan Maḥmūd Ghāzān Khān." *Pembroke Papers* 1: 159-177.

1992. "'The Year of the Elephant': Mamlūk-Mongol Rivalry in the Hejaz in the Reign of Abū Saʿīd(1317-1335)." *Studia Iranica* 21: 197-214.

1996. "'Sometimes by the Sword, Sometimes by the Dagger': The Role of the Ismaʿilis in Mamlūk-Mongol Relations in the 8th/14th Century." In *Medieval Ismaʿili History and Thought*, ed. Farhad Daftary, 247-263. Cambridge.

Meyvaert, Paul. 1980. "An Unknown Letter of Hulagu, Il-Khan of Persia, to King Louis IX of France. *Viator* 11: 245-259.

Mordtmann, J. H., and V. L. Ménage. 1965. "Dhu 'l-Ḳadr." *EI2*, vol. 2, 239-240.

Morgan, David O. 1985. "The Mongols in Syria, 1260-1300." In *Crusade and Settlement: Papers Read at the First Conference of the Society for the Study of the Crusades and the Latin East and Presented to R. C. Smail*, ed. Peter Edbury, 231-235. Cardiff.

1989. "The Mongols and the Eastern Mediterranean." *Mediterranean Studies Review 4.1, Latins and Greeks in the Eastern Mediterranean after 1204*, ed. Benjamin Arbel, Bernard Hamilton, and David Jacoby, 198-211.

Northrup, Linda. 1998. *From Slave to Sultan: The Career of al-Manṣūr Qalāwūn and the Consolidation of Mamlūk Rule in Egypt and Syria (678-689 A.H./1279-1290 A.D.)*. Stuttgart.

Pfeiffer, Judith. 2006. "Aḥmad Tegüder's Second Letter to Qalāʾūn(682/1283)." In *History and Historiography of Post-Mongol Central Asia and the Middle East: Studies in Honor of John E. Woods*, ed. Judith Pfeiffer and Sholeh A. Quinn in collaboration with Ernest Tucker, 167-202. Wiesbaden.

Prawer, Joshua. 1970. *Histoire du royaume latin de Jérusalem*, tr. Gérard Nahon. Paris.

Rabbat, Nasser O. 1995. *The Citadel of Cairo: A New Interpretation of Royal Mamlūk Architecture*. Leiden.

Roemer, Hans R. 1986. "Tīmūr in Iran." In *The Cambridge History of Iran*, vol. 6, *The Timurid and Safavid Period*, ed. Peter Jackson and Laurence Lockhart, 42-97. Cambridge.

Röhricht, Reinhold. 1890. "Der Kreuzzug des Königs Jacob I. von Aragonien(1269)." *Mittheilungen des Instituts für Oesterrichische Geschichtsforschung* 11: 372-395.

Rossabi, Morris. 1992. *Voyager from Xanadu: Rabban Sauma and the First Journey from China to the West*(모리스 로사비, 권용철 옮김, 『랍반 사우마의 서방견문록』, 사회평론아카데미, 2021). Tokyo.

Saunders, John J. 1977. "The Mongol Defeat at Ain Jalut and the Restoration of the Greek Empire." In John J. Saunders, *Muslims and Mongols: Essays on Medieval Asia*, ed. Geoffrey W. Rice, 67-76. Canterbury, NZ.

Schein, Sylvia. 1979. "*Gesta Dei per Mongolos* 1300: The Genesis of a Non-event." *English Historical Review* 94: 805-819.

Sinor, Denis. 1972. "The Mysterious 'Talu Sea' in Oljeitu's Letter to Philip the Fair of France." *Analecta Mongolica Dedicated to the Seventieth Birthday of Professor Owen Lattimore*, ed. John G. Hangin and Urgunge Onon, 115-121. Bloomington, IN.

1975. "The Mongols and Western Europe." In *A History of the Crusades*, general ed. Kenneth M. Setton, vol. 3, ed. Harry W. Hazard, 513-544. Madison.

1977. *Inner Asia and Its Contacts with Medieval Europe*. London.

Smith, G. Rex. 1995. "Rasūlids." *EI2*, vol. 8, 455-457.

Smith, John M., Jr. 1984. "ʿAyn Jālūt: Mamlūk Success or Mongol Failure." *HJAS* 44: 307-345.

1998. "Nomads on Ponies vs. Slaves on Horses." *JAOS* 118: 54-62.

Sourdel, Dominique. 1965. "Djaʿbar or Ḳalʿat al-Djaʿbar." *EI2*, vol. 2, 354.

Spuler, Bertold. 1965. *Die Goldene Horde: Die Mongolen in Rußland, 1223-1502*, 2nd ed. Wiesbaden.

1985. *Die Mongolen in Iran: Verwaltung und Kultur der Ilchanzeit, 1220-1350*, 4th ed. Leiden.

Stewart, Angus. 2001. *The Armenian Kingdom and the Mamlūks: War and Diplomacy during the Reign of Hetʾum II (1287-1307)*. Leiden.

2014. "Alliance with the Tartars: The Armenian Kingdom, the Mongols and the Latins." In *La Méditerranée des arméniens XIIe-XVe siècle*, ed. Claude Mutafian, 207–229. Paris.

Thorau, Peter. 1986. "The Battle of 'Ayn Jālūt: A Re–examination." In *Crusade and Settlement: Papers Read at the First Conference of the Society for the Study of the Crusades and the Latin East and Presented to R. C. Smail*, ed. Peter Edbury, 36–41. Cardiff.

1992. *The Lion of Egypt: Sultan Baybars I and the Near East in the Thirteenth Century*, tr. Peter M. Holt. London and New York.

Tritton, Arthur S. 1948. "The Tribes of Syria in the Fourteenth and Fifteenth Century." *BSOAS* 12: 567–573.

van Steenbergen, Jo. 2006. *Order out of Chaos: Patronage, Conflict and Mamlūk Socio-political Culture, 1341-1382*. Leiden and Boston.

Weiers, Michael. 1986. "Die Mongolen in Iran." In *Die Mongolen: Beiträge zu ihrer Geschichte und Kultur*, ed. Michael Weiers, 300–344. Darmstadt.

Wing, Patrick. 2007. "The Decline of the Ilkhanate and the Mamlūk Sultanate's Eastern Frontier." *Mamlūk Studies Review* 11.2: 77–88.

2015. "Submission, Defiance, and the Rules of Politics on the Mamlūk Sultanate's Anatolian Frontier." *JRAS*, 3rd series 25: 1–12.

Zakirov, Salikh. 1966. *Diplomaticheskie Otnosheniia Zolotoi Ordy s Egiptom (XIII-XIV vv.)* Moscow.

제 8 장

남아시아와 몽골 제국

탄센 센

탄셴 센   **Tansen Sen**

중국 상하이뉴욕대학 글로벌아시아센터 소장 겸 역사학과 교수이자 같은 대학 글로벌네트워크 석좌교수이다. 아시아 역사와 종교를 전문으로 연구하며, 특히 인도와 중국의 관계, 인도양 네트워크, 불교에 깊은 관심을 가지고 있다. 지은 책으로 『불교, 외교, 무역(*Buddhism, Diplomacy, and Trade*)』과 『인도, 중국, 그리고 세계(*India, China, and the World*)』 등이 있다.

남아시아, 특히 인더스강 동쪽과 남쪽 지역은 유라시아 대부분과 달리 몽골 제국에 통합되지 않았다. 하지만 이것이 남아시아가 몽골군의 군사 침입을 모면했다거나, 몽골 통치자들이 이 지역을 침략할 생각을 하지 않았다는 의미는 아니다. 사실 제국 초기의 칭기스 칸(1227 사망)과 막바지의 티무르(재위 1370~1405)는 오늘날 파키스탄과 북인도 일부 지역을 자신의 영역으로 거의 편입할 뻔했다. 이러한 시도, 심지어 국경 지역에 몽골인들이 그저 존재한 것만으로도 남아시아 사람들의 정치적, 사회적, 문화적 삶에 큰 영향을 미쳤다. 스리랑카(실론)섬 등 멀리 남쪽 해안 지역은 동아시아의 원 제국(1271~1368)과 페르시아만의 일 칸국(1256~1335)을 연결하는 장거리 무역 및 외교 네트워크에 완전히 통합됐다.

이 장에서는 13~14세기 남아시아와 몽골 제국의 만남을 세 가지 측면에서 개괄할 것이다. 첫째, 이 두 세기 동안 발생한 군사 충돌과 외교 교류를 살필 것이다. 둘째, 남아시아와 몽골 칸국들 사이의 상업적 교류, 특히 원 중국 및 일 칸국과의 무역에 초점을 맞출 것이다. 끝으로 문화적 연관성, 특히 남아시아와 몽골 제국 관계의 필수 요소이기도 한 불교와 이슬람에 관해 탐구할 것이다.

군사 충돌과 외교 교류

몽골 제국과 가장 밀접하게 연결된 곳은 오늘날 아프가니스탄에서 레-라다크 일대에 이르는 힌두쿠시 남쪽 지역이다. 1229년 무렵, 인더스강 서쪽의 일부 지역은 이미 칭기스 칸의 군대에 점령됐다. 그리고 이 지역은 칭기스 칸의 손자 훌레구(재위 1256~1265)가 건립한 일 칸국의 일부가 됐다. 몽골은 이 남아시아의 서쪽 변방으로부터 델리 술탄국(1206~1526) 영토로 여러 차례 침입했다.[1] 13세기 후반 베네치아와 중국 사이를 오간 마르코 폴로의 여행은 몽골이 통합한 세계를 전형적으로 보여준다. 그는 원 제국의 군주 쿠빌라이 카안이 남아시아 일부 지역에 대한 침공을 고려했을 수도 있다고 암시했다.[2] 하지만 차가다이계의 침략과 1398년 티무르의 일시적인 델리 정복을 제외하면, 대부분의 남아시아는 몽골에 복속하지 않은 채로 있었다.

몽골의 각 칸국과 남아시아의 다양한 정치체 사이의 외교 소통은 빈번하게, 그리고 다양한 목적을 가지고 이루어졌다. 이러한 교류는 13~14세기 조선 기술의 발달과 항해술의 발전으로 더욱 활발해졌다.[3] 무슬림, 힌두교도, 중국인 상인들이 운영한 상업 네트워크도 외교적 교류에 기여했다. 게다가 이븐 바투타(1304~1377)와 같이 아프로-유라시아 세계의 먼 지역 사람들도 이러한 교류에 참여했다.

팽창하는 몽골군과 남아시아의 첫 만남은 1221~1223년에 이루어졌다. 칭기스 칸은 호레즘 제국(1077~1231)을 정복한 뒤, 마지막 호레즘 샤 잘랄 앗 딘(재위 1220~1231)을 인더스 유역까지 추격했다고 전해진다. 잘랄 앗 딘은 몽골의 맹공을 피해 인더스강을 헤엄쳐 건넜고, 당시 델리의 술탄이자 한때 자신의 최대 라이벌이었던 샴스 앗 딘 일투트미쉬(재위 1210~1236)에게 망명을 요청하는 사

1　Jackson 1975; Jackson 1990; Jackson 1999.
2　Marco Polo 1938, 1: 138 [309]; Sen 2006b, 305 n. 17.
3　Lo 2012.

신을 보냈다. 하지만 일투트미쉬의 대응은 그 호레즘 사신을 즉각 처형하는 것이었다. 이후 3년 동안 잘랄 앗 딘은 종종 군사력 사용이나 위협을 통해 펀자브와 구자라트 지역의 군주들과 동맹을 맺고자 노력했다. 한편 칭기스 칸은 인더스강을 넘는 모험을 하지는 않았으나, 델리에 사신을 보내 히말라야를 통해 몽골 본토로 돌아가는 길을 요구했다. 당시 이 사신에게 무슨 일이 있었는지, 일투트미쉬가 어떻게 반응했는지는 분명하지 않지만, 델리 술탄국의 궁정 연대기 작가 민하지 시라즈 주즈자니(1193~1270경)가 시사한 대로, 몽골은 아마 더위 때문에 퇴각을 결정한 것으로 보인다.[4] 한편 『원사』는 칭기스 칸이 유니콘[사료상의 표현은 '각수(角獸)'로, 사슴의 모습에 말의 꼬리가 달렸다고 한다]을 만났고 그것이 이 위대한 정복자가 인도로 들어가지 못하게 막았다는 이야기를 전한다.[5]

1227년 칭기스 칸이 사망한 데 이어 그의 후손들이 이끄는 경쟁적인 칸국들이 등장하면서, 정치적으로 분열된 몽골 제국 내에서 남아시아가 차지하는 위치는 더 복잡해졌다. 1235년에서 1241년 사이에 칭기스의 아들 우구데이(1241 사망)는 처음으로 인더스강 동쪽 지역을 본격적으로 침입하려 했다. 몽골은 카슈미르에 진입해 라호르를 손에 넣었지만, 아마도 기후 때문에 다시 한번 철수를 결정했다. 이후 20년 동안 몽골은 군사 침략을 계속했고, 그 결과 델리 술탄국의 서북 변경 지역에서 상당한 이익을 거뒀다. 이러한 군사 충돌과 점령은 1260년 훌레구가 델리 술탄국에 외교

---

4 Jackson 1990; Jackson 1999, 32–34.

5 *YS*, 3456.

사절을 파견하면서 결국 막을 내렸고, 양국 간 분쟁은 일시적으로 진정됐다.[6]

델리 술탄국과 몽골(및 그 동맹 세력)의 군사적 대립은 1280년대에 재개되어 14세기 첫 사분기까지 계속됐다. 우구데이의 손자이자 중앙아시아에서 활약하던 카이두(1303 사망)가 이 시기 델리 술탄국의 주요 적수로 부상했다. 두아(1307 사망)와 타라가이 등 몇몇 카이두의 핵심 협력자들이 남아시아 침입을 이끌었지만, 결과는 서로 엇갈렸다. 두아는 의미 있는 이익을 거두는 데 실패한 것처럼 보이는 반면, 타라가이는 1303년 델리에 도착해 약 두 달간 포위하다가 급작스럽게 퇴각했다.[7]

알라 앗 딘 무함마드 샤 할지(재위 1296~1316)와 무함마드 샤 빈 투글룩(재위 1324~1351) 시기에 델리 술탄국이 차가다이 울루스 또는 그 동맹 세력을 향해 군사 공격을 감행한 사례도 있다.[8] 실제로 후자가 인더스강 서쪽 지역으로 진출하면서 델리 술탄국과 차가다이 울루스 사이에 군사 분쟁이 재개됐다. 1320년대 후반, 무함마드 샤 빈 투글룩과 미래의 차가다이 칸 타르마시린(재위 1331~1334) 사이에 대규모 전투가 계속됐고, 전하는 바에 따르면 델리 술탄이 몽골군에게 승리를 거뒀다고 한다.[9]

델리 술탄국 영토에 대한 몽골의 마지막이자 가장 성공적인 침략은 1398년에 티무르의 지휘 아래 이뤄졌다. 티무르는 칭기스

---

6 Jackson 1999, 103-110.

7 Jackson 1999, 217-224; Biran 2013, 90.

8 Jackson 1999, 228-235.

9 Jackson 1975; Jackson 1999, 232; Biran 2002, 744.

칸의 직계 후손은 아니나 차가다이 울루스와 일 칸국의 영역을 자신의 제국에 병합한 인물로, 델리에 진입해 수천 명의 포로를 학살했다. 또 그는 1320년에 시작된 투글룩 왕조의 델리 지배를 종식했다. 하지만 티무르는 전임자들과 마찬가지로 그 지역을 약탈한 뒤 철수했다.[10]

중국의 원과 남아시아 국가는 마주하는 국경이 없고 지형이 험준했기 때문에, 일반적으로 양자 간에는 군사적 충돌이 발생하지 않았을 가능성이 크다. 하지만 몇몇 사료에 기록된 것처럼, 쿠빌라이 카안은 다른 몽골 군주와 마찬가지로 남아시아 침공을 고려했다. 예를 들어, 마르코 폴로는 "반란이 일어나는 등 필요시에 바다에 있는 인도의 섬들이나 다른 먼 지역으로" 쿠빌라이의 군대를 수송하기 위해 약 1만 5000여 척의 배가 황허에 대기하고 있는 것을 보았다고 언급했다.[11] 마찬가지로 페르시아의 관료이자 역사가인 라시드 앗 딘(1247~1318)도 쿠빌라이가 남아시아의 여러 국가에 외교 사절을 보내 원 조정에 복속할 것을 요구했다고 기록했다.[12] 아래에서 언급하듯이, 중국 측 사료를 통해서도 쿠빌라이가 조정의 대리인을 파견해 남아시아 국가들을 복속시키려 했음을 확인할 수 있나.

원 조정이 일본, 차가다이 울루스, 미얀마의 바간과 군사적으로 충돌하던 1278~1279년에, 쟐루나다시(카란다스?)[『원사』에는 '가로

---

10 Jackson 1999, 311-314; Manz 1989.
11 Marco Polo 1938, 1: 138 [309]. 마르코 폴로가 여기서 인도양의 특정 지역을 가리키고 있는지는 분명하지 않다. "인도의 섬"은 동남아시아 해양 지역을 의미할 수도 있다.
12 *JT*/Boyle, 272.

납답사(迦魯納答思)'로 표기]라는 한 위구르인 불교 승려가 쿠빌라이 카안에게 상주했다. 그는 마바르(코로만델해안에 위치)와 콜람(말라바르 해안에 위치) 같은 해양 국가들을 향해 군사 작전을 펼치는 대신 외교를 고려해야 한다고 간청하며, "사신을 보내 전쟁의 재앙과 평화적 복속의 이익 가운데 무엇을 취할지를 논의하는 편이 더 낫습니다"라고 쿠빌라이에게 진언했다.[13] 쿠빌라이는 카란다스의 제안을 받아들인 것처럼 보이며, 대부분 군 지휘관들이 이끄는 사절단을 마바르와 콜람에 파견했다. 1280~1296년 원 조정은 이 두 나라에 13차례 외교 사절을 보냈다. 마바르와 콜람도 이에 응해 비슷한 수의 사절을 원 조정에 보냈다.[14]

원이 마바르와 콜람에 보낸 사절단을 여러 차례 지휘한 관료는 양정벽(楊庭璧)이라는 인물이었다. 그는 이전에 유명한 몽골의 장군 수게투의 휘하에서 장교로 복무했다. 사실 양정벽과 수게투 둘 다 1280년에 외교 사신으로 파견되어, 각각 남아시아와 동남아시아의 참파(지금의 베트남 중부)로 갔다. 1280년 4~5월 콜람에 도착한 양정벽은 곧바로 비나디(판디아?)[『원사』에는 '필납적(必納的)'으로 표기]라는 이름의 군주로부터 1년 내에 원 조정으로 조공 사절을 보내겠다고 약속하는 '항복 조건'[원문은 '항표(降表)']을 확보했다. 1280년 후반, 콜람은 마바르, 참파, 자바, 안남(오늘날 베트남 북부)과 함께 원 조정에 사신을 파견했다. 하지만 조정은 콜람이 '복속'하지 않았다고 지적했고, 설명을 요구하기 위해 다시 양정벽을 보냈다.[15]

---

13 *YS*, 3260-3261.

14 Sen 2006b, 302-313; Rockhill 1914, 419-447.

15 *YS*, 4669; Sen 2006b, 306-307; Mukai and Fiaschetti 2020.

1281년 초, 양정벽이 이끈 두 번째 남아시아 사절단은 카사르카야라는 신임 콜람국선위사[구람국선위사(俱藍國宣慰使)]와 동행했다. 그러나 이 사절단은 역풍으로 목적지 도착에 실패했다. 1282년 초 양정벽은 세 번째로 남아시아에 출사했고, 이때 그는 콜람의 군주뿐만 아니라 그 지역의 여러 다른 국가 및 상인 공동체로부터도 만족스러운 복속 인정의 의사를 확보했다. 양정벽이 남아시아에서 거둔 성공은 코로만델 해안으로 확장되어, 그가 마바르국의 고관인 아부 알리(일명 사이드)의 변절에 개인적으로 연루된 것처럼 보인다.[16] 아부 알리가 원 조정으로 변절한 것은 쿠빌라이의 더 광범위한 지정학적 목표와 관련됐을 가능성이 있다. 쿠빌라이는 복속을 얻어내기 위해 외교를 사용했지만, 1281년 참파 공격과 1293년 자바 원정은 복속에 필요한 특정 요구, 즉 복속국 군주가 직접 조공 사절을 이끌고 와야 한다는 규정 등이 충족되지 않으면 그가 해군의 사용을 주저하지 않았음을 보여준다.[17] 하지만 남아시아에 대한 전략은 다소 달랐는데, 아마도 거리가 멀다는 문제와 쿠빌라이가 기획한 해군 원정이 모두 처참한 실패로 끝났다는 사실 때문이었을 것이다. 쿠빌라이는 아부 알리에게 망명을 허용함으로써 칭기스 칸 후손들 간의 내선에서 그의 동맹인 일 칸국과의 중요한 연결고리라 할 수 있는 남아시아 해안 지역에 대한 전략적, 군사적 통찰력을 얻으려 했을 수도 있다.

---

16 *YS*, 4669-4670; Sen 2006b, 307-313.

17 Rossabi 1994, 484-485; Rossabi 1988, 213-219. 다이비엣(대월(大越))과 참파에 대한 몽골의 해군 공격에 대해서는 Vu 2017 참고. 자바 측 증거에 대해서는 Hung et al. 2022 참조.

　　원 중국과 일 칸국 사이의 외교 교류에서 남아시아가 담당한 중요한 중개 역할은 다양한 사료를 통해 확인할 수 있다. 전하는 바에 따르면, 마르코 폴로는 1291년 중국에서 베네치아로 돌아가는 항해 중에 일 칸국의 군주이자 쿠빌라이의 종손인 아르군 칸에게 쿠케친이라는 이름의 원 황실 여성을 인도하는 임무를 맡았다고 한다. 그에 따르면, 사절단은 일 칸국의 도시 아브하르로 나아가기 전에 콜람을 통과했다. 비록 마르코 폴로나 쿠케친이 언급되지는 않았지만, 명 왕조의 저작『영락대전』에서 발견된 한 중국 측 기록[「참적(站赤)」을 가리킨다] 역시 1290년 쿠빌라이의 명을 받은 외교 사절단이 남아시아(이 기록에서는 말라바르 대신 코로만델 해안이 언급됐다)를 경유해 몽골 이란으로 갔다고 전한다.[18] 수년 후인 1297년, 일 칸국의 군주 가잔은 남아시아 연안을 통해 원 조정으로 사절을 파견했다. 사신단을 이끌던 인물은 귀환 항해 도중 마바르 인근에서 사망했고, "그의 삼촌 무덤 근처"에 있다고 알려진 한 무덤에 묻혔다.[19] 뒤에 논의하겠지만, 남아시아 해안 지역은 분명히 페르시아만과 원 중국 사이의 장거리 무역을 위한 중요한 경유지이기도 했다.

　　외교 교류는 일 칸국과 남아시아 국가들 사이에도 이루어졌다. 페르시아의 역사가 와사프(1264~1329)의 기록에 따르면, 초기에 몽골의 군주 칭기스 칸과 우구데이가 델리의 통치자들에게 외교 사절을 보내 "호의의 뜻"을 표현한 뒤, 1311년에 현재의 일 칸 울제

18　Vogel 2013, 80–84.

19　Waṣṣāf 1966, 3: 45–47.

이투가 우호 관계를 수립하기 위해 델리 술탄국에 두 명의 사신을
보냈다고 한다. 또 울제이투는 델리의 술탄인 알라 앗 딘 무함마드
샤 할지에게 혼인을 위해 공주 한 명을 보내달라고 요구했다. 하지
만 와사프에 따르면, "폭군" 술탄은 사신들을 투옥했고 그들의 수
행원 일부는 "코끼리 발에 밟혔다."[20]

15년 후인 1327/1328년, 무함마드 샤 빈 투글룩은 타르마시
린에 맞서는 동맹을 제안하기 위해 일 칸 아부 사이드 바하두르에
게 사신을 보냈다. 비록 그의 제안대로 협력이 이루어진 것 같지
는 않지만, 아부 사이드는 그의 사신 파견에 응해 야즈드의 사이
드 아두드 앗 딘이라는 인물이 이끄는 외교 사신단을 보냈다.[21] 이
후 무함마드는 아부 사이드에게 매년 사신을 파견했다. 또 이븐 바
투타에 따르면, 무함마드는 타르마시린의 궁정에도 외교 사절단을
파견했으며, 이는 델리 술탄국과 차가다이 울루스 사이의 적대 관
계를 종식시켰을지도 모른다.[22]

또 역사적으로 의심의 여지가 있기는 하지만, 더 이른 시기의
일화로는 라시드 앗 딘이 일 칸국의 군주 가잔의 사신으로서 델리
술탄국을 방문했다는 이야기도 있다. 이 사건이 신뢰할 수 없는 것
으로 일축된 이른바 '라시드 앗 딘 서한집'에 기록되어 있다.[23] 또
학자들은 델리 술탄국에서 원 중국으로 가는 외교 사절단을 이끌
었던 이븐 바투타의 기록에서 확인되는 일부 일화에 대해서도 의

20　Jackson 1999, 225.

21　Jackson 1999, 184, 233.

22　Baṭṭūṭa/Gibb, 3: 562; Biran 2002, 746.

23　Morgan 2001.

구심을 품어왔다. 이 모로코인은 페르시아와 중앙아시아의 몽골 칸국들을 거쳐 1333년 델리에 도착했다. 그는 1334년부터 1341년까지 무함마드 샤 빈 투글룩의 궁정에서 일하면서 그 도시에서 풍요로운 삶을 누렸다. 이븐 바투타에 따르면, 1340년에 원 조정의 사절단이 노예 소녀, 벨벳 의복, 사향, 칼, 다른 귀중품 등 술탄을 위한 선물을 가지고 델리에 도착했다고 한다. 이 사절단은 히말라야에 불교 사원을 건립하게 해달라고 허락을 구했다. 무함마드는 이 요청은 거절하고, 대신 원 조정에 자신의 외교 사신을 보내기로 했다. 이븐 바투타는 이 사신단을 지휘해달라는 요청을 받았고, 원의 통치자 토곤 테무르(순제, 재위 1333~1368)에게 보내는 막대한 양의 답례품을 가지고 갔다.[24]

하지만 이븐 바투타는 여러 재난과 불운에 직면했다. 그중 가장 심각한 것은 술탄의 선물과 노예를 실은 배가 캘리컷에서 막 출항하려던 순간 침몰한 사고였다. 이븐 바투타는 다행히도 살아남아 혼자 여정을 계속했다.[25] 그는 1346년 중반에 원 중국의 번영한 항구 도시인 천주(泉州)에 도착했다. 비록 이븐 바투타는 자신이 대도로 가서 몽골 군주를 만났다고 기록하고 있지만, 현대 학자들은 그의 기술 중 이 부분은 사실이 아닌 것으로 판단했다.[26]

이븐 바투타가 외교 임무 완수에는 실패했을지 모르지만, 그의 여행은 13세기 후반 마르코 폴로의 여정과 마찬가지로 통합된 몽골 세계를 보여준다. 그리고 그 안에서 남아시아 지역은 군사 침

---

24 Baṭṭūṭa/Gibb, 4: 773; Ahmad 1961; Sen 2006b, 320-324.

25 Baṭṭūṭa/Gibb, 4: 815.

26 Dunn 1986; Morgan 2001.

략의 목표이자 지역 간 외교 교류의 대상이었으며, 몽골 제국을 횡단하는 장거리 여행자들의 목적지였다. 마찬가지로 지금부터 개괄할 상업적, 문화적 교류도 남아시아와 몽골 세계 사이의 복잡한 관계를 보여준다.

몽골 세계와의 상업적 연결

남아시아와 몽골 제국 사이의 상업적 연결은 여러 상인 집단에 속한 네트워크를 통해 이루어졌다. 예를 들어, 무슬림과 타밀 상인의 네트워크, 중국 선원들의 운송 시설, 시리아 기독교도들의 디아스포라적 연결 등이 있었다. 이러한 상업 교류는 다양한 통로를 통해 이루어졌으니, 인도양의 해상 항로, 미얀마와 티베트를 건너 원의 영토로 가는 육로, 델리와 일 칸국 이란을 연결하는 아프가니스탄 고개 등이 있다. 거래되는 상품의 종류와 무역의 양상 역시 매우 다양했다. 은, 말, 향신료, 도자기, 직물, 노예 등이 남아시아와 몽골 칸국들 사이에서 교역된 주요 상품이었다. 남아시아와 몽골 칸국들이 이러한 품목을 직접 교환하기도 하고, 남아시아 항구와 시장이 더 큰 아프로-유라시아 무역 환경 내에서 단순히 중개 허브 역할을 하기도 했다. 예를 들어, 말라바르해안의 항구들은 원과 일 칸국 사이에서 교환되는 상품들의 중요한 환적(換積) 지점이었다. 이러한 남아시아의 중개 역할은 상인 집단들이 장거리 무역의 특정 부문에 집중하는 분절적 무역 양상 때문에 등장했고 시간이 지나면서도 유지됐다.[27]

몽골 제국의 수립은 인도양에서 중국의 무역 및 운송 네트워크가 출현하는 것과 때를 같이한다. 따라서 몽골 제국의 형성은 육로를 통한 장거리 무역 활동을 촉진한 반면, 중국 선박은 13~14세기 해양 무역과 여행의 증가에 기여했다. 사실 중국의 해상 상인들이 인도양 무역에 활발히 참여하게 된 것은 12세기의 일로, 그들 중 일부는 페르시아만까지 진출했다. 무역과 외교의 측면에서 원 중국과 남아시아 해안 지역의 관계는 이러한 해양 네트워크의 존재와 조선 기술의 발전으로 더욱 긴밀해졌다.[28]

중국인 여행가 왕대연(汪大淵, 1311경~?)이 1349년에 완성한 『도이지략(島夷志略)』은 원 중국과 남아시아를 연결한 운송 및 상업 네트워크에 관한 핵심 사료 중 하나이다. 1311년에 태어난 왕대연은 1330년과 1334년 사이에, 그 뒤에는 1337년과 1339년 사이에 중국 상인들과 함께 배를 탔다. 그의 저작에는 벵골, 코로만델과 말라바르, 스리랑카, 심지어 내륙 지역에 이르기까지 남아시아의 여러 지역이 언급돼 있다.[29] 왕대연은 주로 자신이 방문한 해안 지역의 경제적, 상업적 측면에 관심이 많았다. 그는 동쪽 해안의 벵골에 대해 이런 기록을 남겼다.

정상이 바위로 된 다섯 개의 산맥(라즈마할 구릉)은 무성한 숲으로 덮여 있다. (이 왕국의) 사람들은 이 (구릉) 주변에서 산다. (사람들은) 1년 내내 땅을 일구고 씨를 뿌리며, 그런 까닭에 황무지가 없다. 논과 경작지가 매우 훌륭하다. 매년 세 차례 곡식을 수확한

---

27 Chaudhuri 1990.
28 Sen 2006a.
29 Ptak 1996; Sen 2006a, 433.

다. 상품의 가격은 모두 적당하다. 옛날에는 신드[흔도(忻都)]의 수도였다.

날씨는 항상 덥다. (사람들의) 풍속은 매우 순수하고 정직하다. 남자와 여자 모두 곱고 가는 면포를 머리에 감고 긴 치마를 입는다. 공식적인 세율은 20퍼센트다. 이 왕국은 당가(唐加, 탕카)라는 은전(銀錢)을 주조하며, 은전 두 개의 무게는 1량(兩, 중국의 온스)의 100분의 8이며[판본에 따라 다르지만 원문은 "매개이전팔분중(每箇二錢八分重)"으로 "각각 2전 8분의 무게"라는 뜻이다], (조정에 의해) 유통되고 사용된다. 이것은 1만 1520개가 넘는 개오지 조개껍데기와 교환할 수 있다. 이 주화는 무게가 가벼워서 편리하고 백성들에게 이롭다.

(이 왕국은) 필포(苾布, 바이라미/바프타), 고니포(高你布, 카인 옷?), 두라금(兜羅錦, 말말)(과 같은 직물과 또) 물총새의 깃털을 생산한다. (중국 상인들은 현지 상인과 거래하기 위해) 남쪽과 북쪽의 (다양한) 비단, 오색 호박단과 공단[오색견단(五色絹緞)], 정향, 육두구, 두구(荳蔲), 청화백자, 흰색 술[백영(白纓)] 같은 물건을 사용한다.[30]

왕대연의 기록을 통해 벵골이 원 중국에서 벵골만으로 진출하는 중국 상인들의 주요 무역 중심지가 되어가고 있었음을 알 수 있다. 하지만 동시에, 더 넓은 인도양 무역에서는 말라바르해안과 스리랑카가 핵심 거점으로 인식됐다. 왕대연은 캘리컷이 "모든 해상 무역 중심지 중에서 가장 중요한 곳이다. 승가랄(僧加剌, 스리랑카)

---

30 Wang 1981, 330 (Sen 2006a, 434).

과 가까운 서양(西洋)의 주요 항구"라고 적고 있다.[31]

마르코 폴로와 이븐 바투타의 기록은 원 중국과 남아시아 사이에 광범위한 해상 네트워크가 존재했음을 확인시켜준다. 예를 들어 이븐 바투타는 인도양 무역에서 캘리컷의 중요성을 강조하면서, 이 항구에 "중국, 자바, 실론, 몰디브, 예멘, 파르스의 사람들이 찾아오며, 사방팔방에서 상인들이 모인다. 그 항구는 세계에서 가장 큰 곳 가운데 하나"라고 했다.[32] 게다가 그는 캘리컷에서 중국 배를 봤다고 언급했는데, 그에 따르면 그 배는 남중국의 천주(泉州, 오늘날의 취안저우)나 광주(廣州)에서 만들어졌다. 또한 두 사람 모두 해상 무역에서 콜람의 중요성을 강조했다. 마르코 폴로에 따르면 후추와 인디고의 주요 생산지이자 수출국인 콜람은 유명한 환적 중심지로, 인도양 세계 각 지역의 해상 상인들이 모였다. 이븐 바투타는 그곳이 "물라이바르[말라바르] 도시들 중에서 중국과 가장 가깝고, (중국에서 오는) 상인 대부분은 이곳으로 온다"고 언급했다.[33]

타밀 상인도 남아시아와 원 중국 사이의 해상 무역에 참여했다. 천주의 고고학 증거는 11세기 어느 시점에 그곳에 타밀 상인 길드가 설립되어 존재했을 가능성을 보여준다. 이후 이 길드의 구성원들은 항구에 브라만교 사원을 건설하고 송이 멸망할 때까지 상업 활동을 했다. 1270년대 후반에 천주에서 발생한 쿠빌라이 군대와 송 잔여 병력 간 군사 충돌로, 타밀인을 포함한 많은 외

---

31 Wang 1981, 325 (Rockhill 1915, 454; Sen 2011, 59).

32 Baṭṭūṭa/Gibb, 4: 812-814.

33 Baṭṭūṭa/Gibb, 4: 817.

국 상인들이 이 항구 도시에서 쫓겨난 것으로 보인다. 앞서 언급한 원 조정의 사절단은 남아시아 국가들로부터 조공 사절을 유도하는 것 이외에, 외국 상인들이 돌아오도록 유인하기 위해 파견됐을 가능성도 있다. 우리는 양정벽이 남아시아 해안 지역을 방문한 직후인 1281년 4월에 타밀어와 한문으로 작성된 합벽 비문이 천주에 세워졌음을 알고 있다.[34] 이 비문에는 원 황실의 안녕을 위해 현지 브라만교 사원에 시바 신의 우상을 설치했다는 내용이 기록돼 있다.

하라(시바)에게 경의를. 번영이 있기를! 사카 해 1203년 치트티라이 월(1281. 4.)의 치트라(星群)가 있는 날에, 타바츠차크카라바티갈, 일명 삼반드합-페루말은 체카차이 칸의 명령에 따라 빛나는 체카차이 칸의 빛나는 신체의 안녕을 위해 정중히 우다이야르 티루크카달리스바람 우다이야-나이나르 신을 모시게 했다.[35]

이 비문에 언급된 몽골 군주 "체카차이 칸"은 아마 쿠빌라이 카안이거나, 아니면 마르코 폴로와 와사프가 쿠빌라이의 후계자로 언급한 그의 장남 주르시(또는 도르지, 1284/1285년 사망)였을 것이다[쿠빌라이의 첫째 아들이 도르지인 것은 맞지만, 마르코 폴로와 와사프가 말하는 인물은 둘째 아들 진김이다].[36] 이 비문은, 타밀 내륙의 사원과 유사한 양식적 특징을 지닌 한 브라만교 사원 유적과 더불어, 코로만

---

34 Sen 2006b, 312.

35 Subramaniam 1978; Sen 2003, 227-231.

36 Karashima 1988; Yule 1871, 1: 321-322.

델해안과 원 중국이 상업적으로 연결돼 있었을 뿐만 아니라,[37] 몽골 칸국 중 하나에 브라만교가 전파됐음을 확증한다. 그 밖의 종교적 관계에 대해서는 이 장의 다음 부분에서 논의할 것이다.

남아시아의 해상 연결은 서쪽으로는 페르시아만의 키시와 같은 항구를 통해 일 칸국의 수도 타브리즈 등 활기찬 도시들로 확장됐다. 말과 도자기가 이 경로를 오고 간 두 가지 주요 물품이었다. 이 상품들은 중국과 페르시아만을 연결하는 더 큰 무역 네트워크의 일부를 형성했다. 남아시아 항구는 이 네트워크의 두 구간, 즉 남아시아와 중동 상인들이 장악한 페르시아만-남아시아 부분, 그리고 타밀, 중국, 동남아시아 해양업자들이 활동하는 남아시아-중국 부분이 서로 교차하는 지점이었다. 아라비아 말은 주기적으로 말라바르해안으로 수출됐고, 그곳에서 다시 원 중국으로 환적됐다. 키시 상인들이 남아시아에 말을 공급하는 데 중요한 역할을 했다. 실제로 그들 중 일부는 남아시아에 길드를 설립했고 중국까지 네트워크를 확장하고자 했다. 키시 상인들이 남아시아의 중개인을 건너뛰고 페르시아만에서 중국에 이르는 수익성 높은 무역을 장악하려고 시도했다는 사실은 1297년에 가잔이 원 조정에 보낸 사신단을 파흐르 앗 딘이라는 키시 상인이 이끌었다는 점에서도 엿볼 수 있다. 원 측에서도 비슷한 시도가 이루어진 것으로 보이는데, 군주 테무르 카안은 일 칸국 사신단에 대한 응답으로 양추(楊樞)라는 인물을 보냈고, 그는 흰말 등 다양한 물품을 가지고 호르무즈에서 귀환했다.[38] 하지만 계절풍과 장거리 항해의 물류로

---

37   Lee 2009.

인해 해상 이동이 고됐다는 점을 감안할 때, 일 칸국과 원 중국의 직접적인 상업 연결로부터 지속적으로 이익을 얻기는 어려웠을 것이다.

와사프와 마르코 폴로의 저작에는 수익성 좋은 말 무역의 특징이 강조돼 있다. 마르코 폴로는 "그들 중 일부, 사실은 대부분이 마리당 거의 200파운드 투르누아[프랑스 화폐 단위]로 팔리고 있다"고 언급한다.[39] 와사프의 기록을 보면, 원으로 가는 사절단을 이끌었던 파흐르 앗 딘의 아버지 자말 앗 딘과 말라바르해안의 순다라라는 이름의 판디아 군주가 맺은 합의에 항해 중에 잃을 것을 포함해서 1400마리의 말을 마리당 순금 220디나르의 가격으로 판매하는 내용이 포함돼 있었다. 와사프에 따르면 아타벡 아부 바크르(재위 1226~1260)의 통치 기간 동안 페르시아만에서 남아시아 항구로 매년 1만 마리의 말들이 수출됐고, 여기에서 얻은 수익은 220만 디나르에 달했다.[40]

남아시아는 원 중국과 일 칸국의 도자기 무역에서도 비슷한 역할을 했다. 도자기는 말과 마찬가지로 몽골 제국이 성립하기 전부터 장거리 해상 무역의 중요한 상품이었다. 12세기 이전에도 고가의 사치품인 청화백자가 일부 교역되기도 했지만, 중국 동부의 유명한 경덕진(景德鎭) 가마에서 생산된 것을 포함해 이러한 종류의 도자기가 아프로-유라시아의 항구와 시장 전역에서 광범위하게 거래되기 시작한 것은 원 시기에 페르시아만으로부터 코발트

---

38 Yokkaichi 2008, 89-90; Kauz 2006.
39 Digby 1982, 148.
40 Digby 1982, 148.

가 도입된 이후였다. 아랍, 페르시아, 중국, 남아시아 상인들이 모두 도자기 조달과 판매에 참여했다. 또 몽골 세계의 다른 지역에서 온 장인들도 여기에 뛰어들었는데, 이들은 도자기 제조 기술을 전달하고 디자인과 모티프를 전파하는 역할을 담당했다.

청화백자의 생산 증가, 중국 해운 네트워크의 출현, 페르시아만에서의 지속적인 수요로 인해 몽골 제국 시기에 남아시아 항구로의 도자기 유입이 현저히 증가했다. 이러한 발전은 남아시아 내륙 지역은 물론, 해안 지역의 고고학적 발견을 통해 분명히 알 수 있다. 예를 들어, 남부 해안에 있는 페리야파티남 항구에서는 13세기 또는 14세기 것으로 추정되는 약 1500개의 도자기 파편이 발견됐다. 여기에는 원에서 제작한 청화백자 파편과 청자가 포함됐다.[41] 유사한 파편이 콜람과 델리 술탄국의 영토에서도 발견됐다. 실제로 인도양의 여러 지역에서 발견된 도자기 조각들은 원 중국의 가마터, 남아시아 항구, 카샨과 술타나바드 같은 일 칸국의 시장이 상업적, 기술적으로 서로 연결돼 있었음을 보여준다.[42]

원 중국과 남아시아 간 육상 무역로는 티베트와 아삼의 험준한 산악 지형을 관통했다. 마르코 폴로는 운남 지역의 말이 미얀마의 바간을 거쳐 벵골로 수출됐다고 했다.[43] 이렇게 수입된 말들은 현지에서 사용됐을 뿐만 아니라, 벵골에서 중국 연안에 이르는 해상로에서 환적되기도 했다. 육로로 오간 상품 중에는 개오지 조개 껍데기와 은도 있었다. 몰디브의 섬들에서 유래한 개오지는 벵골

---

41 Karashima and Kanazawa 2002, 109-110.

42 Soucek 1999, 127-136.

43 Chakravarti 1999, 202.

을 통해 운남 지역으로 운송된 반면, 은은 반대 방향, 즉 운남의 광
산에서 벵골로 유입됐다.[44]

라시드 앗 딘의 미완의 식물학 저서 『흔적과 소생(*Āthār wa
aḥyā*)』에는 남아시아에서 일 칸국으로 수출된 몇몇 상품들이 기록
돼 있다. 여기에는 계피, 장뇌, 후추, 백단유, 빈랑나무 열매, 인디고
가 포함됐다.[45] 이러한 품목 중 일부는 남아시아에서 생산됐지만,
나머지는 중국이나 동남아시아에서 유래했다. 이븐 바투타는 물
론 라시드 앗 딘도 다른 저서에서 일 칸국에서 남아시아로 금이
산발적으로 유입됐다고 언급했다.[46] 일 칸국의 타브리즈, 시라즈,
헤라트 같은 도시와 카슈미르 및 델리 술탄국의 영토를 연결하는
육로를 통해 티베트의 향료, 염료, 의약품, 수정, 사향이 교역됐다.
킵착 칸국(주치 울루스)의 불가르에서 생산된 모피는 사라이와 중앙
아시아 도시를 거쳐 남아시아에 도달했다. 이븐 바투타에 따르면,
남아시아 시장에서 판매되는 불가르산 모피 중 가장 아름다운 흰
담비 모피는 1000디나르에 판매됐다.[47] 남아시아의 직물들은 각기
다른 방향으로 운송되어 여러 몽골 칸국에서 판매됐다.[48] 이와 같
은 육상 무역 활동에 종사한 상인들은 해상로를 오간 사람들만큼
이나 다양했고, 여기에는 무슬림과 힌두 상인 및 그들의 네트워크
도 마찬가지로 포함됐다.[49]

44　Vogel and Hieronymus 1993; Yang 2004; Deyell 2010; Hussain 2013.

45　Lambton 1999.

46　Masson-Smith and Plunkett 1968, 276.

47　Martin 1978, 416.

48　Allsen 2002. 몽골 제국에서의 진주 유통에 대해서는 Allsen 2019 참조.

49　Prazniak 2013, 177.

요약하자면, 여러 종족 집단에 속한 상인들이 판매하고 다양한 지형과 경로로 수송한 광범위한 상품 무역은 13~14세기에 남아시아와 몽골 제국을 연결했다. 수입품 중 일부는 남아시아에서 소비하기 위한 것이었지만, 나머지는 다른 지역의 시장으로 환적됐다. 마찬가지로 몽골 칸국 중 한 곳으로 수출된 남아시아의 상품들은 현지에서 사용되거나 더 먼 지역으로 재수출됐다. 남아시아와 몽골 제국 사이에 이루어진 이러한 광범위한 상업 활동은 사람, 사상, 기술, 그리고 아래에서 논의되는 것처럼 종교 교리와 문화 전통의 유통에 기여했다.

몽골 세계와의 종교적, 문화적 연결

남아시아와 몽골 제국 사이의 불교 및 이슬람 교리, 물품, 사람의 유통은 앞에서 언급한 군사, 외교, 상업적 연결만큼이나 두드러졌다. 브라만교와 가톨릭 같은 다른 종교 전통에 속한 신자와 물품도 이 지역을 가로질렀다. 이러한 종교적 교류는 의약, 천문학, 예술, 문학 전통과 관련된 것을 포함해 광범위한 사상의 전파를 촉진했다.

쿠빌라이 카안이 중국에 원 왕조를 수립하고 훌레구가 일 칸국을 건립했을 무렵, 남아시아 여러 지역의 불교 사원은 쇠락한 상태였다. 기원후 첫 번째 천년기 후반에 갠지스평원 일부 지역에서 도시들이 해체되면서 보시할 수 있는 길이 단절됐고, 이것이 일부 사원 기관을 몰락시켰다. 브라만교의 인기와 이슬람의 확산 역시 남아시아에서 불교가 약해진 이유다. 하지만 이러한 좌절 이후에도 불교는 카슈미르, 벵골-비하르 지역, 네팔, 스리랑카 같은 곳에서 계속 살아남았다. 승려, 문헌, 다양한 종류의 종교 용품이 남아시아와 더 넓은 불교 세계에서 계속 유통됐다. 원 중국과 일 칸국은 13~14세기에 지속된 이러한 불교적 연결의 일부였다.

위와 같은 남아시아-몽골 세계 관계의 예시로 남아시아 출신의 불교 승려 두 사람을 들 수 있다. 첫 번째 승려는 카슈미르 출신의 카말라슈리로, 14세기 초 어느 시점에 일 칸국에 가서 라시드 앗 딘에게 부처의 삶과 가르침에 관한 핵심 정보를 제공했으며, 그 내용은 『집사』에 포함됐다.[50] 두 번째 승려는 한문 사료에 지공(指空) 및 선현(禪賢, 디야나바드라?)의 이름으로 등장하는 인물로, 비하르에 있는 날란다 마하비하라[이른바 나란타사(那爛陀寺)]에서 수학했고 1320년대에 원 중국으로 여행했다. 디야나바드라는 원의 군주들을 알현했고, 중국과 한반도에 불교 교리를 전파하는 일을 담당했다.[51]

이 두 승려가 목적지에 도착하기 전부터 불교는 몽골 이란과 중국에 존재하고 있었다. 실제로 훌레구는 일 칸국을 건립하기 전에 이미 불교 신자이자 지지자였다.[52] 마찬가지로 쿠빌라이도 중국의 남송을 정복하기 전부터 열성적으로 불교를 신봉하고 있었다. 몽골의 속국인 카슈미르와 티베트는 훌레구와 쿠빌라이에게 불교 교리, 승려, 용품의 중심지라는 의미를 지녔다. 두 사람은 비록 다

---

50   Jahn 1965, xxxi-lxxvii; Canby 1993; Elverskog 2010, 145-162; Akasoy 2013; Yoeli-Tlalim 2013.

51   Duan 2007; Dziwenka 2010.

52   Sperling 1990; Grupper 2004; Azad 2010; Prazniak 2014.

른 파 출신이긴 하나 티베트 라마를 종교적 스승으로 선택했고, 자신의 영역에 불교 사원과 수도원을 짓는 것을 적극 후원했다. 불교에 대한 신앙 때문만이 아니라 몽골 제국 내에서 더 큰 정치적 정당성을 확보하기 위해 종교를 활용했을 가능성도 있다.

일 칸국을 건립한 훌레구는 라브나사구트, 아제르바이잔의 호이, 타브리즈 인근의 마라가에 있는 것 등을 포함해서 여러 불교 시설 단지의 건설을 지원했다. 훌레구의 계승자인 아바카 칸과 아르군 칸도 불교와 남아시아 출신 승려들을 계속 후원했다. 라시드 앗 딘은 불교에 대한 아르군의 헌신과 지원을 이렇게 기록했다.

> 아르군 칸은 박시(bakhshi)에게 매우 헌신적이었고 그들의 길을 따랐다. 그는 항상 그들을 후원하고 총애했다. 한 박시가 인도에서 왔는데, 자신이 오랫동안 살았다고 주장했다. 그(아르군)[원문과 저자가 인용한 논문에서 모두 아르군으로 설명했지만, 동일한 사료의 서로 다른 부분을 함께 언급하는 과정에서 생긴 착각으로, 이 문장의 주어는 아르군의 아들 가잔이다]는 자신의 열성을 보이기 위해 후라산의 하부 샨에 높은 우상 사원을 건립했고, 모든 박시와 승려가 그의 금욕과 엄격함에 놀랄 정도로 자신의 의무를 수행했다.[53]

불교는 일 칸국에서 계속 인기를 얻었으나, 1295년에 아르군의 후계자 가잔이 이슬람으로 개종하면서 불교 사원을 포함한 모든 비이슬람 건물 단지의 파괴를 명했다. 하지만 가잔이 개종한 이

---

53   Prazniak 2014, 666. Akasoy 2013; Yoeli-Tlalim 2013; and Elverskog 2010.

       제3권 지역사 · 외부 역사

후에 카말라슈리가 일 칸국으로 여행한 것은 14세기 초에도 이 지역에 불교가 계속 존재하고 있었음을 암시한다. 사실, 이 승려의 여행과 부처의 생애에 대한 라시드 앗 딘의 저술은 새로운 군주 울제이투가 재위 초반에 불교에 대해 관심을 가진 것, 그리고 일부 불교도들이 일 칸국에서 이 종교를 부활시키려 노력한 것과 연관됐을 가능성이 있다.[54] 라시드 앗 딘은 카말라슈리 외에도 두 명의 중국인 정보원으로부터 불교에 관한 정보를 얻었다. 그 결과, 이 일 칸국 저자가 묘사한 불교는 남아시아뿐 아니라 원 중국과 티베트에도 존재했던, 다양한 형태의 가르침을 지닌 다채로운 종교였다. 실제로 라시드 앗 딘의 서술은 13세기 후반에서 14세기 초에 이르는 불교 세계, 즉 교리적으로는 분열되었지만, 여전히 긴밀하게 연결돼 있던 상황을 반영하고 있다.

몽골 시대의 불교 세계가 가진 다양성과 상호 연결성은 쿠빌라이 카안의 활동을 통해서도 분명히 알 수 있다. 여기에는 그가 남아시아로부터 불교 용품을 얻기 위해 노력한 것 등이 포함된다. 티베트 라마 팍빠(1235~1280)는 1253년[원문은 1235년이나 이는 팍빠가 태어난 해이므로 당연히 오류이다]에 쿠빌라이를 축성했고, 그와 칭기스 간을 불교에서 말하는 전 세계의 군주 차크라바르틴(chakravartins)[전륜성왕]으로 성별(聖別)했다.[55] 또 앞에서 언급한 것처럼, "천축(즉 인도)의 종교와 다양한 언어"에 정통한 것으로 알려진 위구르 승려 카란다스는 1278~1279년 어느 시점에 쿠빌라이에게 인도양 국

---

54   Prazniak 2014, 667.
55   Rossabi 1988, 143-146.

가들을 공격하지 말도록 조언했다.[56] 이헤이미시[이그미시, 『원사』에는 '역흑미실(亦黑迷失)'로 표기]라는 이름의 또 다른 위구르인은 남아시아로 네 차례 파견됐다. 그중 한 번은 1284년의 일이었는데, 스리랑카에 있는 불발(佛鉢) 유물에 예물을 봉헌하기 위해서였다. 마르코 폴로 역시 쿠빌라이가 스리랑카에 있는 이 유물에 관심이 있었음을 확인시켜준다.[57] 왕대연은 쿠빌라이가 그 섬으로부터 불발을 "가져오기" 위해 세 차례 사신단을 파견했다고 기록한다. 스리랑카로 가는 원정에서 쿠빌라이가 일 칸국 군주들과 협력했을 가능성도 있다. 『원사』에는 1273년 쿠빌라이가 일 칸 아바카에게 자신을 대신해 스리랑카에서 의약품을 구매해달라고 부탁했다는 기록이 있다.[58] 당시 원과 일 칸국 통치자들 사이에 불교에 대한 공통의 관심사가 있었던 점을 감안하면, 스리랑카의 유물에 대한 숭배와 탐색이 두 조정의 대리인들에 의해 공동으로 추진됐을 가능성을 생각해봄 직하다.

중국의 불교 사료에는 쿠빌라이가 특히 생애 마지막 몇 년간 행했던 다른 불교 활동들이 서술돼 있다. 예를 들어, 쿠빌라이는 1294년 죽기 직전에 남아시아 순례를 마치고 막 돌아온 중국인 승려 원일(元一)을 만났다. 쿠빌라이가 서천(西天)에 부처가 있느냐고 묻자, 원일은 "현재 동쪽 땅의 군주가 서천의 싯다르타와 다르지 않습니다"라고 답했다. 원일은 부처가 중국에 살고 있으며, 다름 아닌 폐하라고 쿠빌라이에게 거듭 말했다.[59]

---

56   *YS* 3260; Franke 1994, 290-291; Sen 2006b, 305-306.

57   *YS* 3198-3199; Wang 1981, 244; Marco Polo 1938, 411.

58   *YS* 148.

원 중국과 남아시아의 불교 교류는 쿠빌라이 사후에도 계속됐다. 가장 주목할 만한 사건은 디야나바드라가 온 일이다. 그는 원의 군주 이순 테무르를 만났고, 이후에는 황제 툭 테무르와 토곤 테무르의 초청을 받아 궁정에서 설법했다. 오늘날 윈난과 쓰촨 지역, 그리고 한국에서 활동한 디야나바드라는 탄트라와 선(禪)의 전파에 기여했다.[60] 또 이븐 바투타는 토곤 테무르가 히말라야에 있는 불교 사원을 수리해달라고 요청한 사실을 기록하면서, 쿠빌라이 이후 원 통치자들이 지속적으로 불교에 관심을 가졌음을 시사했다.

또한 이븐 바투타는 무슬림 성직자와 상인의 이동을 통해 남아시아와 몽골 세계가 서로 연결됐음을 보여주는 핵심적인 정보를 제공한다. 불교와 마찬가지로, 몽골이 차지하고 있는 지역에는 이슬람을 통한 연결이 이미 수 세기 동안 존재했다. 무슬림 상인들은, 7세기 후반부터 인도양을 가로지르는 상업 및 외교 교류에 긴밀하게 관여했다. 그중 일부는 페르시아만에서 왔고 다른 이들은 남아시아 항구에 정착해 있었다. 북부 지역에서는 두 번째 천년기 초 이슬람 세력의 군사 침입으로 신드에서 벵골에 이르는 일대에 사는 사람들이 종교, 정치, 경제적 삶이 이미 변화했다. 결국 이러한 침입으로 인해 인도 북부의 주요 정치체로서 델리 술탄국이 수립됐고, 이 지역은 몽골의 팽창 과정에서 이슬람의 활동 및 교류의 중심지로 발전했다.

---

59   Nianchang 1344, item 2036, 723a.27-29.

60   Duan 2007; Dziwenka 2010.

델리가 이슬람 세계에서 차지한 중심적 위치, 특히 '세계 사방'의 무슬림들을 위한 피난처로서의 지위는 1259~1260년 민하즈 앗 딘 이븐 시라즈 앗 딘 알 주즈자니가 작성한 『나시르 사화(*Ṭabaqāt-i Nāṣirī*)』에 강조돼 있다. 주즈자니는 한편으로는 자신의 옛 주군인 델리 술탄 일투트미쉬가 외부 지역으로부터 무슬림을 끌어들인 것을 칭송하고자 했고, 다른 한편으로는 13세기 초 몽골의 침략으로 무슬림들이 이동한 것을 언급하려 했을 수도 있다. 도망치는 무슬림들, 특히 지금의 아프가니스탄 주변 지역을 떠난 무슬림의 도피처로서 델리를 묘사한 것은 주즈자니만이 아니었다. 약 1세기 뒤에 기록을 남긴 지야 앗 딘 바라니 역시 몽골의 군사 활동으로 인한 무슬림 피난민이 델리로 유입됐다고 했다. 그 자신이 14세기 델리에 거주하는 이주민이었던 이븐 바투타는 몽골 세계의 다른 지역에서 발생한 정치적 불안정 때문에 무슬림들이 계속 델리에 도래하는 것을 목격했다.[61]

칭기스 칸의 군사 팽창의 결과인 초기 무슬림 이민자 집단에는 장인, 자수공, 공예가, 상인, 의사 등이 있었다. 나중에는 일 칸국의 몽골 엘리트 출신 무슬림 개종자들이 술탄 기야스 앗 딘 발반(재위 1266~1287)이 통치하는 델리에 도착하기도 했다. 바라니는 이 두 번째 이주자 집단을 "신(新)무살만[즉, 무슬림]"이라 불렀는데, 그들 중 일부는 재정 지원을 받았으며 어떤 사람들은 관직에 임명됐다.[62] 이븐 바투타가 언급한 이주민들은 트란스옥시아나에서 왔

---

61 Jackson 1999, 234; Kumar 2007, 127–128, 190.

62 Pfeiffer 2006, 374–375; Kumar 2007, 114 n. 37, 191.

는데, 그 수가 약 4만 명에 달했다. 여기에는 타르마시린과 몽골 군사 지휘관들의 가족이 포함됐다. 바라니에 따르면 그들 대부분은 델리 조정에 충성을 맹세한 뒤 현금, 보석, 말 등을 하사받았다.[63]

트란스옥시아나로부터 사람들이 이주할 무렵, 당시 델리를 통치하던 무함마드 샤 빈 투글룩은 외국의 주요 무슬림 군주, 관료, 종교 학자와 활발히 접촉했고, 그들에게 선물을 주거나 아예 자신의 조정으로 초청했다. 예를 들어, 이븐 바투타는 그가 시라즈에 있는 마즈드 앗 딘이라는 이름의 신비주의자에게 은 1만 디나르를 보냈다고 기록했다.[64] 타르마시린이 이슬람으로 개종한 것도 앞에서 언급한 것처럼 무함마드의 외교적 제안으로 차가다이 울루스와 델리 술탄국 사이에 우호 관계가 수립됐기 때문이다.[65]

델리 술탄국과 원 사이의 이슬람적 유대 관계는 주로 설교자들과 상인들의 여행을 통해 유지됐다. 이븐 바투타는 천주의 무슬림들을 언급하면서, 자신이 델리에서 돈을 빌린 샤라프 앗 딘이라는 상인을 거기에서 다시 만났다고 지적했다. 또 이븐 바투타는 마울라나 끼왐 앗 딘이라는 인물을 보았는데, 그가 이전에 자신의 외삼촌과 함께 델리를 방문한 사실을 알고 있었다. 이븐 바투타는 원 중국에 있던 또 다른 무슬림 실교사 부르한 앗 딘을 언급하는데, 그는 무함마드 샤 빈 투글룩이 인도로 초청하려 했던 인물이었다.[66]

---

63 Jackson 1999, 234.
64 Baṭṭuṭa/Gibb, 3: 677.
65 Biran 2002, 746.
66 Baṭṭuṭa/Gibb, 4: 811, 832, 827, 904-905.

천주 항구는 앞에서 언급한 마바르에서 원 중국으로 온 피난민 아부 알리가 거주했던 곳이기도 하다. 아부 알리는 페르시아만에서 남아시아로 이주한 상인 집단에 속했을 가능성이 높다.[67] 1281년 아부 알리는 원 사신 양정벽을 만난 자리에서 원 중국으로 망명하겠다는 의사를 밝혔다. 아부 알리의 일화는 남아시아와 더 큰 몽골 세계 사이의 외교, 상업, 종교적 연결이 서로 교차하는 모습을 잘 보여준다. 남아시아와 중국 연안 지역에서 발견되는 여러 무슬림 묘비는 그 양식과 무덤 주인의 출신지 측면에서 유사성이 있고, 이 지역의 모스크 역시 공통의 건축적 특징을 지니고 있다. 이러한 사례들은 13~14세기 남아시아를 통해 페르시아만과 중국을 이어준 중첩된 연계와 이슬람적 연결을 보여준다.[68]

무슬림 설교자, 상인, 이민자의 이동은 다양한 문화 교류를 촉진했고, 이는 문학 작품, 건축, 의약 처방 등에 반영됐다. 남아시아와 몽골이 차지한 이슬람 영역 간의 문화적 상호작용은 특히 복잡하고 다면적이었다. 이것은 몽골 이전 시기의 연결 때문만이 아니라, 이러한 지역에서 델리와 여러 남아시아 항구 도시로 무슬림들이 계속 이주했기 때문이기도 하다. 가잔과 타르마시린이 이슬람으로 개종한 뒤 이러한 연결이 크게 증가했으니, 사람들의 끊임없는 이동과 지역적 혁신, 그리고 일부 경우에는 문화 전통이 남아시아에서 중앙아시아와 중동의 몽골 영토로 전파되는 현상까지 나타났다. 위대한 수피 학자 아미르 후스로우 디흘라위(1253~1325)

---

67 Chen 1980; Liu 2000; Kauz 2006, 65; Sen 2006b, 317-318.

68 Shokoohy 2003.

는 이러한 복합적 연결의 한 사례다. 그의 아버지는 칭기스 칸의 군대가 중앙아시아에 있는 자신의 고향을 침공한 이후 델리로 피난했다. 몽골의 위협, 그리고 후스로우 자신이 살아가며 집필했던 사회의 배경은 그의 페르시아어 작품에서 엿볼 수 있다. 『인생의 가운데(*Vasat al-Ḥayāt*)』에서는 몽골과의 전투에서 사망한 주군 무함마드 칸을 칭송했고, 『알렉산드로스의 거울(*Āʾīnah-i Iskandarī*)』에서는 (델리 술탄 알라 앗 딘을 가리키는) 알렉산드로스와 친[중국]의 카간(대칸) 사이에 벌어진 가상의 전투를 묘사했다.[69] 델리 술탄국 시기에 생산된 후스로우와 다른 작가들의 문학 작품은 몽골 팽창의 현실, 그리고 이러한 폭력적 사건이 남아시아의 이주 공동체와 다른 주민들에게 미친 심리적 영향을 모두 반영한다.

　남아시아 국가들과 원 사이에는 그와 같은 폭력적 충돌이 일어나지 않았기 때문인지, 이 두 지역 사이의 문화적 관계는 현저히 달랐다. 이 관계의 주목할 만한 측면 중 하나는 아니게(1245~1306)라는 네팔 예술가가 남아시아에서 쿠빌라이의 영토로 예술 전통을 전파한 일이다. 1260년 쿠빌라이는 스스로 몽골의 대칸임을 선언한 후에 종교적 스승 팍빠의 지휘 아래 여러 불교 건축 프로젝트를 시자했다. 그는 사꺄파의 네 번째 성조(聖祖) 사꺄 빤디따 뀐가 갤챈(1182~1251)에게 바칠 불탑을 만들기 위해 남아시아 장인들을 요청했다. 아니게는 네팔 왕이 쿠빌라이에게 보낸 장인 집단의 일원이었다. 아니게가 1262년 쿠빌라이의 근거지 개평(開平)에 도착했을 때 그의 나이는 16세였다. 아니게는 이후 40년 동안 불탑 세

69　Brend 2003, xx-xxii.

기, "대(大)" 불교 사원 아홉 곳, 유교 사당 두 곳, 도교 사원 한 곳, 기타 여러 제례실, 물건, 그림 등을 제작했다고 한다. 그의 공헌 가운데 유명한 것으로는 쿠빌라이와 그의 부인 차비의 초상화, 베이징의 백탑(白塔)[묘응사(妙應寺)에 있다], 오대산의 불교 사원, 여러 천문 기구 등이 있다. 아니게는 인장총관(人匠總管)으로 재직하며 현지 장인들을 훈련시키기도 했다.[70]

이상의 종교 및 문화 교류 외에도, 의학, 천문학, 지리학과 관련된 지식 역시 남아시아와 몽골 세계 사이에서 유통됐다. 예를 들어, 중국에서 유래한 화약 제조 기술은 몽골 제국의 수립 및 팽창과 함께 남아시아로 전파됐다. 남아시아에서의 화약 사용에 관한 최초 기록은 13~14세기로 거슬러 올라가며, 몽골 영토와 맞닿아 있던 지역에서 나타난다.[71] 라시드 앗 딘의 저술 역시 남아시아에서 일 칸국 이란으로 식물 및 의학 지식이 전해졌음을 보여주며, 그중 일부는 이후 원 중국으로 다시 전파된 것 같다. 예를 들어, 원 중국에서 유통되던 이른바 『회회약방(回回藥方)』은 남아시아 기원의 약재들이 동쪽으로 전파되기 전에 아랍, 페르시아, 티베트 요소의 영향을 받았음을 보여준다.[72] 같은 방식으로, 몽골 시기에 중국 전통의 영향을 받은 페르시아 세밀화가 이후 남아시아로 전해졌고, 그곳에서 무굴 예술로 여겨졌다.[73] 이 모든 것은 고도로 연결된 세계 속에서 남아시아와 몽골 제국의 사람, 사상, 사물이 서로 뒤

---

70 Jing 1994.

71 Khan 1996.

72 Buell 2010.

73 Titley 1983.

섞이고 있었음을 보여준다.

맺음말

세계사 학자들은 몽골 제국이 지역 간 소통과 교류를 촉진하는 데 기여한 바를 강조해왔다. 마르코 폴로와 이븐 바투타의 여행은 칭기스 칸의 정복과 유럽에서 동아시아에 달하는 몽골 칸국들의 수립이 야기한 아프로-유라시아의 상호 연결성을 강조하기 위해 종종 인용된다. 이러한 사건들과 연관된 폭력, 그 결과로 발생한 장거리 여행과 이주, 상업적 교류 네트워크의 확장은 모두 13~14세기 세계를 정의하는 이 상호 연결성에 기여한 요소들이다. 이와 같은 세계사의 더 넓은 맥락 속에서 남아시아와 몽골 제국의 관계는 복합적이고 광범위했다. 여기에는 군사 교전, 외교 교환, 상업 교류, 문화 접촉 등이 포함됐다.

몽골은 지리적 형태와 기후적 요인으로 인해 남아시아를 정복하지 못했을 수 있다. 비록 델리 술탄국 영토로의 군사 침입은 잦았고 가혹했지만, 몽골은 인더스강 동쪽 지역 어느 곳에 대해서도 장기적인 징지 지배를 확립하지 못했다. 그럼에도 그들의 활동은 무슬림들이 중동과 중앙아시아로부터 남아시아로 이주하도록 촉발했다. 이러한 이주민들과 그 후손들은 남아시아 대부분 지역에서 사람들의 문화생활에 중요한 역할을 했다. 마찬가지로, 전쟁의 시기나 평화의 시기에도 작동하고 있었던 일부 몽골 칸국의 상업 네트워크는 남아시아 항구와 시장을 더 큰 아프로-유라시아 세계로 통합하는 데 도움을 주었다. 남아시아는 지리적으로 몽골 제국과의 경제적 연결을 형성하고 촉진하는 데 유리했으며, 직접적으로나 여러 칸국들 사이의 중개자로서나 모두 중요한 역할을 했다.

또 남아시아는 몽골 제국과 중요한 종교적, 문화적 연결성을 가지고 있었다. 남아시아의 여러 지역과 몽골 칸국들의 불교 및 이슬람 교류는 일반적인 일이었고, 그 안에는 승려와 설교자의 이동, 예술과 문학 전통의 유입이 포함됐다. 그 외 다양한 형식의 지식 전파도 이 지역 사이에서 이뤄졌다. 이러한 교류와 전파는 종종 다방향적이었고, 다양한 종족 집단에 속한 사람들에 의해 수행됐다. 아마 남아시아와 몽골 제국 간의 상호작용에서 가장 주목할 만한 측면은 그들이 통합해낸 광범위한 지리적 공간이 아니라 이 놀라운 교류에 참여한 사람들의 다양성일 것이다.

참고문헌

사료와 번역서

Baṭṭuṭa/Gibb. 일러두기 6번 참조.

Jahn, Karl. 1965. *Rashīd al-Dīn's History of India: Collected Essays with Facsimiles and Indices.* London.

JT/Boyle. 일러두기 6번 참조.

Marco Polo. 1938. *The Description of the World*, tr. A. C. Moule and Paul Pelliot, 3 vols. London.

Nianchang念常. 1344. *Fozu lidai tongzai*佛祖歷代通載(Comprehensive Chronicle of Buddhist Patriarchs). *Taishō shinshū daizōkyō*大正新修大藏經(Taishō-Era New Edition of the Buddhist Canon), ed. Takakusu Junjirō高楠順次郎(1866-1945), Watanabe Kaikyoku渡邊海(1872-1932) et al. 100 vols., vol. 49, item 2036. Tokyo.

Wang Dayuan汪大淵. 1981. *Daoyi zhilüe*島夷誌略 (Brief Records of the Island Barbarians), annotated by Su Jiqing蘇繼廎 as *Daoyi zhilüe jiaoshi* 島夷誌略校釋. Beijing.

Waṣṣāf, 'Abd-Allāh. 1966. *Tajziyat al-Amṣār wa-Tazjiyat al-A'sār*, in H. M. Elliot and John Dowson, *The History of India as Told by Its Own Historians: Mohammadan Period*, vol. 3, 24-54. London.

YS. 일러두기 6번 참조.

Yule, Henry. 1871. *The Book of Ser Marco Polo, The Venetian: Concerning the Kingdoms and Marvels of the East.* 2 vols. London.

연구서와 논문

Ahmad, Aziz. 1961. "Mongol Pressure in an Alien Land." *CAJ* 6: 82-93.

　　　1979. "Conversion to Islam in the Valley of Kashmir." *CAJ* 23: 3-18.

Akasoy, Anna. 2013. "The Buddha and the Straight Path: Rashīd al-Dīn's *Life of the Buddha.* Islamic Perspectives." In Akasoy, Burnett, and Yoeli-Tlalim 2013, 173-196.

Akasoy, Anna, Charles Burnett, and Ronit Yoeli-Tlalim, eds. 2010. *Islam and Tibet: Interactions along the Musk Routes.* Farnham and Burlington.

　　　2013. *Rashīd al-Dīn: Agent and Mediator of Cultural Exchanges in Ilkhanid Iran.* London and Turin.

Allsen, Thomas T. 2002. *Commodity and Exchange in the Mongol Empire: A Cultural History of Islamic Textiles*. Cambridge.

2019. *The Steppe and the Sea: Pearls in the Mongol Empire*. Philadelphia.

Amitai-Preiss, Reuven, and David O. Morgan, eds. 1999. *The Mongol Empire and Its Legacy*. Leiden.

Azad, Arezou. 2010. "Three Rock-Cut Cave Sites in Iran and Their Ilkhanid Buddhist Aspects Reconsidered." In Akasoy, Burnett, and Yoeli-Tlalim 2010, 209-230.

Biran, Michal. 1977. *The Mongol World Empire, 1206-1370*. London.

2002. "The Chaghadaids and Islam: The Conversion of Tarmashirin Khan (1331-34)." *JAOS* 122.4: 742-752.

2008. "Diplomacy and Chancellery Practices in the Chagataid Khanate: Some Preliminary Remarks." *Oriente Moderno, new series 88.2: 369-393.*

2013. *Qaidu and the Rise of the Independent Mongol State in Central Asia*. New York.

Brend, Barbara. 2003. *Perspectives on Persian Painting: Illustrations of Amir Khusrau's Khamsah*. New York.

Buell, Paul D. 2010. "Tibetans, Mongols and the Fusion of Eurasian Cultures." In Akasoy, Burnett, and Yoeli-Tlalim 2010, 189-208.

Canby, Sheila R. 1993. "Depictions of Buddha Sakyamuni in the *Jami' al-Tavarikh* and the *Majma' al-Tavarikh*." *Muqarnas* 10: 299-310.

Chakravarti, Ranabir. 1999. "Early Medieval Bengal and the Trade in Horses: A Note." *JESHO* 42.2: 194-211.

Chaudhuri, K. N. 1990. *Asia before Europe: Economy and Civilisation of the Indian Ocean from the Rise of Islam to 1750*. Cambridge.

CHC6. 일러두기 6번 참조.

Chen Gaohua 陳高華. 1980. "Yindu Mabaer wangzi Bohali lai Hua xinkao 印度馬八兒王子孛哈里來華新考"(New Examination of the Arrival in China of the Prince Bohali of Ma'bar). *Nankai xuebao* 南開學報 4: 70-73.

CHI5. 일러두기 6번 참조.

Deyell, John S. 1990. *Living without Silver: The Monetary History of Early Medieval North India*. Oxford and New Delhi.

2010. "Cowries and Coins: The Dual Monetary System of the Bengal Sultanate." *Indian Economic and Social History* 47.1: 63-106.

Digby, Simon. 1982. "The Maritime Trade of India." In *The Cambridge Economic History of India*, vol. 1, c. 1200-c. 1750, ed. Tapan Raychaudhuri and Irfan Habib, 125-159. Cambridge.

2004. "Before Timur Came: Provincialization of the Delhi Sultanate through the Fourteenth Century." *JESHO* 47.3: 298-356.

Duan Yuming 段玉明. 2007. *Zhikong: Zuihou yiwei lai Hua de Yindu gaoseng* 指空—最後一位來華的印度高僧(Zhikong: The Last Eminent Indian Monk to Come to China). Chengdu.

Dunn, Ross E. 1986. *The Adventures of Ibn Battuta: A Muslim Traveler of the 14th Century.* Berkeley.

Dziwenka, Ronald James. 2010. "'The Last Light of Indian Buddhism': The Monk Zhikong in 14th Century China and Korea." PhD dissertation, University of Arizona.

Eaton, Richard M. 1978. *Sufis of Bijapur, 1300-1700: Social Roles of Sufis in Medieval India.* Princeton.

　　1993. *The Rise of Islam and the Bengal Frontier, 1204-1760.* Berkeley.

Elverskog, Johan. 2010. *Buddhism and Islam on the Silk Road.* Philadelphia.

Franke, Herbert. 1994. "A Note on Multilinguality in China under the Mongols: The Compilers of the Revised Buddhist Canon, 1285-87." In *Opuscula Altaica: Essays Presented in Honor of Henry Schwarz*, ed. Edward H. Kaplan and Donald W. Whisenhunt, 286-298. Bellingham, WA.

Grupper, Samuel M. 2004. "The Buddhist Sanctuary-Vihara of Labnasagut and the Il-Qan Hulegu: An Overview of Il-Qanid Buddhism and Related Matters." *AEMA* 13: 5-77.

Hung, Hsiao-chun, Hartatik, Tisna Arif Ma'rifat, and Truman Simanjuntak. 2022. "Mongol Fleet on the Way to Java: First Archaeological Remains from the Karimata Strait in Indonesia." *Archaeological Research in Asia* 29: 100327, 1-10.

Hussain, Syed Ejaz. 2013. "Silver Flow and Horse Supply to Sultanate Bengal with Special Reference to Trans-Himalayan Trade(13th-16th Centuries)." *JESHO* 56: 264-308.

Jackson, Peter. 1975. "The Mongols and the Delhi Sultanate in the Reign of Muhammad Tughluq(1325-1351)." *CAJ* 19: 118-157.

　　1990. "Jalāl al-Dīn, the Mongols and the Khwarazmian Conquest of the Panjāb and Sind." *Iran* 28: 45-54.

　　1999. *The Delhi Sultanate: A Political and Military History.* Cambridge.

Jing, Anning. 1994. "The Portraits of Khubilai Khan and Chabi by Anige(1245-1306), a Nepali Artist at the Yuan Court." *Artibus Asiae* 54.1-2: 40-86.

Karashima Noboru辛島昇. 1988. "Jūsan seikī matsu ni okeru mīnami Indo to Chūgoku no aida no kōryū: Senshu Tamirugo kokubun to 'Genshi' Bahachijiden o megutte十三世紀末における南イソドと中國の間の交通　泉州タミル語刻文と元史馬八兒伝をめぐって"(Relations between South India and China at the End of the Thirteenth Century: On the Quanzhou Tamil Inscription and Descriptions of Ma'bar in the History of the Yuan). In *Enoki hakushi shōju kinen Tōyō shi ronsō* 榎博士頌壽紀念東洋史論叢, ed. Enoki hakushi shōju kinen Tōyō shi ronsō hensan iinkai, 77-105. Tokyo.

Karashima, N., and Y. Kanazawa. 2002. "Testimony of Chinese Ceramic Sherds." In *Ancient and Medieval Commercial Activities in the Indian Ocean: Testimony of Inscriptions and Ceramic-Sherds, Report of the Taisho University Research Project*, ed. Noboru Karashima, 109-118. Chennai.

Kauz, Ralph. 2006. "The Maritime Trade of Kish during the Mongol Period." In Komaroff 2006, 51-67.

Khan, Iqtidar Alam. 1996. "Coming of Gunpowder to the Islamic World and North India: Spotlight on the Role of the Mongols." *Journal of Asian History* 30.1: 27-45.

Kolbas, Judith. 2006. *The Mongols in Iran: Chingis Khan to Uljaytu, 1220-1309*. London and New York.

Komaroff, Linda, ed. 2006. *Beyond the Legacy of Genghis Khan*. Leiden.

Kumar, Sunil. 2007. *The Emergence of the Delhi Sultanate, 1192-1286*. Ranikhet.

Lambton, A. K. S. 1999. "The Āthār wa aḥyā' of Rashīd al-Dīn Faḍl Allāh Hamadānī and His Contribution as an Agronomist, Arboriculturist and Horticulturalist." In Amitai-Preiss and Morgan 1999, 126-154.

Lee, Risha. 2009. "Rethinking Community: The Indic Carvings of Quanzhou." In *Nagapattinam to Suvarnadwipa: Reflections on the Chola Naval Expeditions to Southeast Asia*, ed. Hermann Kulke, K. Kesavapany, and Vijay Sakhuja, 240-270. Singapore.

Liu, Yingsheng. 2000. "An Inscription in Memory of Sayyid Bin Abu Ali: A Study of Relations between China and Oman from the Eleventh to the Fifteenth Century." In *The Silk Roads: Highways of Culture and Commerce*, ed. Vadime Elisseeff, 122-125. New York.

Lo, Jung-pang. 2012. *China as a Sea Power, 1127-1368: A Preliminary Survey of the Maritime Expansion and Naval Exploits of the Chinese People during the Southern Song and Yuan Periods*. Singapore and Hong Kong.

Makhdumi, Mohammad Rafiuddin. 2008. "Rashīd al-Dīn Faḍl Allah: A Link between the Indians and the Mongols." *Journal of the Pakistan Historical Society* 56.1: 33-43.

Manz, Beatrice Forbes. 1989. *The Rise and Rule of Tamerlane*. Cambridge.

Martin, Janet. 1978. "The Land of Darkness and the Golden Horde: The Fur Trade under the Mongols XIII-XIVth Centuries." *Cahiers du monde russe et soviétique* 19.4: 401-421.

Masson-Smith, John, Jr., and Frances Plunkett. 1968. "Gold Money in Mongol Iran." *JESHO* 11.2: 275-297.

Morgan, D. O. 2001. "Ibn Baṭṭūṭa and the Mongols." *JRAS*, 3rd series 11.1: 1-11.

Morton, A. H. 1999. "The Letters of Rashīd al-Dīn: Īlkhānid Fact or Timurid Fiction?" In Amitai-Preiss and Morgan 1999, 155-199.

Mukai, Masaki and Francesca Fiaschetti. 2020. "Yang Tingbi: Mongol Expansion along the Maritime Silk Roads." In *Along the Silk Roads in Mongol Eurasia: Generals, Merchants, Intellectuals*(미할 비란 외, 이재황 옮김, 『몽골 제국, 실크로드의 개척자들』, 책과함께, 2021), ed. Michal Biran, Jonathan Brack, and Francesca Fiaschetti, 83-101. Oakland.

Pfeiffer, Judith. 2006. "Reflections on a 'Double Rapprochement': Conversion to Islam among the Mongol Elite during the Early Ilkhanate." In Komaroff 2006, 369-389.

ed. 2014. *Politics, Patronage and the Transmission of Knowledge in 13th-15th Century Tabriz*. Leiden.

Prazniak, Roxann. 2010. "Siena on the Silk Roads: Ambrogio Lorenzetti and the Mongol

Global Century, 1250-1350." *Journal of World History* 21.2: 177-217.

2013. "Tabriz on the Silk Roads: Thirteenth-Century Eurasian Cultural Connections." *Asian Review of World Histories* 1.2: 169-88.

2014. "Ilkhanid Buddhism: Traces of a Passage in Eurasian History." *Comparative Studies in Society and History* 56.3: 650-680.

Ptak, Roderich. 1993. "Yuan and Early Ming Notices on the Kayal Area in South India." *Bulletin de l' École française d' Extrême-orient* 80: 137-155.

1996. "Glosses on Wang Dayuan's *Daoyi zhilüe* (1349/50)." In *Récits de voyages asiatiques: Genres, mentalités, conception de l' espace. Actes du colloque EFEO-EHESS de décembre 1994*, ed. Claudine Salmon, 127-141. Paris.

Rockhill, W. W. 1914. "Notes on the Relations and Trade of China with the Eastern Archipelago and the Coast of the Indian Ocean during the Fourteenth Century, Part I." *T'oung Pao* 15.3: 419-47.

1915. "Notes on the Relations and Trade of China with the Eastern Archipelago and the Coast of the Indian Ocean during the Fourteenth Century, Part II . IV." *T'oung Pao* 16.4: 435-467.

Rossabi, Morris. 1988. *Khubilai Khan: His Life and Times*. Berkeley.

1994. "The Reign of Khubilai Khan." In *CHC6*, 414-489.

Sen, Tansen. 2003. *Buddhism, Diplomacy, and Trade: The Realignment of Sino-Indian Relations, 600-1400*. Honolulu.

2006a. "The Formation of Chinese Maritime Networks to Southern Asia, 1200-1450." *JESHO* 49.4: 421-453.

2006b. "The Yuan Khanate and India: Cross-cultural Diplomacy in the Thirteenth and Fourteenth Centuries." *Asia Major*, 3rd series 19.1-2: 299-326.

2011. "Maritime Interactions between China and India: Coastal India and the Ascendancy of Chinese Maritime Power in the Indian Ocean." *Journal of Central Eurasian Studies* 2: 41-82.

Shokoohy, Mehrdad. 2003. *Muslim Architecture of South India: The Sultanate of Ma'bar and the Traditions of the Maritime Settlers on the Malabar and Coromandel Coasts (Tamil Nadu, Kerala and Goa)*. London and New York.

Soucek, Priscilla. 1999. "Ceramic Production as Exemplar of Yuan-Ilkhanid Relations." *RES: Anthropology and Aesthetics* 35: 125-41.

Sperling, Elliot. 1990. "Hülegü and Tibet." *AOH* 44.1-2: 145-157.

Subramaniam, T. N. 1978. "A Tamil Colony in Mediaeval China." In *South Indian Studies*, ed. R. Nagaswamy, 1-52. Madras.

Titley, Norah M. 1983. *Persian Miniature Painting and Its Influence on the Art of Turkey and India: The British Library* Collection. London.

Vogel, Hans Ulrich. 2013. *Marco Polo Was in China: New Evidence from Currencies, Salts and Revenues*. Leiden.

Vogel, Hans Ulrich, and Sabine Hieronymus. 1993. "Cowry Trade and Its Role in the Economy of Yunnan: From the Ninth to the Mid-Seventeenth Century, Part I." *JESHO* 36.3: 211-252.

Vu, Hong Lien. 2017. "The Mongol Navy: Kubilai Khan's Invasions in Đại Việt and Champa." Nalanda-Sriwijaya Center Working Paper No. 25, at www.iseas.edu.sg/wp-content/uploads/pdfs/nscwps25.pdf.

Wink, André. 1997. *Al-Hind: The Making of the Indo-Islamic World, vol. 2, The Slave Kings and the Islamic Conquest, 11th-13th Centuries*. Leiden.

2004. *Al-Hind: The Making of the Indo-Islamic World, vol. 3, Indo-Islamic Society, 14th-15th Centuries*. Leiden.

Yang, Bin. 2004. "Horses, Silver, and Cowries: Yunnan in Global Perspective." *Journal of World History* 15.3: 281-322.

Yoeli-Tlalim, Ronit. 2013. "Rashīd al-Dīn's *Life of the Buddha*: Some Tibetan Perspectives." In Akasoy, Burnett, and Yoeli-Tlalim 2013, 197-211.

Yokkaichi, Yasuhiro. 2008. "Chinese and Muslim Diasporas and the Indian Ocean Trade Network under Mongol Hegemony." In *The East Asian "Mediterranean": Maritime Crossroads of Culture, Commerce and Human Migration*, ed. Angela Schottenhammer, 73-102. Wiesbaden.

2009. "Horses in the East-West Trade between China and Iran under the Mongol Rule. In *Pferde in Asien: Geschichte, Handel und Kultur*, ed. Bert G. Fragner, Ralph Kauz, Roderich Ptak, and Angela Schottenhammer, 87-97. Vienna.

맺음말

몽골 제국, 유목 문화, 세계사

미할 비란 · 김호동

미할 비란　　　　　　　　　　　　　　Michal Biran

예루살렘히브리대학 인문학부 막스앤드소피미단스재
단 석좌교수이며 아시아아프리카학연구소 소장을 맡고
있다. 내륙 아시아, 중세 이슬람 세계, 그리고 전근대 시
기 중국을 연구한다.『몽골 제국, 실크로드의 개척자들』
을 비롯한 다수의 저서와 편저, 그리고 수많은 논문을 발
표했으며, 현재 이스라엘과학인문학술원 회원이다.

김호동　　　　　　　　　　　　　　　Kim Hodong

서울대학 명예교수이다. 하버드대학 박사학위 논문이
『근대 중앙아시아의 혁명과 좌절』로 출간되었다. 대한
민국학술원 회원으로서 신장 지역의 역사와 몽골 제국
에 관한 다수의 책과 논문을 영어와 한국어로 집필하였
다. 최근에는 라시드 앗 딘의『집사』를 한국어로 완역(전
5권)하고, 그 축약본인『몽골 제국 연대기』를 펴냈다.

몽골 제국은 세계사의 분수령이었다. 몽골의 정책이 촉진한 유라
시아의 횡단적 연결성은 구세계 전역에 걸친 문화적, 종교적, 경제
적, 지정학적, 종족적 대변혁을 일으켰다. 게다가 몽골의 제국 경
영은 14세기 이후에도 오랫동안 사용된 다양하고 실용적인 도구
를 미래의 유라시아 제국에 전해주었다. 돌이켜보면, 이 모든 것이
중세에서 근세 세계로의 전환을 이끌었고, 대항해 시대를 촉발했
으며, 또 역설적이게도 유목 정치 세력이 쇠락하는 씨앗을 뿌렸다.
이러한 변화의 주요 동력은 이동성, 적응력, 재분배에 중점을 둔 몽
골의 유목 문화였다.

그러나 몽골이 세계사에 미친 영향에 관한 어떠한 논의도 그
들이 남긴 무자비한 파괴를 외면할 수는 없으며, 이는 여전히 대부
분의 사람들이 몽골 제국과 연결 지어 생각하는 부분이다. 이러한
일은 실제로 일어났고, 제국이 초래한 혁명적 변화에 분명히 영향
을 미쳤다.[1] 그러나 정복에 수반된 전례 없는 규모의 파괴와 학살
을 무자비한 잔인성으로 해석해서는 안 된다. 폭력은 심리전을 넘
어서는 전략적 계책이기도 했다. 처음에 파괴와 학살은 몽골의 수
적 열세를 만회하고 향후 저항을 방지하기 위한 잔혹하지만 효과
적인 수단이었다. 더욱 구체적으로 말하자면, 제국은 자신들이 차
지한 것보다 훨씬 더 많은 영토를 황폐하게 만들어서 국경 주변에
광범위한 파괴 지대를 만들었다. 이러한 완충 장치 또는 '쓰나미
전략'은 몽골의 영토를 미래의 침략으로부터 보호했고, 자신들의

---

1 북중국과 무슬림 세계에서 몽골이 자행한 잔학 행위에 대한 최근의 분석으로는 각각
Wang 2018, esp. 1-14; Jackson 2017, 153-181 참고.

지속적인 팽창을 용이하게 만들었으며, 목초지를 증가시켰다.[2]

그러나 초기의 충격적인 침공에서조차 이러한 실용적 파괴는 그 범위와 기간 모든 면에서 제한적이었다. 평화적으로 항복한 도시와 부족은 살아남았다. 비록 제국의 지속적인 확장을 위해 그들의 인력과 재화는 징발되었지만 말이다. 게다가 몽골은 약탈 대신 세금을 부과하면 새 영토에서 더 많은 것을 얻을 수 있음을 알고 있었다. 이미 칭기스 칸의 계승자 우구데이의 치세에 이를 깨달았고, 칭기스 칸의 손자 뭉케의 즉위와 함께 그것이 더욱 분명해졌기 때문에 의식적으로 피해를 제한하고자 했다. 그러나 1234년에 정복된 북중국의 파괴와 1258년에 유혈이 낭자했던 바그다드 정복이 잘 보여주듯, 언제나 그랬던 것은 아니다. 게다가 몽골과 그들의 적 사이(예를 들면, 맘룩-일 칸국 경계에 있는 메소포타미아 상류나, 주치 울루스 서쪽 국경의 폴란드), 또는 서로 대항하는 몽골 칸국들 사이의 완충 지대(예를 들면, 일 칸국과 차가다이 울루스 사이의 후라산, 차가다이 울루스와 원 사이의 위구르, 훌레구 울루스와 주치 울루스 사이의 캅카스 등)는 확실히 13~14세기 내내 침입으로 고통받았고, 유목민들이 목초지로 바꾼 지역(예를 들어 세미레치예)은 장기적으로도 심각한 피해를 입었다. 하지만 최근의 고고학 연구에 따르면, 1218년 몽골을 이슬람 세계로 끌어들인 사건이 발생한 카자흐스탄 남부 오트라르와 같은 일부 사례에서, 몽골의 폭력에 대한 문헌 서술은 매우 과장됐을 가능성이 있다고 한다. 이는 칭기스 칸의 침공을 언급할 때도 마찬가지다. 이 도시의 고고학 기록에서는 몽골인들이 저질

---

2 May 2007; May, 이 책의 제2권; Biran 2015.

    제3권 지역사 · 외부 역사

렀다고 비난받는 잔학 행위 가운데 어떠한 것도 발견되지 않았다. 건물에는 연소나 그을음, 또는 화재로 인한 피해 흔적이 없고, 약탈, 침수, 붕괴의 증거도 남아 있지 않다.[3] 중세 작가들은 몽골의 황폐화를 문학적 수사로 윤색하고 야만의 이미지를 강화했을 수도 있다. 몽골인들은 아마도 이러한 묘사를 받아들였을 것이다. 그것이 선전과 심리전으로서 지니는 가치를 파악했기 때문이다. 하지만 더 중요한 것은 13세기 유라시아에서 가장 생산적인 지역 중 하나인 남중국과 이란 남부가 각각 비교적 늦은 정복과 평화적인 복속 때문에 심한 피해를 입지 않았다는 점이다. 이것은 확실히 유라시아 경제 회복에 도움이 됐고, 특히 남중국해와 페르시아만 사이의 인도양에서 이루어진 해상 무역의 발달을 촉진했다.

게다가 몽골의 파괴가 의도적이었든 우발적이었든, 몽골 칸들은 영토의 생산성을 회복하기 위한 노력을 기울이기도 했다. 일부 지역에서는 이 복구 과정이 파괴만큼이나 빠르고 강력하게 이루어졌으며, 이는 지역 및 국제 교역의 다양한 가능성에 의해 촉진됐다. 예를 들어, 오트라르의 고고학 기록은 이 도시가 실크로드의 중요한 거점이 된 13세기 후반 이래로 번영했음을 보여준다. 따라서 몇몇 도시(예를 들어 호레즘의 우르겐치, 후라산의 니샤푸르)는 몽골의 잔학 행위로부터 완전히 회복하지 못했지만, 사마르칸드나 바그다드처럼 심각한 피해를 입은 다른 도시 역시 잔인한 정복 과정 이후에 특히 몽골의 노력으로 곧 기능을 회복했고 경제적으로(비록 정치적으로는 아닐지라도) 번영했다.[4] 특히 몽골의 수도는 대도(베이

---

3 Campbell 2020; Waugh 2017.

징)처럼 기존에 황폐화된 지역에 건설됐더라도 활발한 경제적, 외교적, 문화적 교류의 중심이 됐다.

칭기스계의 교환: 문화적, 경제적, 종교적 변화

몽골은 전례 없는 규모로 다양한 문화 간 교류를 촉진했다. 이는 우선 제국의 광대한 규모 때문인데, 인류 역사상 가장 넓게 이어진 제국으로서, 초원의 유목 문화 외에도 중국 문명, 이슬람 문명, 정교회 문명의 주요 구성 요소를 직접 통치 아래에 두었기 때문이다. 게다가 몽골은 13세기의 유일한 초강대국으로서 일본, 동남아시아, 인도 아대륙, 아랍 중동, 대부분의 유럽과 같이 자신들의 영역 밖에 있는 지역과 문명에도 현저한 영향을 미쳤다. 그러나 몽골이 그와 같이 거대한 제국을 만들고 통치할 수 있었고, 여기에서 칭기스계의 교환[5]이라고 명명한 유라시아 교류에서 지배적이고 적극적인 역할을 할 수 있었던 것은 몽골의 정책, 특히 이동성 때문이다.

학자들은 흔히 팍스 몽골리카(Pax Mongolica, '몽골의 평화'를 뜻하는 라틴어)라는 용어를, 몽골 시대 전체 또는 대정복전이 끝난 이후 시기에 해당하는 대략 1260년이나 1280년부터 1360년까지의 몽

---

4 사마르칸드에 대해서는 Biran 2007, 66–67; 바그다드에 대해서는 Biran 2016; Biran 2019b 참조.

5 이 표현은 '칭기스의 교환(the Chinggis exchange)'이라는 용어를 만들어낸 메이(May 2012, 21–22 및 그 외)를 따르고 있다. 파브로(Favereau 2021, 6-7과 그 외)는 1260년 이후(즉 칭기스 칸 시대 이후이자 서방 정복이 끝난 뒤)의 교류를 강조하면서 '몽골의 교환'이라는 용어를 선호하고 있다. 우리는 통일 제국과 1260년 이후 시기의 차이점을 강조하고 있기는 하지만, 통일 제국은 분명히 주요 변화를 위한 발판을 마련한 시기이기 때문에 '칭기스계의 교환'은 몽골 시대 전체를 포함한다.

골 연방 시대 대부분을 가리키는 데 사용했다.[6] 우리는 이 용어가 두 가지 이유에서 오해를 불러일으킨다고 생각한다. 첫째, 위에서 언급한 시기 모두 특별히 평화롭지 않았다. 전쟁, 특히 통일 제국 시기의 원정은 변화의 강력한 촉매제였다. 둘째, 유라시아 교류에서 몽골의 역할은 팍스 몽골리카라는 용어가 암시하는 것보다 훨씬 더 역동적이었다. 따라서 우리는 제국의 창시자와 함께 시작된 유라시아의 변화에서 몽골이 담당한 적극적인 역할을 강조하는 '칭기스계의 교환'을 더 선호한다.

칭기스계의 교환을 추동한 몽골의 정책 중에서 특히 이동성이 중요한 역할을 했다. 초원의 생태 환경에 적응한 몽골의 유목 경제로부터 그들의 전례 없는 군사적 성공을 거쳐 제국적 제도의 형성에 이르기까지, 이동성은 몽골의 삶과 문화의 모든 단계에 가득했다. 칭기스 칸 당시 인구가 100만이 채 되지 않았던 몽골이 그처럼 거대한 제국을 만들고 통치할 수 있었던 유일한 방법은 자신의 통치 아래 있던 지역의 인적, 물질적 자원을 총동원하는 것이었다. 칭기스계는 인구가 희박하고 영토보다는 사람(과 가축)으로 부를 측정하는 몽골 지역에서 기원했기 때문에, 사람과 그 재능을 유형 재화처럼 제국 전역과 가족들에게 분배할 일종의 전리품으로 여겼다. 그리하여 수많은 사람들(상품, 기술, 제도, 문헌, 사상이 뒤를 이었다)이 군사, 민간, 문화 등 제국의 필요를 충족시키기 위해 유라시아 전역으로 파견됐다.

이러한 대규모 인구 이동의 범위는 특히 통일 제국 시기에 광

---

6 예를 들어, Di Cosmo 2010; Favereau 2021, 6-7.

범위했는데, 이때는 이동이 더욱 강압적, 정치적, 집단적으로 일어
났다. 반면 몽골 연방 아래서는 규모는 작지만 여전히 상당한 범위
의 자발적, 경제적, 개인적 이동이 있었다. 두 시기 모두 전례 없는
거리와 규모로 다양한 형태의 이주가 이루어졌다. 이 다양한 이주
를 군사 배치, 난민, 인구 재이식 또는 민간 이전, 전문가 이주(즉 노
동 및 학술적 이동), 노예 또는 사람의 밀매, 유목 이주 등의 유형으로
구분할 수 있다.

　　몽골의 동원에서 첫 번째이자 가장 강력한 수단은 군대였다.
몽골은 유라시아 전역으로 퍼져나가면서 패배하고 복속한 유목민
및 정주민 집단 중 일부를 흡수하고, 그들을 십진법 단위로 편제해
몽골 지휘관들에게 배속시켰으며, 종종 대륙 전역으로 파견해 싸
우게 했다. 결과적으로 이 가공할 군대의 진격은 대규모 인구 이동
을 야기했다. 계층과 직업을 막론하고 피난민들은 몽골의 원정 이
전 또는 그 와중에 다가오는 몽골의 위협을 피하려 했고, 나중에
는 몽골의 인구조사 및 내부 분쟁을 모면하고자 했다. 게다가 제국
은 황폐해진 지역의 인구를 보충하고 도시를 부흥시키기 위해 수
천 명의 농민과 장인을 이주시켰다. 몽골이 얻고자 한 또 다른 주
요 집단은 행정, 군사 기술, 무역, 종교, 수공예, 과학, 예술, 오락 등
다양한 분야의 기술을 가진 전문가로, 이들은 유라시아 전역에서
모였고 재분배됐다. 직업 기술에 따라 분류하는 인구조사를 통해,
이르면 1230년대 후반에 전문 인력 모집이 체계화됐다. 몽골 치하
에서는 인신매매도 번성했다. 처음에는 통일 제국의 원정 중에 붙
잡힌 수많은 포로들로 인력을 충당했다. 이렇게 값싼 인력이 지속
적으로 공급되자 유라시아 전역에서 노예에 대한 수요가 급증했

다. 특히 몽골인 자신들은 물론이고, 맘룩[국가로서의 맘룩을 말한다]
와 델리 술탄국에서 수요가 많았던 군사 노예(맘룩)도 포함됐다.
따라서 1270년대를 기해 대규모 원정이 끝나자, 증가하는 수요를
충족시키기 위해 다른 수단(예를 들면 습격, 납치, 심지어 어린아이의 징
발)을 강구했다. 몽골 시대 내내 이루어진 유목적 이주, 특히 몽골
오르도(이동식 궁정)와 그에 수반한 상인, 학자, 조신(朝臣)의 이동 역
시 일시적 및 영구적 이주를 촉진했다.[7]

　　이 폭발적 인적 이동은 제국 안팎의 사람들을 연결했고, 문화
간 교류를 위한 수많은 기회를 창출했다. 제국 도처에 전해진 문화
의 대부분은 몽골 고유의 것이 아니라 정주 복속민의 문화 요소였
다. 그러나 이러한 교류는 칭기스계에 의해 시작됐다. 이 교류를 촉
진한 것은 제국의 대리인이었고, 유라시아를 가로질러 전파된 특
정 문화 상품은 몽골의 규범과 신앙에 부합하는 것이었다. 몽골은
문화 상품을 통제하는 전능한 '빅 브라더'도, 자유방임적 교류를
허용하는 방관자도 아니었다. 대신에 그들은 제국을 위해 도입할
만한 가장 가치 있는 요소를 자신들이 활용할 수 있는 다문화적
저장고에서 적극적으로 선택했다. 올슨의 표현에 따르면, 몽골은
교류의 대리인이자 무엇이 제국 전역 및 너머로 퍼질지를 결정하
는 여과기였다. 따라서 유라시아를 가로지르는 연결성은 자신의
제국 및 다른 문화에 대한 몽골의 시각에 큰 영향을 받았다.

　　몽골은 다른 유라시아 초원 유목민들과 마찬가지로 그들의
제국을 황실 전체의 공유 재산으로 여겼고, 따라서 카안은 제국

7　Allsen 2015b; Biran 2015; Biran 2021b.

의 부와 영토를 일족과 공유할 것으로 기대됐다. 결과적으로, 이러한 재분배는 제국이 여러 정치체로 분해되고, 이 계승 국가들이 서로 지속적으로 연결되는 데 모두 기여했다. 따라서 1260년경 제국이 분화됐을 때도, 그리고 여러 울루스 간에 다양한 (그리고 종종 유혈이 난무하는) 충돌이 일어났음에도, 몽골은 여전히 자신들을 칭기스계 공동 영역의 일부를 구성하는 형제 국가로 보았고, 칭기스계의 일체성이라는 이상을 고수했다. 13세기 마지막 수십 년 동안 몽골의 내부 분쟁이 절정에 달했을 때조차, 서로 경쟁하던 칸국들은 친족 용어(형제라는 뜻의 아카와 이니)를 사용해 상대를 지칭했고, 자신들의 분쟁을 결코 경쟁자를 제거하려는 의도가 없는 가족 내 불화로 여겼다. 게다가 여러 울루스들은 모두 통일 제국의 주요 제도를 유지했으니, 예를 들면 이동식 궁정(오르도), 군대의 십진법 편제, 미래의 군사 및 행정 지도자 양성소이자 강력한 사회화 도구였던 황실 호위병(케식), 역참, 판관(자르구치), 지방 총독(다루가치) 등이 있다. 이들은 종종 (매우 다른) 현지 제도들과 나란히 존재했고(예를 들면 중국이나 이란에서 그러했다), 그에 따라 중요한 지역적 변형이 생겨났으며, 때로는 몽골이 지배하는 다른 영역에서 유래한 제도들과 공존하기도 했다(예를 들면, 통일 제국 시대에 중국식 인구조사가 몽골이 통치하는 대부분의 영토로 확대됐다). 그러나 공통의 몽골 제도들은 네 계승 국가 사이에서 기본적인 일체성을 유지했고 통합을 촉진했다. 또 여러 칭기스계는 계속해서 정기적으로 선물, 사신, 세수를 교환했고, 전시에도 무역을 장려했으며, 정주 지역의 경제적, 문화적 부를 극대화하고 군주로서의 명성을 높이기 위해 전문가를 얻으려 노력하고 또 교환했다.[8]

　　　　　　　　　　제3권 지역사·외부 역사

몽골은 속민들에게 자신의 문화를 강요하지 않았다. 그들은 전형적인 유라시아 초원의 유목적 방식에 따라 다문화주의를 자연스러운 현상으로 보았고, 제국의 안정, 부, 영광을 증진하기 위해 종족, 종교, 지위 또는 성별을 따지지 않고 외부인들(속민, 주변 지역의 사람들, 방문자)로부터 기꺼이 배우려는 실용적 태도를 취했다. 이것은 군사 분야에서 특히 두드러졌지만(남송 정복을 위해 설립한 해군이 가장 좋은 예이다) 다른 부문에서도 마찬가지였다. 때로는 종종 몽골의 여러 조정에 있는 다양한 기원과 기술을 가진 전문가들(예를 들면 의사, 천문학자, 요리사)을 융합시켰다. 게다가 특히 통일 제국 시기와 원 중국의 몽골인들은 종종 비현지인 관료를 선호했는데, 그들이 계속 충성할 가능성이 더 높았기 때문이다. 그리고 이들이 새로운 환경에서 '고향의 정취'를 느낄 수 있도록 해주고자 한 노력은 문화 간 교류를 더욱 증진했다. 결국 유라시아를 가로지른 사람, 사상, 물품의 흐름은 몽골의 선호와 필요에 따라 상당 부분 결정됐다.[9]

이러한 몽골의 자세가 제국에 의해 촉발된 대규모 인구 이동과 결합해 유라시아 규모의 통합, 그리고 제국의 경계를 훨씬 넘어서까지 확장된 전례 없는 연결성을 초래했다. 몽골의 문화 간 교류에서 그 중심축은 중국과 이슬람 문명 사이에 있었고, 정교회 기독교는 이 교류에서 상대적으로 주변부적 파트너였다. 주로 중국과 무슬림 세계가 문화 자원 측면에서 거의 동등한 수준이자 몽골 통

---

8 김호동 2009; 김호동, 이 책의 제2권.
9 Allsen 2001; Allsen 2009.

치하의 정교회 기독교 배후지보다 몽골에 제공할 만한 것이 훨씬 많았기 때문이다. 또한 몽골은 러시아인들을 중국인이나 무슬림 복속민들과 달리 동일한 영토를 공유하지 않고 간접적으로 통치 했기 때문이다.

문화 간 교류의 또 다른 측면은 몽골의 문화가 속민과 이웃에 미친 직접적인 영향이다. 칭기스계의 전무후무한 성공은 유라시 아 전역에서 몽골식 이름과 작명 방식, 옷, 머리 모양, 음식, 음악 등 의 모방을 낳았다. 예를 들어, 특히 '타타르 복장'(중세의 청바지에 해 당)은 14세기 잉글랜드, 원과 명, 일 칸국과 그 이후의 이란, 차가다 이 울루스와 티무르 왕조의 중앙아시아, 맘룩 이집트와 시리아, 북 인도에서 받아들여졌다. 몽골인들이 궁전을 텐트와 비슷하게 만 들기 위해 사용하던 양탄자와 태피스트리 같은 천막 비품은 태평 양에서 아드리아해에 이르는 지역의 통치 엘리트 사이에서 유행했 다. 유라시아의 지배 계층은 칭기스계의 전통에 정통해졌고, 수계 혼이나 여성의 높은 지위 같은 몽골의 사회 규범 역시 속민들의 삶 에 스며들었다. 다시 말해 활발한 문화 간 교류는 비록 중요한 지역 적 변형이 있기는 했지만, 정치적, 물질적, 행정적으로 유사한 공통 의 유라시아 문화를 낳았다.[10]

교환된 모든 것이 두 팔 벌려 받아들여지거나 지속적인 영향 을 미치지는 않았다. 특히 지적 재산 또는 과학 이론(예를 들면 의약 이나 천문학)은 수용자로 하여금 자신의 전통을 의심하도록 만들 수 있었기 때문에 잘 전파되지 않았고, 때때로, 예를 들어 몽골은 무

---

10 Biran 2015; Biran 2019b; Blair and McCausland, Volume II 참고.

슬림 천문학자들의 독립적인 "제2의 의견" 개진을 보장하기 위해 그들을 중국 학자들로부터 분리시키는 것을 선호했다. 그러나 약용 식물의 사용, 지도 제작을 위한 격자 시스템, 또는 달력 계산과 같은 실용적인 측면은 기존의 이론 체계에 쉽게 적용됐다. 이와 같이 몽골은 과학의 전파를 촉진했다.[11]

더욱 쉽게 전파된 것들 중에는 기술이 있었다. 가장 대표적으로, 몽골은 중국의 화약을 유럽과 남아시아에 도입했다. 비록 이 단계에서는 화약이 전쟁의 판도를 바꿀 정도는 아니었지만 말이다. 그러나 이란 기술자들이 중국에 가져온 중동의 평형추 투석기는 남송의 요새를 파괴하는 데 주도적인 역할을 했다. 알코올과 설탕 증류, 외바퀴 손수레, 심지어 개량된 유형의 종이 같은 더 일상적인 기술도 유라시아를 가로질러 이동했다. 그러나 중국식 지폐와 이를 통해 인쇄 기술을 이란에 도입하려는 시도는 사람들이 금속을 종이로 대체하는 것을 거부해 처참하게 실패했다.[12]

물질문화, 특히 예술은 대개 잘 수용됐고 현지 상황과 취향에 맞게 변용됐다. 페르시아 예술에 미친 중국 회화의 지속적인 영향은 잘 알려진 몽골 시기의 유산으로, 심지어 유럽에도 그 흔적을 남겼다. 심지어 몽골 치하에서 이슬람 예술사상 처음이자 마지막으로 무함마드(와 다른 예언자들)를 시각적으로 표현한 사례를 확인할 수 있는데, 대체로 불교나 기독교 방식을 모방했다. 중국의 회화 또한 몽골의 장려로 원 중국에서 번성했다. 그것에 대한 외래의 영

---

11 Allsen 2009; Buell and Anderson 2021; Rossabi and Morrison, 이 책의 제2권.

12 May 2019, 99-100; May, 이 책의 제2권.

향은 덜 분명하지만, 몽골은 예술적 정통성을 가지고 있지 않았기 때문에 다양한 유형의 독창적 회화가 꽃피울 수 있었다. 다른 매체, 특히 직물도 비슷하게 확산했다. 심지어 건축 양식도 그랬는데, 예를 들어 돔형 무덤(몽골의 이슬람화 이후에 유행했다. 가장 기념비적인 사례는 술타니야에 있는 울제이투의 묘)은 대륙 전역에 전파됐고, 사마르칸드에 있는 티무르의 무덤(구리 아미르)과 인도의 타지마할 같은 후대의 무슬림 걸작, 그리고 유럽의 성당에 영감을 주었을 수도 있다.[13]

몽골의 폭넓은 취향과 이주 디아스포라는 요리와 오락 분야의 교류를 촉진했다. 그로 인해 중동에서 유래하고 몽골이 좋아했던 면과 셔벗이 중국과 이탈리아로 확산했고, 쌀은 중국에서 이란과 더 서쪽으로 전파됐다.[14] 한편 몽골 황실의 요리는 "쥐와 개"를 먹던 유목민의 조잡한 식단에서 세련된 퓨전 요리로 발전했다. 유라시아 전역의 음악가, 연기자, 레슬링 선수가 몽골 궁정에 빈번히 출입했고, 이는 몽골을 한편으로는 경극(京劇)의, 다른 한편으로는 국제 운동 대회의 선구자로 만들었다. 경제와 종교 부문의 교류는 아래에서 별도로 설명할 것이다.

유라시아 전역에 걸친 사람, 사물, 문서, 사상의 광범위한 교류와 지속적이고 대규모적인 이동은 유라시아의 통합을 촉진했을 뿐만 아니라, 제국의 안팎에서 더 많은 접촉을 용이하게 한 다국어 사전, 여행 문학, 지도 같은 도구의 제작을 야기하기도 했다. 예를 들어, 13~14세기에 다국어 사전을 이란과 중국뿐만 아니라, 아

---

13 Blair 2004; Blair 2019; Prazniak, 이 책의 제2권; Blair and McCausland, Volume II.

14 모든 경우에 있어서 해당 음식이 그 새로운 지역에 처음 등장한 것은 아니었지만, 변화의 범위는 그것을 현지화했다.

르메니아, 한반도, 북인도, 이집트, 예멘, 크림에서도 확인할 수 있다. 마찬가지로 가장 유명한 두 여행기인 마르코 폴로와 이븐 바투타의 기록은 각각 베네치아와 탕헤르 현지민에 의해 편찬됐다. 지적 한계의 확장은 14세기 중반에 중국과 한국에서 무슬림 지도 제작자들의 도움으로 만든 지도로 확인할 수 있다. 이 지도에는 유럽의 100곳 이상, 아프리카의 30곳 이상, 그리고 중동의 더 많은 지역이 표시됐다.

지리적, 지적 한계의 확장을 보여주는 또 다른 예시는 최초의 진정한 세계사다. 의학, 신학, 요리, 농업, 역사, 지리학 등에 다양한 관심을 가지고 있던 유대인 출신의 박식한 인물인 재상 라시드 앗 딘이 페르시아의 일 칸을 위해 편찬한 『집사』는 틀림없이 이 책에서 가장 많이 인용된 사료로, 칭기스계 이전 시기부터 쿠빌라이의 계승자[성종 테무르를 가리킨다] 통치 시기에 이르기까지 몽골의 상세한 역사뿐만 아니라, 중국, 인도, 무슬림 세계, 유대인, 프랑크의 연대기를 다루는 부분과 종합적인 계보 및 지리 부록을 모두 제공했다. 또한 이 책은 화려하게 채색됐고, 독특한 삽화에는 성경 이야기, 부처의 생애, 예언자 무함마드의 전기에 등장하는 장면이 그려졌으며, 몽골 칸들처럼 복장을 한 교황, 중국 황제, 무슬림 군주들의 초상화도 포함돼 있다. 이 책에 담긴 즉위, 전쟁, 경건한 신앙심에 관한 다양한 장면들은 몽골의 효과적인 선전 도구였고, 이 작품을 알리는 데 도움이 됐다.[15] 그 결과, 무슬림 중동 지역에서 이

---

15 Biran 2004; Biran 2015; Hillenbrand 2011; Melville, Volume II; Rossabi and Morrison, 이 책의 제2권. 라시드 앗 딘이 『집사』의 원저자인지에 대한 의문은 Otsuka 2018 참고.

용할 수 있는 세계(특히 동아시아)에 관한 정보가 비약적으로 발전했다. 그에 상응해 유럽인들의 세계상도 더 넓어져서, 이제 그들의 지리 정보에 중앙아시아, 남아시아, 특히 동아시아가 포함됐다. 다양한 문화를 더 잘 알게 되면서 문화적, 종교적 상대주의가 촉진됐는데, 이는 라시드 앗 딘이 부처를 "책을 가진 예언가"로 묘사한 데서 분명히 드러난다.[16]

세계주의와 문화적 활기의 일부가 강압과 폭력에서 기원한 것도 사실이다. 북중국으로 이주한 사마르칸드의 장인들이나 카라코룸에 재정착한 유럽의 대장장이들은 아마도 자신의 중국인 상대와 기술을 교환할 기회를 가지게 된 것에 기뻐하기보다는 파괴된 조국과 피살된 친족 때문에 슬퍼했을 것이다. 하지만 이후에 장인들이 칸국들 치하의 번영과 새로운 시장에 이끌려 자발적으로 이주했으니, 예를 들어 페르시아의 도공들은 14세기 중반 중국 동남부 강서성(江西省)에 위치한 경덕진으로 와서 현지 중국인 도공과 협력했다.[17] 따라서 몽골은 무자비하게 인적, 문화적 자원을 파괴하는 동시에, 장거리 문화 교류가 전례 없는 수준으로 번창할 여건을 만들고 있었다.

종교 변화

몽골에 대해 가장 가혹하게 비난하는 사람조차 몽골이 속민들에

---

16   Elverskog, 이 책의 제2권.

17   Blair 2019, 349; Blair and McCausland, Volume Ⅱ.

    제3권 지역사 · 외부 역사

게 자신의 토착 종교를 강요하지 않은 점은 높이 평가한다. 하지만 몽골의 정책은 유라시아의 종교 지형을 변화시켰으니, 주로 이슬람의 거대한 팽창과 티베트 불교의 번창이라는 결과를 낳았다. 몽골 제국의 전례 없는 팽창은 몽골뿐만 아니라 속민, 이웃, 그리고 적에게도 하늘의 뜻으로 이해됐다. 몽골의 정치 신학에 따르면, 칭기스 칸과 그 후계자들에게 지상을 다스릴 권한과 이 목표를 달성하는 데 필요한 카리스마를 부여한 것은 초원의 하늘 신인 텡그리였다. 내재론주의적인 몽골인은 세계의 여러 종교를 텡그리에게 접근하는 다양한 방식으로 인지했고, 피지배민을 포섭하기 위해서는 종교가 중요하다는 점을 잘 알고 있었다. 따라서 그들은 종교적 다원주의를 실천했고, 다양한 신앙의 종교 전문가를 후원했으며, 종교 논쟁을 주재함으로써 상대주의를 장려했다. 칭기스계는 인적, 물적 자원을 가지고 그랬듯이, 제국을 위해 자기 영역의 정신적 자원을 동원하면서 전례 없는 규모의 종교 교류를 촉진했다.[18]

몽골인들은 다양한 세계 종교의 거대한 잠재적 개종자 집단을 형성했고, 몽골 제국의 열린 길을 오간 사람들 중에는 선교사들이 있었다. 제국이 통일돼 있는 동안에는 대개 샤머니즘이라 불리는 몽골의 토착 종교가 지배 계급의 유일한 신앙이었다. 하지만 제국이 해체된 뒤, 각 칸국은 현지 주민들의 환심을 사기 위해서든, 아니면 반대로 이데올로기적 독립을 역설하기 위해서든 세계 종교를 받아들였다. 제국 내에서 단연코 이동성이 가장 높고, 가장 상업적이며 국제적인 사회였던 이슬람 문명(그들은 이미 유목민

---

18 Elverskog, 이 책의 제2권.

을 포함해 많은 사람들을 동화시키면서 상당한 경험을 축적했다)은 개종 경쟁에서 최대의 승자였다. 서쪽 세 몽골 칸국의 이슬람화(일 칸국은 1295년, 주치 울루스와 차가다이 울루스는 이후 약 50년에 걸쳐 이루어졌다)는 점진적이고 복합적인 과정으로, 주로 칭기스계와 무슬림 군대, 특히 몽골군의 대다수를 차지한 튀르크 군인 사이의 깊은 유대 관계에서 비롯됐다. 또 그것은 카리스마 넘치는 수피와 그보다는 더 평범한 종교학자들의 동화 및 설교에 의해 뒷받침됐다. 게다가 상인, 군인, 피난민, 이송된 장인, 전문가, 포로, 노예 등 다양한 이주자를 통해 전파된 이슬람은 중국, 인도, 동남아시아, 아프리카, 시베리아 등 다른 지역으로 진출했는데, 이는 서방 울루스가 이슬람화하기 전의 일이었다. 따라서 몽골의 지배는 이슬람 세계에 대한 일련의 타격으로 시작해 아바스 왕조의 제거로 정점에 달했지만, 결국 몽골의 인구 이동이 초래한 주목할 만하지만 의도치 않은 결과 중 하나는 이슬람의 거대한 팽창이었다.[19]

동시에 티베트 불교가 원 중국으로 진출했고, 이후 황실 숭배 대상 중 일부로 그곳에 계속 남았다. 칭기스계는 티베트 불교의 정치적 측면, 보편적인 호소력, 다채로운 의식, 쿠빌라이의 스승 팍빠 라마(1235~1280)와 같은 재능 있는 대리인 등에 매료되어 이 불교를 채택했다. 이 단계에서는 티베트 불교가 대부분의 일반 몽골인들에게는 도달하지 못했지만, 그 예술 및 건축 양식은 원 궁전의 필수 요소가 됐다. 몽골은 티베트가 불교의 중심지로서 인도를 밀어내고, 티베트에서 신정(神政)이 시작되는 것을 지켜보았다.

---

19 Biran 2007, 93-98; Biran 2015.

　　더욱이 몽골의 통치가 각종 종교 전문가들을 한데 모으면서, 유라시아 전역에서 다양한 기원 및 교리를 가진 불교도와 여러 종파의 무슬림들이 전례 없는 규모로 직접 접촉하게 됐다. 그 결과 티베트 불교가 이슬람의 주요 경쟁자가 되었는데, 처음에는 몽골을 개종시키는 것에서, 나중에는 특히 16세기 몽골의 두 번째 개종[1576년 알탄 칸이 티베트 불교 겔룩파의 소남 갸초를 초빙한 뒤 몽골에 티베트 불교가 급속히 확산된 것을 가리킨다] 이후 초원 유목민들 사이에서 그러했다.

　　반면 교리 분열에 시달리고, 배타성을 강조하며, 주술에 능숙하지 않은 데다, 칸들이 교황의 우월성을 받아들일 거라 기대했던 기독교는 다양한 형태의 교리와 집중적인 선교 활동에도 불구하고 칭기스계 치하에서 누린 신앙의 자유와 새로운 영토에 대한 접근권을 영속적인 성과로 전환하는 데 실패했다.[20]

경제 교류

몽골 유라시아를 가로지르는 물품의 이동성은 유목 문화의 또 다른 주요 특징인 재분배에 의해 가속화됐다. 유목민들에게 무역은 경제적으로도, 정치적으로도 필수적이었다. 자신의 자원이 항상 모든 수요를 충족시키지는 못했고, 유목 정치 문화에서 군주가 권위를 주장하기 위해서는 추종자들에게 부를 재분배해야 했기 때문이다. 게다가 몽골은 더 많은 이익을 창출하고, 자신에게 종속

20　Biran 2015.

된 사람들을 만족시키며, 행운을 증진하기 위해서는 재물을 축적하는 것이 아니라 순환시켜야 한다고 생각했다. 칸은 주요 정복을 마칠 때마다 가족 구성원들에게 영토를 봉지(쿠비)로서 분배했고, 이러한 봉지의 세수는 같은 시기 다른 칸국에 거주하는 (대개 부재 중인) 소유주들 사이에서 계속 순환됐다. 또한 칸은 집회(쿠릴타이), 연회, 사냥 도중에, 또는 군사 엘리트를 통해 정기적으로 추종자들에게 부를 재분배했다. 그리고 이를 받은 사람들은 다시 자신의 부하에게 그 부를 나눠줬다. 이러한 과정에는 영적 차원의 의미도 있었다. 대개 고급 직물이나 값나가는 술잔이었던 칸의 선물에는 그의 카리스마가 스며들어 있다고 여겨졌다. 그리하여 풍성한 선물을 자주 받았던 칸의 근위대를 지칭하는 용어(케식)가 행운의 동의어가 될 정도였다.[21] 이러한 재분배는 몽골 통치 시기 내내 계속됐다. 처음에는 정복의 전리품을 통해, 나중에는 세금, 공물, 선물, 습격, 무역을 통해 이루어졌다. 실제로 13세기 말 무렵 정복이 끝났을 때, 제국의 경제 체제에 참여하는 것(예를 들면 조공의 납부)이 이전에 군사 수단을 통해 확보했던 복속을 뜻하는 단어 일(il)과 동등한 의미가 됐고, 국가 세수를 위한 무역의 중요성이 크게 증가했다.[22]

　　무역의 가치를 알고 있던 몽골은 팽창 초기부터 상업 기간 시설에 투자했고, 자신의 영역을 통과하는 상인들에게 안전을 제공하고자 했다. 역참은 이러한 노력에 중요한 역할을 했고, 일부 역참

21　Allsen, 이 책의 제2권(이데올로기); Favereau 2018; Favereau 2021.

22　Biran 2021a; Favereau 2018.

은 이동식 천막이었기 때문에 이 시스템은 여러 정치적 격변에 대응하고 전쟁 지역을 피하기 위해 경로를 바꿀 수 있을 만큼 유연했다.[23] 유목민 몽골인들은 필요한 경우에는 심지어 마을과 도시를 건설해 무역을 촉진했는데, 특히 볼가 지역에서 그랬고 중앙아시아에서도 마찬가지였다. 인프라가 향상되면서 개별 상인과 여행자가 몽골 이전 시기처럼 중계 무역에 국한되는 것이 아니라 역사상 처음으로 훨씬 더 먼 거리를 여행할 수 있게 되었고, 실제로 그렇게 했다. 베네치아에서 베이징(칸발릭)으로 간 마르코 폴로와 그의 일가가 대표적인 예이며, 자바 술탄의 하렘에서 생을 마친 이븐 바투타의 그리스 노예 소녀는 사람 역시 상품처럼 장거리 이동을 했음을 입증한다.[24]

동시에 몽골인들은 개인이자 통치자로서, 또한 투자자이자 소비자로서 무역에 적극 참여했다. 몽골 엘리트들은 부를 순환시키는 또 다른 통로로 상인을 활용했다. 그들은 자본의 일부를 오르톡(동업자)이라는 상업 대리인, 즉 수익에서 자기 몫을 받는 대가로 몽골을 대신해 활동하는 상인(또는 상인 집단)에게 맡겼다. 이러한 투자는 장거리 거래를 촉진했고, 몽골인들이 벼락부자를 특징짓는 사치스러운 소비에 자신의 수익 중 일부를 사용할 수 있게 해주었다. 또 몽골은 제국 안팎의 다른 상인들과도 관계를 맺었다. 여기에는 위구르인, 중국인, 인도인, 아르메니아인, 유럽인 등 다양한 민족과 종교의 민간 상인들이 포함됐는데, 그중 대부분은 무슬

23　Shim 2014; Allsen 2019.
24　Tolmateva 2017; Biran 2021b.

림이었다. 또한 몽골 제국이 해체된 이후에는 국가 조약의 보호를 받고 정부의 지원을 받는 이탈리아 상인들도 포함됐다. 이들은 식민지 설립을 허가받았는데, 대표적인 예로는 주치 울루스가 지배하는 크림반도의 흑해 연안에 있는 카파와 타나, 그리고 일 칸국의 타브리즈가 있다. 실크로드를 따라 존재하는 유럽 상인들, 그리고 유럽과 중국 사이의 직접적인 연결 역시 몽골 시대의 혁신이었다.

그러나 경제 교류 분야에서 몽골이 남긴 가장 중요한 공헌은 유라시아의 대륙과 해상을 모두 포함한 다양한 무역로를 서로 연결해 구세계 전체를 교차하는 상업 네트워크망으로 통합했다는 것이다. 몽골은 1251년부터, 그리고 확실하게는 1279년 남송을 정복했을 때부터 선박 건조와 해상 무역 촉진에 막대한 투자를 했을 뿐만 아니라, 다양한 해양로를 대륙로와 연결시켰다. 비록 이후에 해양 원정에서 비참한 성적을 거뒀지만 말이다. 인도양 항로는 항해에 적합하지 않은 계절에 인도, 이란, 아라비아 해안에서 내륙으로 향하는 호르무즈, 마바르, 아덴 발(發) 대상의 도로와 밀접하게 연결됐다. 흑해 노선은 지중해와 대서양뿐만 아니라 아시아의 북단, 남단, 동단으로부터 (그리고 동유럽으로부터도) 상품을 수입하는 모피 및 비단 무역로와 연결됐다. 게다가 중국 남부와 이란의 번화한 항구들은 초원 지대 가까이에 위치한 몽골의 수도들을 지원해야 했다. 이 수도들은 재분배와 국제 무역, 주로는 문명 간(동서) 무역의 중심이었으며, 극북의 삼림민과 생태 지대 간(남북) 무역도 수행했다. 이렇게 몽골이 활성화한 상업 네트워크가 동서남북을 연결했다.

극북의 무역은 전통적인 조공과 물물교환에 의해 실행된 반면, 남쪽 항구에서는 정교한 시장 주도의 교환이 우세했다. 예를 들면, 원의 공장들은 무슬림 세계와 동남아시아에서 수요가 많은 청화백자를 만들기 위해 북유럽과 이란에서 코발트를 수입했다. 이러한 세계화의 원초적 형태는 재정 분야에서도 명백하게 나타났다. 남중국 정복에서 원의 몰락에 이르는 1280년대~1360년대는 '은(銀)의 세기'로 알려져 있는데, 이는 영국과 일본에서 벵골과 북아프리카에 이르기까지 유라시아 전역에서 은 사용이 급격하게 증가했음을 여실히 보여준다. 화폐로 주조되지 않은 은이 유라시아 도처에서 거래 가격을 책정하는 표준 단위가 됐으며, 중국의 지폐, 은화, 금괴, 비단 또는 조개껍질 등 다른 수단으로 지불할 때도 가격의 기준이 됐다.[25]

그러나 몽골의 경제를 장밋빛으로만 묘사하는 것은 자칫 오해를 불러일으킬 수 있다. 몽골은 제국의 국경을 훨씬 넘어서까지 확장된 경제 관계를 구축했고, 수공예품의 생산, 통화, 무역, 농작물을 통제하고, 적어도 중국에서는 무기와 술 등에 대한 광범위한 국가 독점을 행사하는 등 동시대 다른 국가들보다 피지배층의 경제에 적극적으로 관여했다. 이때 그들의 주요 관심은 수익을 늘리는 것이었다. 몽골은 경제의 번영이 자신과 속민 모두에게 이익이 된다는 것을 알고 있었다. 예를 들어, 그들은 북중국, 이란, 중앙아시아의 농업을 복구하는 데 막대한 투자를 하거나(항상 성공적이었던 것은 아니다), 현지인에게 익숙해서 기존의 교환 체계와 쉽게 결합될 수 있는 주화를 발행하여 피지배층의 정서를 존중했다. 그러나

---

25 Kuroda 2009; Kuroda, 이 책의 제2권; Allsen 2019; Favereau 2021.

몽골은 개인 지갑과 국고를 거의 구분하지 않았다. 군사 비용, 건축 사업, 역참 유지, 그 수가 늘어나고 있는 칭기스 일가 사이에서의 끝없는 부의 재분배, 그리고 특히 14세기 중반에 빈번했던 자연재해로 인해 더 많은 세수가 필요해질 때면 주저 없이 세금을 인상하거나 새로운 징세를 요구했다. 그로 인해 빈곤으로 내몰린 피지배층이 반란을 일으킬 수도 있었고, 실제로 그런 일이 발생하기도 했다.

초기의 세계화에는 위험성도 있었다. 흑사병을 유발한 것과 같은 박테리아가 상대적으로 개방된 몽골의 세계를 더욱 자유롭게 이동했다. 1346년 이탈리아 식민지 카파를 포위한 주치 울루스 몽골인들이 성안으로 감염된 시체를 투척해 흑사병을 퍼뜨렸다는 이야기는 근거 없는 신화로 밝혀졌지만,[26] 이 전염병은 아마도 몽골의 통치 영역이던 현재 키르기스스탄의 톈산산맥 부근에서 기원했을 것이다. 흑사병은 1340년대에 쥐, 벼룩, 박테리아를 동반한 모피와 곡물 무역을 통해 주치 울루스로 전해졌고, 주치 울루스와 베네치아 및 제노바가 화의를 맺고 곡물 무역을 재개한 뒤인 1347년 가을에 콘스탄티노플에 도달했다. 그다음에는 유럽과 중동으로 확산해 심각한 인구 감소와 도시의 쇠락을 초래했다.[27] 게다가 이 전염병은 일 칸국이 붕괴(1335)한 직후 그곳에 닥쳤고, 국제 무역은 무역로를 북쪽의 주치 울루스로 옮기면서 살아남았다. 흑사병 이후 주치 울루스가 대혼란에 빠지고 경제 교류의 원동력

---

26 Barker 2021.

27 Barker 2021; Green 2014. Green 2020에서는 몽골이 이미 13세기에, 특히 1250년대 홀레구의 원정 도중에 중앙아시아로부터 이 전염병을 옮았다고 주장한다.

이었던 원이 멸망(1368)하면서, 몽골의 국제 무역 체제는 심하게 약해졌을 뿐만 아니라 몽골의 시대 자체가 막을 내렸다. 몽골의 정주 지역 지배 종식은 14세기의 기후 변화와 그에 동반해 유목민과 농민 모두에게 피해를 입힌 전례 없는 자연재해에 큰 영향을 받았다. 따라서 기후는 유목민 몽골의 흥기에 기여한 동시에 그 제국의 붕괴를 가속화한 셈이다. 결국 이 생태학적 위기는 몽골 칸국들의 정치적 위기를 고조시켰고, 이는 서쪽 칸국들에서는 군사 지휘관의 집권으로, 중국에서는 민중 반란으로 나타났다. 정치적 위기는 주로 팽창의 중단, 계승 분쟁, 재분배 요구로 가속화된 경제 상황의 악화로 몽골의 군사력과 정당성이 약해진 것에서 비롯됐다. 몽골의 유목 문화는 그들을 권력의 가장 꼭대기로 데려갔지만, 동시에 그들의 몰락에도 한몫했다. 하지만 이 모든 것이 지리적, 지적 시야의 확장을 막지는 못했고, 몽골 제국의 유산을 없애지도 못했다.

제도적, 지정학적 변화

우리는 몽골의 제도적 유산을 쉽게 간과한다. 몽골이 남긴 것은 그 자신의 언어나 종교처럼 종족적 문화가 아니라, 토착, 지역, 외래 요소가 결합된 복합적이고 혼성적인 제국 문화였기 때문이다. 게다가 몽골의 흔적은 그들이 다스린 지역마다 각기 달랐으니, 몽골이 가장 오래 다스렸고 그 이전에는 강력한 토착 중앙집권국가의 전통이 없던 지역, 즉 중앙아시아와 러시아에 가장 깊은 영향을 주었다. 더욱이 몽골의 일부 계승자(예를 들면 중앙아시아의 티무르 왕조, 인도의 무굴, 중국의 청)들은 칭기스계에게 진 빚을 소중히 여긴 반면, 다른 경우(중국의 명, 모스크바 대공국)는 결국 모두 거부했다. 그러나 몽골이 후계자들에게 남긴 실행 가능한 제국적 도구 일체는 초원과 농경지 모두의 통치를 용이하게 했다. 그것은 몽골을 직접 계승한 국가뿐만 아니라 다른 지역적 제국들에게도 도움이 됐다. 특히 16세기 이후에는 몽골 이전 대부분의 국가들보다 더 넓고 더 오래 지속된 일군의 지역적 제국들(무굴과 오스만과 사파비, 중국의 명과 청, 러시아의 모스크바)의 출현을 촉진했다.[28] 또 이 제국들은 정주 지역에 있었던 몽골 국가들보다 더 안정적이었는데, 유목 제국 특유의 고질적인 계승 분쟁과 끝없는 재분배 요구에 덜 시달렸기 때문이다. 동시에 이들은 더 나은 기술을 갖추고 있었는데, 그중 일부, 특히 화약은 원래 몽골이 전파했다. 이러한 근세 국가들은 정치 문화, 법, 군사, 재정, 행정 제도 등의 요소를 포함해 몽골의 제국적 레퍼토리에 여전히 많은 빚을 지고 있었다.

몽골 정치 문화의 기본 신조는 칭기스계 원칙(the Chinggisid principle)으로, 이에 따르면 오직 칭기스 칸의 후손들만이 칸(군주)이 될 자격이 있었다. 창의적인 변용이 있긴 했지만, 이 원칙은 중앙아시아에서 18세기까지 유효했고, 중국의 청, 인도의 무굴, 모스크바, 심지어 오스만 제국에서도 군주의 행동 및 사회적 위계질서에 영향을 미쳤다. 칭기스 칸에게서 기인한 법률이자 계속 진화하고 있던 야사는 이슬람 율법과 여러 면에서 명백히 모순됐는데도, 이슬람화된 중앙아시아에서 특히 정치와 형사 사안을 다룰 때 중요한

---

28 Biran 2004, 358-361; Biran 2015; Neumann and Wigen 2015; Crossley and Garthwaite 2016.

역할을 했으며 오스만의 '세속' 법전인 『카눈(*Qānūn*)』의 반포를 촉진했을 가능성도 있다. 게다가 무슬림 세계에서 몽골 시대는 제국주의 무슬림 군주라는 새로운 이미지를 만들어냈다. 몽골의 카리스마적인 통치자를 본뜨고, 그 군주와 신의 직접적인 연결성을 강조하는 이 상서롭고 신성하며 우주적이고 구세주적인 새로운 유형의 군주권은, 티무르 왕조(1370~1501)를 시작으로 근세 이슬람 제국에서 받아들여졌다. 그러나 브락이 설득력 있게 보여주었듯이, 신의 선택이라는 이슬람 정치 신학의 근원을 개종 이후 일 칸국에서 발견할 수 있는데, 당시 문화 중개인들(특히 앞에서 언급한 라시드 앗 딘)은 몽골의 신성한 왕권 관념을 이슬람의 틀 속으로 통합하려 노력했다.[29] 근세의 신성한 왕들은 몽골의 칸들처럼 자신만의 법을 제정할 수 있었고, 종교학자들에게 덜 의존했다. 종교학자들은 종종 이러한 군주의 새로운 이미지를 계속 신민들에게 전달했지만, 독립적인 종교 권위의 원천으로서가 아니라 대개 군주의 의지에 복종한 제국의 대리인으로서 그렇게 했다. 종교 기관이 신성불가침의 황제에게 복속한 것은 몽골 이후 중국에서도 마찬가지였지만(청 황제가 몽골과 티베트에 있는 부처의 여러 현현(顯現)을 인정한 것이 대표적인 예이다), 이는 중국에서 새로운 일은 아니었다. 게다가 인도의 무굴 제국부터 모스크바, 중국의 명에 이르기까지 계급 질서와 권력의 상징인 궁정 의례와 외교 의전은 칭기스계의 선례로부터 많은 영향을 받았다.[30]

---

29 Brack 2018; Brack 2019.

30 예를 들어 Balabanillar 2012; Robinson 2008; Robinson 2019.

몽골 제도를 차용한 사례 중에는 더 실용적인 성격을 띠는 것도 있었다. 몽골은 제국을 통치하기 위한 효율적인 수단을 개발했고, 그 후계자들은 이 사실을 간과하지 않았다. 특히 제국의 역참 제도는 중국의 명과 청, 이란의 사파비 왕조, 모스크바에 수용됐고, 일부 지역에서는 19세기까지 작동했다. 제국의 군사 조직은 중국의 명과 모스크바에서 (화기가 부상할 때까지) 고수됐다. 중국의 지방 경계는 원대로 거슬러 올라간다. 러시아어, 페르시아어, 튀르크어에 재정과 관련된 몽골 차용어가 많이 있다는 사실은 제국의 상업, 징세, 통화 정책이 러시아, 이란, 중앙아시아에 깊은 영향을 미쳤음을 시사한다. 이러한 제도적 유산은 몽골이 일으킨 지정학적 변화에 기여했다.

몽골의 정복은 유라시아 전역의 기존 정치 질서를 무너뜨렸고, 다양한 문화권을 하나의 거대한 정치적 틀 속으로 통합했다. 따라서 통일 제국 시기에는 (당시 대도 또는 칸발릭으로 불린) 베이징, (그때는 작은 공국이었던) 모스크바, (단 2년에 불과했지만) 바그다드를 모두 몽골의 수도 카라코룸에서 통치했다. 하지만 제국이 네 개의 주요 울루스로 해체되면서 몽골은 새롭고 거대한 지역적 제국들을 만들었고, 이들은 각지에서 미래의 지정학과 종족 정체성에 더 오래 새겨질 흔적을 남겼다.

몽골은 350년간 남북으로 분할됐던 중국을 통일했고, 이 통일성은 이후에도 이어졌다. 게다가 몽골은 중국 본토의 경계를 확장했으니, 명 왕조 이후에도 중국은 서남쪽의 운남, 북서쪽의 감숙, 북동쪽의 요동을 계속 포함했다. 게다가 원의 지배는 티베트, 만주, (내)몽골, 신장을 포함한 내륙 아시아의 광범위한 지역을 베이징의 통치 아래에 두는 선례를 만들었고,[31] 중국을 유라시아 전역, 특히 주변 초원 민족들을 포함하는(14세기 이후로는 종종 흡수하기도 했다) 다민족 제국으로 자리 잡게 했다.

또 몽골은 이란-자민(이란의 땅)의 정치적 의미를 되살리면서 이란이 이슬람 세계 안에서 별개의 정치체로 부상하는 데도 기여했다. 이란-자민은 사산 제국(224~651)의 관념으로, 이란의 초기 이슬람 통치 시기에는 사용되지 않았다가 나중에 사파비 왕조(1501~1722)에 의해 채택됐다. 여기에서도 몽골은 근세 이후 이란의 국경 형성에 영향을 미쳤다. 아울러 몽골 지배 시기에 마침내 페르시아어가 역사를 기록하는 수단으로서 아랍어보다 우위에 서게 됐고, 곧 대부분의 튀르크-몽골 세계에서 서면 공용어가 됐다. 이 지역 주민의 종족 구성은 이후에도 그대로 유지됐으니, 즉 많은 튀르크 및 튀르크-몽골 유목민이 포함됐고, 결국 많은 현지 몽골인들이 그들에게 흡수됐다.[32]

러시아가 키예프 루스 시기의 몇몇 유럽 소공국들과 달리 유라시아 강대국으로 부상한 것은 주치 울루스의 유산으로 소급할 수 있다. 몽골이 모스크바의 흥기에 얼마나 기여했는지는 여전히 논쟁 중이지만, 몽골의 지배는 모스크바의 동방 팽창을 정당화했다. 게다가 몽골의 통치는 이란의 상황과 비슷하게 '러시아 땅'(루스카야 제믈랴)이라는 개념을 되살렸으니, 이 말은 모스크바 대공의 세습 재산이자 결국 팽창하는 모스크바의 영역을 가리키게 됐다.

---

31 Dardess 2003; Atwood, 이 책의 제1권. 내몽골은 여전히 중화인민공화국의 일부인 반면, 청 시기 중국에 복속하던 외몽골은 1921년에 독립했다.

32 Fragner 1997; Kamola and Morgan, 이 책의 제1권.

그러나 러시아는 몽골에 큰 빚을 졌는데도(또는 졌으므로) 16세기 이후 (자신들이 '타타르'라고 부른) 몽골인들을 자신과 대비되는 타자로 활용해 '타타르의 멍에'라는 개념을 발전시켰으며, 그것과의 대립을 통해 자신들의 정체성을 규정했다.[33]

칭기스계가 근대 시기까지 통치했던 중앙아시아와 내륙 아시아가 몽골 시기에 주로 받은 영향은 대규모 종족 재편이었다. 칭기스 칸은 여러 몽골 부족들을 하나의 몽골 국가로 전환했고, 이를 위해 초원 제국과 관련 있는 문자를 채택하기도 했다. 비록 제국 이후 시기에는 이 나라를 통합된 상태로 유지하는 것이 만만치 않은 일로 드러났지만, 결국은 현대 몽골국과 중화인민공화국의 네이멍구자치구를 탄생시켰다.[34] 몽골의 지배는 유라시아 초원 전역에 걸쳐 대대적인 재편을 가져왔으며, 이는 오늘날의 중앙아시아 민족들이 형성되는 계기가 됐다. 몽골의 정책, 특히 초기 정복에 따른 황폐화, 군대 동원, 새로운 행정 구역의 형성, 외부인을 통한 통치, 그리고 많은 새로운 집단들이 자신의 정체성을 재구성하도록 강요한 제국의 해체는 종족 변화의 결정적 요소가 됐다. 이러한 상황들은 탕구트, 위구르, 킵착, 거란 등 오랫동안 각지에 자리 잡고 있던 초원민들이 14세기 말 이후 흩어지는 결과를 초래했다. 이들은 주로 중국이나 이란 같은 주변 정주 문명에 동화되거나, 몽골이 새롭게 형성한 집단의 씨족 또는 부족 단위로 축소됐다. 이러한

---

33   Halperin 1980; Halperin 1985; Ostrowski 1998, 1-27, 244-248; Favereau 2021; Favereau and Pochekaev, 이 책의 제1권.

34   내몽골과 외몽골(즉 몽골국) 사이의 구분은 17세기 청의 정복으로 거슬러 올라간다. Perdue 2005.

신흥 집단들은 주로 (살았거나 죽은) 특정 칭기스계 왕자(예를 들어, 우즈벡, 노가이, 차가다이)의 리더십을 중심으로 결집했고, 그 구성원들은 자신을 그의 누케르(nökör, 추종자)[원래 뜻은 '친구, 심복'에 가깝다]로 여겼다. 그리고 이들은 결국 우즈벡족과 카자흐족 같은 현대 중앙아시아 무슬림 민족과 타타르인이나 노가이인 같은 현대 러시아 무슬림 '소집단'의 기반이 됐다.[35]

이 새로운 초원민 대부분은 주치 울루스의 영역에서 유래했지만, 주치 울루스의 또 다른 유산은 북아시아를 (시베리아까지) 제국의 통치 아래 편입시킨 것이다. 우선 몽골은 칸국들의 수도를 동북쪽으로 옮겼는데, 유목민들이 초원 가까이에 거주하는 것을 선호했고, 제국의 첫 번째 수도인 카라코룸의 위치가 영향을 주었기 때문일 것이다. 이러한 이동은 이따금 지속적인 결과를 낳았다. 그리하여 중국은 수도가 카이펑과 항저우에서 베이징으로 옮겨졌고, 동부 이슬람 세계에서는 바그다드에서 이란령 아제르바이잔의 타브리즈로 이동했다. 키예프는 처음에는 동남쪽에 있으면서 초원과 더 가까웠던 사라이에, 그러나 결국은 또다시 동북쪽에 위치한 모스크바에 자리를 양보했고, 중앙아시아에서는 키르기스스탄에 위치한 발라사군이 신장 북쪽의 알말릭 지역에 수도의 지위를 양도했다. 중앙아시아에서는 1300년대 후반 사마르칸드가 알말릭의 자리를 빼앗았지만, 아제르바이잔의 중요성은 16세기 말까지 지속됐고, 베이징과 모스크바는 도전받지 않은 채 계속 우위를 유지했다.[36]

---

35 Golden 2000; Biran 2004.

이처럼 수도들이 새로운 위치에 자리 잡으면서 극북과의 연결이 용이해졌다. 몽골 제국은 아무르강 상류에서 볼가강과 카마강 유역에 이르는 북쪽 지역의 모든 '삼림민'을 지배한 첫 번째 국가로, 현지의 '모피로드'를 운영하며 그 지역의 종족적, 언어적 특성에 영향을 미쳤다. 그리고 이러한 선례는 16세기에 러시아가 (다시 주치 울루스의 정책을 모방해) 동북쪽으로 팽창하도록 부추겼다. 이러한 확장은 유목민과 정주민 사이의 균형에 커다란 전략적 변화를 가져왔다. 러시아가 시베리아를 정복하기 전까지, 인구밀도가 희박한 이 북쪽 지역은 일종의 무인 지대로서 초원 유목민들이 남쪽 정주 제국에게 위협받을 때 피난처로 찾은 곳이다. 그러나 러시아인들이 시베리아를 점령한 뒤, 초원 유목민들은 중국의 청(1644~1911)과 제정 러시아(1721~1914)라는 두 개의 탈유목 제국 사이에서 압박을 받았다. 18~19세기에 몽골로부터 물려받은 제국적 도구 일체와 화약 기술을 갖춘 청과 제정 러시아는 유목민들이 무슬림과 불교도로 분열해 텡그리의 기치 아래 통합하지 못한 점을 이용해 초원을 분할했고, 그 결과 유목민들의 정치적, 문화적 세력이 붕괴됐다.[37]

또 몽골 제국은 간접적으로 통치한 여러 작은 국가들을 변형시켰다. 그중 일부는 '몽골 시대'에 몽골 칸국들에 흡수됐는데, 파르스와 키르만의 이란 왕조들, 그리고 룸 셀죽 술탄국(아나톨리아, 1171~1307)이 대표적이다. 룸 셀죽 술탄국이 붕괴하면서 오스만 제

36　Biran 2004.
37　Allsen 2015a, 이 책의 제3권 (시베리아).

국(1299~1918)이 부상했으며, 그들은 스스로를 셀죽의 후계자로 내세웠다.[38] 다른 국가들은 자신의 정치적 틀을 유지했지만, 문화와 경제뿐만 아니라 정치적으로도 몽골의 지배에 많은 영향을 받았다. 앞서 모스크바의 흥기에 대해 언급했지만, 조지아, 아르메니아, 고려 등 칸국들의 주변에 있던 다른 국가들은 대부분 약해졌다. 그리하여 캅카스에서는 몽골의 지배가 권력의 분열로 이어졌고, 한반도에서는 고려가 거의 30년간 지속된 군사적 충돌 끝에 최종적으로 몽골에 복속하자 조정을 장악했던 무신 세력들이 몰락하고 몽골의 보호 아래에서 왕권이 부흥했다. 하지만 고려 조정은 몽골 세력에 크게 의존하고 밀접하게 연관됐기 때문에, 14세기 후반 원이 붕괴하면서 즉각 내부의 도전에 직면하여 결국 1392년에 조선으로 왕조가 바뀌었다.[39] 티베트에서는 몽골의 지배가 그 지역을 통합한 행정 제도를 탄생시켰고, 예술과 문학의 번영을 이끌었으며, 앞서 언급했듯이 신정 통치와 이후 티베트가 중국을 기반으로 한 제국에 편입되는 선례를 남겼다.[40]

그러나 몽골 제국의 지정학적 영향은 제국의 영역에만 국한되지 않았다. 몽골을 효과적으로 버텨낸 일부 국가들, 특히 맘룩과 델리 술탄국은 자신들의 성공적인 저항을 권력의 성낭화와 국가 형성의 주요 요소로 활용했고, 이주 피난민, 노예 군사 공급, 상업 네트워크로부터 혜택을 받았다. 노예 군사를 제외한 비슷한 과정이 리투아니아에서도 발생했다. 중동에서는 이집트가 이라크를

---

38 오스만과 몽골의 관계에 대해서는 Neumann and Wigen 2018, 144-150 참고.

39 Publicci, 이 책의 제3권; Robinson, 이 책의 제3권.

40 Petech 1990, 139-142.

대신해 아랍 문화의 주요 중심이 됐다. 비록 1258년 아바스 왕조가 무너지면서 (18세기까지) 전체 이슬람 세계가 튀르크나 몽골에 의해 통치됐지만 말이다.[41] 일부 지역에서는 몽골의 위협을 성공적으로 막았더라도, 그것이 사회적, 경제적 불안을 조장해 오래 지속된 체제가 몰락하기도 했다. 특히 동남아시아와 일본에서 이런 일이 발생했다. 버마의 바간(849~1297), 자바의 싱가사리(1222~1292), 캄보디아의 크메르 제국(802~1431) 같은 기반 국가들(the charter states[해당 지역 최초의 광범위한 토착 정치체로서 후대 국가에 정치적, 영토적 기반을 제공했다는 의미])이 몽골의 침입 이후에 붕괴되거나 상당히 약해졌고, 일본의 가마쿠라 막부도 1333년에 붕괴했다.[42]

몽골은 서유럽에도 간접적으로 영향을 미쳤다. 사실 서유럽은 몽골의 초기 파괴를 모면했고, 인도나 이집트와는 달리 1260년 이후로는 몽골의 습격이나 위협에 시달리지 않았다. 서유럽의 경제 성장은 이들이 (더 정확히는 이탈리아 도시국가가) 몽골에 의해 열린 새로운 무역과 여행 경로를 최대한 활용하여 지리적, 지적 지평을 넓힐 수 있게 했다. 마르코 폴로의 기록과 같은 여행기는 동방을 괴기스러운 상상 속 피조물의 땅이 아니라 풍부한 부가 축적된 곳으로 묘사하면서 유럽인들에게 동방의 문화, 지역, 사람들에 관한 새로운 시각을 제공했고, 이는 결국 '대항해 시대'를 촉진해 '신세계'의 발견으로 이어졌다. 결국 1492년 첫 항해를 떠난 콜럼버스의 주요 목적은 자신이 열렬히 동경한 마르코 폴로의 책에 등장하

---

41 Sen Tansen, 이 책의 제3권; Amitai, 이 책의 제3권.
42 Lieberman 2011.

는 동쪽 '대칸'의 땅으로 가는 것이었다.

　　몽골의 유산은 여러 가지 의미에서 세계적이었다. 지리, 언어, 상업, 과학, 예술 등 지식의 비약적 발전을 불러일으켰고 문화적, 종교적 상대주의를 촉발한 문화 간 접촉을 촉진했으며, 해상 무역의 발전을 포함해 장거리 상업 및 재정 교류를 장려했다. 또한 종족적, 종교적 변화로 인한 새로운 집단의 형성과 신성한 왕권이 이끄는 보편 제국 개념의 등장 등은 중세에서 근세 세계로의 이행을 이끄는 중요한 역할을 했다.[43]

　　요컨대 몽골은 "말 위에서 천하를 얻을 수는 있어도 통치할 수는 없다"는 중국의 유명한 클리셰를 반증하는 데 성공했다. 게다가, 말을 탄 채 이동하며 통치하는 것은 단점이 없지 않았지만 매우 혁신적이었음이 입증됐다. 초기의 대규모 공격 이후에 몽골은 궁극적으로 문화적 활기, 유라시아 규모의 통합, 상업의 활성화, 기술, 과학, 예술의 혁신, 새로운 종교적, 종족적, 지정학적 지형, 초원과 정주 제국 모두가 받아들인 세련된 제도를 낳았다. 몽골은 그들의 파괴적 정복에서 기인하기도 했고, 근대 민족주의 정서의 부침에 의해 더욱 강화된 야만인 이미지에서 완전히 벗어나기는 어려울지도 모른다. 그러나 13~14세기에 이 제국적 유목민들은 세계를 변화시켰고, 오늘날의 세계화 시대를 위한 발판을 마련했다.

43　Allsen 1997b; Subrahmanyam 1997; Kuroda 2009; Brack 2018; Biran 2015; Biran 2019a.

참고문헌

사료와 번역서

Rossabi, Morris, ed. 2011. *The Mongols and Global History: A Norton Documents Reader*. New York.

연구서와 논문

Allsen, Thomas T. 1997a. *Commodity and Exchange in the Mongol Empire: A Cultural History of Islamic Textiles*. Cambridge.

1997b. "Ever Closer Encounters: The Appropriation of Culture and the Apportionment of Peoples in the Mongol Empire." *Journal of Early Modern History* 1: 2-23.

2001. *Culture and Conquest in Mongol Eurasia*. Cambridge.

2009. "Mongols as Vectors for Cultural Transmission." In *CHIA*, 135-154.

2015a. "Eurasia after the Mongols." In *The Cambridge History of the World, vol. 6, The Construction of a Global World, 1400-1800 CE*, part 1, *Foundations*, ed. Jerry H. Bentley, Sanjay Subrahmanyam, and Merry E. Wiesner-Hanks, 159-181. Cambridge.

2015b. "Population Movements in Mongol Eurasia." In *Nomads as Agents of Cultural Change: The Mongols and Their Eurasian Predecessors*, ed. Reuven Amitai and Michal Biran, 119-151. Honolulu.

2019. *The Steppe and the Sea: Pearls in the Mongol Empire*. Pennsylvania.

Balabanillar, Lisa. 2012. *Imperial Identity in the Mughal Empire: Memory and Dynastic Politics in Early Modern South and Central Asia*. London and New York.

Barker, Hannah. 2021. "Laying the Corpses to Rest: Grain, Embargoes, and *Yersinia pestis* in the Black Sea, 1346-48." *Speculum* 96.1: 97-126.

Biran, Michal. 2004. "The Mongol Transformation: From the Steppe to Eurasian Empire." *Medieval Encounters*, 10.1-3: 338-361.

2007. *Chinggis Khan*. Oxford.

2015. "The Mongol Empire and the Inter-civilizational Exchange." In *The Cambridge History of the World*, vol. 5, ed. Benjamin Z. Kedar and Merry Wiesner-Hanks, 534-558. Cambridge.

2016. "Music in the Conquest of Baghdad: Safi al-Din Urmawi and the Ilkhanid

Circle of Musicians." In *The Mongols' Middle East*, ed. Bruno De Nicola and Charles Melville, 133-54. Leiden.

2019a. "Introduction: Mobility, Transformation and Cultural Exchange in Mongol Eurasia." *JESHO* 62.2-3: 257-268.

2019b. "Libraries, Books and Transmission of Knowledge in Ilkhanid Baghdad." *JESHO* 62.2-3: 464-502.

2021a. "The Mongols' Imperial Space: From Universalism to Glocalization." In *Universality and Its Limits: Spatial Dimensions of Eurasian Empires*, ed. Yuri Pines, Michal Biran, and Jörg Rüpke, 220-256. Cambridge.

2021b. "Slavery and Forced Migrations in Mongol Eurasia." In *The Cambridge History of Slavery*, vol. 2, ed. Craig Perry and David Eutis, 76-99. Cambridge.

Blair, Sheila. 2004. "Ilkhanid Architecture." *EIr* 12.6: 654-658.

2019. "Muslim-Style Mausolea across Mongol Eurasia: Religious Syncretism, Architectural Mobility and Cultural Transformation." *JESHO* 62.2-3: 318-355.

Brack, Jonathan Z. 2018. "Theologies of Auspicious Kingship: The Islamization of Chinggisid Sacral Kingship in the Islamic world." *Comparative Studies in Society and History* 60: 1143-71.

2019. "A Mongol Mahdi in Medieval Anatolia: Reform, Rebellion, and Divine Right in the Post-Mongol Islamic World." *JAOS* 139.3: 611-630.

Buell, Paul D., and Eugene N. Anderson. 2021. *Arabic Medicine in China: Tradition, Innovation, and Change*. Leiden.

Campbell, Katie. 2020. "The City of Otrar, Kazakhstan: Using Archaeology to Better Understand the Impact of the Mongol Conquest of Central Asia." In *Proceedings of the 11th International Congress on the Archaeology of the Ancient Near East*, vol. 2, Field Reports, ed. Adelheid Otto, Michael Herles, and Kai Kaniuth, section "Islamic Archaeology," ed. Lorenz Korn and Anja Heidenreich, 597-606. Wiesbaden.

Crossley, Pamela K., and Gene R. Garthwaite. 2016. "Post-Mongol States and Early Modern Chronology in Iran and China." *JRAS* 26: 293-307.

Dardess, John W. 2003. "Did the Mongols Matter? Territory, Power and the Intelligentsia in China from the Northern Song to the Early Ming." In *The Song-Yuan-Ming transition*, ed. Paul J. Smith and Richard von Glahn, 111-134. Cambridge, MA.

Di Cosmo, Nicola. 2010. "Black Sea Emporia and the Mongol Empire: A Reassessment of the Pax Mongolica." *JESHO* 53.1-2: 83-108.

Favereau, Marie. 2018. "The Mongol Peace and Global Medieval Eurasia." *Comparativ* 28.4: 49-70.

2021. *The Horde: How the Mongols Changed the World*(마리 파브로, 김석한 옮김, 『말 위의 개척자, 황금 천막의 제국』, 까치, 2022). Cambridge, MA.

Fragner, Bert G. 1997. "Iran under Ilkhanid Rule in a World History Perspective." In *L'Iran face à la domination mongole*, ed. Denise Aigle, 121-131. Tehran and Louvain.

Golden, Peter B. 2000. "'I Will Give the People unto Thee': The Činggisid Conquests and Their Aftermath in the Turkic World." *JRAS* 10.1: 21-41.

Green, Monica H., ed. 2014. Pandemic Disease in the Medieval World: Rethinking the Black Death. *Medieval Globe* 1, at https://scholarworks.wmich.edu/medieval_globe/1.

2020. "The Four Black Deaths." *American Historical Review* 125.5: 1601-1631.

Halperin, Charles J. 1980. "The Concept of the *Ruskaia Zemlia* and Medieval National Consciousness from the Tenth to the Fifteenth Centuries." *Nationalities Papers* 8.1: 75-86.

1985. *Russia and the Golden Horde*. Bloomington, IN.

Hillenbrand, Robert. 2011. "Propaganda in the Mongol World History." *British Academy Review* 17: 19-38.

Jackson, Peter. 2017. *The Mongols and the Islamic World from Conquest to Conversion*. New Haven and London.

Kim Hodong김호동. 2009. "The Unity of the Mongol Empire and Continental Exchanges over Eurasia." *Journal of Central Eurasian Studies* 1: 15-42.

Kuroda, Akinobu. 2009. "The Eurasian Silver Century, 1276-1359: Commensurability and Multiplicity." *Journal of Global History* 4: 245-269.

Lieberman, Victor. 2011. "Charter State Collapse in Southeast Asia, ca. 1250-1400, as a Problem in Regional and World History." *American Historical Review* 116.4: 937-63.

May, Timothy. 2007. *The Mongol Art of War*(티모시 메이, 신우철 옮김, 『몽골 병법』, 코리아닷컴, 2009). Yardley, PA.

2012. *The Mongol Conquests in World History*(티모시 메이, 권용철 옮김, 『칭기스의 교환』, 사계절, 2020). London.

2019. *The Mongols*. Leeds.

Neumann, Iver B., and Einar Wigen. 2015. "Remnants of the Mongol Imperial Tradition." In *Legacies of Empire: Imperial Roots of the Contemporary Global Order*, ed. Sandra Halperin and Ronen Palan, 1-42. Cambridge.

2018. *The Steppe Tradition in International Relations: Russians, Turks and European State Building 4000 BCE-2017 CE*. Cambridge.

Ostrowski, Donald G. 1998. *Muscovy and the Mongols: Cross-cultural Influences on the Steppe Frontier, 1304-1589*. Cambridge and New York.

Otsuka, Osamu. 2018. "Qāshānī, the First World Historian: Research on his Uninvestigated Persian General History, *Zubdat al-tawārīkh*." *Studia Iranica* 47: 119-149.

Perdue, Peter. 2005. *China Marches West*(피터 퍼듀, 공원국 옮김, 『중국의 서진』, 도서출판 길, 2012). Cambridge, MA.

Petech, Luciano. 1990. *Central Tibet and the Mongols*. Rome.

Robinson, David M. 2008. "The Ming Court and the Legacy of the Yuan Mongols." In *Culture, Courtiers and Competition: The Ming Court(1368-1644)*, ed. D. M. Robinson, 365-421. Cambridge, MA.

2019. *In the Shadow of the Mongols*. Cambridge.

Shim Hosung심호성. 2014. "The Postal Roads of the Great Khans in Central Asia under the Mongol-Yuan Empire." *JSYS* 44: 405-469.

Subrahmanyam, Sanjay. 1997. "Connected Histories: Notes towards a Reconfiguration of Early Modern Eurasia." *Modern Asian Studies* 31.3: 735-762.

Tolmateva, Marina A. 2017. "Concubines on the Road: Ibn Battuta's Slave Women." In *Concubines and Courtesans: Women and Slavery in Islamic History*, ed. Matthew S. Gordon and Kathryn A. Hain, 163-189. Oxford.

Wang, Jinping. 2018. *In the Wake of the Mongols: The Making of a New Social Order in North China, 1200-1600*. Cambridge, MA.

Waugh, D. 2017. "The 'Owl of Misfortune' or the 'Phoenix of Prosperity'? Rethinking the Impact of the Mongols." *Journal of Eurasian Studies*, 8: 10-21.

옮긴이의 말

『케임브리지 몽골 제국사』는 지금까지 축적된 몽골 제국사 연구 성과를 집대성하는 한편, 몽골 제국을 하나의 전체로 바라보려는 새로운 시도이다. 이 책은 제1권 정치사에서 몽골 제국의 전개를 큰 흐름으로 재구성하고, 제2권 주제별 역사에서는 제도, 이념, 군사 등 제국이 작동한 방식과 그 유목·몽골적 특징을 분석한다. 또한 내가 담당한 제3권에서는 고려, 조지아, 캅카스, 루스 등 이른바 속국과 몽골 본토 및 시베리아 등 변경의 지역사와 몽골의 직접적인 지배를 받지 않았던 유럽, 아랍 중동, 남아시아 등 외부의 역사를 조망한다. 이를 통해 몽골 제국의 역사를 보다 입체적으로 파악하고, 그 세계사적 의미를 가늠할 수 있게 한다.

각 장은 해당 분야의 전문가들이 선행 연구를 충실히 반영하면서도 개별 연구사들의 성과를 집약해 제시한다는 점에서, 이 책의 학술적 가치는 이루 형언하기 어렵다. 특히 3권의 제1부에서는 유라시아 동서의 속국 사례를 통해 몽골의 속국 지배 양태를 비교하고, 속국 통치의 원칙과 그 운용의 유연성을 확인할 수 있다. 아울러 기존 연구에서 비교적 주목받지 못했던 몽골 본토와 시베리아의 삼림민까지 시야를 확장하고 몽골 제국사에서 차지하는 그 역사적 위상을 재확립할 수 있다. 이러한 속국과 주변부의 관점은 몽골이 직접 통치하고 그들의 지배력이 강하게 미친 중심 지역과는 또 다른 역사상을 보여줄 것으로 기대한다.

　3권의 제2부에서는 몽골이 정복하지 못한 지역을 중심으로 몽골 제국의 또 다른 면모를 엿볼 수 있다. 유럽과의 관계를 통해서는 몽골이 과거의 적대 세력을 어떻게 협상과 군사 동맹의 대상으로 전환해갔는지를 확인할 수 있다. 또한 맘룩과의 대립은 끝없이 계속되던 몽골의 팽창이 어떻게 좌절되었는지, 몽골 제국의 내분과 이슬람이라는 종교적 요인이 어떻게 맞물려 양국 관계에 영향을 미쳤는지를 보여준다. 그리고 남아시아 사례는 해양 세계에 대한 몽골의 관심과 그에 수반된 군사, 외교, 상업, 문화 교류의 양상을 가늠할 수 있다.

　몽골 제국사 연구의 중요한 이정표가 될 이 책을 번역할 기회를 얻은 것은 나에게 큰 영광이다. 특히 평소 몽골 제국의 속국 통치에 관심을 가져온 터라 해당 부분을 맡아 더욱 뜻깊게 번역 작업에 임할 수 있었다. 몽골 제국사를 본격적으로 공부하고자 대학원에 입학한 지 벌써 20년 가까운 시간이 흘렀다. 이번 번역은 연구자로서 스스로를 돌아보고 마음가짐을 새롭게 다잡는 계기가 되었다. 돌이켜보면 몽골 제국사 연구를 시작한 동기는 거창한 것이 아니라 순수한 호기심이었다. 이 책을 옮기며 그 흥미와 열의를 북돋을 수 있었다.

　이 책이 지닌 가치만큼 번역에 대한 부담도 컸으나, 다행히 많은 분들의 도움으로 무사히 마칠 수 있었다. 초고를 꼼꼼히 읽고 교정해주신 강창훈 선생님과 사계절출판사의 이창연 편집자에게 감사드린다. 초고를 검토하고 귀중한 조언을 준 대학원 지도학생 최주봉, 이승종, 고동우에게도 고마움을 전한다. 항상 따뜻하게 격려하고 배려해주시는 서울대학 동양사학과 선생님들께도 감사드린다. 특히 원서의 책임 편집자이자 나의 지도교수인 김호동 선생님께 이 자리를 빌려 깊이 감사드린다. 이 번역서가 선생님의 가르침과 은혜에 조금이나마 보답이 되기를 바란다. 또 열악한 출판 환경 속에서도 이 책의 학술적 가치를 인정하고 출간을 결정해준 사계절출판사에도 감사의 뜻을 전한다.

끝으로, 늘 지켜봐주시고 지지해주신 부모님께, 그리고 물심양면으로 지원해주시고 든든한 울타리가 되어주신 장인어른과 장모님께 진심으로 감사드린다. 언제나 곁에서 힘이 되어주는 사랑하는 아내에게, 그리고 번역과 출간의 시간 동안 이 세상에 태어나 우리 가족이 되어준 사랑하는 딸에게 고마움을 전한다.

2026년 4월

김석환

찾아보기

케임브리지 몽골 제국사 제3권. 지역사·외부 역사

2026년 4월 30일 1판 1쇄

책임 편집
미할 비란, 김호동

지은이
모리스 로사비, 데이비드 로빈슨, 로렌초 푸블리치, 토머스 올슨,
로런스 랭어, 니콜라 디 코스모, 레우벤 아미타이, 탄센 센

옮긴이
김석환

편집
강창훈, 이진, 이창연, 장윤호

디자인
조정은

제작
박흥기

마케팅
김수진, 이태린, 이예지

홍보
조민희

인쇄
천일문화사

제책
책다움

펴낸이
강맑실

펴낸곳
(주)사계절출판사

등록
제406-2003-034호

주소
(우)10881 경기도 파주시 회동길 252

전화
031)955-8588, 8558

전송
마케팅부 031)955-8595, 편집부 031)955-8596

홈페이지
www.sakyejul.net

전자우편
skj@sakyejul.com

블로그
blog.naver.com/skjmail

페이스북
facebook.com/sakyejul

X(트위터)
x.com/sakyejul

ISBN 979-11-6981-435-5 94910
ISBN 979-11-6981-432-4 (세트)